# Paracelsus:
# Die Geheimnisse

Ein Lesebuch aus seinen Schriften

Mit Einleitung und Kommentar
von Will-Erich Peuckert

Die Welt ist Gottes Haus.
Wie sie nun geschaffen ist und geworden,
so ist zu wissen, daß sie nicht so hingeht,
wie sie hergekommen ist. Sondern da werden
bleiben vom Menschen das Herz und von der
Welt das Geblühe.

# Esoterik

## Herausgegeben von Gerhard Riemann

Über Paracelsus und sein Werk lesen wir in »Meyers großem Universal-Lexikon«: »Paracelsus, eigentlich Theophrastus Bombastus von Hohenheim, strebte in seinen Veröffentlichungen eine grundlegende Reform der Medizin an. Seine medizinischen Werke galten hauptsächlich der Syphilis und deren Therapie, den Berufskrankheiten der Berg- und Hüttenarbeiter, der Chirurgie und Wundbehandlung, den Heilquellen sowie einer allgemeinen Lehre von den Krankheitsursachen. Seine chemischen Versuche und seine in Hüttenwerken gewonnenen Erkenntnisse führten Paracelsus zu einem »chemischen« Verständnis des Organismus: Der ›Archaeus‹, das *dynamische Prinzip* im Körper, regelt nach seiner Auffassung die normalen und krankhaften Vorgänge auf chemischem Weg.«

Am Übergang zur Neuzeit ist Paracelsus der Wiederentdecker der vielleicht wichtigsten esoterischen Gesetzmäßigkeit – des »Wie oben so unten« oder mit Paracelsus: der Mikrokosmos/Makrokosmos-Idee: Alles, was auf materieller Ebene passiert, hat Ursprung und Matrix auf geistig-psychischer Ebene.

Die vorliegende kommentierte Paracelsus-Auswahl eröffnet uns den Zugang zu Werk und Wirken dieses hellen Lichts in dunkler Zeit.

Die Vorlagen für die Abbildungen (s. Verzeichnis auf S. 492) stellte das Karl-Sudhof-Institut für Geschichte der Medizin und der Naturwissenschaften der Universität Leipzig liebenswürdigerweise zur Verfügung. Es stand uns mit seinem Rat auch sonst helfend zur Seite. Herausgeber und Verlag sprechen seinem Direktor, Herrn Prof. Dr. Walter von Brunn, und Frau Marianne Klein dafür ihren aufrichtigen Dank aus.

Vollständige Taschenbuchausgabe Dezember 1990
Droemersche Verlagsanstalt Th. Knaur Nachf., München
© 1941 Dieterich'sche Verlagsbuchhandlung, Leipzig
Originalverlag Dieterich'sche Verlagsbuchhandlung, Leipzig
Umschlaggestaltung Peter F. Strauss
Satz Ludwig Auer, Donauwörth
Druck und Bindung Ebner Ulm
Printed in Germany   5   4   3   2   1
ISBN 3-426-04241-X

# INHALT

## Drei Wege der Philosophie

*Philosophia adepta* aus dem natürlichen Lichte

## Der weise Wandel . . . . . . . . . . . . . . 383

## Aus dem ewigen Licht

## Das ewige Reich . . . . . . . . . . . . . . 419

# EINFÜHRUNG

Zu einer Zeit, nicht unähnlich derjenigen, in welcher er lebte, ist Paracelsus dem deutschen Volke wieder eine deutliche Gestalt geworden und bleibt nicht mehr ein blasser Schemen oder ein Spottname hohlen Klanges, wie er vergangenen Jahrhunderten lange nur ein Spott gewesen ist.

Denn eine Epoche, die seit vierhundert Jahren versunken schien, taucht heute, von Jahr zu Jahr sich greifbarer formend, aus dem geschichtlichen Dämmer auf, und ihre Züge gleichen täglich gewisser den Zügen unserer Zeit. Wie damals, so ist auch heute eine »Kultur« in Stücke gebrochen, und eine neue will sich formen; wie damals, so wird Europa heute in den Prozeß des neuen Werdens mit oder wider Willen hineingezogen; wie damals, so ist auch diese Geburt ein unter Blut und Mühen Neugebären; wie damals, so können auch heute die Willen der Menschen das Geschehende nicht bremsen oder unterschlagen. Das bringt die Jahre Luthers und des großen Kaisers Karl, die Jahre der Paracelsus, Florian Geyer, Sachs und Dürer, die Jahre des Wormser Reichstages und der Wittenberger Händel uns so nahe. Wir leben Ähnliches durch, obwohl der Sturm ein anderer wurde — doch er bricht wieder alles Dürre und macht den jungen Knospen Raum. Wir stehen am nämlichen Strom, nur seine Wellen sind nicht mehr dieselben.

Von allen den Namen, die jene Zeit dem deutschen Volke ins Gedächtnis schrieb, blieb einer bestehen, so tief die andern manchmal auch ins Dunkel sanken – die große Zeit des Umbruchs und der Wende trägt das Signum Doktor Fausts. Wir sehen die Jahre Paracelsi heute nur als die Jahre Johann Fausts.

Wer aber ist Faust? – Ein leerer Schwindler und Betrüger auf den deutschen Straßen; ein Mann, der sich als Magier gebärdete und ein Taschenspieler war, den seine Zeit verachtete, wie man Scharlatane stets verachtet hat. Ein Mann, den eine nächste Generation zu einem nach Schätzen gierenden Teufelsbündner machte, bis endlich die dritte und letzte des sechzehnten Jahrhunderts jenen Doktor Faust gedichtet hat, der seine Seele daran gab, um alle Geheimnisse Himmels und der Erden zu ergründen. »Sein Datum stund dahin, das zu lieben, das nicht zu lieben war; dem trachtete er Tag und Nacht nach, nahme an sich Adlers Flügel, wollte alle Gründ am Himmel vnd Erden erforschen.«

Der »Faust«, der dieses »Datum« hat, ist Doktor Theophrastus Paracelsus. Wir können es heute zeigen, wie Paracelsus sich zu »Faust« entwickelt hat, wie er von Schritt zu Schritt auf jenes Bild des Doktor Faust zuwuchs, bis beide Gestalten zusammenfallen und bis der Faust des Volksbuches vor uns steht, aus dem der Faust der Goetheschen Dichtung dann ins Letzte, Gültige aufgewachsen ist. Das, was wir heute »faustisch« nennen, müßten wir in Wahrheit paracelsisch heißen.

Und es ist wiederum nicht mehr als nur ein *Stück* des echten Theophrastus Paracelsus; denn neben dem »faustischen« Sucher und Erkenner Paracelsus steht sein Gegenspiel, steht jener »weiße Faust«, den er zum erstenmal gezeichnet hat, der seine Sehnsucht war und dem die letzten, leise verwehenden Jahre seines Lebens galten.

Wenn wir heute Paracelsus sagen, so denken wir an den medizinischen Reformator, an den Entdecker und Begründer einer iatromedizinischen Wissenschaft, dem, wie die Wundarznei, so die Erkenntnis und Behandlung der Stoffwechselkrankheiten und der Syphilis Entscheidendes verdanken. Daß er ein Philosoph war, ahnen die meisten nur von ferne. Daß er in Wahrheit »Faust« war, ist ein kaum entschleiertes Geheimnis.

Faust war er, der in die Geheimnisse Himmels und der Erden langte, der sich auch vor dem Wege durch den Abgrund nicht geängstet hat (weil er im Abgrunde Gott fand und das unbegreifliche Wirken seines Willens), der sich bis in den Kreis der elementischen Wesen wagen durfte und der doch mehr als nur ein bohrender Sucher und Erkenner war. Denn hinter dem allem stand der unbefleckte und im Innersten reine Mensch, stand einer – von einem Zipfel des Gewandes Gottes angerührt.

## DAS LEBEN

Der Knabe Theophrastus wurde im Herbst des Jahres 1493 in einem Bauernhause nahe der Teufelsbrücke bei Einsiedeln an der Sihl geboren. Sein Vater, Wilhelm Bombast, gehörte einem verarmten schwäbischen Adelsgeschlechte an; er war zwar Arzt, doch sein Interesse führte ihn der *philosophia adepta* zu. Die *philo-*

13

*sophia adepta* war die Lehre von den Geheimnissen der Natur, von ihren Mächten oder Kräften, die dem fragenden Menschen unerklärbar schienen; man könnte sie eine Naturgeschichte der außergewöhnlichen Naturerscheinungen nennen. Der Vater hat aber die Ursachen dieser außergewöhnlichen, geheimnisvollen Erscheinungen sowohl in anorganischen Mineralien wie schon bei den Kräutern finden wollen, und das erklärt es auch, warum er seinem Sohne den Namen Theophrastus gab: den Namen des großen griechischen Botanikers in den Tagen des Aristoteles. Er wünschte, daß ihm in seinem Erben ein solcher Theophrast erwachsen möchte. So auch erzog der Vater den Sohn, zuerst das kleine Kind im Schweizer hohen Walde, danach den älteren Knaben in dem kärntnischen Städtchen Villach an der Drau, wohin die beiden nach dem Tode der jungen Mutter 1502 geraten sind. »Von Kindheit auf hab ich die Dinge getrieben und von guten Unterrichtern gelernt, die in der *adepta philosophia* die ergründetsten waren, und den Künsten mächtig nachgründeten. Erstlich Wilhelmus von Hohenheim, mein Vater, der mich nie verlassen hat. Dem nach und mitsamt ihm eine große Zahl, die nit wohl zu nennen ist, samt vielerlei Schriften der Alten und Neuen, die sich groß gemüht haben, als Bischof Scheyt von Settgach, Bischof Erhart und Vorfahren von Lavanttal, Bischof Nicolaus von Yppon, Bischof Matthäus Schacht, Suffraganeus Freisingen, und viel Äbt, als von Sponheim und dergleichen mehr, und viel unter andern Doktorn und dergleichen. Auch so ist eine große Erfahrung gewesen eine lange Zeit her durch viel Alchimisten, die in solchen Künsten gesucht haben, als nämlich der edel und fest Sigmund Fueger von Schwaz mitsamt einer Anzahl seiner gehaltenen Prädikanten.« Diese Sätze stehen in einem »Nachruf«, den er kurz nach dem Tode des Vaters 1536 niederschrieb und dem er im folgenden Jahr noch diese·Worte in der *Philosophia sagax* beigegeben hat: »Laßt euch das nicht seltsam sein, daß ich hervorziehe, was euch allen noch nit wissend ist gewesen. Denn anders bin ich. Ich bedank mich der Schul, in die ich gekommen bin, berühme mich keines Menschen als allein dess', der mich geboren hat und der mich jung aufgeweist hat.« Das Suchen des Sohnes setzt das Graben des Vaters nach dem Geheimnis fort.

Von Paracelsi Schüler- und Studentenjahren wissen wir fast nichts. Er wurde um 1517 in Ferrara Doktor der Medizin und brach danach von dort auf, um die französischen hohen Schulen zu besuchen. Doch seine Wanderlust und die Begier zu lernen trieb ihn über das gesteckte Ziel hinaus, er schweifte hinab bis nach Sevilla, kehrte über Portugal zurück, sah England, nahm an dem niederländischen und am dänischen Kriege teil und wandte sich von Schweden nach Preußen, Litauen, Polen und der Walachei, um endlich auch die balkanischen Länder und Italien ohne Rast und Ruhe zu durchstreifen. Ob diese Reise in *einem* Zuge geschah, ob er sie öfters unterbrach, vielleicht, um Villach aufzusuchen, wenn die Wege ihn vorüberführten, das liegt im Dunkel, aber man wird das letztere wohl annehmen dürfen.

Das ist sein äußerer Weg bis in die Jahre 1524/25. Sein innerer Weg ist glücklicherweise übersichtlicher, und er steht uns klar vor Augen: »Ich hab je und je mit großem Aufsehen fleißiger Arbeit mich geflissen, zu erfahren den Grund in der Arznei, ob sie doch möge eine Kunst geheißen werden oder sein oder nicht, oder was doch in ihr sei. Denn dazu hat mich bewegt vielerlei Ursache, nämlich die Ungewißheit derselben, da so wenig Lob und Ehr mitsamt den Werken erschienen sind, und so viel Kranke verdorben, getötet, erlähmt und gar verlassen worden sind, nit allein in *einer* Krankheit, sondern gar nahezu in allen Krankheiten, so daß bei meinen Zeiten kein Arzt gewesen ist, der doch nur gewiß konnte ein Zahnweh heilen oder noch ein minderes; ich geschweige großer Krankheit. Auch bei allen Alten [habe ich] solche Torheit gefunden in ihren Schriften... Habe ich auf solches mehrmalen mir vorgenommen, diese Kunst zu verlassen. Doch aber mir selbst hierin nicht Folge gegeben, sondern es meiner Einfalt zugemessen. Hab also die hohen Schulen erfahren lange Jahr bei den Deutschen, bei den Italischen, bei den Frankreichischen und den Grund der Arznei gesucht. Mich nit allein derselben Lehren, Schriften, Büchern ergeben wollen, sondern weiter gewandert gen Granaten, gen Lizabon, durch Hispanien, durch Engeland, durch die Mark, durch Preußen, durch Litau, durch Poland, Ungern, Walachei, Siebenbürgen, Krabaten, Windisch Mark, auch sonst andere Länder, nit not zu erzählen, und in allen den Enden und Orten fleißig und emsig nachgefragt, Erforschung gehabt gewisser und erfahrener wahrhafter Künste der Arznei. Nicht allein bei den Doktoren, sondern auch bei den Scherern, Badern, gelehrten Ärzten, Weibern, Schwarzkünstlern, so sich des pflegen, bei den Alchimisten, bei den Klöstern, bei Edlen und Unedlen, bei den Gescheiten und Einfältigen, – hab aber so ganz gründlich nicht können erfahren, gewiß zu sein, es sei in was Krankheit es wolle. Hab ihm viel nachgedacht, daß die Arznei eine ungewisse Kunst sei, die nicht gebührlich sei zu gebrauchen, nicht billig mit Glück zu treffen, einen macht man gesund, zehn dagegen verderben, – das mir eine Ursache gegeben hat, anzunehmen, es sei ein Betrug der Geister, den Menschen also zu verführen und gering zu machen. Hab abermals von ihr gelassen, in andere Händel gefallen...«

Man braucht dem großen Bekenntnisse Paracelsi keine Erläuterungen hinzuzufügen. Es zeigt, wie einer an seiner Schulweisheit, am Überlieferten irre geworden ist, wie er zu suchen beginnt, wo eine medizinische Wahrheit und ein Grund zu finden sei, und wie ihm alles, was er anfaßt, in den Händen zu zerbrechen droht. Nicht was die Bücher lehren, nicht was die »Laienärzte« ihm zu zeigen wußten, wollte helfen – die ganze Medizin war ein vom Teufel angerichteter »Betrug«. Da kehrte er um zu dem, dess' Lehre ihn seit seiner Kindheit »nie verlassen hat«. Die geistige Basis Paracelsi, als er uns zuerst vor Augen tritt, ist die *adepta philosophia*, die der Vater ihm zu weisen wußte, das muß man fest ins Auge fassen, wenn man ihn verstehen will. Es ist, wenn man es vergröbern darf, die Philosophie der Alchimie, es ist der dumpfe neuplatonische und »hermetische« Geistesstrom[1], der seit dem zwölften Jahrhundert durch die abendländischen Köpfe pulst und von Jahr zu Jahr zu immer mächtigerer Wirksamkeit anschwillt.

---

[1] Genannt nach dem ägyptischen Gotte der Alchimisten: Hermes.

Die neuplatonische Philosophie – das ist die Philosophie der Proklos, Plotin und Jamblichos, der von der Gnosis, jener Verbindung griechischer Philosophie mit christlichen und orientalischen Religionsvorstellungen angerührten Jünger Platons aus dem dritten nachchristlichen Jahrhundert. Man nannte die neuplatonische Philosophie in alchimistischen Bezirken dann »hermetisch«; sie wuchs in heute noch unerforschten Umformungen bei den Adepten fort, verlor jedoch bei ihnen die Klarheit ihrer Ideen und nahm die Formen eines dumpfen Ahnens an. Die Lehre, daß geistige wie irdische Welten stufenförmig sich vergröbernde Ausgeburten (Emanationen) Gottes seien, des »einen Ein«, des »Ungrundes«, ist im christlichen Abendlande verblaßt, hat nur als Hintergrund für eine philosophische Magie noch Wirksamkeit. An ihrer Stelle gelangte im Abendlande die Makro-Mikrokosmoslehre zu entscheidender Bedeutung. Sie spiegelt sich am deutlichsten in einem Dokument des frühen Mittelalters, das einem sagenhaften ägyptischen Könige und Weisen, Hermes Trismegistos, d. h. dem »dreimal größten«, »allergrößten« Hermes, zugeschrieben wurde: in der »Smaragdenen Tafel« oder *Tabula Smaragdina«*, mit welcher er in seinem Grab gefunden sein soll und deren erste Sätze lauten: »Wahrhaftig, ohne alle Lüge, gewiß und wahrlich sage ich: das, was unten ist, ist wie das Obere, und das Obere gleich dem Unteren, – auf daß sie vereinigt ein Ding herfürbringen mögen, das voller Wunder steckt. Und gleich wie alles aus einem durch des einigen Schöpfers Hand entstanden ist, also werden auch alle Dinge nunmehr aus diesem einzigen Ding durch Anordnung der Natur geboren.

Das Geburtshaus des Paracelsus in Einsiedeln
(in der Mitte, mit dem Rad auf dem Dache)

Sein Vater ist die Sonne und seine Mutter der Mond; die Luft trägt es in ihrer Gebärmutter. Seine Säugamme aber ist die Erde. Dies Ding ist der Ursprung aller Vollkommenheit...

Steige durch großen Verstand von der Erde gen Himmel und von dannen wiederum in die Erde, und bringe die Kraft der obern und untern Geschöpf zusammen, so wirst du aller Welt Herrlichkeit erlangen...«

Was diese Sätze deuten und zugleich verhüllen wollen, wissen wir nicht mehr. Wir sehen nur eins: Es handelt sich um eine kosmologische und religiöse Offenbarung; sie kreist um etwas, was man als »das Geheimnis« wird bezeichnen dürfen.

Die Männer, die diesen Philosophien trauen, suchen alle das Geheimnis. Es sind die Männer, die Paracelsus als *adepti philosophi* bezeichnet hat – *adepti* sind nach dem Wortsinn solche Männer, die das (philosophische) Ziel erreichten, und dieses Ziel hieß eben, die Geheimnisse *(mysteria)* der Natur zu finden. Bei dieser *adepta philosophia* finden wir jetzt Paracelsus wieder. Der junge Arzt behält von seiner ärztlichen Bildung nur das Medizinisch-Technische bei; sein medizinisches Denken aber schlägt in diesem anderen Grunde Wurzel.

Das erste der »*Decem libri Archidoxis*«, die in des Paracelsus Jugendzeit entstanden und die die wichtigste Schrift des jungen Suchers sind, setzt mit den Worten ein: »So wir unser Elend und Verlassenheit sollen und müssen betrachten, liebe Söhne, wie wir so viel beschwerter Herbergen und Hunger mit vielen seinen schmählichen Zuständen, die uns so gar umgeben hatten, daß wir nit zu grünen noch uns aufzurichten vermochten (erlitten haben), so lange wir der Arznei, wie

20

die Alten sie beschrieben haben, Nachfolger waren, —
wie wir mit viel Armut und Jammer gefangen und mit
bitteren Ketten gebunden waren und uns das alles zu
Ungutem gedieh, — desgleichen auch andern mehr, die
auch mit uns in gleicher Waag stunden, denen die
Alten mit ihren Libellen[1] nicht mochten Hülfe geben,
... daß wir uns nun memorieren, wodurch wir an gewisse Enden und Wege kommen mochten, da begegnen uns die großen *mysteria naturae*.« In den Geheimnissen der Natur, *mysteria naturae*, findet er den retten-
den Weg.
Nach den *Geheimnissen der Natur* muß Theophrastus
Paracelsus forthin fragen.

*

Der Weg, den Paracelsus damit einschlägt, scheint ein
Tappen im Verworrenen. Wir wissen von der *adepta
philosophia* heute nicht mehr als eines: daß sie nichts
taugte und daß die ihr anhängenden Alchimisten Gauner gewesen seien. In Wahrheit jedoch war hier ein
großes, unablässiges Bemühen am Werk, das Suchen,
aus dem die heutige Naturerkenntnis und -philosophie
gewachsen ist. Denn diese *adepti philosophi* sind ja im
letzten nur Naturerforscher; sie wollen das finden, was
ihrer Zeit noch ein Geheimnis und *mysterium* war: die
Kraft, die in magnetischen Erscheinungen oder Äußerungen wirksam ist; die dem gemeinen Mann verborgenen Wirkungen der Kräuter und Metalle; den
Zwang des Glaubens, den wir heute Suggestion zu

---

[1] Büchlein.

nennen pflegen. Von ähnlichen Arbeiten hören wir im zweiten Buch der »Großen Wundarznei«. »Die *philosophi* haben dem langen Leben nachgedacht und das lange Leben für einen großen Schatz gehalten, und haben großen Fleiß gehabt, wie sie das Leben erhielten. Solches hat sie getrieben in die Künste der Natur, um dieselbigen Kräfte zu erfahren, und (sie haben) zusammen gesammelt, was zur Gesundheit gedient hat. Darauf haben sie in der Bereitung der Dinge keinen gerechten ganzen« Grund gehabt, aber denselbigen bei den Alchimisten gesucht und bei ihnen gefunden.« Hier haben wir den Weg des Vaters, Wilhelm Bombast von Hohenheim, der in den Kräutern nach den Kräften suchte und dann zu den Alchimisten ging.

Dergleichen *adepti philosophi* hat das fünfzehnte Jahrhundert viel gesehen. Wie sie geheißen haben, was sie suchten, wissen wir nicht mehr, nur hie und da hebt sich ein Name aus dem Dunkel an das Licht. Zu ihnen gehörte Johannes Trithemius, der ein Abt in Sponheim war und dessen adeptische Schriften Paracelsus als »gegründet« rühmt. »Gegründet« war wohl der Abt, er wußte viel von den »geheimen Wissenschaften«, von der *»magia naturalis«*, wie man die adeptische Lehre in diesen Jahren hieß; er kannte die Wunder der Optik und befaßte sich mit den Gattungen der Dämonen und hat dem Kaiser Max die schöne Maria von Burgund heraufbeschworen – er war ein Kenner, aber ein adeptischer Sucher war er nicht.

Und ebensowenig war Agrippa von Nettesheim, des Abtes von Sponheim geistiger Schüler († 1535), je ein solcher Sucher. Agrippa von Nettesheim trieb eine Renaissance der »klassischen« Magie. Das, was die Alten im Bereich der schönen Künste und der Wissenschaft geleistet haben, so daß man sie schlechthin als *das* Maß alles Strebens setzte, hat der Nettesheimer für die magische Philosophie erreichen wollen; denn eine Renaissance der Magie ist die Absicht seiner Schrift *»De occulta philosophia«* (1511), die er Trithemius gewidmet hat; ihr Inhalt ist aber eine gereinigte, »wiedergeborene« neuplatonische Magie. Wenn in Trithemius die ganze Fülle der erreichten Praxis sichtbar wird, so muß man bei Agrippa von Nettesheim wohl ein Herbstgefühl annehmen, er spürt die magischen Wunderbauten dieser Jahre schwanken; sein Renaissancebestreben ist ein Zeichen, daß ein Ende sichtbar wird. Die ersten Schriften Paracelsi tragen Spuren jenes agrippäischen Buches, die Werke nach 1525 aber gehen den völlig eignen Weg. Sie setzen, wie Paracelsus selbst bekannte, bei dem Abt von Sponheim ein, sie setzen bei den adeptischen Lehren und Erkenntnissen seines Vaters ein, sie greifen zurück auf jene alten deutschen Scharteklein der Adepten, von deren Existenz der späte Paracelsus in der »Kärntner Chronik« spricht. Das aber bedeutet, daß keine »Renaissance« der *adepta philosophia* nötig ist. Sie *lebt* bei jenen Männern, die er aufgeführt hat, frisch und voller Kraft, so wie dort die *adepta medicina* noch in voller Sommerjugend steht. Im Gegensatz zur Philosophie bedarf aber die gelehrte Medizin der Renaissance. Der Schluß ist leicht begreiflich – Paracelsus sucht ja einen Weg, der ihm aus dem Debakel seiner medizinischen Enttäuschungen hilft; da sieht er nun an der *adepta philosophia* und *medicina* zunächst nur das Gute und Gesunde. Denn die *adepta medicina* – lehrt sein Buch

23

»Vom langen Leben« sowie der *»Liber de renovatione et restauratione«* – ist sein Ziel, und die *adepta philosophia* steht verlockend vor ihm auf, wie es sein Suchen nach den »Geheimnissen«, seine archidoxischen Schriften zeigen und wie es aus seinen auf die Magie gegründeten *»Prognostica«* ersichtlich ist.

Zu alledem kam noch eins – Agrippas Renaissance lockte »international«, wie alle Renaissance eine international getönte Färbung hatte –, ihn aber fror in dieser wurzellosen volkstumfernen Atmosphäre. In der *adepta philosophia* fand er Vaterhaus und Heimat wieder. Er baute auf die *deutsche adepta philosophia* seinen Weg.

Die Wendung Paracelsi zu der adeptischen Philosophie ist vor dem siebenundzwanzigsten Lebensjahr geschehen, wenn das *»Volumen Paramirum«* und die *»Zwölf Tractat«* ins 1520er Jahr gehören, in das ihr bester neuerer Kenner, Sudhoff, sie hat rücken wollen. Sie sind schon ganz und gar in die hermetische Sphäre eingetaucht. Der Satz der *»Tabula Smaragdina«* des Hermes Trismegistos zum Beispiel, nach dem das Obere dem Unteren und das Untere dem entspreche, das oben ist, spielt in den beiden eben genannten Schriften eine ausschlaggebende Rolle. Er wird hier formuliert: Das, was im Mikrokosmos oder im Menschen sich begibt, entspricht den Vorgängen, die im Makrokosmos, in der äußeren Schöpfung, sich vollziehen. So wird die Wassersucht zu einer Entsprechung eines Wolkenbruches.

Die Formulierungen der Jugendschriften sind alle noch ein wenig ungeschickt und grob, dafür entschädigen sie durch eine köstliche und naive Frische. So sind

die »Elf Tractat«, vor allem aber der »Herbarius«, der
wie die Schrift »Von den natürlichen Dingen« nach
den Geheimnissen in den Kräutern forscht, von einem
den Leser immer wieder überraschenden jugendlichen
Glanz. Da schreibt er z. B. von der Engelsdistel, der
*Cardina accaulis* unserer Bücher, die einen Starken
stärkt und einem Schwachen seine Kraft entzieht, um
sie dem Starken zuzulegen: »Ich hab erstmals gesehen,
daß ein Mann im Elsaß getragen hat von Ruffach nach
Sulz drei Zentner schwer, eine lange Meile Weges,
Wein in einem Faß auf sich gebunden, und hat zwölf
Mann zu sich genommen, und hat die zwölf all müde
gegangen, daß sie ihm nicht haben folgen können und
schwach nachgegangen sind, etliche Tage hernach gar
geschwächt gelegen haben. Ich, da ich das sah, ver-
meinte ich, meine Kranken, so gar schwach waren,
auch also zu stärken. Ich stellte starke Leute zu ihnen
und gab ihnen die Wurz, aber es half nichts« – weil
wie gesagt die Wurzel den Schwachen schwächt und
ihre Kraft dem Stärkeren, der dabeigewesen ist, ver-
macht.
Wir haben in unserer Kosmologie mehrere Stücke dieser frühen Zeit.
Es ist die Zeit, da er zum ersten Male seine eigenen
Kräfte fühlt, da er ergreift und im Ergreifen immer
stärker, immer reicher wird. Natur tut sich ihm auf – er
blickt in die Geheimnisse ihres ewigen Baues, er
forscht in ihre Elemente, in die Geheimnisse der Kräuter, in die Geheimnisse der Mineralien und der edlen
Steine und der Wasser. Was das Experiment wie dort
in Ruffach ihm nicht gibt und offenbart, das ringt er ihr
auf chemischem Wege, mittels Kolben und Retorten,

ab. Denn die Chemie – erkennt er – ist der große Schlüssel zum Geheimnis; sie scheidet, und durch das Scheiden findet man die Urbausteine der Materie auf. Nie wieder war er so glücklich und so reich wie in den Jahren um 1526. Wie ein Besitzer unermeßlicher Schätze teilt er in den »Archidoxen« aus. Und wie mit unermeßlichen Schätzen ziert er seine Medizin. »Denn wir« – so triumphiert er in der Schrift »Vom langen Leben« – »achten *laborem sophiae*«, die Arbeit des Adepten, »für das andere Paradeis der Welt.«

Sein äußeres Leben trägt ihn, den beginnenden Dreißiger, in diesen Jahren ebenfalls dem Gipfel zu. Er brach um 1524 wiederum aus dem Vaterhause nach Salzburg auf, geriet dort aber bald in religiöse Händel und die Bauernunruhen, entwich im Jahre 1525 in das Schwäbische, wanderte forschend dort von Ort zu Ort und ward im Winter 1526 Arzt der großen Baseler Humanisten, durch deren Verwendung er wohl Baseler Stadtarzt und Professor wurde.

Sein erstes Kolleg hält er im Sommersemester 1527.

In einem beispiellosen Aufstieg hatte Fortuna ihn emporgeführt. Nie wieder bot ihm das Glück die Hand wie in den beiden Jahren 1526/27.

Da reißt es ihn, ein kühner Traum, zu einem ungeheuren, nie gedachten Plane. Die Medizin ist alt, verbraucht und abgelebt, bis in den Grund verderbt; wie diese Zeit in allem andern, sei es in der Poetik, in der Theologie, ja in der Kunst, zurückgreift und die Wissenschaften gründlich reinigen und erneuern will, wie diese Jahre die Jahre des Wiedergebärens aller ehemals guten Dinge sind, so wird auch er die Medizin von ihren vielen Flecken reinigen und befreien und wird sie neu auf die Naturdinge und adeptischen Naturgeheimnisse gründen. So lautet sein erster Anschlag an das schwarze Brett der Universität Basel: »Theophrastus Bombast von Hohenheim aus Einsiedeln, beider Medizin Doktor und Professor, grüßt die Studierenden der Medizin. Da ganz allein die Medizin als einzige aller Disziplinen, gleichsam wie ein Gottesgeschenk, nach dem Urteil der heiligen und profanen Schriftsteller, als eine Notwendigkeit bezeichnet (und ausgezeichnet) wird, und nur wenige der Doktoren sie heute mit Glück ausüben, erschien es mir geboten, sie in ihren ursprünglichen lobenswerten Zustand zurückzuführen.« – Und es heißt weiter: »Nicht Titel und Beredsamkeit, nicht Sprachenkenntnisse, nicht die Lektüre zahlreicher Bücher, wenn sie auch eine schöne Zierde sein mögen, sind Erfordernisse eines Arztes, sondern die tiefste Kenntnis der Naturdinge und Naturgeheimnisse, welche einzig und allein alles andere aufwiegen...«

Die Renaissance der Medizin aus Geist und Wesen der *adepta philosophia*! Es konnte im damaligen Europa kein kühnerer Plan in eines Arztes Herz einziehen.

\*

Die Renaissance der Medizin begründet eine neue Ära, oder nach seinen Worten: eine neue Monarchei. Mit seinen Vorlesungen setzt diese Monarchei im Jahre 1527 ein; in ihnen bekennt er sich zu den »Geheimnissen« und verwirft Galenus; mit einer symbolischen Handlung am Baseler Johannisfeuer 1527 manifestiert er dies. Die Lehre der »Alten«, die überkommene Hu-

27

moralmedizin, sei verderbt und wertlos; man könne nichts Besseres tun, als sie wegwischen und versinken lassen. »Ich habe die Summa der Bücher in Sankt Johannis Feuer geworfen« – so erklärt er seine Tat und gibt als Grund an – »daß alles Unglück mit dem Rauch in die Lüfte gang. Und also ist gereinigt worden die Monarchei.«

Da bricht der Hochschulpöbel los: verräterische Studenten und neidische Kollegen. Man findet am Tore der Baseler Burse wie an den Kirchentüren ein Pamphlet, in welchem die Manen des Galenus sich gegen den Theophrastus oder richtiger Cacophrastus wenden:

Deine spagyrischen Träume kenne ich nicht!
Ich weiß nicht, was dein Ares, dein Yliadus ist,
was dein *essatum* ist oder der heilige unverletzliche
   Taphneus
und dein Archeus, der Begründer aller Natur-
   kräfte...

Der Angegriffene wendet sich, um Abwehr bittend, an den Rat. Es wird ihm Hilfe gewährt, doch dann dauert es nicht lange, da wirft man ihm von neuem Steine in den Weg, und – Paracelsus muß bei sinkender Nacht aus Basel weichen. An einem der letzten Februartage 1528 reitet er davon. Er kommt auf seinem Wege in Ensisheim im Sundgau durch, wo 1492 eine Sternschnuppe aus den Wolken schoß und nun – ein Gleichnis seines eignen Sturzes – als ein schwerer, grauer, kalter Stein in Staub und Erde liegt.

Er ist gestürzt – und reitet jetzt von neuem als ein

fahrender Arzt durchs Land. Doch straßauf, straßab, bei Schnee und Regen, bleibt ihm noch der hohe Mut. *Sie* sind die Stärkeren; denn in ihren Händen ist die Polizei; er weicht zwar vor der körperlichen, nicht aber vor ihrer geistigen Macht. Dem geistigen Gegner stellt er sich zum Kampfe, ja er geht ihn ohne Zögern an. In einem ungeheuern Zorn, in welchen sich die Siegesgewißheit mischt, daß er die Neugeburt der Medizin in Händen halte, bricht es im Vorwort seines »Paragranum« aus ihm aus: »Wie wird es euch Cornuten[1] ansehen, so euer Cacophrastus ein Fürst der Monarchei sein wird, und ihr Calefactores werdet Schlotfeger? Und ihr werdet in meine Philosophei müssen, und euern Plinium Cacoplinium und euern Aristotelem Cacoaristotelem heißen. Das wird mir zuwege bringen die *vis mineralis* und *generatio mineralium* (also die in den Mineralien von ihm aufgespürten und gefundenen Geheimnisse). O euers armen Galeni Seel! Wäre er untödlich geblieben in der Arznei, so wären seine *manes*[2] nit in den Abgrund der Hölle vergraben worden, daraus er mir geschrieben hat (einen Brief), des Datum in der Hölle stand. Ich hätte nicht vermeinet, daß der ›Fürst der Ärzte‹ dem Teufel in den Hintern sollte gefahren sein.«

Und er weiß auch, vertrieben von Basel und von Nürnberg fortgehetzt: Ihr, meine Gegner von heute, »müßt es auf euch nehmen und müßt mir nach, ich nicht euch nach, ihr mir nach! Mir nach Avicenna, Galen, Rhasis,

[1] Gehörnte; Spottnamen der Studenten, vgl. unter »Fuchs«.
[2] Seele.

Montagnana, Mesue![1] Mir nach und nit ich euch nach, ihr von Paris, ihr von Montpellier, ihr von Schwaben, ihr von Meißen, ihr von Köln, ihr von Wien und was an der Donau und Rheinstrom liegt! Ihr Insuln im Meer, du Italia, du Dalmatia, du Sarmatia, du Athenis, du Griech, du Arabs, du Israelita! Mir nach und ich nicht euch nach! Eurer wird keiner im hintersten Winkel bleiben, an den nicht die Hunde seichen werden. Und ich führe die Monarchei und gürte euch eure Lenden!« Als er dies schrieb, hielt er schon einen Teil der Monarchei in Händen. Er war in Kolmar gewesen und hatte dort seine Arbeiten über die Syphilis begonnen, die er in Nürnberg fortführte, bis der Nürnberger Ärzte Mißgunst ihn verjagte; er war im Winter 1528/29 nach Nürnberg gekommen und wandte ihm schon im folgenden Winter wiederum den Rücken.

Doch das, was dort geschah, ist wert, genauer mitgeteilt zu werden. Bei seiner Beschäftigung mit der Syphilis erkannte Theophrastus Paracelsus, daß das zu seiner Zeit gepriesene Guajakholz das nicht hielt, was man von ihm erhoffte – Ulrich von Hutten mußte es ja auch büßen, daß er in dieser amerikanischen Rinde hatte Heilung finden wollen. Nur einem half sie, nämlich der großen Kasse der Gebrüder Fugger. Als Paracelsus aber nun seine Bedenken gegen das Holz geäußert hatte, erwirkte der Leipziger Professor Heinrich Stromer, der Dekan der medizinischen Fakultät, vom Rat zu Nürnberg ein Verbot der Drucke der neuen paracelsischen Schriften, denn Stromer hatte an den Gewinnen der Fugger aus dem Holze ein persönliches

[1] Vgl. zu den Namen S. 211.

Sonderinteresse. *Das* waren die Ärzte, die gegen Paracelsus die bewährte Medizin verteidigten.

Als das Verbot den Hohenheimer erreichte, hatte er Nürnberg schon verlassen. Er saß in Beratzhausen an der Schwarzen Laber — seine Fäuste ballten sich (die Antwort gegen seine Baseler Feinde hat er hier erst niederschreiben können), und er verwirft sie wieder, als er sie geschrieben hat, wie er die Abrechnung mit den Nürnberger Gegnern schließlich unterdrückt. Wir kennen sie nur aus dem Entwurfe, der sich zufällig noch erhalten hat. Weswegen schweigt er?

Paracelsus steht in diesen Tagen schon in einem höheren Dienst. Derselbe hat schon im Sommer des Jahres 1528 eingesetzt mit den zehn Büchern »Von Blattern, Lähme, Beulen, Löchern und Zittrachten[1] der Franzosen«, und er ist in den Nürnberger Schriften von der Syphilis noch sichtbarer zu erkennen. Es ist, als streife er die Schwachheiten und die Fehler seiner Jugend ab. Die Bücher sind nicht mehr so gebirgsfrisch und naiv beglückend wie die ersten, sie haben die Reife eines langen warmen vollen Sommertages, bis sich die letzte Nürnberger Schrift, das »Spital-Buch«, zur endgültig paracelsischen Höhe erhebt. Denn es ist Höhe, wenn ein Arzt in Tagen der Verfolgung niederschreiben darf, was dort im Eingang steht: Der höchste Grund der Arznei ist die Liebe.

Was machte den Mann? Was streifte die vorige Jünglingsfrische von ihm ab? Zu nahe fällt dieses Erwachen mit den Tagen seiner Baseler Flucht zusammen, als daß man nicht bekennen müßte: Aus dem Niedersturze

[1] Ausschläge oder Flechten.

wuchs er groß. Der Haß der Gegner, der ihn fällte, legte den Grund zu seinem Wuchs; die ihn vernichten wollten, haben ihn erst wirklich hochgehoben.

Was Nürnberg danach getan hat, eine entfesselte Hetze in den ärztlichen Kreisen, die möglicherweise auch den Pöbel aufgebracht haben, die Drohung mit der Justiz, zu alledem dann noch das Druckverbot, das ihm auf seiner Flucht nach Beratzhausen nachgesendet wurde, das war von außen her gesehen ein zweiter und vollendeter Niederbruch. Der Mann, der Amt und Brot verloren hatte, wurde zu dem allen nun noch stumm gemacht.

Es gibt von Paracelsus einen Versuch, den Kreuzestod des Herrn zu deuten; er steht in unserm Lesebuch (S. 443 ff.), so daß ich ihn nicht wiederholen muß; da wird bewiesen, daß der Erschlagene in der Schlacht der Sieger sei. Der seltsame Text erscheint zunächst als freches Sinnverdrehen an einem der größten Geheimnisse unserer menschlichen Geschichte. Es scheint, als werde die Logik vergewaltigt und zurechtgebogen — wer aber die Geschehnisse des Jahres 1530 in dem Leben Paracelsi sich vergegenwärtigt, dem wird es plötzlich deutlich, daß der Niedergeworfene immer siegt. In diesem Frühjahr, da die Baseler Wunden durch das Nürnberger Unrecht wieder aufgerissen werden, da man ihn schweigen machen will, schreibt er sein erstes und entscheidendes Buch; in einer kaum ertragbaren Erregung schreibt er dieses sein »Paragranum« nieder.

Es ist das Buch von den vier Tugenden, die dem Arzte nötig sind. Die erste ist die Philosophie (das ist das Wissen um die elementische Welt), die zweite die

Astronomie (das Wissen um die geistigen – nicht die geistlichen[!] Zusammenhänge), und hinter den beiden steht die Wahrheit: daß, was *außer* dem Menschen sei, *im* Menschen ist, daß Makro- und Mikrokosmos sich entsprechen, und daß der Leib des Menschen seine Entsprechung in der elementischen, irdischen, der Geist des Menschen seine Entsprechung in der »firmamentischen« Globel habe. Die dritte der ärztlichen Tugenden ist die wahre, rechte Alchimie; die will nicht Gold und geht nicht auf die Gaukeleien alchimistischer Gauner aus; für ihn ist Alchimie die Kunst, die Arzeneien zu gewinnen und zu bereiten. Die vierte der Tugenden ist die *virtus* oder der sittliche Mensch im Arzte.

Dem »Paragranum« folgt das »Opus Paramirum« (1532). Er hat im »Paramirum« von den Ursachen aller unserer Krankheiten handeln wollen; die Schrift blieb unvollendet, oder sie ist nicht ganz in unsere Hand gekommen; was wir besitzen, ist nur das erste der Bücher in zwei Teilen. Es stellt den Menschen als ein Produkt aus chemischen Prozessen dar, als ein Produkt aus den »Prinzipien« Sulphur (dem, was an einem Dinge brennt), Sal (dem, was an einem Dinge zu Asche wird) und Mercurius (dem, was an einem Dinge verraucht) – wovon in unserm Lesebuch sogleich am Anfang ausführlicher gesprochen werden wird. Die drei »Zustände« (wie man die drei »Prinzipien« auch nennen könnte) befinden sich in »Temperatur«, d.h. in ausgeglichenem, harmonischem Verhältnis zueinander. Solange das der Fall ist, können sie sich in ihrer augenblicklichen Form erhalten. Die »Temperatur« ist also jener Zustand, in dem jedes Sein »besteht«; eine

Zerstörung der Harmonie heißt Krankheit, sie führt zum Zerbrechen dieses Seins.

Die Welt durch eine immer neu zu gewinnende, nicht prästabilisierte Harmonie bestehend: das ist ein großer Gedanke – dessen Größe doppelt sichtbar wird, wenn man bedenkt, daß ihn ein in sich so unruhiger Sucher ausgesprochen hat.

Genau so groß ist, was der nächste Schritt dem noch hinzuzufügen vermag. Das »Büchlein von der Bergsucht« aus dem Jahre 1534 führt es aus und zieht aus dem soeben Dargelegten eine letzte Konsequenz: Die »Temperatur« bedeutet Ausgeglichenheit der Qualitäten Böse und Gut. Das Böse ist also nicht das Negative, sondern ein notwendiges Stück im Sein, und nichts ist so sehr böse, daß es nicht auch gut sein könnte, kein Gut so gut, daß es beim Fallen aus der »Temperatur« nicht böse wäre.

*

Wir haben den Ablauf dieses Lebens schon mit einigen Schritten überholt, und es ist not, jetzt wieder in das Jahr 1530 zurückzukehren. Es war das Jahr der Flucht aus Nürnberg und des großen Buches »Paragranum«. Und es war noch mehr: Es war das Jahr, in welchem die theologischen Fragen Paracelsus mit bedrängendem Ernste überfielen. Er hatte sich schon einmal, im Jahre 1524, in ihr Netz verfangen. Nun nahen sie wieder, erregender und entscheidender als in Salzburg einst. Sie setzen im Frühjahr 1530 ein und halten ihn bis 1533 fest.

Was gingen den Arzt und Philosophen theologische

Fragen an? Nun, wer ein Philosoph ist, ist wohl gleichermaßen auch ein Theologe. Und dann – es ist die Zeit der großen theologischen Auseinandersetzungen. Man hält die Welt für alt, sie könne in den bisherigen Bahnen nicht mehr weiterrollen. Ein Umbruch geschieht – und dieser Umbruch äußert sich vor allem im Theologischen; die andern Gebiete des Lebens und der menschlichen Ordnung treten demgegenüber damals weit zurück. Im theologischen Bezirk muß sich jedoch der Mensch von 1530 klar entscheiden.

Die paracelsische Entscheidung ist in einen einzigen Satz zusammenzufassen, denn seine Theologie ist eine typisch paracelsische Theologie, entsprechend dem Wahlspruche: *Alterius non sit, qui suus esse potest*, »Der Mann soll keines andern sein, der auf sich selber stehn kann allein«. Es ist die freie Entscheidung eines deutschen Edelmannes und eines Mannes, der die eigenen Wege, nicht die vom Willen eines andern ihm bestimmten, gehen muß.

Sein Grund ist der, daß jede der heutigen Kirchen eine »Sekte« sei, die römische, die lutherische, die zwinglische oder die der Täufer. Er aber sucht die wahre Kirche Jesu Christi. Das ist die Kirche des Pfingsttages, die der Jünger und Apostel. Mit dieser Erklärung ist im Grunde alles schon gesagt. Denn wenn die Kirche des Pfingsttages die von ihm gesuchte wahre ist, dann muß die Pfingstgemeinde oder apostolische Urgemeinde auch das Vorbild werden. Aus ihr, aus ihrer sozialen Haltung nimmt er die Verpflichtung für sich selber: die Forderung des werktätigen, sozial gerichteten Seins.

Er hat von dieser neuen apostolischen Gemeinde auch

ein Bild gezeichnet, das er die »*Vita beata*« nannte und das wir die Schrift »Vom seligen Leben« heißen. Es ist das Leben des wahren religiösen Menschen in der Zeitlichkeit – ich habe die schönsten und entscheidenden Stücke in das Lesebuch gesetzt. Das allerschönste freilich und das größte steht nicht darin: das Stück von Paracelsi eigenem seligen Leben in den Jahren 1532 bis 1533.

Es setzte mit einer neuen Erkenntnis von der Pflicht des Abendmahles ein. Es soll in keinem Tempel geschehen, sondern nach Maßgabe der paulinischen Lehre. »Die rechte Ordnung ist die, daß sie zusammenkommen, die den Tod Christi verkündigen wollen den Ungläubigen, und essen in ihrem Hause miteinander, brechen das Brot, am letzten benedeien sie's dem Herrn, essen also dann seinen Leib und trinken sein Blut und singen dem Herrn seinen Lobgesang; darauf folgt die Haltung des Gebotes ›Gehet in alle Welt und verkündigt den Tod des Herrn‹; darauf sollen sie sich austeilen und keiner den andern nimmermehr sehen, und keine Nacht liegen, da er die andere geschlafen hat, bis sie finden, das Gott ihnen befohlen hat zu suchen. Und treiben sie sie wie die Apostel aus der Gassen, so sollen sie zum Fenster ausschreien; item vertreiben sie euch aus dem Fenster, auf die Dächer fliehen und ernstlich schreien, bis sie die Wahrheit in den Tod treibe.«

So zieht er aus, ein Deuter und Erklärer Pauli (1. Korinther 10); er legt die Lehren des Apostels aus und predigt Jesu Christi Tod. Er lebt bei denen, die ihn aufnehmen, wie es ihnen Gott geboten hat, und übt die Werke der Liebe an den Menschen, denen er begegnet.

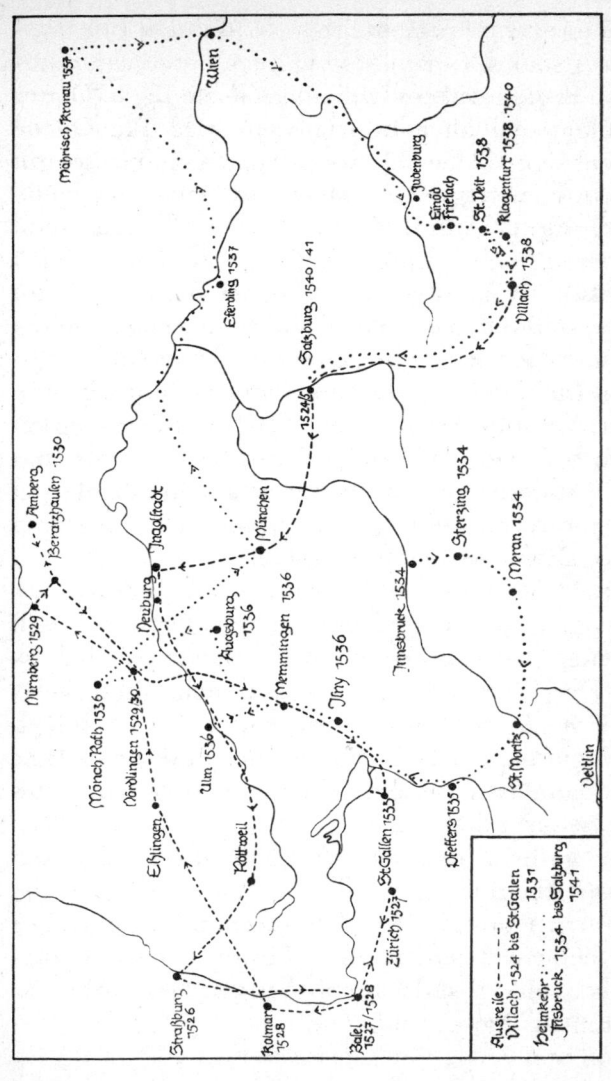

Das Wirken des Paracelsus,
dargestellt an seinen Reisen durch Deutschland

Wien

Mähriſch Kromau 1537

Pudenburg
Einöd Friesach
St. Veit 1538
Klagenfurt 1538 · 1540
Villach 1538

Eferding 1537

Salzburg 1540/41

Amberg
Beratzhauſen 1530

1524?

München

Ingolſtadt

Sterzing 1534

Meran 1534

Innsbruck 1534

Nürnberg 1529

Augsburg 1536

Mönch Röth 1536
Nördlingen 1529/30

Memmingen 1536

Ulm 1536

Illry 1536

St. Moritz

Veltlin

Eßlingen

Rottweil

Pfäffers 1535

St. Gallen 1535

Zürich 1537

Straßburg 1526

Kolmar 1528

Baſel 1527/1528

Ausreise: ————
Villach 1524 bis St. Gallen
1531

Heimkehr: ··········
Innsbruck 1534 bis Salzburg
1541

Wir haben vom Himmelfahrtstage 1533 ein Bekenntnis dieses seines Tuns: »Also will ich beschlossen haben vom Brot und Wein Christi das letzte Buch. Der es nun unter euch nit annimmt, dem wird alle Gnade entzogen sein. Wiewohl, wenn ich euch nit so gut kennte und euer geneigtes Herz und Willen, so wollte ich mich dieser Arbeit nit unterstanden haben; denn auch mein Pflug kommt mich diesmal hart an, daß ich nit wohl die Weil habe, mich vom selbigen säumig zu machen, von wegen der Kranken, die mir fast feindlich zukommen und der Hülfe groß notdürftig sind... Ihr grüßt mir meine Gesellen und Gönner und die Euern, so euch alle wohl bekannt sind. Trägt mich der Weg bei euch vorbei, wie ich denn nit weiß, wo ich jetzt hin werde wandern, so ich meine Kranken abgefertigt werde haben, so werde ich mich bei euch ein wenig säumen. Damit seid Gott befohlen.«

Wo Paracelsus in diesen Jahren wanderte, können wir nicht sagen; ein einziger überlieferter Ortsname will sich keiner Deutung fügen. Und es ist wohl auch richtig so. Denn wenn ein Mann zu seinem Gotte geht, wenn er vor dessen Antlitz seine Kleider von sich legt, um *ihm* zu dienen, und sich all seines irdischen Tuns begibt, dann ist es recht, beiseite zu treten und das Antlitz zu verhüllen.

Was er gesucht hat, davon geben seine religiösen Schriften Zeugnis. Es sind wohl die ergreifendsten christlichen Worte, welche dies Jahrhundert sprach, es ist das Sichgewißwerden eines Herzens, das des Gottes gewiß ist. Und es ist das Sichbekennen dieses Mannes Theophrastus Paracelsus.

*

Als Paracelsus wiederkehrt — nicht von dem Bußweg eines reuigen Sünders, sondern von der Begegnung mit Ihm in das Menschenland zurückkehrt —, da ist er noch einmal ein anderer und ein Größerer geworden. Was in ihm schwelte, konnten ja schon die drei Traktate über die »Bergsucht« lehren. Er setzt wohl 1536 an, um eine »Große Wundarznei« zu schreiben, bricht aber vor ihrem dritten Teile, der im Plane längst schon feststand, ab, obwohl das Werk ein großer buchhändlerischer Erfolg gewesen war, und geht noch gegen Ende des gleichen Jahres an die Niederschrift der »*Philosophia sagax* oder *Astronomia magna*«, die ihn von diesem Herbste an zwei Jahre lang beschäftigen soll. In Mährisch-Kromau wurde im Juni 1537 der entscheidende erste Teil beendet; dann folgte gegen Ende des Jahres wohl der »*Labyrinthus medicorum errantium*«, der aus dem eben Festgelegten die dem Mediziner wichtigen Schlüsse zieht; und während des Sommers 1538 wird der zweite Teil geschrieben.

Die wenigen Zeitangaben sagen viel mehr, als es zuerst scheinen will. Von München bis Mährisch-Kromau über Efferdingen beschäftigt ihn der erste Teil; die Straßen Bayerns und die Straßen an der Donau bis vor Linz, die Straßen quer durch das böhmische und noch tief hinein in das mährische Land sind sein Entstehungsort. Zu Ende 1536 hat er München hinter sich gelassen; im Wintersturm und Wetter, fröstelnd, in den abgenutzten Mantel eingehüllt, läßt er den Gaul nach Norden traben, um in Efferdingen Rast zu halten — und wieder von dort muß er durch Frühlingsbrausen und in früher Sommerhitze in das Brünner Tal. Verlotterte Herbergen bieten ihm ein karges Bett zur Nacht. Gesellen, mit denen sich der Weg verplaudern ließe, sind nicht da. So bohren die Gedanken immer, immer nur das gleiche harte Holz.

»*Astronomia magna* oder die ganze *Philosophia sagax*« heißt das neue Werk. Der Lärm des Baseler Jahres und die Nürnberger Zänkereien sind verklungen; sein Weg, der in die Einsamkeit zu Gott führte, hat sie ausgelöscht. Er will und braucht auch keine solchen Auseinandersetzungen mehr. Als er von München reitet, trägt er einen großen Plan im Hirn, zu groß, als daß ihn einer aus der Schar der Ärzte auch nur halb verstehen könnte. Bei einem adeptischen Sucher, einem Pfarrer Brant, hält er in Efferdingen Rast. Doch es scheint so, als habe auch Brant dem Fluge seines Geistes nicht mehr folgen können, obwohl die »*Philosophia sagax*« doch nichts anderes als die *philosophia adepta* ist.

Denn eine adeptische Philosophie schreibt nun der Eremita auf den deutschen Straßen.

Sie hat vier Teile, nach den vier Wirkungsbereichen des adeptischen Tuns. Der erste Adept ist der, der die Geheimnisse der Natur erkennt und hat, sein Weg langt freilich über die elementische Natur hinaus in schwerer zugängliche Bezirke. Der nächste Adept ist ein Verwalter aller metaphysischen Möglichkeiten. Die beiden folgenden operieren mit der Macht aus göttlicher oder widergöttlicher Hand. – Man kann dies auch in andere Worte fassen: Dann ist der erste Adept ein Kenner aller Kräfte der Natur und unserer Seele, das aber bezeichnete die paracelsische Zeit als die *magia naturalis*. Daß eine Magie, die sich des Teufels bedient, als eine *illicita* verboten ward, ist klar; es bleibt dabei jedoch noch eine Magie übrig: die Erkenntnis und das

Wirken mit der Hilfe Gottes. Magie aus Gott, das ist die »weiße Magie« einer kommenden Generation. Der Mann, der ein Adept war und der dann zu Gott gegangen ist, hat diese Magie auf seinem späten Wege durch das deutsche Land gedacht.

Das scheint sehr wenig, und im Grunde ist es doch sehr viel.

Es scheint dem wenig, dem »Magia« nur ein Zaubern, eine Hexenkunst bedeutet; es muß dem mehr sein, dem sie so wie Paracelsus ein Erkennen ist. Denn er will nichts, er braucht den Zaubermantel Faustens nicht, er kann die billigen Späße mit den angezauberten Ochsenköpfen sich gern schenken, er wird die schöne Hure Helena nicht aus der Schattenwelt heraufbeschwören – er will nur eins: er will in die Geheimnisse schauen. Es gibt Geheimnisse der irdischen und der überirdischen Welt. Er weiß: Die irdischen muß man sich erarbeiten und er wird sie sich erquälen. Die überirdischen? Er lugt wie ein Kind nach ihnen aus. Ja, wenn der Satan ein Geheimnis hätte, würde er es ihm noch entreißen; denn Gott muß es erlauben, daß man das Verlorene und Verbotene sucht, hat er doch auch verbotene Liebeswerke am Sabbattag erlaubt.

Nur die Geheimnisse, die das himmlische Licht dem Philosophen offenbaren muß, die kann er nicht mit Macht ergreifen; niemand wird sie finden können, es sei denn einer, der von neuem geboren worden ist (wie Christus gegenüber Nikodemus von der neuen Geburt gesprochen hat).

Und Paracelsus hofft, daß er von neuem geboren worden sei.

Es steht in unserm Lesebuch ein Stück, das die »Amtsmänner Gottes« heißt. Dort wird gesagt, daß Gott drei Arten Ämter setzte und erwählte: Propheten, Apostel und Doktoren, das sind Kundige der heiligen Schrift. Seit 1533 kennen wir eine Anzahl theologischer Schriften Paracelsi, die er als »beider Arzneien und der heiligen Schrift Doktor« verfaßte. Das kann nichts anderes heißen, als daß er ein Amtsmann Gottes sei.

Ist das nun religiöse »Überspanntheit«, oder ist es mehr?

Wenn es das wäre, was wir Überspanntheit und Schwarmgeisterei zu nennen pflegen, dann würde der so Erwählte seine Offenbarungen ohne weiteres erzählen. Doch in der *»Philosophia sagax«* heißt es von dem, was *philosophia adepta coelestis*, also die *philosophia adepta* in Gott sei: »Wisset, daß die *philosophia coelestis* dahin ist geordnet, daß wir von ihr nichts sagen können bis dahin, da es die Experienz gibt.« Nur das, was Göttliches in *dieser* Welt ist, können wir Irdischen schon erfahren.

Nicht also ein Prahlen mit Offenbarungen, nicht eine verblasene Schwarmgeisterei, ein Hoffen und das Erheben eines Anspruches steckt in seinem Tun. Ein Ringen ist es um die Erkenntnis, die noch über der uns freigegebenen ist, ein Zwang (wenn man das sagen darf), mit dem er seinem Gott entgegentritt und von ihm fordert: Gib! Ich lasse dich nicht, du segnetest mich denn!

Nie wieder erhob der faustische Paracelsus sich so hoch wie in dem Jahr.

*

Im gleichen Jahre 1537 ging, wie schon erwähnt, der Sucher auch daran, die *Medizin* gemäß den in der *»Philosophia sagax«* gewonnenen Erkenntnissen neu zu gründen. Als er den *»Labyrinthus medicorum«* aber dann in Wien zum Drucke bringen will, hat sich die Wiener Ärzteschaft dem Plane gehässig widersetzt, so wie sie ihm den Druck der dem Adepten Brant gewidmeten Schrift vom Tartarus verdirbt.

Der adlige Mann, der mit dem Schwerte an der Seite ritt, glüht auf. »Wiewohl Christus sagt: Schlägt dich einer an einen Backen, gib ihm auch den anderen; dem, der dir den Mantel nimmt, gib auch den Rock – dies Gebot wird hie mein Kreuz nit werden; denn es ist mir auf meinen Rücken nicht gelegt. Christus redet vom zeitlichen Gut, in welchem wir unsern Schatz nit suchen sollen. Das ich aber handel und das mein Pflug ist und das donum, so mir Gott gegeben hat, ist der Kranken Nutz.«

Sie haben ihn angerührt – nun schlägt er zu. Nicht so wie ehemals – denn der Angriff ist ihm nicht mehr die Parade, er schreibt vielmehr in »Sieben Defensiones« seine Verteidigung: warum er eine neue Medizin und neue Krankheiten mit neuen Namen lehre; weswegen in seinen Rezepten giftige Arzneien vorgekommen seien und ihr Nutzen, weswegen er sich der Kameradschaft mit den falschen Ärzten zu enthalten pflege; daß er nicht alles wisse und nicht jeden Kranken heilen könne; daß er ein zorniger Mann sei: »Ich aber selbst schätze es für eine große Tugend und wollte nit, daß es anders wäre, als es ist. Mir gefällt meine Weise sehr wohl. Damit ich mich aber verantworte, wie meine wunderliche Weise zu verstehen sei, so merkt also: Von der Natur bin ich nit subtil gesponnen; ist auch nicht meines Landes Art, daß man was mit Seidenspinnen erlange. Wir werden auch nit mit Feigen erzogen noch mit Met noch mit Weizenbrot, aber mit Käs, Milch und Haberbrot. Zudem haftet einem alle seine Tage an, was man in der Jugend empfangen hat; denn die in weichen Kleidern und die in Frauenzimmern erzogen werden, und wir, die wir in Tannzapfen erwachsen, verstehen einander nit wohl.«

Und dann ist eine weitere Defension: »Mir ist not, daß ich mich verantworte wegen meines Landfahrens und wegen des, daß ich so gar nindert bleiblich bin. Nun wie kann ich wider das sein oder das gewaltigen, das mir zu gewaltigen unmöglich ist? Oder was kann ich der Bestimmung nehmen oder geben?«

Es ist das letzte Selbstbekenntnis, das wir aus dem Munde dieses Mannes haben. Er ist gehetzt, wie man ihn vor zehn Jahren in Süddeutschland hetzte, und – es liegt etwas auf ihm, was er selber nicht begreifen kann. Er ist ja als ein kerniger Mann geboren, und es zwingt ihn etwas auf die Straße; was dieses Etwas, das ihn zwingt, gewesen ist, versteht er nicht. Es ist »Bestimmung«, Schicksal – aber er sagt zu ihm Ja. Schon ist er müde, schon vermag er nicht mehr wie vor Jahren anzugreifen, schon liegt der Zwang der ewigen Straßen in die Ferne wie ein Druck auf ihm – doch er beklagt sich nicht.

Ja, ja und nochmals ja!

Das ist, von kleinen und unbedeutenden Resten abgesehen, Paracelsi letztes Wort. Mit dieser Verteidigung und diesem Ja zu seinem Schicksal schließt er ab.

Noch baut er darauf, daß man ihm den *»Labyrinthus«*

mit den »Defensiones« und der für Brant geschriebenen Tartarusschrift in Kärnten drucken werde. Die Aussicht trog – denn man vergaß die höflichen Versprechen, und seine Manuskripte verstaubten in den Aktenkammern der Behörde; im Jahre 1564 wurden sie in den abgelegten Akten der Kärntner »Landschaft« aufgespürt.

Im Jahre 1539 sargte er wohl die Hoffnung auf die Druckzusage ein.

Sein Leben ging auf den Straßen fort. Von einem Kranken ritt er hin zum andern. Schnee stob, der Föhn riß an dem Mantel, Regen peitschte nieder. Er ritt und ritt. Noch eine letzte Hoffnung blüht ihm auf: Es wird gemunkelt, daß man ihn nach Salzburg rufen werde.

In einem Brief an einen Kranken schreibt er es aus Klagenfurt am 2. März des Jahres 1540, er könne dem Ruf zu ihm nicht Folge leisten, »da ich solchem Begehren Schwachheit halben nicht wohl statt tun mag. Neben dem, daß ich jetzo aus dem Land, so Gott will, zu verreiten – und deshalben Briefe zu empfangen – täglich hier gewartend bin«.

Der Brief kam an. Im zeitigen Sommer finden wir ihn in Salzburg, wohin der Bistumsverweser ihn als Arzt berufen haben soll.

Er kehrte dahin zurück, wo er sich 1524 niederlassen wollte, und schloß dort im September 1541 seine müden Augen. Die Zeit des Reitens über die weiten deutschen Straßen war vorbei.

Von seinem letzten, Salzburger Lebensjahre wissen wir fast nichts. Nur ein Rezept verrät, daß er einmal am Wolfgangsee gewesen ist. An was er starb und wo – ob in dem sogenannten Paracelsushause an der Salzachbrücke, ob in der Gastwirtschaft »Zum weißen Roß«, in welcher er sein Testament diktierte, in einem Raißpetl (Reisebettlein) sitzend, schwachen Leibes, »aber der Vernunfft, Sinnen und Gemüts ganz aufrichtig«, ist uns unbekannt. Von einigen Legaten abgesehen, welche den Badern und Chirurgen galten, hat er sein ganzes Hab und Gut den armen, elend, dürftigen Leuten, weil die kein Pfründ noch andere Vorsehung haben, hinterlassen – die Liberalität des selig Freien treibt zum letzten Male ihre Blüte.

So ging er hin, im Tode das bejahend, was er lebte.

Die Werke zeigen an, daß seine Arbeit getan ist. Wenn das Haus fertig dasteht, so ist das ein Zeichen, daß die Zeit gekommen ist für seinen Meister. Also auch hier: »Die Zeit der Geometrie ist zum End gangen; die Zeit der Artisterei ist zum End gangen, die Zeit der Philosophei ist zum End gangen; der Schnee meines Elends ist zum End gangen. Der im Wachsen ist, ist aus. Die Zeit des Sommers ist hie. Von wannen er kommt, das weiß ich nit; wohin es kommt, das weiß ich nit; – es ist da.«

Zu Sankt Sebastian in Salzburg hat er sich sein Grab gewählt. Die Grabschrift schrieb ihm eine seines Seins unkundige Hand. So fehlt, was auf ihr als der Inhalt dieses Lebens stehen müßte:

»Was ist es, das den Medikus gereut? – Nichts! Denn er hat seine Tag vollbracht mit den Arcanis und hat in Gott und in der Natur gelebt als ein gewaltiger Meister des irdischen Lichts.«

# Die Philosophie des Paracelsus

Der Name Paracelsi ist als der eines großen Arztes auf uns gekommen, und seine praktischen wie seine theoretischen Leistungen verdienen alles Lob. Er gab nicht nur der Medizin für lange Zeit ein völlig anderes Gesicht, die Nachwirkungen seines Forschens und seiner Erkenntnisse reichen bis auf unsere Zeit. Schon daß er gegen die Humor- und Komplexionenlehre aufgetreten ist, nach welcher alle Krankheiten auf die Veränderung der vier wichtigsten Säfte im Leib, des Blutes, des Schleimes, der gelben und der schwarzen Galle, zurückzuführen sind, war wichtig genug. Dazu kommt aber noch ein doppeltes Positives. Er sah als neuplatonischer Denker den Menschen leben in der großen Welt, sah, daß er sich den kosmologischen und biologischen Gesetzen fügen müsse, und er erkannte, daß in den biologischen Vorgängen chemische Prozesse sich vollziehen. Sind aber die Lebensvorgänge alchemische – das heißt chemische – Prozesse, ist die Gesundheit das Bestehen und Krankheit die Zerstörung einer chemischen »Temperatur«, dann kann die Heilung sich auch nur auf einem chemischen Weg vollziehen. So führt der erste Schritt zum zweiten, zur alchemisch fundierten und erarbeiteten Arznei.

Nicht nur das Allgemeine, auch die einzelnen Leiden beschäftigten den Arzt; er hat die Chirurgie zu einer der inneren Medizin gleichwerten Wissenschaft erhoben, erkannte, daß hinter den Krankheiten der Frau ihr sexuales Leben stehe – und jede Erkrankung ist aus ihrer Ursache, nicht in den Symptomen zu kurieren –, er wandte als erster in der »Bergsucht«, der Schrift von den Erkrankungen der Bergleute, sich den sogenannten »Gewerbekrankheiten« zu, und er verbesserte die Quecksilberkur in den »Franzosen« (oder der Syphilis). Die Tartarus-Erscheinungen (Niederschläge im Harn) erkannte der Adept als chemische Prozesse – ja über das alles hinaus tat er noch einen ganz entscheidenden Schritt, indem er psychische Vorgänge mit verschiedenen Erkrankungen in Verbindung brachte; so hat er die große Rolle des »Glaubens«, der Suggestionen und Autosuggestionen, in seiner Schrift von den »Unsichtbaren Krankheiten« und der *»Philosophia magna«* festgestellt.

All diese Ergebnisse, denen noch manche ähnliche hinzuzufügen wären, sind – mag die ärztliche Veranlagung Paracelsi noch so groß gewesen sein – im wesentlichen aber die Ergebnisse eines philosophischen Erkenners. Wir werden deshalb, auch für den Mediziner Paracelsus, auf die theophrastische Philosophie verwiesen.

Die Lebensbeschreibung des großen Adepten hat uns freilich schon gelehrt, daß es nicht möglich ist, schlechtweg von »seiner Philosophie« zu sprechen. Wir haben vielmehr ein Aufwärtsschreiten vor uns, welches in der Zeit begann, da er die Lehren des Vaters mit dem Wissen seiner Lehrer konkordierte, und das von Stufe zu Stufe bis zur großen *»Philosophia sagax«* (1537) führte. Da diese ihm selbst das reife Ende seines Wanderweges bedeutet, und da sie überdies sein einziges systematisches philosophisches Werk gewesen ist, so tritt sie vor den übrigen Phasen seines Philosophierens in den Vordergrund. Es wird deshalb genügen, auf die übrigen Schriften einen kurzen Blick zu tun.

Die Schriften, »so unser jung Blut in fröhlichem Gemüt gedichtet« hat – es waren die Werke vor der Baseler Katastrophe –, sind Monographien. Sie geben, in einer unsystematischen Folge wie die frühen »Elf Tractat«, dann stärker auf einzelne Krankheitserscheinungen hin gerichtet, medizinische Belehrung; nur indirekt scheint der adeptische Untergrund in ihnen auf. Das gleiche gilt für die nicht im eigentlichen Sinne medizinischen Bücher jener Jahre. Sie sind Philosophien, wenn man noch den mittelalterlichen Sinn des Wortes beibehält, denn sie behandeln die Erscheinungen der Schöpfung – aber wiederum nur monographisch. Auch diese philosophischen Traktate haben einen ausgesprochen adeptischen Hintergrund. Wenn nichts als sie von Theophrasti Paracelsi schriftlichem Werke überliefert wäre, dann müßte man ihn zu den Agrippa v. Nettesheim, Trithemius, v. Hohenheim und ähnlichen Autoren zählen, die sich um die Geheimnisse der Natur und deren Enträtselung bemühten. Es sind dies der *Herbarius* sowie die Schrift »Von den natürlichen Dingen«, »Von den natürlichen Wassern« und »Von den natürlichen Bädern«, das Buch *De mineralibus*, die *»Philosophia de generationibus et fructibus quatuor elementorum«* und die Schrift *»De meteoris«*, also alle jene Bücher, die von den makrokosmischen Erscheinungen in der Schöpfung Gottes handeln und die uns sogleich im ersten Teile unseres Lesebuches begegnen werden. Zu ihnen tritt eine Reihe früher Schriften, die um alchimistische Fragen kreisen: die »Von den ersten dreien Principiis«, *»De transmutationibus metallorum«* und – unter diesen allen die wichtigste – die »Archidoxen«. Die »Archidoxen« sind eine

Grund- und Erzlehre über »geheime« alchimistische Arzneien. Sie stehen im engen Zusammenhange mit dem Buch »Vom langen Leben« und einem andern, *»De renovatione et restauratione (vitae)«*, das sich mit dem adeptischen Problem der Lebensverlängerung und Verjüngung beschäftigte.

Die zweite und sehr viel wichtigere Periode paracelsischen Schaffens setzt in Kolmar ein, wo dem aus Basel Entflohenen eine kurze Zeit der Ruhe wurde. Es sind Erörterungen über »äußere« Krankheiten: Hautleiden und Verwundungen, die in den drei Büchern der *»Bertheonea«* und dem Buche »Von allen offenen Schäden« vorgetragen werden, bis dann sein Schaffen schon in Kolmar in ein ausgedehntes Schrifttum über die Syphilis einmündet. Hier oben entstand das Werk »Von Blattern, Lähme, Beulen, Löchern und Zittrachten der Franzosen«, in Nürnberg das »Von der französischen Krankheit« (oft die »Imposturen« genannt), und endlich die zehn Bücher »Vom Ursprung und vom Herkommen der Franzosen«, was alles im sogenannten »Spital-Buche« seine Fortführung finden sollte. Das sind vier umfangreiche Monographien über die Syphilis. Doch diesen medizinischen Sonderuntersuchungen ist der eigentümliche Zug zu eigen, daß sie viel stärker als die früheren eine philosophische Untermauerung fordern. Und nach der Flucht aus Nürnberg gibt dann Paracelsus auch den Unterbau.

Daß »Paragranum« (1530) und die ersten beiden Bücher aus dem *»Opus Paramirum«* (1531) dienen diesem Ziel. Sie sind Begründungen einer hermetisch-neuplatonischen sowie alchimistischen Weltanschauung. Die Philosophie, d. h. der Wille zur Erkenntnis ist hier noch diesseitig orientiert; die beiden Werke umfassen allein den Makrokosmos und den Mikrokosmos. Der Mensch als Mikrokosmos ist nur ein verkleinerter Makrokosmos: sein Fleisch entspricht der Erde, und das Blut dem Elemente Wasser; so geht es in ähnlichen Entsprechungen durch die anderen Körperteile weiter. Doch klingt nun durch, was unser Lesebuch (vgl. arcanum im Register) sagt, daß die *wahrhaftigen Dinge* nur ein *Geistiges*, nicht mit Händen zu Greifendes seien; das, was wir sehen und fassen, sind nur die Einkleidungen jener wahren Wirklichkeit. Nicht die Erscheinungen, sondern die »Kräfte« hinter den Erscheinungen sind das Wirkliche. Auch Paracelsi drei Prinzipien (vgl. S. 72 ff.), durch welche die Dinge ihre Körperlichkeit erhalten, sind keine Substanzen, sind allein »Prinzipien« oder Wirksamkeiten.

Von dieser Erkenntnis, daß die wahren Elemente nur ein Geistiges seien, hat aber die Anthropologie der Zeit des »Paragranum« einen bescheidenen Gebrauch gemacht. Ihr ist der Mensch ein aus den vier Elementen zusammengesetztes Ganzes; die beiden unteren: Erde und Wasser, geben ihm den Leib, die oberen: Luft und Feuer, das Geistige, den Odem. Die Erde im Menschen ist also Fleisch und Bein, wie es bereits die Alten lehren; das *firmamentum*, das Gestirn im Menschen oder die *astra* sind die geistigen Kräfte, genauer: die ungreifbaren und unkörperlichen Teile seines Leibes. Es ist das eine Abwandlung der in hermetischen Kreisen lebenden Makro-Mikrokosmoslehre. Denn diese Lehre, daß unser Körper nur ein verkleinertes Bild der großen Schöpfung sei, ist ebenso hermetisch wie die Lehre von der Entsprechung ihrer beiden »Reiche«.

Aus diesen Sätzen geht aber nun als weitere Konsequenz hervor, daß sich der Arzt um die Anatomie der makrokosmischen Welt bemühen müsse; denn sie erlaubt ihm alle Schlüsse auf den mikrokosmischen Befund. Das heißt zunächst, daß die »Natur« der Schlüssel seiner ärztlichen Kenntnis ist. Denn »die Erkenntnis«, heißt es im endgültigen »Paragranum«, »liegt nit im Arzt, sondern in der Natur. Und darum in der Natur: sie kann die Natur in sich wissen, der Arzt nit. Weil nun die Krankheit aus der Natur, nit vom Arzt, und die Arznei aus der Natur, nit vom Arzt kommt, so muß der Arzt der sein, der aus der Natur lernen muß.« – Mit diesen Erklärungen wird die Technik, die bisher die Medizin gewesen ist, zu einer Wissenschaft erweitert, deren Grund das Forschen ist. Und ferner: Der Mensch, der bisher noch den Kosmos übertrumpfte – denn die Natur, die Welt bestand ja nur um seinetwillen, war ihm gegeben und »ihm unter seine Füße getan« –, der Mensch wird nun ein Teil des Kosmos, wird Natur in der Natur, d. h. er wird in die Natur und ihre Gesetze als ein Glied hineingeordnet. Die ganze bisherige, von den kirchlichen Philosophen geschaffene Ordnung der Werte wird damit bedroht. Ja, noch vielmehr, die jetzt noch gültige Wertordnung wird zu einer andern, neuen umgeformt. Denn die Natur, die vorher nur ein Tal der Sünde und der Tränen war, erhält in dieser philosophischen Umgestaltung einen höheren Wert. Es wird nun in den Vordergrund gerückt, daß sie die Schöpfung Gottes ist, daß Gott mit eigner Hand die firmamentischen Kräfte in sie legte, das sind die wunderbaren Kräfte oder die »Geheimnisse«, wie sie Paracelsus früher nannte. Durch diese Erhöhung wird aber auch der in sie eingeordnete Mensch erhöht. So handelt es sich vielmehr um eine völlig neue Ordnung der Beziehungen Gott, Natur und Mensch, das heißt im Letzten aber um eine aus adeptischen Gründen kommende Revolution.

Die Reformation der Medizin aus der adeptischen Erkenntnis ist im Gange.

Sie tritt noch stärker in Erscheinung, wenn man nun die paracelsische Willenspsychologie beachtet. Er ist der erste Mediziner nach Duns Scotus, der die Willenserscheinungen kennt und würdigt. Das setzt schon im *»Volumen Paramirum«*, einer seiner frühesten Schriften, ein, und es wird ausgeführt im vierten Teil des *»Opus Paramirum«*. Er handelt in ihm von einigen unsichtbaren, d. h. psychischen Erkrankungen, und er erkennt dabei die Rolle der Suggestion und Autosuggestion. Ihm sind auch diese Erscheinungen »Geheimnisse«, aber sie sind zugleich natürlich.

Ein drittes in jener Zeit entstandenes philosophisches Schriftenbündel lehrt das gleiche. Ich meine die unter dem Titel *»Philosophia magna I«* zusammengefaßten Einzelschriften, in denen er von den Hexen, von den elementischen Wesen oder Geistern, von der Imagination, vom Glück und mancher magischen Frage handelt. Es tritt auch hier – ich denke nur an den in unserem Lesebuche abgedruckten *»Liber de Nymphis«* – das schon vorhin erörterte paracelsische Bemühen hervor, durch welches die »Geheimnisse« und geheimen Wesen als natürliche Erscheinungen nachgewiesen werden.

Das, was wir heute »natürlich« nennen, ist aber im Grunde doch nichts anderes als eine Betrachtung der

»Geheimnisse« vom hermetischen Standpunkte aus; denn dieser Standpunkt rückt gleicherweise Mensch und Geist in die natürliche kosmische Ordnung, und er durchdringt den Kosmos mit der göttlichen Alleinheit und Nähe. Dem neuplatonischen Denker ist die Gottheit ja das Absolute und das Zentrum jedes Willens. Gott will – und seine Willensäußerungen gehen von ihm aus; sie sind erst himmlisch, werden dann zu Mächten über unserer Welt, zu Mächten der Sterne, zu den sublunarischen Geistern und Dämonen, zu Tieren und Pflanzen, zu Steinen, und schließlich noch zu unterweltlichen Erscheinungen. Die Gottheit ist hier wie eine Sonne, die durch die verschiedenen Sphären strahlt, doch ihre Strahlen werden immer kühler, dumpfer, unreiner und beschmutzter, je tiefer die Sphäre unter dieser Sonne, die er Gott heißt, steht.
Zugleich ist aber der Mensch als Mikrokosmos auch die Summe aller dieser »Strahlen«.
Die Skizze läßt es erkennen, wie nahe das paracelsische Denken diesem neuplatonischen steht; wie ihm »Natur« die große Offenbarerin der mikrokosmischen Geheimnisse ist, wie alle Dinge und Vorgänge im Grunde Kräfte, nicht nur äußere Erscheinungen sind, – und sie gibt an, was Theophrastus Paracelsus aus dem Vorgefundenen machte.
Ich will, was er getan hat, nicht in seine Einzelheiten auseinandergliedern; ich will nur das hervorheben, was in diesem allem das Entscheidende gewesen ist: die aus dem Geiste der adeptischen Philosophie begonnene Reformation.

*

Von der Entstehung der »*Philosophia sagax*« war vorhin bereits die Rede. Sie ist, nach der Erklärung, welche Paracelsus selbst dem Adjektive *sagax* gibt, nichts anderes als eine *philosophia adepta*, also eine Lehre vom Geheimnis. Und mehr: Sie ist die erste *systematische* Niederschrift einer adeptischen Philosophie des Paracelsus; denn auch das »Paragranum« und das »*Opus Paramirum*« waren noch keine systematischen, den ganzen Bezirk des Darzustellenden umfassenden philosophischen Systeme. Von ihr aus also haben wir die paracelsische Philosophie zu sehen.

Der Ausgangspunkt für ein Verständnis seiner Wege ist die Anthropologie.

Die »*Philosophia sagax*« gibt die Anthropologie des »Paragranum« auf. Sie stellt ein Neues aus den beiden Komponenten Bibel und Hermetik dar. Der Mensch ist zwar noch immer ein Mikrokosmos – aber vor diesem Mikrokosmos steht der *limus*. Der *limus*, der biblische Erdenlehm, ist eine Quintessenz der ganzen Schöpfung. Da er ein Auszug, eine Quintessenz des Alls ist, stecken in ihm auch alle makrokosmischen Eigenschaften, und eben deshalb ist der aus ihm geschaffene Mensch der Mikrokosmos.

In diesem Auszug oder *limus* sind die Haupt- und wichtigsten Bestandteile die vier Elemente. Auch in der Lehre von ihnen setzt mit der »*Philosophia sagax*« eine Abwandlung der vorhin vorgetragenen Lehre ein: Die beiden unteren Elemente Erde und Wasser ergeben wiederum des Menschen Leib; doch auch die beiden oberen Elemente Luft und Feuer sind nunmehr für Paracelsus *körperliche* Äußerungen, »ungreiflich« (nicht mit den Händen greifbar), aber körperlich – und diese beiden Elemente geben einen zweiten, ungreifbaren Leib. Das ist der sogenannte »siderische« oder »gestirnte Leib«. Ein jeder Mensch hat also einen elementischen und gestirnten Leib – wie jeder Mensch den sichtbaren Leib hat und daneben noch der Schatten läuft.

Nun sind, wie schon gesagt, die Elemente ja nur Kräfte oder »Geiste«. Das was wir sehen und mit Händen greifen können, ist die Hülle dieser Kräfte. Die Kräfte oder Geiste, die in den Elementen zur Erscheinung kommen, sind natürlich auch im Menschen. In ihm ergeben die Kräfte der »unteren Elemente« einen elementischen oder niederen Geist. Wie nun der elementische Leib vom elementischen Geist beherrscht wird, so wird der siderische Leib durch den gestirnten Geist beherrscht. Das ist der Geist der höheren Erkenntnisse – ausgenommen freilich alle religiösen.

*Philosophia adepta* ist die Erkenntnis des gestirnten Geistes.

Was der gestirnte Geist erkennt, das sind die oft genannten »Geheimnisse« der Natur.

Doch diese Geheimnisse sind ja die Geheimnisse und Offenbarungen des erschaffenden Gottes. Wer sich um sie bemüht, der müht sich, Gott aus seinem Werke zu erkennen; der Philosoph adeptischer Observanz ist also auch ein Gotteskind, sein Tun ist nicht viel weniger als ein Dienst zu Gottes Lob.

Was seine adeptischen Erkenntnisse und die zu ihnen gehörenden Vermögen sind, das zählt die *»Philosophia sagax«* in einer ausführlichen Beschreibung auf: Philosophie, das ist Erkenntnis der natürlichen Geheimnisse; Magie ihr Brauchen; *nigromantia* die Erkenntnis des siderischen Leibes; *nectromantia* das Finden der verborgenen Dinge und der Heimlichkeit des Menschen. *Artes incertae* oder die Wissenschaft vom Ungewissen ist das Erkennen des durch den Gedanken Bewirkten wie der mantischen Künste; die *medicina adepta* ist eine Heilung aus dem Firmamente, dem Gestirn, die *mathematica adepta* ist eine lebendige – im Gegensatz zur linienziehenden – Mathematik.

Zu diesen direkten firmamentischen Künsten treten dann die indirekten, die durch das Firmament, doch ohne daß der Mensch sie treibt, geschehen. Hier werden die firmamentischen Äußerungen und Erscheinungen aufgezählt: die elementischen Geister wie die Wachstumskraft, die »Inklination« (Trieb und Wunsch des Menschen) und »Impression« (der den Menschen zwingende innere Zwang), der geistige Rausch, das sich in Menschen oder in Tieren anmeldende künftige Geschehen.

All diese Künste sind natürliche, haben nichts mit Zauberei und Hexenspuk zu tun. Doch wenn sie auch natürlich sind, so stehen sie doch nicht jedem Menschen offen; nur der *philosophus adeptus* vermag sie zu bewältigen und sich ihrer zu bedienen.

Die eben geschilderte Philosophie, an deren Seite eine Reihe entsprechender Wissenschaften rückt, »die Philosophie des firmamentischen Geistes«, ist die normale des adeptischen Menschen. An ihre Seite nun tritt eine zweite, die man als die Erhöhung der adeptischen oder der Philosophie aus dem natürlichen Lichte bezeichnen kann: die aus dem Licht der Gnade. Ihr Träger ist jener wiedergeborene Mensch, von welchem Christus einst zu Nikodemus sprach. Es ist die Philosophie des

geistlichen Menschen, nicht die des geistigen und natürlichen. Doch – und das ist bedeutend – sie reicht wie
ein Segen auch in unsere Welt hinein. Der Segen im
Brot, von dem wir leben (denn wir leben nicht vom
Brot, wir leben von Gottes Segen in ihm), wäre beispielsweise eines ihrer Themen.

Wir haben damit, um auf das Wesentliche dieser Betrachtung einzulenken, drei Möglichkeiten der Erkenntnis: diejenige des gewöhnlichen Menschen, die
des Adepten und als letzte die des Gottesweisen. In
jeder der eben genannten Philosophien sind die gleichen »Themen« angeschlagen: Magie und *nigromantia, nectromantia,* Mathematik und wie sie sonst noch
heißen mögen.

Es sind drei Ebenen philosophischen Tuns, das aber in
den drei Ebenen stets das gleiche bleibt.

*

Berücksichtigt man nun die eben erörterten Einschrän-
kungen und Bedingungen, dann dürfte sich folgender
Aufriß einer paracelsischen Philosophie ergeben:
Die Welt ist eine Schöpfung Gottes, der sie willensmä-
ßig »draußen« aufgerichtet hat; mit ihrer Erschaffung
hat er keinen besonderen Plan verfolgt. Sie war erst
eine geistige, bis sie – nach dem Sündenfall im Para-
diese – in eine elementische, d. h. körperliche, umge-
wandelt ward; die neuplatonische Ordnung rückt hier
unter einen christlichen Aspekt. Wir sind noch »drü-
big«, weil wir einen Leib nach Seinem Bilde haben und
weil uns Gottes Odem, unsere Seele, von ihm eingege-
ben worden ist. Auch wir sind durch den Sündenfall in

diesen elementischen Leib verwandelt worden, wir waren vorher den Engeln gleich und hatten deren Fähigkeiten und Vermögen.

Die irdische Welt, der Kosmos, ist das Reich der Elemente.

Das Sein der Elemente wie des Menschen steht nun unter dem Tyrannen Zeit. Zeit nannte Paracelsus »Jahr« – ein Jahr ist aber, denkt man an die Kräuter, jenes Maß der Zeit, in welchem sich ein Sein vollendet hat, in dem es aufgeht, blüht und stirbt. Das Jahr des Menschen ist die Zeit, in der er sich vollendet hat. Das Jahr der Welt ist voll, wenn alle ihre Möglichkeiten sich vollzogen haben. Der Ablauf des kosmischen Seins ist demnach ein Geschehen aller seiner Möglichkeiten, nicht eine Entwicklung zur Vollendung, nicht ein Sich-Erheben in die höchste Stufe, welche Gott am nächsten ist. Im Gegenteil: Die Welt – und auch das Menschensein – wird immer elender und verderbter, wie draußen im Jahre auf den Sommer der November und der Winter folgt.

So rückt, wie schon gesagt, der Mensch ganz in den kosmischen Bezirk; er ist ein Teil des kosmischen Geschehens – und er steht in dessen Zwängen.

Zu diesen kosmischen Zwängen ist wohl auch der Zwang der Konkordanz zu rechnen. Die Haut des Menschen scheidet zwar die Elemente, die im Mikrokosmos liegen, von denen des Makrokosmos, aber es wirken doch die einen in die andern; was in den Elementen draußen geschieht, geschieht im parallelen Ablauf innen. So etwa bewirkt die »Exaltation«, d. h. die Steigerung der Venus zu der höchsten Kraft, auch eine Erhebung und Steigerung der Venuskraft im

Menschen, der *luxuria* – der Mensch ist in die kosmischen Gesetze eingeordnet und gebunden. Und ganz genau so ist der Mensch an die Bestimmungen, die Gott auf ihn legt, gebunden – so daß der Mensch in Wahrheit keinen freien Willen hat. Er hängt in einem Netz von Ordnungen und Gesetzlichkeiten, in einem Gewirr von in ihn wirkenden kosmischen und außerkosmischen Mächten.

In diese Erkenntnis, daß der Mensch in Zwänge und Gesetze eingebunden ist, scheint eine andere hinein: die von der Notwendigkeit der Ordnungen. Das Ausgeglichensein und rechte Ineinander der Gesetze führt zur »Temperatur«. Wenn die zerbräche, fiele der ganze Kosmos auseinander. Die Zwänge und Gesetze müssen sich also in der Waage halten. Das aber bedingt, wie schon gesagt, daß außer dem Gut auch Böse ist. Ja, fiele das Böse fort, so würde das Gute so überaus gesteigert und erhöht, daß es viel ärger, giftiger und unerträglicher als das Böse wäre.

Auch unsere Krankheiten sind nur eine Störung dieser Harmonie.

Hier aber eröffnet sich ein Weg, der eine neue große Perspektive bietet. Wie auf Seite 186 f. gezeigt wird, ist der Mensch, vom chemischen Standpunkt aus gesehen, nur eine in einem labilen Zustand sich befindende chemische »Verbindung«. Es ist dort auch von einem immanenten Haß in der Materie die Rede. Der Mensch ist also rettungslos der Feindschaft, dem Verfalle ausgeliefert. Vor dem Zerbrechen und Verderben bewahrt ihn aber niemand als der Arzt, so wie der »Arzt der großen Welt« den Makrokosmos vorm Zerbrechen retten muß.

Ein solcher Eingriff in das Geschehen (der uns von Gott geboten worden ist) sagt aber, daß Gott die einmal hergestellte Ordnung im Bestehen erhalten will. Er sagt, daß diese Ordnung unverrückt bestehen bleiben muß. Die Welt steht in der Ordnung und besteht allein durch Ordnung.

Wer dieses Verhältnis erkennt, den nennen wir einen Philosophen. Wir rühren mit diesem Satz an eines der wichtigsten Themen Paracelsi überhaupt. Es ist die große Aufgabe, die uns Gott gestellt hat: zu erkennen. In unserm Lesebuch sind einige Stellen gesammelt worden, in denen Paracelsus das erklärt. Gott will erkannt sein – heißt es da –, erkannt durch uns in seinem Werk.

Was ist es, das den Medikus gereut? fragt er ein andermal, und er fährt fort, er habe als Meister im natürlichen Licht gelebt, das will bedeuten, er habe erkannt und habe aus dieser seiner Erkenntnis handeln können.

Die Unbedingtheit einer solchen Forderung gilt nun aber nicht für jedermann. Der Philosoph ist der Erkennende, denn ihm ist dies »Amt« gegeben; wie Paracelsus beim Abendmahl die es Empfangenden in zwei Gruppen teilt, die »Jünger«, die es genießen und danach des Herren Tod verkünden, und die gewöhnliche Laienwelt – so ähnlich hat er hier geschieden. Denn der Erkennende, etwa der Adept, ist ein zu diesem Amt Erwählter. Nur ihm enthüllen sich die »firmamentischen« Geheimnisse der Natur, wie dem *adeptus* im himmlischen Licht sich die Geheimnisse göttlichen Tuns enthüllen.

Mit solcher Erklärung wird die Philosophie als eine

besondere Wissenschaft geadelt. Sie wird dem Zugriff des gemeinen, unverständigen Mannes entrückt.

*

Die *philosophia adepta* greift also nach den sich über die elementische Welt erhebenden Geheimnissen. Mit solchem Verlangen streift sie an Dinge, die man als okkulte Wissenschaft bezeichnet; für Paracelsus sind aber diese Dinge nur natürliche Geschehnisse ohne einen überirdischen Rest. Auch was Magia heißt, ist nur ein Wirken aus der Erkenntnis der Natur.

Das alles liegt klar, so daß es keines besonderen Verweilens mehr bedarf. Nur eins bleibt, das von hier aus lange in die Zukunft wirken sollte: die Koppelung der Ebenen natürlich-firmamentisch-himmlisch. »Natürlich« und »himmlisch« war lange vor Paracelsus schon ein Unvereinbares geworden. Man formulierte das so, daß eine Sache *per philosophiam verum* sei, die aber als *per theologiam falsum* bezeichnet werden müsse. So wurden die Ergebnisse menschlichen Denkens je nach ihrem Standort richtig oder falsch. Was wir heut als ein unumgängliches zwingendes Faktum sehen lernen mußten, hat jene Jahrhunderte bis ins tiefste Herz erschauern machen und gelähmt; in dem Streitgespräch »Der Ackermann und der Tod« klingt dies Grauen furchtbar nach. Es lag wohl auch auf Paracelsus, ohne daß er es bekannte. Er hat viel Abgründe sehen und durch sie hindurch sich Wege suchen müssen. So wohl auch diesen – denn die »*Philosophia sagax*« schließt ja diesen Zwiespalt. Für den, der von ihr kommt, sind *theologia* und *philosophia* keine Gegnerinnen mehr.

In der Gestalt des weißen Magiers fließen die Gegensätze ohne Widersprüche ineinander.

Man muß sich an dem Namen und Begriff, der hier erscheint, nicht stoßen. Magie ist keine Zauberei – sie ist allein ein Wirken aus Gegebenem; *magia adepta* war der Gebrauch der in der kosmischen Welt vorhandenen »geheimen« Kräfte; *magia adepta coelestis* das höhere Erkennen eines mit höherer Kraft Begnadeten, wie etwa ein Heiliger oder Gottesmann mit seiner Gabe begnadet worden ist. Was sonst an »Wunder« daran hängt, wie es z. B. an Johannes Beer gehangen hat, dem weißen Magier, dessen Umriß ich in meiner »Pansophie« gezeichnet habe, das ist für Paracelsus nur ein Nebenbei, nicht der entscheidende Kern. Ihm steht im Vordergrunde und ist die Hauptsache der *erkennende* Mensch. »*Philosophia sagax*«, nicht »*Magia sagax*« heißt sein großes Werk.

Doch nun von neuem zu dem, was diese *himmlische adepta philosophia* will. Wie schon ihr Name sagt, ist sie ein Philosophieren aus dem christlichen Grunde.

Wie Paracelsus das begriff, das zeigt der letzte Abschnitt unseres Lesebuches, der alle entscheidenden Stücke seiner »*Vita beata*« bringt. Vielleicht ist es nicht falsch, wenn man an folgende Schlüsse Paracelsi denkt: Die *vita beata* ist das heraufgeholte frühe Christentum der Pfingstgemeinde. Die Führer und Leiter der Pfingstgemeinde aber waren die Apostel. Was wir den weißen Magier nennen, nannte Paracelsus meist »Apostel«. Hat er gehofft, mit diesen Gedanken sich in jene *philosophia adepta coelestis*, die *philosophia adepta* aus dem himmlischen Lichte, einzuschwingen? Daß er sich damals das Doktorenamt zulegte, wissen wir ja schon.

Sind diese Schlüsse richtig, dann ergeben sie uns aber eines: daß der adeptische Philosoph sich nicht mit dem begnügen wollte, was er im Lichte der Natur erkannte – daß er höher langen mußte. Was man von Dr. Faust in späteren Jahren als Kennzeichnendes berichtete, das ward hier Wahrheit: »einer« nahm an sich Adlersflügel.

Ein Mann hat sich, sein Leben und sich selbst, an das Erkennen hingegeben. Erkennen, das ist der wahre, tiefste Grund der paracelsischen Philosophie. Wenn man ihn als Erkennenden betrachtet, hat man ihn vollkommen und durchaus verstanden; es ist der lebende Kern in dem, was unsere Texte von ihm sagen, die wie ein bunter Schatten dieses Innerste nicht verhüllen können. Daß er, ein Sucher in Gott, sich in die Pfingstgemeinde hat verführen lassen und daß ihn seine Gedanken überwältigten, werden wir nicht zu leugnen brauchen; ihn haben auch andere Gedanken oft ergriffen und in ihren Zauberbann gezogen – aus allen jedoch kehrt er zurück als der, der die Geheimnisse erkennen will.

Nie hat ein Leben so mit diesem Vorsatz ernst gemacht wie das des Theophrastus Paracelsus.

*

Es wäre noch viel von ihm und von dem Wege, den er ging, zu sagen. Er war ein Arzt, der alle Ärzte seiner Jahre hinter sich gelassen hat; er war ein großer Erkenner, der die wissenschaftliche Forschung weiter trieb; die Medizin hat, wie wir hörten, ihm nicht Weniges zu danken, Chemie und Biologie stehen gleicherweise in des Hohenheimers Schuld – um dieser seiner Verdienste willen holte die Wissenschaftsgeschichte ihn hervor.

Wir sehen heute aber, daß das bei weitem noch nicht alles ist; der kleine unrastige Mann mit den zergrübelten Zügen war der Philosoph, der von der Moral- die Wendung zur Naturphilosophie vollzogen hat. Er sah im Himmelszelt und in der grünen Wiese mehr als die Staffage, die Gott um das Theater stellte, auf dem unser Leben spielt – er hat den »Bruder Baum« sehr nahe und aus tiefstem Grund begriffen. Im letzten sind seine »elementischen Wesen« ja nicht anders zu verstehen, als daß er sich im Draußen und das Draußen gleicherweise in *sich* spürte.

Nicht aber die Frucht und das Gefundene sind das Wichtige an diesem Mann. Der »Ruf zum Tische« ist auch hier »mehr als das Brot«. Ich wiederholte mich nur, wenn ich das noch einmal begründen wollte und wenn ich wieder zeigte, daß er Faust sowie der weiße Magier ist. Faust und der weiße Magier aber wollten nichts als »es« erkennen – es, diese Welt und ihre Mächte, wie sie aus den Händen Gottes rollte, und Ihn, der sie geschaffen hat und der ihr Inbegriff ist und ihr Sinn; denn »Gott will ja erkannt sein« ist die letzte Weisheit Paracelsi.

Nicht die Erkenntnis, sondern das Erkennen bleibt sein größeres Geschenk. Denn wenn es einmal aus sein wird, dann bleibt von dieser Erde nichts, nicht Faust und nicht der Arzt, nicht ihre Meere und die breiten blauen Wasserströme, nicht das im Etschtal und in Siebenbürgen aus dem Sand gewaschene Gold, nicht Frauenliebe und nicht Orden, Reiterei und höfische

Zucht, das Reich nicht mehr, das er doch aus dem tiefsten deutschen Geiste liebte, allein »die Welt ist Gottes Haus. Wie sie nun geschaffen ist und geworden, so ist zu wissen, daß sie nicht so hingeht, wie sie hergekommen ist, sondern da werden *bleiben* vom Menschen das Herz und von der Erde das Geblühe«.

# Gemeine Philosophie

# Kosmologie

## Grundlagen

Die paracelsische Kosmologie stimmt mit der unsern darin überein, daß sie kausal vorgeht. Sie fängt bei den Bausteinen, nicht bei dem fertigen Bau an – wenn auch der alchimistische Denker will, daß vom Endzustande, der *»ultima materia«*, ausgegangen werde. Durch deren Zerlegung, durch ihre Zurückführung in die letzten ihm erreichbaren Phasen, gewinnt er die Anfänge, den Anfangszustand; *»prima materia«*. Wie diese beiden Begriffe zeigen, ist Paracelsi Denken das Denken eines Alchimisten.

Was nun sind seine »Anfänge«? – Zwei große Begriffe begegnen uns in seinen Schriften immer wieder: die Elemente und die drei Prinzipien. Von Elementen kennt Paracelsus gemäß den mittelalterlichen Lehren vier: Luft, Feuer, Wasser und Erde – doch ist sein »Feuer« nur eine Vokabel; er behält den Namen zwar bei, setzt aber an Stelle des irdischen, sichtbaren und gemeinen Feuers ein anderes: das Firmament, den »Himmel« und Sternenort jenseits der Luft. Das scheint willkürlich; man wird hier aber an die alten Kosmographien denken müssen, nach denen jenseits der Sphäre Luft der Feuerhimmel oder das Empyreum kreise. Daraus ergibt sich schon, daß Paracelsi »Elemente« nicht ohne weiteres den Stoffen oder Körpern Luft, Wasser usw. gleichzusetzen sind (doch das wird dann in einem anderen Zusammenhange noch zu erörtern sein).

**Die Mütter** Die Elemente sind »Mütter«; es sind die Stellen, in denen die einzelnen »Schöpfungen« geschehen. Setzt man statt Mutter: *matrix*, Gebärmutter, wie er es einmal tut, dann sieht man bereits klarer, was er meint: In ihnen entstehen alle Erscheinungen der Schöpfung, sie bringen sie hervor, gebären sie, ernähren sie und verzehren sie auch wieder. So weit hält unser Denken mit ihm etwa Schritt, auch wir erkennen in Wasser, Erde und Luft »Erschaffenes«; das sich in Bildern äußernde Denken Paracelsi fährt aber fort und macht die Elemente zu Müttern, zu der »Idee« des Mütterlichen, dem sich im »Firmament«, in den »gestirnten Kräften« das Männliche gegenüberstellt. Denn »Kräfte« erwecken die Samen, die in den Elementen liegen, und treiben sie zum Wachsen, und alle unfaßbaren, unkörperlichen, im Kosmos waltenden Kräfte nennt er das »Gestirn«. So wird der irdische Kosmos ein mythisches Geschehnis, wird eine bis zum letzten Tage während Zeugung und Geburt.

Ihr müßt bekennen, daß unsere Augen nit durch die Haut [in das Inwendige des Menschen] gehen können; darum sollen wir uns nit zu viel in die *speculationes* [über das, was inwendig sein könnte] begeben, sondern gewaltig den vier Elementen nachgründen, darin liegt die Erfahrenheit und der Anfang eines jeglichen gerechten Arztes.

Das ist ein Elementum, das eine Mutter ist der Dinge.

Daß das Feuer, so aus dem Feuerstein kommt, ein Element sei, ist nicht [der Fall]; es soll für kein Element gehalten werden: Alles das, so sich verzehrt, verschwindet und hingeht, das ist kein Element. Ein Element muß bleiben bis in die Endung Himmels und Erden, denn diese erst ist die Zergehung der Elemente. Schau das Meer an: das ist ein rechtes Element und verzehrt sich nit, es bleibt allemal sein Element, und ob es schon in einen Topf getan würde und eingesotten, so geht ihm nicht ein einziger Tropfen ab, daß sein weniger würde oder verzehrt; er kommt in das Chaos, aus dem Chaos wieder ins Wasser und geht diesem Element an seinem Gewicht nit ab.

Also auch sehet die Erde an und die Steine, brennet, röstet, verschüttet sie, wie ihr wollt, so geht doch der Erden nit ein einziges Gerstenkorn Schwere ab, das da nit wieder komme in die Erde und Erde werd.

Die Luft ist auch also ein Element und ihr könnt nicht eine Stelle, eine Mücke groß, machen, die ohne Luft sei; ihr könnt ihr auch nit einen Tropfen nehmen noch sie vertreiben noch verzehren.

Und so wenig ihr diesen Elementen etwas nehmen mögt, so wenig könnt ihr auch dieselben machen. Aber das Feuer aus dem Holz, das erlischt und zergeht, denn es ist kein Element; es vergleicht sich dem Wind, der *a septentrione*[1] oder *volturno*[2] usw. her geht; der ist auch kein Element, denn wenn schon kein Wind nimmermehr ginge: noch ist die Luft da. Ebensowenig also wie der Wind, ist auch das Holzfeuer ein Element; der Wind ist [nur] ein *generatum*, das Holzfeuer ist [nur] ein Holz und ein Sulphur, und kein Element. Das ist aber das Element, das niemand kann machen noch wegnehmen wie zum Beispiel das Firmament.

Es ist ohne Zweifel, daß die Elemente nichts geben, sondern allein empfangen. Gleicher Weise, wie eine

---

[1] Aus Norden.
[2] Aus Ostsüdost.

Frau ohne einen Mann nicht geschwängert werden kann, also empfangen die Frauen Elementen von ihren Männern, nämlich von den oberen Vulkanischen. Wie auch dieses Exempel ausweist: Der Apfel wächst aus seinem Samen, und der Same ist der Apfel und ist *sperma vulcani*. Aber in den Elementen gelangt er in die *matrix*, in derselbigen nimmt er seine Nahrung, daß daraus wird, was werden soll nach seiner Bestimmung, – wie ein Kind, das vollkommen von seiner Mutter kommt.

[Die Elemente sind untereinander verschieden, das heißt:] die Elemente scheiden sich und teilen sich; Ursache: sie sind Mütter, darum so müssen sie geteilt sein [damit nämlich die verschiedenen Elemente verschiedene Schöpfungen hervorbringen können], ihre Corpora aber bleiben Mercurius, Sulphur, Sal.

~~~~~

**Drei Prinzipien**  Dem weiblichen oder besser mütterlichen Prinzip, das Paracelsus in den Elementen erkannte, steht nun ein anderes gegenüber, das man nicht gut als männliches oder zeugendes bezeichnen kann, obwohl dieser Sinn zuweilen in den Erörterungen des Paracelsus anklingt. Es ist viel eher ein »sächliches«: das nämlich, was in der Mutter wächst – die »Frucht« der Elemente. Sie hat ein Corpus, das heißt: sie erscheint als körperliches Wesen. Paracelsi Überlegungen gehen nun dahin festzustellen, welcher Art dieses Körperliche sei. Er findet, indem er es in seinen Retorten zerlegt, in diesem, den mütterlich gedachten Elementen als Sächliches, als »Frucht« der Elemente, gegenüberstehenden Prinzip drei Grundsubstanzen, die er als Alchimist »Sal«, »Sulphur« und »Mercurius« nennt. Sal heißt zwar Salz und Sulphur Schwefel, Mercurius

72

Quecksilber – doch seine Grundsubstanzen sind nicht nur schlechthin die chemischen Körper Quecksilber, Schwefel, Salz; er schloß vielmehr: In der Retorte verraucht allein Quecksilber; so darf man alles Verrauchende »Quecksilber« nennen – so wie wir heute gegorene Fruchtsäfte als Wein bezeichnen, wenn sie auch nichts mehr mit dem Weinstock und dessen Frucht zu schaffen haben.

Es widerspräche dem chemischen Können und Wissen Paracelsi, wenn man annehmen wollte, daß er aus drei bestimmten Urstoffen nun alle Schöpfung entstanden sein ließe, vielleicht nur, wie soeben angedeutet, nach ihren Müttern, den Elementen, unterschieden. Die Grundsubstanzen sind jeweils wechselnde, wie unser nächster Text ergibt – so daß es sich rechtfertigt, von der bei Paracelsus häufigeren Bezeichnung »Substanzen« abzugehen und besser von »drei Prinzipien« alles körperlichen Seins zu sprechen.


Drei sind der Substanzen, die da einem jeglichen Ding sein Corpus geben; das ist: ein jeglich Corpus besteht aus dreien Dingen. Die Namen dieser drei Dinge sind: Sulphur, Mercurius, Sal. Diese drei werden zusammengesetzt, alsdann heißt es ein Corpus, und dabei wird ihnen nichts hinzugetan als allein das Leben und sein Anhangendes. Also so du ein Corpus in die Hand nimmst, so hast du [unsichtbar] drei Substanzen unter einer Gestalt. Denn so du ein Holz in der Hand hast, so hast du vor deinen Augen nur *einen* Leib. Das Wissen aber ist dir nit nütz, die Bauern wissen es und sehen es auch. So weit mußt du gründen und erfahren, daß du wissest, daß du in der Hand einen Sulphur habest, einen Mercurium und ein Sal.

So nun die Dinge sichtbar werden sollen und ohne diese Sichtbarmachung ist der Arzt nichts, so muß die Natur dahin gebracht werden, daß sie sich selbst offenbart. Darum so seht an, in was *ultimam materiam* die Dinge gehen und in wieviel. Der Bauer achtet das nit, aber der Arzt; der Experimentator[1] achtet sie auch nicht, aber der Arzt; der Irriger[2] achtet es auch nicht, aber der Arzt; denn vor allen Dingen muß der Arzt wissen die drei Substanzen und all ihre Eigenschaft in der großen Welt, also hat ers dann auch im Menschen. Um nun die Dinge zu erfahren, so nehmt einen Anfang vom Holz. Dasselbig ist ein Leib; nun laß [es] brennen, so ist, das da brennt: der Sulphur, das da raucht: der Mercurius, das zu Aschen wird: Sal. Also finden sich da [nach dem Brennen] drei Ding, nit mehr, nit weniger, und ein jegliches geschieden vom andern.

Von diesen dreien ist weiter zu merken, daß also alle Ding die drei Grundsubstanzen haben, und wenn sie sich vor den Augen nicht eröffnen sollten, so eröffnet es die Kunst, die solches dahin bringt und sie sichtbar macht. Das so da brennt, ist der Sulphur; nichts brennt als allein der Sulphur. Das da raucht, ist der Mercurius; nichts sublimiert sich, es sei denn Mercurius. Das da Asche wird, ist Sal; nichts wird zu Asche, es sei denn Sal. Und wiewohl nicht alle Dinge brennen, wie zum Beispiel Steine, so beweist aber doch die Alchimei, daß sie zum Brennen bereitet werden können, auch die Metalle und alles, das für unverbrennlich angesehen wird. Und wiewohl viel Ding sich nicht sublimieren, so beweist das wieder die Kunst, daß sie dahin gebracht werden. Also auch werden vom Salz die Dinge verstanden. Das ist *scientia separationis*.

[1] Arzt, der darauf loskuriert.
[2] Verbreiter von Irrlehren.

Wie der Mensch in drei Stücke gesetzt ist[1]: Mercurius, Sulphur, Sal, also ist in die drei ein jegliche Welt gesetzt. Das Fleisch ist Sal, Mercurius, Sulphur, die Erde ist auch Sulphur, Sal und Mercurius, das Blut Mercurius, Sulphur und Sal, das Meer ist auch Mercurius, Sulphur, Sal, und also fort mit den andern.

So vielerlei [Arten] Frucht [der Elemente], so vielerlei [Arten] sind auch der Sulphur, Sal und soviel auch Mercurii. Ein ander Sulphur ist im Gold, ein anderer im Silber, ein anderer im Eisen, ein anderer im Blei, Zinn usw., wie auch ein anderer im Saphir, ein anderer im Smaragd, ein anderer im Rubin, Chrysolithen, Amethysten, Magneten usw., also auch ein anderer in Steinen, Kies, Salzen, Brunnen usw. Und nicht allein so vielerlei Sulphur, sondern auch so vielerlei andere Sal. Dergleichen auch mit den Mercuriis.

Und zudem teilen sie sich noch mehr, daß nicht allein einerlei Gold, sondern vielerlei Gold, und nicht allein einerlei Birnen, Äpfel, sondern vielerlei sind. Darum sind auch [vorhanden] so vielerlei *sulphura auri* [Sulphure des Goldes], *salia auri* [Sal des Goldes], *mercurii auri* [Mercurii des Goldes], — und also aller Metallen und der Gesteinen, nämlich so vielerlei Saphir hoch und nieder[2], so vielerlei auch saphirischer Schwefel, so vielerlei auch saphirisch Salz, so vielerlei auch saphirische Mercurii, und also auch mit dem Türkis und ihresgleichen allen.

Und doch sind sie alle nicht mehr denn *ein* Sulphur,

[1] Aus drei Stücken besteht.
[2] Guter und minderer Art.

*ein* Sal, *ein* Mercurius. Als wenn ein Maler eine Farbe hat, daraus macht er eine Unzahl der Figuren und Formen, keine der andern gleich, – so da auch; die Natur hats in ihrer Hand wie der Maler. Allein in dem scheiden sich die Natur und der Maler von einander, daß die Natur lebendige Dinge machet, der Maler tote Ding, die Natur wesentliche Dinge, der Maler Schattendinge.

Darum nun so wisset, daß allerlei Früchte der *prima materia* der Minerale in dem Element Wasser liegen, und daß diese *prima materia* allein ist Sulphur, Sal und Mercurius. Und die drei Ding, die genannt sind, die selbigen haben in sich alle Metalle, alle Salze, alle Gemmen usw., und so sie nach der ihnen bestimmten Zeit ihre Früchte erzeugen wollen, so scheidet sich eine jegliche Art in ihre Genus und Species. Als wenn einer hätte in einem Sack durcheinander beieinander alle Samen, so auf der Welt sind. Und so er es nun in den Garten sät, so ist die Natur da und gibt jeglicher Samen seine eigene Frucht [Wachstum], also daß ein jeglicher Samen in sein Wesen kommt und in seine Fertigung.
Das soll nun nicht allein hier so verstanden werden, sondern auch im Element Wasser: als wäre es ein Sack, in dem alle Samen wären und würden gesät, – *so* wächst ein jegliches Genus und Species in seiner Art und Eigenschaft. Also hat Gott geordnet die Wunderwerke seiner Geschöpf in die vier Elemente.

Die Drei-Prinzipien-Lehre ist der andere Grundstein der paracelsischen Naturphilosophie; entsprang seine Elemententheorie einer allgemein philosophischen Überzeugung, hinter der neuplatonische Gedankengänge gestanden haben mögen, so ist die Prinzipienlehre eine Frucht der alchimistischen Beschäftigung des Hohenheimers. Und zwar die Frucht eines Alchimistentums, das nichts mehr mit den Bemühungen der Goldsucher gemein hat, sondern das eine frühe Chemie genannt werden darf. Wie unsere Chemiker, so versuchte er die Stoffe chemisch zu zerlegen – das Feuer ist sein bester Gehilfe –, und wie unsere Chemiker die letzten einfachsten Baustoffe der Materie suchen, so suchte er sie schon. Er ist ein Großer im Bereiche der chemischen Retorten und Versuche.

In seinen Versuchen, die letzten, einfachsten Bausteine aufzuspüren, kommt er zu einer Theorie, die auch bei unsern Chemikern noch Geltung hat: Die Bausteine der Materie sind einerseits gleichartig – er nennt sie Sal oder Mercurius, wir nennen sie Moleküle oder Atome – und sind doch andrerseits verschieden »gestimmt«. Wir sprechen von Ionen, die die Atome »stimmen«, er unterschied *sal auri* (Salz des Goldes) und *sal lunae* (Salz des Silbers), *sal plumbi* (Salz des Bleies) usw., genau wie er *mercurius auri* und *mercurius lunae* usw. unterschied. Es ist nicht leicht für ihn, das darzulegen, zumal die philosophische Sprache seiner Zeit von alledem nichts wußte, er muß sie sich erst bilden, und so wird, was er sagen will, ein wenig schwerfällig und nicht immer glatt verständlich.

~~~~~

**Das Wesen der Elemente**   Schon die Bezeichnung »Prinzipien« für die drei »Ersten«: Sal (das, was an einem Dinge zu Asche wird), Sulphur (das, was an einem Dinge brennt) und Mercurius (das, was an einem Dinge verraucht) – läßt erkennen, daß es sich hier um mehr als stoffliche Grundsubstanzen handelt. Es sind »Begriffe« und mehr noch als Begriffe: ideelliche Wesenhaftigkeiten. Wenn Paracelsus im Laufe seiner späteren Auseinandersetzungen die drei »Prinzipien« oder »Ersten« in einen direkten Zusammenhang mit dem dreieinigen Schöpfergotte zu bringen versucht, so liegt in diesem tastenden Bohren doch mehr als ein naives Bemühen; er hätte wohl diesen Weg nicht eingeschlagen, wäre ihm nicht klar gewesen, daß es sich eben um »Auswirkungen« von »Kräften« handle, um geistige Wesenhaftigkeit in einem stofflichen Bezirke.

Noch klarer als dieser sagt uns in ebenderselben Schrift, dem *»Liber meteororum«*, ein zweiter Gedanke, wie Paracelsus hinter dem Äußeren das Wirkende zu ergreifen versucht: Die Elemente sind nicht nur Handfestes, Greifbares und »Empfindliches«; das, was wir greifen, ist nur die Hülle: Das wahre Element ist die in dieser Hülle wirkende, sich regende »Kraft«, der »Geist«, und ebenso sind die »Früchte« der Elemente, die sie als Mütter tragen, ein Wahres in einem äußeren Körperlichen – wie auch die wahre Arznei das Essentielle und Wesentliche im Pulver, in Tropfen und Tabletten ist.

Das alles besagt, daß Paracelsus, der große Naturerforscher und -erkenner, sich über das materialistische Denken erhob und durch die Schale hindurch das Treibende, das Essentielle zu erfassen suchte.


Weiter ist von nöten, daß wir wissen von den Elementen, was *elementum* sei, und was nicht. So versteht am ersten das Exempel: Ein Mensch hat einen großen Leib und vielerlei Wesen im Leibe; was aber der [eigentliche] Mensch ist, die Seele, ist ein Geist und klein. Daß man das Corpus einen »Menschen« heißt, ist darum, daß der Mensch im Corpus steckt und die Seele ohne das Corpus nicht ist, sondern [beide müssen sein] bei einander.

Das Auge ist groß am Menschen; was aber die Kraft ist, die da sieht, die ist ein Kleines gegenüber dem Auge.

So wird auch die Erde ein »Element« geheißen, so sie doch nur ein bloß Corpus ist, aber das *elementum terrae* ist im selbigen Corpus und ist unsichtbar, – wie der Geist des Menschen auch unsichtbar ist. Desgleichen der Himmel: Was wir sehen, ist ein groß Corpus, das Element in ihm ist ein kleiner Geist gegen die Größe, die der Himmel hat.

Der Mensch, der redet aus seinem Munde; nicht das Corpus redet, der Geist redet. Ebenso trägt die Erde Frucht: aber nicht sie, sondern das Element in ihr, das gibt die Früchte. Also sind die vier Elemente körperlich, aber im Wesen und Natur sind sie Geist.

~~~~~

**Konkordanz** Von diesen Sätzen aus, nach denen die Elemente nicht irgendwelche Stoffe, sondern ein Geistiges, Wirkendes, Wesenhaftes sind, geschieht in Paracelsi Denken noch ein wichtiger Schritt. Wenn Sal (das Veraschende), Sulphur (das Brennende), Mercurius (das Verrauchende) ebenso im Meer sind wie in der Erde oder in der Luft, wenn Fleisch ebenso wie Blut oder Baum oder Tier oder Stein Sal, Sulphur und Mercurius sind, wenn also alle diese Früchte der Elemente im Grunde das gleiche – nur in verschiedener »Stimmung« oder Färbung – sind, dann geben nicht so die drei Prinzipien, sondern das jeweils wechselnde Element das sich Verändernde an ihnen. Es ist nur *eine* Frucht, schließt Paracelsus, die uns im Firmament als Mars, im Wasser als Eisen, als Nessel *(urtica)* auf der Erde und in der Luft als *thereniabin* (die Fettigkeit der Erde, Tau des Himmels: 1. Mos. 27, 28) erscheint. Die Elemente entsprechen sich also, konkordieren.

Das ist ein altes neuplatonisches Wissen, das Plotin, Jamblichos und Proklus in den ersten Jahrhunderten nach Christus dachten und das durchs ganze Mittelalter hindurchgegangen ist. Als die »hermetische Philosophie« (d. h. die angeblich von Hermes geschaffene) gehörte es den Alchimisten an. In dieser Philosophie der Neuplatoniker weiß man von mehreren Reichen oder Sphären, die sich entsprechen, von denen die eine immer unter der andern liegt und mithin immer ein wenig schlechter als die andere ist. Auch in den Sphären kennt man Früchte; auch hier stehen Mars und Eisen und die Nessel beieinander; Mars ist als Stern, was Eisen als Metall und was die Nessel als krautige Pflanze ist. Doch diese Entsprechungen werten: Die Pflanze steht über dem Metall, der Stern ist mehr als das entsprechende

79

Tier, das Tier mehr als die Pflanze usw. Dadurch entstehen Stufenleitern von oben nach unten, Etappe um Etappe, das heißt im neuplatonischen Weltsystem: durch alle Sphären vom Himmel hinunter bis zur Erde. Auch Paracelsus kennt die Entsprechungen; auch er stellt Mars und Eisen und Urtica zusammen, doch keine der Früchte ist besser oder schlechter als die andere. Sie sind gleichwertig, das aber besagt: Die Elemente, in welchen sie geboren werden, sind untereinander gleichen Wertes, und keins ist besser, keins geringer als das andere. Das ist die Sonderform des neuplatonischen Weltsystems, wie Paracelsus sie gelehrt hat, die Sonderform des alchimistischen Philosophen Hohenheim.

Es ist *eine* Anatomei, *eine* Essentia, *eine* Materia in den vieren. Denn der Saturn steht nicht allein im Himmel, sondern auch im untersten Meer und in den tiefsten Höhlen der Erde. Die Melisse wächst nicht allein im Garten, sondern [ihre Entsprechung auch] in der Luft und auch im Himmel [dem vierten Element]. Was meint ihr, daß Venus sonst sei als allein Artemisia[1]? Was Artemisia als allein Venus? Was sind sie beide? Was also ist Eisen? Nichts denn Mars. Was Mars? Nichts denn Eisen. Das ist, sie sind beide Eisen oder Mars. Dasselbige ist auch *urtica*, auch *thereniabin* – und es ist alles *eins*. Der Mars erkennt, der erkennt Eisen, und der Eisen erkennt, der weiß, was Mars ist, und der die erkennt, der weiß, was *thereniabin* ist, auch was *urtica* ist.
Der eins in dem einen weiß, der weiß dasselbe auch in den andern (mit dem Unterschied allein der Formen und nichts weiter), darum weil es nit vier sind, sondern nur eins. Und wiewohl da die Namen verschieden sind,

[1] Beifuß.

ist es doch *eine* Kunst und Wissenschaft, die diese Dinge erkennt. Das ist *scientia*, denn eins ist in allen.

## DIE REICHE DER ELEMENTE

Paracelsi Kosmologie ist eine Lehre von den Elementen und ihren Früchten; denn seine »Welt« ist ja noch die alte des Mittelalters, die dem »Himmel« entgegengesetzte Statt. Es gibt für ihn keine andere »Welt« außer der Erde und dem, was zu ihr gehört; die Sonne wie der Mond sind Sterne, und die andern Sterne sind nicht wert- oder kräftemäßig von diesen beiden unterschieden. Seine »Welt« reicht also nur vom Firmament und Sternenraum durch den Luftraum herab bis zur Erde. Ihre Reiche oder Provinzen sind die vier Elemente. Der Aufbau dieser Welt entspricht demjenigen, den bereits die alten Griechen dachten: Die untere Globel – Globel ist Globus oder Kugel – wird von der Erde und dem Wasser gebildet; darüber liegt die von der Luft erfüllte Sphäre, und über dieser – oder noch in sie einbezogen – der Feuerhimmel oder das Empyreum. Paracelsus macht sich das, wie wir im folgenden ausführlicher sehen werden, am Aufbau des Eies klar.

Es lohnte heut nicht mehr, solche Weisheit hervorzukramen, wenn nicht auf dieser Grundlage sich ein eigentümliches Gedankengebäude erhöbe; denn Paracelsus ist gezwungen, die Schlüsse des Alchimisten über die Grundprinzipien alles Seins und über die Elemente als Mutterschoß des Seienden mit jener älteren Weltansicht in eine Harmonie zu bringen. Das geht nicht ohne Schwierigkeiten und nur in immer neuen Ansätzen und Bemühungen ab. Mit unermüdlicher Geduld trägt er die Grundzüge vor, und er entwickelt aus ihnen immer von neuem wieder jenen bereits zitierten Gedanken, daß die vier elementischen Reiche sich entsprechen; was in der Erde ist, das ist auch in der Luft, im Wasser und im Feuer; in einem wie im andern kennt er Gewächse; die Kräuter der Erde entsprechen dem Wasserbaum, den Sternen; die Fische des Wassers dem Maulwurf in der Erde, den Vögeln in der Luft, den Tieren im Firmament; es ist in jedem Bezirk dieselbe Schöpfung, nur nach den Ansprüchen und Bedingungen des Elements verschieden. Man könnte behaupten: Die Grundidee ist in den einzelnen Elementen dieselbe, nur ihre Form, der äußere Ausdruck wandelt sich.

Wenn dieser Gedankengang, der auch die »elementischen Geister« einschließt, von denen wir später aus dem *liber de nymphis* hören werden, dem Wissenschaftler Paracelsus Mühe macht, so ist sein Quälen um einen gültigen Beweis doch lange noch nicht mit den Anstrengungen zu vergleichen, die er aufwenden muß, um Luft und Feuer als körperliche Dinge vorzustellen. Der Mann, dem keine philosophische Sprache zur Verfügung steht, weil die zu seiner Zeit vorhandene in seinen Denkprozessen keinen Anhalt hat, muß es fast stammelnd sagen, was er davon erklären will, muß es durch eine Überfülle von Vergleichen sichtbar machen.

An keiner Stelle der folgenden Stücke wird das so klar, als wo er von der Erde und der ihr innewohnenden »Gnade« zu sprechen versucht.

Vielleicht ist aber nicht allein die mangelnde philosophische Fachsprache an seinem Ringen ums Sichverständlichmachen schuld, sondern noch mehr der Umstand, daß Paracelsus ja nicht von »Kräften«, von toten, mechanischen Wirkungen in den Elementen spricht, sondern daß er ein Lebendes beschreibt. Sein Kosmos, die große Welt, die er einmal den großen Menschen nennt, wie er den Menschen als die kleine Welt erklärte, ist nicht nur eine Anhäufung von Molekülen und Atomen, sondern ist ein Lebendiges, das aus sich selbst gebärt und Früchte bringt. Wie weit ist es von uns zu ihm, dem Sterne Gewächse und dem die »toten« Metalle Früchte waren! So aber muß man die folgenden Stücke einmal lesen können, das muß man hinter ihnen als den Grundgedanken sehen – es kommt nicht auf die einzelnen oft schönen, oft auch skurrilen Züge an, sondern vor allem heut auf diesen Gedanken vom lebenden, aus einer »Idee« gelebten Leben dieser Welt.

~~~~~

ALTERIVS NONSIT QVI SVVS ESSE POTEST

EFIGIES AVREOLI THEOPHRASTI AB HOHEN
HEIM SVE AETATIS 47
    OMNE DONVM PERFECTVM A DEO
INPERFECTVM A DIABOLO

1 5A  40

***Die Luft*** Das erste und also »älteste« der Elemente ist die Luft. »Anfänglich«, so heißt es in der *»Philosophia de generationibus et fructibus quatuor elementorum«*, »anfänglich ist die Luft, darnach das Feuer, darnach die Erden, darnach das Wasser geordnet«, das heißt, ihnen ihr Raum und ihre Kraft zugewiesen worden. Dies Ordnen geschah, es ist fast überflüssig zu betonen, auf alchimistische Art; das Element ward von der ungeschiedenen »Masse« der vier gesondert, abgeschieden. »Am ersten«, so heißt es in derselben Schrift, hat Gott »weggenommen die Luft, und aus dem übrigen sind noch drei geworden: das Feuer, Wasser und Erde; von diesen hat er geschieden das Feuer; da sind noch zwei geblieben, und so fort bis zum Ende.« Der Schöpfungsprozeß ist also von Anfang an ein »Separieren« oder Scheiden, alchimistisches Tun.

Nachdem dies feststeht, treibt es Paracelsus, zu beweisen, daß Luft ein Körperliches, ein Leibhaftiges sei, das einen Leib hat. Wir sehen in unserm ersten Text in dies Bemühen. Die einfachen Leute sagen, den Himmel trage nichts, sein Lauf (das ist die mittelalterliche Vorstellung, das ganze Himmelsgewölbe laufe in vierundzwanzig Stunden um die Erde) geschehe im Nichts. Demgegenüber versucht er die Körperlichkeit des Tragenden zu beweisen. Und wenn man ihm einwendet, Luft sei unkörperlich, denn körperlich sei nur das Sichtbare, dann muß er dem entgegnen, daß auch das Glas – das man aus Pottasche, also aus der Asche von Bäumen und aus Sand, herstellt – durchsichtig und doch ein Körper sei.

In der Luft stehet das Firmament, das ist das Element Feuer. Nun geht unter den Menschen die Rede: den Himmel und seine Sterne trage niemand und niemand führe ihn seinen Lauf. Wir sind irdische Menschen, irdisch reden wir, darum sagen wir, den Mond und die Sonne trage nichts; so sagen wir auch: die Luft ist nichts, denn wir sehen sie nicht. Wenn aber der rechte Verstand angeht, finden wir, daß es *ein* Ding ist, das Obere und das Untere, nur allein darin geschieden, daß wir es irdisch nit begreifen, und es ist doch irdisch und nur in der Gestalt geschieden.

Weiß ist eine Farbe, Schwarz ist auch eine, wie ungleich sind aber die zwei gegeneinander? Ebenso ist es mit den Körpern; wir sprechen: Wasser und Erde sind Körper, der Himmel und die Luft aber nicht, – und sie sind doch welche. Oder: der Mond sei ein Corpus, die Sonne ein Corpus, die Luft nicht, – die doch auch ein Corpus ist.

Nun sehet den Marmor an, er ist dunkel, trüb, so daß niemand durch ihn hindurch sieht, nur darauf; der Kristall[1] ist lauter, und du siehst durch ihn, was unter ihm liegt. So bedeutet der Marmor die Erde, der Kristall die Luft. Und seht, wie ein Holz dick ist, trüb, und das Glas, das aus ihm gemacht wird, ist hell und nicht trüb; also sollt ihr wissen, daß die zwo Sphären so mit einander verglichen werden können.

Nach diesem einleitenden Versuch, die Körperlichkeit der Luft nachzuweisen, der selbstverständlich die paracelsische Grundanschauung vom geistigen Zustande des wahren Elementes Luft nicht berührt – das rechte Element ist ja die Kraft, das Geistige in der leiblichen Hülle –, erörtert er die Frage, wo denn Luft sei. Er braucht dafür das bei ihm häufig wiederkehrende Bild vom Ei; der Klar, das Eiweiß, umschließt den Dotter, wie die Luft die Erde; die Schale ist der Himmel, das heißt die äußere Begrenzung des Luftmeeres über den Gestirnen – denn für Paracelsus reicht ja die Luft bis über die Gestirne hinauf.

Das Ei bewahrt das Leben und das Wesen. Der Dotter liegt im Klar und bleibt die Mitte und fällt auf keine Seite. Der Dotter bedeutet die untere Sphäre, der Klar

[1]  Bergkristall.

die obere; der Dotter: Erde und Wasser, der Klar: Luft und Feuer. Wie hier eins vom andern getragen wird, also wisse, daß es draußen nicht anders ist, und daß die Luft nichts sei als ein Chaos, und das Chaos nichts als ein Klar eines Eies, und das Ei ist Himmel und Erden.

Der eben angeschlagene Vergleich wird weitergeführt; die äußere Grenze des Luftmeeres erscheint ihm wie die Schale beim Ei, die Innen und Außen scheidet, die Erde und den Himmel Gottes; daß Paracelsus dabei die »Schale« Himmel nennt, ist ein Versehen, das er mit der landesüblichen Unbestimmtheit in der Sprache gemeinsam hat, die ebenso den »Wohnraum Gottes« wie die blaue Glocke über unsern Häuptern Himmel nennt; die blaue Glocke, die äußere Grenze der Luft, der »Himmel« sind also Worte bei Paracelsus für den nämlichen Begriff.

Die Luft schließt alles Tödliche, Irdische ein und scheidet es vom Ewigen ab, gleich wie eine Mauer ihre Stadt vom Lande abscheidet, und sie hält die Welt zusammen, wie ein Damm den Weiher. So, wie nichts, das dem Ei zugehört, außerhalb ist, und nichts im Ei, das heraus gehört, ist es auch bei ihr. So ist der Himmel eine Schale, die die Welt und den Himmel Gottes voneinander scheidet, gleich wie die Schale das Ei von dem, was haußen ist, trennt, und sie ist eine Haut, in der die ganze Welt ein Corpus ist und darin die Erde gefaßt und gehalten wird. Weiter aber ist die Luft der Himmel, das ist die Haut, das ist die Schale, das ist die Mauer, das ist der Damm, aus dem nichts herausgehen kann, und das, das außerhalb ist, nicht hinein kann.

An die Erörterung über die Luft als Scheide zwischen der Erde und dem Himmel Gottes schließt unvermittelt eine Bemerkung über die Luft als den Erreger alles Geschehens an. Sie ist der

Atem, der uns lebendig, handelnd erhält, und ist der »Atem«, die erregende Kraft in allen andern Elementen. Was ist, das atmet sozusagen Kraft aus ihr.

Die Luft ist dazu der Atem, aus dem alle Dinge das Leben haben. Wo die Luft nicht wäre, so könnten wir nicht leben; denn es ginge in keinem Element etwas voran, es könnte kein Wind gehen, kein Regen, kein Schnee, keine Sonne scheinen, kein Sommer, kein Wasser fließen, keine Erde tragen. Die Kraft dazu kommt aus der Luft und wird von den drei Elementen an sich gezogen, wie in uns die Lunge dasselbige an sich zieht jeden Augenblick.

Die alchimistische Operation ist mit der Scheidung der Elemente nicht zu Ende. Nachdem die vier geschieden sind, geschieht in ihnen eine weitere Separierung, und »aus dem Feuer werden Tag und Nacht, Sonne und Mond, aus der Erde Bäume und Kraut, Gras und Obst, aus dem Wasser Mineralien und Steine« abgeschieden wie »aus der Luft das Chaos, die Kette und der Boden«. Zunächst das Chaos! Es ist das, was wir atmen, also eine Art »Frucht« der Luft, wie Bäume und Kräuter eine Frucht der Erde sind. Wenn Wasser verdampft, wird es zu Chaos – und nun darf man schließen, da alles, was Paracelsus lehrt, geschaut ist, nicht gedacht, daß Chaos so etwas wie eine Verdickung der Luft oder ein Dunst sein mag.
Ein anderes »Produkt« der Luft ist die soeben erwähnte Kette, ein Haltendes, das alles Materielle trägt und hebt. Man muß es sich ganz simpel erklären, ganz nur von dem naiven Betrachter her. Da Luft so gut wie nichts ist, warum »fällt« da nicht, was in der Luft schwebt, einfach nieder auf die Erde? Nun, etwas hält es, das man eine »Kette« nennen könnte; ein unsichtbares, trotzdem materielles Haltverleihendes, das Sterne und Feuerhimmel nicht von ihrem Ort verrücken läßt, und das man kaum mit einem uns geläufigen Worte nennen kann.

Dieses Element gibt auch die Kraft, daß das Feuer des Firmaments an ihm hanget und fällt nicht, und es ist wie eine Kette, die da hebt und trägt ohne alle Materie und Sichtbarkeit. Das geschieht durch sein Chaos, das liegt zwischen der Haut und der Erde, und geht vom Himmel bis auf die Erde, und darin schwebt das Feuer, darin schwebt die Erde und das Wasser. Und gleicherweise, wie der Dotter im Ei vom Klar gehalten wird, daß er die Schale nicht anrührt, also hält das Chaos die Globel, daß sie nicht fällt nach keinem Ort. Dieses Chaos ist unsichtbar und grünscheinend und ist der unbegreifliche[1] Klar und hat aber die Kraft, daß es hebt, so daß die Erde nicht von ihrem Orte rücken kann. Wie der Keim in seinem Klar, also schwebt die Globel, Erde und Wasser, in dieser Luft; wie ein Schiff auf dem See gehalten wird, also wird sie auch gehalten. Das ist das große Albumen, der wunderliche Klar, der da trägt die Globel, Erde und Wasser, und ist unsichtbar; er trägt auch das Firmament und das steht in ihm, wie der Gurkensamen in seinem Schleim, wie der *semen generationis* im Sperma. Und wie ein Stück Fleisch in seiner Sulze liegt, so liegen die Sterne in ihm und haben ihren Gang in diesem Klar.

Ein naiver Beschauer sieht Himmel und Erde an und grübelt über den Kosmos nach – denn ein naiver Augenmensch ist Paracelsus trotz aller Gelehrsamkeit, die er in den Schulen und alchimistischen Küchen sich erwarb. Es ist nicht anders möglich, als daß da eine Frage kommen muß: Wie denn erhält das Ei in seiner Schale sich in rechter Lage? Wo ist da oben oder unten? Ein Analogieschluß half Paracelsus weiter:

[1] Unkörperlich.

Von dieses Elementes Kraft ist weiter zu wissen, daß die Luft und ihr Chaos und ihr Himmel so in der Rundheit stehen, daß derjenige, der darin ist, nicht ergründen kann, wo unten oder oben sei, und das geschieht also. Ein Ei, das daliegt, bei dem ist es nicht möglich, daß inwendig in ihm gewußt werden kann (so es einem möglich wäre, darin zu sein), was dem Himmel und was dem Boden zugewendet ist, denn die Rundheit macht es, daß da keine Höhe oder Tiefe kann gesehen werden. Ebenso sind wir in der Schale Luft, so daß wir nicht wissen, was unten oder oben ist, und ist alles *eine* Höhe und *eine* Tiefe.

~~~~~

**Das Firmament** Die Alten zählten als das zweite Element das Feuer. Für Paracelsus, der ja das Feuer aus den alchimistischen Küchen kannte, ist, was *wir* Feuer nennen, ein Geschaffenes, kein Primäres. *Sein* Feuer ist das kosmische Feuer, ist der Feuerhimmel, den er auch wieder »Himmel« oder »das Gestirn« zu nennen pflegt und den man besser mit dem auch von ihm gebrauchten Ausdruck als das Firmament bezeichnet; denn ein Befestigungsort, was dieses Wort auf deutsch bedeutet, ist ja sein Firmament – es ist der Träger des Gestirns. Da es ein Element ist, ist es auch ein Mütterliches, trägt es, wie jedes Mütterliche, Früchte für den Menschen, so wie das Gott nach 1. Mos. 1, 28 geordnet hat. Das erste, was Paracelsus von dem Firmament feststellen will, ist – wie vorhin – die Körperlichkeit der äußeren Erscheinung. Es ist ein Geistiges, eine Kraft, aber ein Geistiges in einem Körperlichen. Es ist für Paracelsus schwer, das festzustellen und zu erweisen; man sieht, wie er mit den ungefügen Worten kämpft und ringt, wie er zum Bilde des Rauches seine Zuflucht nehmen muß – sein ganzer Beweis geht über negative Formulierungen nicht hinaus: es ist ein Corpus oder Körper und doch keins, kompakt und nicht kompakt, man greift hindurch wie durch das Wasser, aber es ist nicht Wasser, ist auch nicht Luft, obwohl man durch das Element hindurchgeht wie durch Luft. Niemand kann sagen, daß dieser Beweisgang eben sehr befriedigend ist, und Paracelsus hat wohl auch ein Ähnliches empfunden – er hat ihn immer wieder aufgenommen und sich neu an ihm versucht.

Als Gott hat die Erde erschaffen wollen und in seiner göttlichen Weisheit vorher betrachtet hat, wie sie sein solle, hat er sie geteilt in vier Teile, so daß da vier Corpora geschaffen wurden. Welche vier Corpora Mütter sollen sein aller Dinge, und ihre Früchte sollen dem gehören, den er nach seinem Bildnis geschaffen hat, das ist Adam, das ist der Mensch. Da nun das Vornehmen in Gott also beschlossen worden war, da sind die vier Corpora geschaffen worden, nämlich Himmel, Erde, Wasser, Luft.
Nun wisset, daß die vier Corpora Mütter sind, die Früchte tragen, von denen sich der Mensch ernähren soll. Als zum Exempel: Die Erde trägt ihre Frucht; von derselbigen Frucht ernährt sich der Mensch, von der Erde nicht. Also ist auch der Himmel ein Corpus, von dem Früchte ausgehen, die den Menschen erhalten. Wie nun der Himmel seine Früchte zeigt und gibt, will ich in diesem Buch vortragen.

Nun merket also. Die Erde soll den Menschen tragen und seine Behausung, desgleichen Stein, Felsen, Sand und alle Gewächse. Aus dem folgt, daß sie ein Element sein muß, das da kompakt und fest ist, so daß sie das alles tragen kann. Das Wasser muß naß sein, deswegen, weil in ihm Fische schwimmen sollen, was in der Erde nicht sein kann, und es soll Salz geben, soll Steine geben. Das dritte Corpus ist die Luft; dasselbe Element muß auch ein ander Corpus haben, so daß dasselbige Corpus nicht feucht sei wie das Wasser, nicht fest wie die Erde, sondern durchsichtig, durchscheinend, ungreiflich, unsichtbar, und ist gleich einem Glas.

Nun wisset weiter, daß der Himmel auch ein Corpus ist, das nicht kompakt ist, nicht fest wie die Erde, nicht naß wie das Wasser, nicht durchsichtig wie die Luft, sondern das Element Himmel hat ein besonder Corpus mit einem besonderen Wesen, also daß der Himmel nicht erdig ist und ist doch ein kompakt Wesen (aber nicht irdisch kompakt), — ist dünn und durchgängig[1] wie das Wasser und doch kein Wasser, ist klar durchsichtig und doch nit wie die Luft, sondern ist ein Corpus gleich einem Rauch, der sich scheidet in seinem Wesen und seiner Körperlichkeit von allen andern Körpern. Er ist nicht wie ein Stein oder Holz oder Erden, auch nicht wie ein Wasser, nicht wie die Luft, sondern ist ein Corpus, das den andern nicht gleicht.

Er ist ein Corpus, das durch den Vergleich mit dem Rauch am besten verstanden werden kann, denn so muß er sein; denn: was von ihm wächst, ist auch so; es sind Corpora und nit Corpora; sie sind kompakt und nicht kompakt, sind durchgreifig wie das Wasser und doch nicht Wasser, sind ungreiflich wie die Luft, doch nit Luft.

Mit dieser Erkenntnis aber gibt sich Paracelsus nicht zufrieden. Er geht ihm weiter nach, und weil er es direkt nicht findet, so will er ihm auf einem indirekten Wege näher kommen. Es heißt Matthäus 7, 16 und 17, daß man an seinen Früchten einen

---

[1] Man kann hindurchgehen.

Baum erkennen könne – aus einem Vergleich der Früchte der verschiedenen Elemente muß man mithin die Mutter dieser Früchte leicht in ihrer Art erkennen. Und weil das Firmament ein Element ist, muß es Früchte bringen; weil es ein Corpus ist, so sind auch seine Früchte Corpora. Was diese Früchte sind, darüber werden wir bald Näheres hören; hier ist zunächst verwunderlich, daß er den Strahl, das ist der Blitz, als körperlich bezeichnet – vielleicht klingt da die Vorstellung vom Donnerkeil noch an. »Nun also vergleiche den Blitz mit einer Frucht der Erde, mit dem Holz.« – sie sind so sehr verschieden, wie es ihre Mütter sind.

Die Erde ist schwarz, grob, tölpisch, knochig, lettig, kotig, unflätig, lehmig usw. und so grob, daß nichts ist, das gröber ist. Das Element Wasser ist subtiler, ist lauter, klar, rein, daß man dadurch etliche Schuh tief den Boden sieht, so viel ist das Wasser geklärter als die Erde. Darnach ist die Luft, die ist gar durchsichtig, ungreiflich, und so lauter gesäubert, daß man sie nicht sieht. Jetzt ermiß, wie ungleich die Corpora gegen einander sind, die Erde gegen das Wasser und das Wasser gegen die Luft, was für ein weiter Unterschied das ist! Nun siehe den Himmel, der ist über der Luft, – wie weit ist nun der Himmel und die Erde voneinander verschieden in der Körperlichkeit. So grob die Erde, so subtil der Himmel, je finsterer die Erde, um so heiterer der Himmel. Er ist das klarste Element und doch ein Corpus; denn seine Früchte sind Corpora, der Regen, Schnee, Hagel, Strahl usw. Wo kein Corpus ist, da wird keins geboren; da aber eins ist, da wird auch eins geboren.
Nun sieht man dem Corpus vom Strahl an, daß es ein Corpus ist so gut wie das Holz, das von der Erde ist; aber so viel sind sie voneinander [unterschieden], als

die Elemente voneinander unterschieden sind. Und so viel der Himmel subtiler ist als die Erde, um so viel ist auch seine Frucht über der anderen Elemente Frucht in der Subtilität und im Werke. Denn aus den Früchten werden sie erkannt, aus wem sie sind und was das ist, von dem sie gekommen sind. Denn ein jeglicher Baum gibt sich selbst zu erkennen durch seine Frucht. Und bei den Früchten gehet die Philosophei an und nit bei der Mutter, sondern beim Kinde. Der Meister wird durch sein Werk erkannt und das Werk nicht aus dem Meister.

Die Früchte des Firmaments, die es aus sich geboren hat, weil es ein Element ist, sind Entsprechungen jener Früchte, die aus den andern Elementen geboren worden sind. Man muß hier nicht an Früchte wie die Birne oder die Beeren denken – der Arzt nennt das, was aus der Matrix wächst, »die Frucht«; das Kind ist eine Frucht, nicht, was dies Kind einst von sich gibt. So sind die Früchte der Erde Bäume, Kräuter, Gräser, nicht, was auf Bäumen oder an den Kräutern für uns wächst – zum Essen. Nicht einem Apfel, sondern dem Apfelbaum ist zu vergleichen, was aus der Erde des paracelsischen Firmaments als Frucht gewachsen ist. Von diesen »Bäumen« oder Früchten des Himmels also ist die Rede, von dem, was sie von unseren irdischen »Früchten« unterscheidet. Sie stehen nicht wie die Bäume in der Muttererde fest, sie sind von Gottes Hand geworfene rollende Kugeln durch das Firmament, und ihre »Gärten« sind die »Häuser«, die die Astrologen ausgerechnet haben:

So merket auch von dem Himmel und seinen Früchten das Exempel. Ihr seht, was aus der Erden wächst, das hat seine greiflichen Füße und Wurzeln in der Erde, wie die Bäume und das Gras. Die Sterne sind Früchte vom Himmel und sind des Himmels, aber sie wurzeln nicht im Himmel, sie stehen unter dem Himmel fix, ohne alle Handhabe oder Haken. Sie sind wie ein Widerspiel zur Erde. Das eine treibt seine Frucht mit Wurzeln, das andere nicht; das eine wächst über sich, das andere hängt unter sich, das eine gibt seine Früchte der Höhe zu, das andere unter sich.

So ist es auch im Wasser, wie die Fische ein Exempel geben; die stehen auch nicht fest, haben auch nit Füße, sondern sie schwimmen im Wasser, ebenso schwimmen die Sterne auch in dem Corpus des Himmels, und haben die Ordnung[1] mit ihrem Schwimmen, wie sie Gott geschaffen hat: hoch, nieder, weit, nahe, schnell, langsam usw., was die Astronomei angeht und hier nicht not ist zu melden.

Hier ist allein zu verstehen, daß der Himmel ein Corpus ist, der ein schwimmendes Ding zu tragen vermag wie ein Wasser, und ist doch nicht Wasser, sondern trocken, und ein Trockenes schwimmt in ihm, obwohl das auch nicht geschwommen genannt werden kann; denn es geschieht nicht im Wasser, und ist doch geschwommen, ist nicht gegangen oder gelaufen, denn da sind keine Füße, auch nichts darauf sie treten könnten, sondern es ist alles ein wunderbares Werk Gottes und ein Element, das die andern alle inhaltet und zusammenschließt in eine Runde und in einem Zirkel. Nun wisset von den Sternen auch ein solches: sie sind aus dem Himmel gewachsen und stehen in demselbigen fliegender Weise, wie ein Vogel in der Luft, nach der Ordnung und dem Zirkel, wie sie Gott geschaffen hat und wie sie ihm wohlgefallen. Sie sind einmal

[1] »Nach dem Gesetz, nach dem sie angetreten.«

gewachsen und bleiben also für und für. Die Bäume und die Früchte der Erde zergehen und werden wieder, die Sterne aber zergehen nur einmal und kommen niemehr wieder, und ihr Vergehen ist am Ende der Welt. Was in andern Elementen liegt, dasselbige alles frißt der Rost, die Schaben, der Tod; allein die Sterne des himmlischen Elements, die bleiben; aber ihre Früchte kommen und vergehen, als Regen, Schnee usw.

Nun kommen wir weiter zu dem »Obst«, das diese Früchte tragen. Ihr Obst sind Schnee und Regen, Blitze, Winde, Feuerscheine, sind Tau und Meteore, sind die Blut- und Gallert-Regen. Das scheint skurril, weil uns die Sterne heut sehr weit, weil sie uns in viel tausendfacher Entfernung hinter der äußersten Luft zu stehen scheinen. Der Zeit um Paracelsus aber waren sie sehr nahe. So konnte man ihre Produkte in den niederfallenden Erscheinungen sehen. Ja, daß für Paracelsus Regen nicht nur ein »Produkt« und Eis nicht Staub aus einem zerberstenden Monde der Sterne war, daß er das Bild vom Obst und von den Bäumen für die Witterungsniederschläge brauchte, das ist doch wohl ein Zeugnis, daß ein schauender Erkenner, nicht nur ein dürrer, nüchterner Rechner hier am Werke gewesen ist.

Ein schauender Erkenner, der mit Wunderaugen sieht – und den doch seine neuplatonischen Gedankengänge treiben. Wir sprachen vorhin davon, daß er an »Konkordanzen« glaubte: daß die Gewächse der Erde denen des Firmaments »entsprechen«. Ist das der Fall, dann muß für jeden Baum und jedes Kraut, für jeden Fisch im Wasser auch ein Stern am Himmel stehen – denn wäre es nicht, dann träfen ja jene Stufenleitern nicht zusammen, dann könnte nicht eine Kette Mars und Eisen, *thereniabin* und Nessel heißen. Die Nessel entspricht dem Mars, die Rose kann ihm nicht entsprechen, für sie muß eine andere Entsprechung unter den firmamentischen Gewächsen wachsen. So viele Kräuter also wachsen, so viele Sterne muß es geben.

Ihr seht, daß die Erde nichts in sich hat, sondern was sie hat, das treibt sie auf die Erde und behält nichts in sich, sie gibt alles heraus. Also sind alle Bäume und Kräuter der Erde auf der Erde, und in der Erde ist nichts. So wisset, daß auch aus dem Himmel die Gestirne gewachsen sind, und daß die Sterne nicht anders vor dem Himmel stehen wie die Bäume auf der Erde. Und wie die Bäume auf der Erde sind und haben ihren Fuß in der Erde, im Widerspiel haben die Sterne keinen Fuß in ihrem Element. Die Ursache dafür ist die, daß die Bäume fix stehen müssen und nicht vom Ort rücken dürfen, sondern sie müssen an der Statt bleiben, da sie gesetzt, gesät und gepflanzt werden. Die Sterne aber dürfen nicht stille stehen, sondern sie müssen ihren Zirkel gehen, darum sind sie Kugeln, die da für und für walzen und wallen, wie sie von der Hand Gottes geworfen werden, und sind also vom Himmel geschieden und doch im Himmel. Wie der Baum der Erde eingeleibt ist und ohne die Erde nicht sein kann, sondern in ihr sein und sie haben muß, so kommen die Sterne nit vom Himmel, denn sie haben ihre Nahrung vom Himmel. Und da, wo sie ihre Häuser haben, da sind sie, und aus denselben kommen sie nit, so wenig wie ein Baum aus seinem Garten. Und das soll auch gemerkt werden, daß so vielerlei Arten der Sterne sind, so vielerlei Gewächse auf der Erde sind; so viel besondere Arten der Bäume, so viel besondere Arten sind der Sterne, und nicht allein der Bäume, sondern auch der Kräuter und aller irdischen Gewächse. Denn das geht daraus hervor, daß so viel Influenzen sind; – so viel Arten der Sterne, so viel Gewächse sind auf Erden. Und eine jegliche Art gehet in ihresgleichen, und ungleiche kommen nicht zusammen; – denn ein jegliches Element ist dem andern gleichförmig und in der Zahl gleichmäßig.

Nun weiter, wie ihr seht, daß von den Bäumen die Früchte kommen, daß der Baum Birnen trägt, der andere Äpfel, der andere Nüsse usw., eine ebensolche Eigenschaft haben auch die Sterne, so daß einem Stern der Regen, dem andern der Schnee, dem andern der Hagel gegeben ist, und daß alles, das vom Himmel kommt, dergestalt geboren wird.

Die Sterne sind nicht nur »Früchte«, sondern – wie die Neuplatoniker lehren – es gehen Beeinflussungen, Wirkungen, »Influenzen« von ihnen aus; die Lehre vom »Obst« (wonach die Witterung »Wind, Regen und Schnee« von den Sternen, den »Bäumen« des Himmels, stammen) und die von diesen Wirkungen decken sich beinahe; denn Sommer- und Wintersterne bewirken eben warm und kalt, und Trocken- oder Kältesterne machen es trocken oder kühl. All dieses Wirken aber ist von Gott geordnet worden; die Sterne nahen und entfernen sich – sie feiern, ruhen aber nicht in der Entfernung, sie laufen fort und fort, um wieder zu ihrem Werk zurückzukehren, und rüsten und bereiten sich von neuem auf dies Werk:

So hat Gott nun den Sternen den Lauf gegeben; sie sind geworfen worden von der Hand Gottes in den Kreis des ganzen Firmaments, ein jeglicher Stern in seinen Kreislauf und Gang. Und während der eine Stern abwesend ist, haben die andern ihre *operationes*, so im Abwesendsein der Sonne die Nachtsterne. Bei andern Sternen ist es ebenso: ist einer hoch, so steht der andere niedrig, ist einer in der Exaltation[1], so ist

[1] Aufsteigen.

der andere in der Deklination[1], also daß je einer dem andern weichet, damit alles, was zu tun ist, vollbracht werden kann, und ein jeglicher Stern seine Wirkung, dazu ihn Gott geschaffen hat, vollende.

Denn da feiert kein Stern, kein Stern steht stille, sie sind alle in täglicher Übung ihrer Kräfte, damit sie die Natur erwecken und antreiben zu ihrem täglichen Wirken. Und so wie die Sterne ohne alle Ruhe sind, so sind auch ohne alle Ruhe die Dinge in der Natur, das ist, sie werken für und für. Und wiewohl das so ist, daß zur Nacht Ruhe ist, – diese Ruhe ist nur den Empfindlichen[2] gegeben, daß sie rasten können. Und wiewohl das auch ist, daß der Winter eine Ruhe natürlicher Dinge ist, ist die Ursache dafür doch nur die, daß sie nach der Darbringung der Frucht ruhen sollen. Eine rechte Ruhe ist es aber nicht, sondern sie üben sich für und für und rüsten sich wieder für den Sommer auf eine neue Gebärung und Darbringung ihrer Frucht.

So feiert nichts in der Natur; es ist alles in Übung von Stund zu Stunde, von Tag zu Tag, von Nacht zu Nacht; allein der Mensch feiert zur Nacht und den Sabbath – wegen des Gebotes. Der Sabbath ist aber nicht dem Geist geboten, daß dieser still und müßig stehe, sondern er gilt allein dem Leibe. Der Geist aber soll für und für in Arbeit sein, also daß weder Schlaf noch Sabbath ihn still und ruhig macht.

Die neuplatonische Lehre ist für Paracelsus eine verlockende Verführung. Sie trägt ihn weiter, als er sonst vielleicht gegangen wäre. Der eben wieder einmal gestreifte Satz, daß alle Elemente

---

[1] Absteigen.
[2] Den Empfindenden, Lebenden: Mensch und Tier.

untereinander konkordieren und daß die Früchte des einen in den andern ihre Entsprechungen haben müssen, bringt ihn dazu, den Wasserfrauen und -männern Entsprechungen in den andern Elementen gleichzuordnen. Daß Wasserfrauen und -männer, Undinen oder Nixen existieren, stand für ihn fest – in dieser Beziehung traute er den alten Überlieferungen und traute er dem, was er aus seinen Kinderjahren wußte. Sind aber dergleichen »elementische Wesen« in dem Elemente Wasser anzutreffen und sind im nächsten Element, der Erde, ähnliche Wesen nachzuweisen – auch über die belehren die alten Ammensagen ihn genügend –, dann muß auch in den andern Elementen eine solche Schöpfung anzutreffen sein.

Nachdem ich bisher von den unempfindlichen Geschöpfen der meteorischen Region gesprochen habe, ist nun weiter festzustellen, daß auch empfindliche, das ist lebendige, bewegliche, verständige Geschöpfe in selbigen meteorischen Regionen sind. Denn das sollen wir wissen, daß Gott in allen Elementen lebendige Kreaturen geschaffen hat und nichts hat lassen leer sein, und erschuf nicht allein Unvernünftiges, sondern auch Vernünftiges. Im Wasser sehet ihr die Fische, in der Erde den Maulwurf. Wie ihr die nun sehet, also sind auch in der Luft, im Himmel dergleichen *animalia*, die da leben; in der Luft: *matenae*, das ist Mucken, im Himmel: *tortelleos*[1]. Dazu finden wir noch eine lebendige, empfindliche, geisterartige Kreatur, im Wasser die Nymphen, in der Erde die Gnomen, in der Luft die Lemuren[2], im Himmel die Penaten[3]. Was uns in der unteren Sphäre und Globul gezeigt wird, das ist ein Exempel, daß es auch in den oberen Sphären und in der obern Globul gleichnisweise sein muß.

[1] Fledermäuse.
[2] Geflügelte Geister.
[3] Familiengeister.

Nun von den Nymphen ist hier nicht zu reden, auch nicht von den Gnomen und Lemuren, ich erwähne sie aber darum, damit wir in der Meteorica[1] wissen sollen, daß verständige Geschöpfe mit menschlicher Vernunft und Sinnen in diesen Elementen wohnen und sind.

Denn nehmt nur das viele Wunderwerk, das durch die oberen Geschöpfe herab in die Erde geschieht, das ohne solche verständige Wesen nicht geschehen könnte, denn wie möchte es sonst sein, daß ein Strahl so gerade in den [bestimmten] Ort schlagen müßte und nicht in einen anderen? Daraus ist doch zu nehmen und zu ermessen, daß das durch den Verstand der Oberen, das ist der *superorum*, bewirkt wird.

Die *superi* sind die Penaten. Und solches zeige ich darum an, daß wir endlich und gründlich verstehen und wissen sollen, daß solche Kreaturen im Firmament sind. Denn es soll sich darüber niemand wundern, es ist die Wahrheit, was von Gnomen, von Nymphen gesagt wird, wenn es auch wunderbarlich erscheint. Jedoch, ist es schon über des Menschen Verstand, so ist es doch so und das Werk beweist es.

Damit ich später leichter verstanden werde, wenn ich von *superis* rede, zeige ich sie hier an und sage, daß sie im Firmament sind, und wohnen im selbigen mit allen Weisheiten und Verstanden und Künsten und Wirkungen über die Natur, und sind in unserem Globul den Bergmännlein, Lemuren usw. gleich. Darum sollen wir wissen, daß wir Menschen auf Erden nicht allein solchen Verstand haben, und nicht denken, daß sonst nichts wäre, als allein der Mensch, und daß in dem

[1] Lehre vom Himmel.

allein Verstand wäre, sondern es sind noch mehr, in denen solcher Verstand und ein noch größerer ist als im Menschen, nämlich in alledem, was die Natur betrifft im natürlichen Verstand.

Denn Gott ist wunderbarlich in seinen Werken und Geschöpfen und hat wunderbarlich dem Menschen, als der edelsten Kreatur, selbst alles ohne End zu philosophieren befohlen, und zu erforschen die Natur, damit sie die Wunderwerk Gottes hervorzeige. Denn was haben wir auf Erden, als allein in göttlichen Werken zu wandeln und sie zu erkennen, und nicht sollen wir wandeln in den Dingen, die nicht göttliche Werke sind. Denn in zween Wege sind die Werke Gottes geteilt, in die Werk der Natur, die die Philosophia begreift, und in die Werk Christi, die die Theologia begreift. In denen sollen wir verzehren die Zeit, die wir auf Erden zu verzehren haben, damit wir mit Frieden sterben.

Noch seltsamer als der Glaube an die elementischen Geister scheint der andere, in dem er einen »Macher« in den Elementen nachzuweisen sucht. Er nennt ihn manchmal Vulcanus, in einer Erinnerung an klassische Autoren, die den Vulcan zum Handwerksmann und Schmied des Olymp ernannten; in andern Texten heißt er ihn Archeus, das meint wohl »den Ersten«, weil er ja dasein muß, eh das erscheint, was er zu machen hat. Der »Macher«, den er so ganz wie irgendeinen Dämon oder Geist beschreibt, ist – ein ganz überraschender Gedanke – Gottes Handwerksmann.

Hier handelt es sich nun nur um den Archeus im Firmament, der aus den drei Prinzipien oder Ersten oder Grundsubstanzen (Sal, Sulphur, Mercurius), die er als *prima materia*, als den Rohstoff sozusagen, in den Händen hält, das alles macht, was aus dem Firmament zu uns gelangen soll.

Es ist fast überraschend, wenn man nach dem allen hört – und nach der Lehre von den elementischen Geistern ist es ganz verwunderlich —, daß diese Vulcani keine wirklichen überirdischen Wesen und Gestalten sind; sie sind Arbeiter, heißt es einmal, ähnlich wie das Schmiedefeuer — es sind, um Paracelsi unbeholfene Worte etwas präziser auszudrücken: die in den Elementen wirkenden oder schaffenden Kräfte unbegriffener Art.

Damit ich euch unterrichte, was weiter in den Sternen, das ist, in dem Firmament sei, so halte ich euch den Vulcanum, der da ist der Fabrikator und Werkmann aller Dinge, vor, — welcher nicht allein im Element des Himmels, das ist im Firmament, ist, sondern er ist ebenso auch in den andern Elementen. Nun muß ich euch den am ersten durch ein Exempel erklären. Ihr sehet bei uns Menschen, daß wir nichts Fertiges haben, sondern alle Dinge erst machen müssen. Wollen wir ein Haus haben, wir müssen alle Subjekta dazu ordnen und selbst machen; und so ist in allen Dingen der Mensch mit Arbeit beladen. Wie der Prophet sagt: die Arbeit deiner Hände mußt du essen; auch: im Schweiß deines Angesichts sollst du dein Brot essen usw.[1] Solches ist nun dem Menschen auferlegt, und das tut er. Weiter wisset, daß nun einer ist, der die Dinge macht, die der Mensch verarbeitet und gebraucht. Es muß einer sein, der Laub und Gras macht an Gottes Statt, so wie ein Mensch, der sich selbst ein Haus machen muß, — denn Gott macht es ihm nicht — ebenso ist auch in der Erde einer, der das macht, das aus ihr kommt. Ein solcher ist auch im Wasser, und dergleichen in der Luft und im Firmament auch. Denn es ist nicht genug, daß wir sprechen, Gott hat es so geschaffen, daß es alle

[1] 1. Mos. 3, 19.

Jahre wiederkommt. Es ist wahr, er hat aber einen gesetzt, der es machen soll, formieren, korporieren und ordinieren, und das selbige Werk darnach durch die Natur aufwachsen lassen. Denn so wenig Gott dem Menschen einen Rock macht, sondern hat den Schneider gesetzt dazu, ebensowenig wird ohne einen Arbeiter das Gras wachsen und in seine Form gebracht. Derselbe nun, der die Dinge ordnet, ist Vulcanus.

Darauf wisset nun vom Vulcano des Firmaments: der hat in seiner Gewalt und Macht die *tres primas*[1] in der einen *prima materia;* daraus macht er nun im Firmament, wo er seine Wohnung hat, alles das, was ihm Gott befohlen hat zu machen. Er komponiert, dispensiert und ordiniert die Regen, die Schnee, die Reif, die Hagel, die Strahl und alles, was himmlische Werke sind; in denen ist er der Bildschnitzer, der Schmied und Bereiter.

Dieser Vulcanus ist kein Geist, ist auch keine Person; in diesem ist er etwas anderes als die *Saganis,* sondern er ist ein Arbeiter, der nichts mehr tut, als der Natur warten und das aus ihr bringen, das in ihr ist und das Gott in sie getan hat. Er ist ein Werkmann wie das Feuer. Das werket auch ein jegliches Ding, das in es gelegt wird: es schmelzt die Metalle, es verzehrt das Holz in Glas, es bereitet mancherlei und ist kein Geist, ist keine Seele, keine Person, und hat doch in sich eine Kraft anzugreifen, einzugreifen und zu bereiten wunderbarliche Ding: Es ist der Vulcanus, der dem Menschen unterworfen ist. Denn der Vulcanus der Elemente kann dem Menschen nit gegeben werden, ihm

---

[1] Die drei Ersten.

103

gehorsam zu sein, sondern er hat allein in der Natur sein Amt.

~~~~~

**Das Wasser**   Das dritte Element, das Paracelsus mit den Alten kannte, ist das Wasser. Von seinem elementischen Wesen, von den warmen und kalten Wassern, wollen wir hier nicht sprechen – er hat darüber in seinen Bäder-Büchern ganz Ausführliches gesagt –; das Wichtigere ist, was er von seinen »Früchten« sagen kann. Das sind die Mineralien, Steine, Sande und die Erden. Von diesen Mineralien und ihrer Herkunft aus dem Wasser handelt nun ein ganzes Buch. Es setzt mit der Erörterung der *prima* und der *ultima materia* ein, mit jenen Ausgangs- und Endzuständen, die uns vorhin bereits begegneten. Hier wird von ihnen etwas mehr und für sein Suchen Aufschlußreiches mitgeteilt: daß man die *prima* aus der *ultima materia* erkennen muß. »Wo *ultima materia* nit verstanden wird, wieviel weniger wird da der Anfang verstanden. Denn ein jeglicher, der da einen Anfang beschreiben will, der muß das End wissen.«

Damit ihr aber kurz darüber unterrichtet seid, daß ich mehr Recht zu schreiben habe als die andern vor mir, will ich euch am ersten *ultimam mineralium materiam* erklären, damit ihr den Anfang seht, den ich setzen werde, und wohl erkennen mögt, was der Anfang ist. ... So ich nun vom Ursprung aller Erz mir vorgenommen habe zu schreiben und das nicht aus mir, sondern aus der Erfahrenheit und durch den, von dem ich es habe, so sage ich wie im ersten Paragrapho, daß das Letzte soll verstanden werden vor dem Ersten, und aus dem Letzten das Erste. Dazu gebe ich euch ein Exempel: daß Christus nie verstanden worden ist, so lange bis er nicht den heiligen Geist geschickt hat, der hat alle Dinge erleuchtet; durch den verstehen wir Christum, und er ist nach Christo gekommen. Also aus dem

104

Letzten, das ist, aus dem heiligen Geist, verstehen wir den Vater und den Sohn.

Die alte Belehrung über die »Mütter« – die vier Elemente Feuer, Wasser, Luft und Erde – und die »drei Ersten« – Sal, Sulphur, Mercurius – setzt ein. Die Ersten kennen wir, und ihre *ultima materia* im Wasser, ihre Ergebnisse, sind die Mineralien. All diese von der Natur geborenen Dinge aber sind »zerbrüchlich«, das heißt, es sind nicht chemische Elemente, sondern sind zusammengesetzte Stoffe; chemische Verbindungen. Zerlegt man sie als Alchimist (als Chemiker im heutigen Sinne), das heißt, zerbricht man sie als Künstler, so findet man ihre *prima materia*. Der Anfang, die *prima materia*, der Urstoff, ward ja *ultima materia*, der Gegenstand, der uns vor Augen liegt, ward etwas anderes; *prima materia*, die Ausgangsstufe, nützt dem Menschen nichts.

Ich sage von dieser Philosophia über das Erz, daß die *ultima materia* die sei, die den Anfang, ihre Mutter, erkennen machte. Nun hab ich schon in den andern Paragraphen der Philosophia drei Dinge, nämlich Sulphur, Sal und Mercurium vorgewiesen, daß sie ein Anfang aller der Dinge seien, die aus den vier Müttern entspringen, das ist, aus den vier Elementen. Nun hier beim Erz ist es notwendig zu sagen, daß Eisen, Stahl, Blei, Smaragd, Saphir, Kiesel nichts anderes sind denn Schwefel, Salz und Mercurius.
Ein jeglich Ding, das geboren wird von der Natur, das ist zerbrüchlich, und durch die Kunst ist zu erkennen, woraus die Natur dasselbige gemacht hat. Hier gibt die Natur zu erkennen, daß im Erz die drei Dinge seien, ebenso wie im Holz und in anderen Dingen. Denn so ihr durch die Kunst den Stahl, das Gold, die Perlen, die Korallen zerbrecht, so findet ihr Schwefel, Salz und

Mercurium. Und sobald ihr die durch die Kunst [gewonnen] habt, so ist nichts mehr vom Erz da, sondern es ist alles zerbrochen.

Nun hat es Gott gefallen, daß er ein Element Wasser machte, und von demselbigen für und für die Mineralia schüfe, damit daß dieselbigen täglich wüchsen und dem Menschen Nutz wären zu seinem Gebrauch.

Und er hat das Wasser geschaffen, daß es eine Mutter sein solle der Erze, und in dem Wasser schuf er die drei ersten: Feuer, Salz und Mercurium, und er hat sie dazu bestimmt, daß aus dem Element Wasser die Metalle, Gesteine, Steine und alle Erz werden.

Nun wisset es erstens, daß das Element Wasser eine Mutter aller Mineralien ist und ist ihnen nit gleich, denn ebenso ist auch die Erde Holz und ist nit Holz, und Holz wird von ihr. Also wird auch der Stein, das Eisen usw. vom Wasser. Das Wasser wird etwas, das es selbst nicht ist, die Erde wird auch etwas, das sie selbst nicht ist; so muß auch der Mensch werden, das er selbst nicht ist. Was in seine letzte *materiam* gehn soll, das muß anders werden, als der Anfang ist – denn der Anfang taugt niemanden nichts.


Im folgenden Abschnitt handelt Paracelsus weiter von der »Frucht«. Es ist die alte Konkordanzenlehre, die ihm dabei Wege weist. So wie die Erde, hat das Wasser seine Gewächse oder »Früchte«; wie diese sich von der Erde in die Luft erheben, in ein anderes Element, so wachsen die Gewächse des Wassers ebenso in die Erde; die Wurzeln stehen in dem eigenen, das Gewächs in einem fremden Element. Und wie die Bäume und Gewächse aus der Erde ihren Bauern haben, so haben auch die Gewächse des Wassers den Erzbauer oder Bergmann; die Doppelbedeutung von »bauen« kommt bei diesem Schluß zur Hilfe.

Also hat Gott das Element Wasser geschaffen, daß es ein Element aller Metallen und Steinen sein soll, und hat es von den andern drei Elementen in ein besonder Corpus geschieden, das nicht in der Luft sei, nicht in der Erden, nicht im Himmel, sondern das sei ein frei eigen Corpus. Und in diesem Element geschieht nun die Gebärung aller Metalle und Steine.

Zu dem sollt ihr wissen: wie ihr sehet, daß von der Erde alle Früchte in die Luft wachsen und nichts in der Erden bleibt, alles hervor über die Erde und daß es sich von der Erde scheidet, ebenso geht auch vom Wasser sein Gewächs: Metalle, Salze, Gemmen[1], Steine, Talk[2], Markasite[3], Schwefel usw., alles von der Mutter des Elements in eine andere Mutter, das ist in die Erde. Und dort vollendet es seine *operationes,* aber hat seine Wurzel im Wasser, wie Bäume und Kräuter ihre Wurzeln in der Erde, aber auf der Erde werden sie zeitig[4], und gehen in ihre *ultimam materiam,* das ebenso in der Luft geschieht.

Also geschieht es in der Erde [mit dem], was vom Wasser wächst. – Weil es mit der Wurzel im Wasser ist und mit dem Gewächs in der Erde, folgt daraus die Meinung derjenigen, die vom Erz zu schreiben sich bemüht haben, daß es von der Erde sei, und daß alle Mineralia, so viel ihrer sind, aus der Erde kommen, was aber nicht der Fall ist. Denn nichts wächst aus der Erde als allein Laub und Gras, Holz und Kräuter usw.; was sonst da ist, das ist vom Wasser.

[1] Edelsteine.
[2] Speckstein.
[3] Kiese.
[4] Fertig, reif.

Darum wisset auch, daß ebenso auch von den Gewächsen der Erde möchte gesprochen werden, sie wüchsen in der Luft, weil sie in der Luft sind, – das aber nit der Fall sein kann noch ist. Sondern ihre Wurzeln werden in der Erde gefunden, und sie nehmen von der Erde den Ursprung und vollenden sich in der Luft. Ebenso in der Luft, – wie das, was vom Wasser kommt, in der Erde sich vollendet und wächst. So erweist es sich, daß die mineralischen Gewächse alle Wasser sind und vom Wasser da sind, und daß im Wasser ihre *prima mineralium materia*[1] liege und sei, wie alle Früchte der Erde in der Erde liegen und in ihrem Wachstum nach ihrem vorbestimmten Termin, Ernte und Herbst sich herausgebären und dasjenige zeugen, was in ihnen ist.

Wenn eine Wurzel der Metalle im Wasser angeht, so ist das das erste, daß dieselbe Wurzel aufsteigt zu einem Baum, das ist Corpus, aus dem dasselbe Mineral werden soll. Denn ebenso wie eine Nuß oder Kirsche nicht gleich aus der Erde wächst, sondern am ersten wird ein Baum, nach dem Baum wird die Zeugung und die Frucht, also treibt die Natur im Element Wasser am ersten einen Baum, das ist ein wasserlich Corpus, und derselbige Baum wächst in die Erde, das ist, er füllt die Erde in ihren Poren an.

Und dann, wenn ein solcher Baum in der Erde ist, alsdann wachsen aus ihm seine Früchte, je nachdem was derselbige Baum für eine Art und Eigenschaft hat. Da wächst ein Metall der oder der Art, da ein Salz, da ein Schwefel usw., und wie man viel Kirschen an einem Baum findet, viel Birnen an einem Baum, so sind auch

[1] Ausgangszustand der Mineralien.

viel solcher Früchte des Elementes Wasser in den äußersten Gliedern und Zweigen der Bäume des Elementes Wasser zu finden. Und wie etliche Bäume viel Frucht tragen, etliche wenig, so ist da auch eine solche Eigenschaft, Natur und Art zu bemerken. Darum sollen zuerst solche Bäume gesucht werden, darnach erst die Früchte. Also wird der Bauer, der da im Element Wasser baut, gelehrt, wie der Ackermann auf der Erde von der Erde belehrt wird, wie er sie bauen soll und wo er die Früchte findet.

Der Wasserbaum, der wächst und der ein wäßriges Corpus hat, trägt Obst, wie auch die Bäume auf der Erde Früchte tragen. Es wird von der »Natur«, der Lebenskraft, aus ihm herausgetrieben. Das wäßrige Corpus des Stammes aber ist ein Saft, ein Liquor, kein reines Wasser oder Öl (Petroleum), Bitumen (Erdpech) oder irgendwelcher Schleim. Der Liquor der Zweige oder Äste nun koaguliert, gerinnt, sobald er in die Erde kommt; der Wasserbaum verzehrt sich, und allein die Früchte – die Metalle – bleiben von ihm übrig. Es ist ein großes Bild vom Wachstum dieses Baumes aus dem Elemente, von seinem Baumsein in der Erde und von seinen Früchten, die er liegen läßt, so wie im Herbst Kastanien unter den entblätterten Bäumen liegen – ein Bild, das man trotz seiner »Falschheit« nicht mehr gut vergessen kann.

Von dem Baum des Elements Wasser merket weiter. So die Natur ein mineralisches Gewächs in die Welt gebären will, es sei von Gold, Silber, Eisen, Kupfer oder von edlen Gesteinen, Smaragd, Saphir, Granaten, oder vom Salz, es sei Alaun, Vitriol, oder von Brunnen, sauer, süß, kalt, warm, oder von Korallen, Markasiten, so richtet sie den Baum auf aus dem Element Wasser in die Erden. Nun treibt er seinen Stamm in die Erde und teilt auch seine Äste auseinander.

So wisset nun, daß sein Stamm gleich ist einem Liquor, der da nicht ein Wasser ist, kein Öl, kein Bitumen, kein *mucilago*[1] usw., er ist zu vergleichen einem Holz aus der Erde, das nit die Erde ist und ist doch von der Erde. Dieser Liquor ist der Stamm und die Äste sind dieser Liquor auch, – so wie ein Baum ein Holz ist und die Äste auch sind wie er. Also ist nun der Baum des Minerals formiert in ein solch Corpus und breitet sich nun aus in die Weite, also daß oft ein Ast in eine andere Gegend kommt als der andere, zwanzig oder vierzig oder sechzig Meil voneinander, also daß ein Ast in das deutsche Hochgebirge geht, als in den Lungau[2], ein anderer Ast nach Joachimsthal[3], auch ein anderer Ast nach Siebenbürgen.

So wachsen solche Bäume unzählbar durcheinander, so weit die Erde geht. Wenn nun so ein Baum gewachsen ist, je einer dem andern nach, so wisset nun, daß ihre Glieder bis in das Alleräußerste der Erde reichen hinauf bis an die Erdoberfläche, das ist bis an Tage, andere bleiben in der Erde, je nachdem die Art lang oder klein ist.

Darnach folgt nun, daß in den äußersten Gliedern der Äste die Natur des Elements Wasser ihre Früchte ausschüttet durch die selbigen Glieder in die Erde. Und sobald sie in die Erde kommen, von Stund an geschieht die Coagulation und wird das daraus, das es werden soll. Wenn nun die Frucht völlig hingeschüttet ist, dorrt der selbige Baum ab und stirbt, zergeht wie alle Dinge,

[1] Schleim.
[2] Das Gebiet des oberen Murtales.
[3] Ort im sächsischen Erzgebirge.

und läßt seine Frucht liegen. Und er geht in die Consummation, in welcher alle Geschöpfe ihr Dasein beschließen und ihr Ende nehmen.

Dem Bild vom Wasserbaum folgt ein noch schöneres, größeres, das vom Meerestode. Das Element verzehrt das, was es erst aus sich geboren hat, die Kinder der Elemente sterben, wenn sie in die Mutter wiederkehren – so wie die Erde sterben wird, wenn sie einst in die Sonne stürzt. Das Element, in das die Wasser wiederkehren, ist das Meer; denn nicht der Bach, der Fluß, der Brunnen sind das Element – weil Element soviel heißt wie ein Mutterschoß und wieder wie ein Grab. Und das Geheimnisvolle dieses Kreislaufs, dieser Wiederkehr ist das: Was das Element auch fruchtete, es wurde dadurch nicht weniger, und was in das Element stirbt, macht das Element nicht schwerer oder größer. Es sind die Wunder Gottes, denen Paracelsus nahe ist.

Also versteht vom Tod der Elemente, daß das Wasser auch einen Tod in sich hat, ebenso wie alle anderen Dinge, und das Wasser ist sich selbst der Tod, frißt und erwürgt und verzehrt sein eigen Gewächs, wie die Erde dessen ein Beispiel gibt. Was von ihr wächst, das kommt wieder in sie und wird verloren, also daß nichts mehr davon gefunden wird, – gleich wie mit dem gestrigen Tage. Er ist hin und gilt nichts mehr, niemand ist, der ihn weiter sehen könnte; also die vergangene Nacht auch. Ebenso gehen hin alle Ding, so von der Erde sind, und wieder in die Erde, und die Erde verzehret sie dergestalt, daß sie nit eines Lots schwerer ist heut, als sie gestern gewesen ist, es bleibt *eine* Schwere. Und Gott hat seine Elemente dermaßen geschaffen, daß sie Frucht geben, und die Viele und den Überfluß wieder verzehren, so daß der Mensch so wenig weiß, wo es hinkommt, als er von dem gestrigen Tage weiß, wohin er gekommen ist.

Also ist in dem Element Wasser auch ein Tod, so daß es seine Frucht selbst verzehrt und tötet, und sein Tod ist im größeren Zentrum des Wassers, in den »Grenzen des Wassers«, das ist, im äußeren Meer, in das es fließt. Und was drein kommt, das ist alles tot und verzehrt, wie ein Holz vom Feuer verzehrt wird. Also geht es dahin.

Und wie von der Erde alle Jahr neue Früchte entspringen und die alten hingehen, so alle Tage neue Minerale, es sei von Metallen, von Markasit, von Gesteinen, Steinen, von Salz und Brunnen, und ist doch alles mit dem Tod umgeben, – gleich wie ein Kind, das den Tod mit ins Leben bringt. Also mit ihrem Anfang bringen sie auch den Tod mit sich, und sterben in den Grenzen des Wassers, das ist: im äußeren Meer. Denn der Rhein, Donau, Elbe und andere sind nit das Element, sondern nur Früchte des Elements. Im äußeren Meer ist das Element, und es ist das Element, aus dem sie alle wachsen und in das sie wieder müssen, so daß sie den Tod nehmen an dem Ort, da sie das Leben genommen und empfangen haben.

~~~~~

**Die Erde**   Noch weniger als die vorigen Elemente kann man Paracelsi Gedanken über die Erde hier erschöpfen. Es ist nichts anderes möglich, als das eine oder das andere Bezeichnende aus der Fülle des in seinem Werk Gesagten aufzulesen. So den Vergleich, in dem er Erde und Himmel gegeneinanderhält; die Erde ist ebenso groß, gewaltig wie das Firmament; sie ist nicht leerer und nicht voller, als der Himmel ist; wie jener ein Boden ist, aus dem die Sternenbäume wachsen, so ist auch sie ein Boden – und sie treiben beide Früchte. Das sind die Wunder, die »Magnalia« Gottes, die er immer wieder findet:

112

Die Erde ist so gewaltig wie der Himmel. Und so wenig die Erde leer ist, also wenig ist auch der Himmel ohne Stern. Es sind zween Böden, ein jeglicher hat sein Gras, daß sein Boden nicht leer stehe. Solches ist die Gewalt und Magnalia der Elemente, und der der die einen Element erkennt, der erkennt auch die andern, daß sie jenen gleich sind.

Ein anderes Wunder ist das von der inneren Kraft der Erde, die Gott ihr an dem Tage »Anfang« gab, die er nicht mehr erneuert hat und die doch heut noch da ist wie an jenem ersten Tage. Was aber ist diese Kraft, wie kann man sie begreiflich machen? Die Dicke der Erde ist's nicht, die die Gewächse wachsen läßt, es ist vielmehr ein Kräftiges in ihr. Er sucht nach einem passenden Wort, bis er »Gewicht« wählt, wohl weil es »Gewichtiges« sagt. Doch das richtige ist Begnadung oder Gnade: Die Erde ist mit einer wirkenden Kraft begnadet; die Qualität, nicht aber die Quantität an ihr entscheidet.

Weiter ist zu wissen: die Erde ist anfänglich in eine Potenz gesetzt worden, welche bis zum Ende währt und keinen neuen Ursprung nimmt[1]. Und wisset, daß nicht die Dicke der Erde wirkt, sondern ihr Gewicht, das ist, es ist nit not, daß die Erde eine Meile dick sei zu einem Acker, sondern mannsdick vollbringt es schon seine Wirkung. Wie bei einem Wort aus dem Munde: es sei nit not, daß der Mensch groß sei, der kleine spricht ebenso kräftig. So ist es auch mit dem Acker oder Garten. Denn das Wachsen des Geschaffenen geschieht nicht aus Gewalt der Vielheit oder mit einer Macht gleich einer Schlacht, sondern aus Gnade.

[1] Keiner Erneuerung bedarf.

Das Wichtigste des Elementes Erde sind uns seine »Früchte«.
Es würde zu weit führen, sie alle im einzelnen zu erörtern: Wir
müssen uns an einem Baum und einem Tier genug sein lassen.
Der Baum, die Lärche, wird unter der Überschrift »vom Terpentin« beschrieben, weil für den Arzt das Harz der Lärche, aus
welcher man das heilende Terpentin gewinnt, das Wichtige ist.
Der Lärchenbaum, die Biene, die Kuh sind eigentlich nur Mittel
der Natur, um das, was in der Erde ist, uns geben zu können.
Infolgedessen steht die Gewinnung des Harzes, die Frage,
warum das Harz der im Gebirge wachsenden Bäume besser sei
als das der Ebene, ganz im Vordergrunde: Die hohen, das ist die
guten, reinen Lüfte lassen es an hohen Orten oder Stätten besser
werden, und es empfängt dort oben seine rechte Milch, wird
nicht gezwungen, eine fremde Milch zu tragen.

Ihr seht, daß vielerlei Gewächse von der Erde ausgehen, ein jegliches in einer eigenen Form und Farbe, es
hat auch ein jegliches ein besonderes Herkommen.
Auch seht ihr, wie jedes Gewächs die Frucht, die dem
Menschen durch dieses Gewächs gegeben werden soll,
in einer besonderen, eigenen Substanz darbringt. So
reichen und geben die Tiere, die Milch geben, in der
Milch dem Menschen die Frucht, um deren Darbringung willen sie geschaffen worden sind, die Birn- und
Äpfelbäume bringen sie in Birnen und Äpfeln dar. So
auch gibt der Lärchenbaum die Gabe, die Gott dem
Menschen durch ihn beschert hat, harzweise.
Nun ist des Harzes Gebärung der der Milch von der
Kuh in der Art und Komplexion gleich. Die Kuh nimmt
alles von der Erde, so auch der Lärchenbaum, und wir
nehmen dann die selbige Gabe vom Lärchenbaum, wie
eine Biene den Honig von den Blumen. So hat Gott auf
vielerlei Art den Menschen seine Notdurft wunderbarlich durch die Natur geschaffen.

Des Lärchenbaums Natur und Art ist, zu sein in der Wilde in rauhen Gebirgen. Denn wie Gott wilde und heimische Tiere geschaffen hat, also auch wilde und heimische Bäume. Und wie ein Unterschied ist zwischen wilden und heimischen Tieren, so auch in den Bäumen. Und wenn der Lärchenbaum in heimische Erde gesetzt wird, so bekommt ihm das so, als wenn eine Gemse vom Gebirge in einen Garten verschlagen wird. Aber der Terpentin empfängt noch einen größeren Schaden; denn so er von seiner rechten Statt kommt, so wird er von seiner rechten Milch fortgeführt, und er nimmt an sich eine fremde Milch.

Denn seht an den Unterschied zwischen der wilden und zahmen Erde, wie viel sie nach dem äußeren Aussehen unterschieden sind, – so auch der wilde und zahme Terpentin. Der wilde wächst in keiner guten Erde, und wenn er von der Höhe des Gebirges in die Ebene verpflanzt wird, so entgehen ihm die hohen Lüfte, und er empfängt die unteren Lüfte, das schwächt ihn sehr in seiner Natur.

Obwohl in dem verpflanzten Terpentin alle die Tugenden und Species sind wie in dem rechten Terpentin, so sind sie es aber nicht in dem vollkommenen Grad. Merket ein Exempel. Man spricht, der Hecht in dem Wasser ist besser als der in einem andern, aus der Ursache: die besten Hechte, so sie in bestimmte Wasser gesetzt werden, werden nach des selbigen Wassers Art zu nichte. Die da in den linden Wassern wachsen, haben einen großen Unterschied gegen die in den harten Wassern. Die Erde ist aber ebenso wie das Wasser. Nun mögt ihr auch, damit ihr des Terpentins Sammlung wohl versteht, dies nachfolgende Exempel merken. Ihr seht, daß ein Vieh, das Milch gibt, seine bestimmte Stunde hat, in der man es melkt. Diese Zeit muß eingehalten werden. Wenn sie aber übertreten wird, und die Kuh über die Zeit steht, gesteht die Milch im Euter, bricht und zerrinnt in sich selbst, wird sauer und geronnen, wird topfig, und je länger, je mehr ärgert sie. Daraus folgt dann für das Vieh Krankheit und Verderben. Solches zeige ich euch darum an, damit man weiß, daß der Terpentin auch seine bestimmte Zeit und Stunde hat, um ihn von seinem Lärchenbaum zu nehmen.

Der Abschnitt von den Bienen vervollständigt den vom Terpentin. So wie der Lärchenbaum seine »Milch«, so ziehen die Bienen die ihre aus den Blumen, die »Süße« der Erde, und bereiten sie dem Menschen zu. Die Blumen aber nahmen sie aus der Erde, wo sie als *»prima materia«* – wir würden heute sagen: als die Summe ihrer Nahrungs- und Aufbaustoffe – gelegen hat. In dem, was weiter gesagt wird, mischen sich nun »Richtiges« und »Falsches«. Daß Bienen den Blumensaft verdauen und ihn als Honig wieder von sich geben, ist so wahr, wie das, daß manche Bienen bestimmte Trachten suchen, wenn wir auch nicht mehr die adligen von den bürgerlichen und den bäurischen Bienen unterscheiden.

In der Beschreibung des Wesens und der Eigenschaft des Honigs müssen wir am ersten beachten, daß die *prima materia* des Honigs die Süße der Erde ist, die sich in die natürlichen Gewächse legt, und die aus der Erde gezogen wird durch die anziehende Kraft der Gewächse. Dabei sollt ihr auch merken, daß in ihrer *prima materia* alles vorhanden ist, das zu den Gewächsen gehört, so als wenn allerlei Farben zusammen gegossen würden und nur eine würde gesehen, und sie sind doch alle da. So sollt ihr wissen, daß in der *prima materia* auch eine solche Zusammensetzung ist, aus der gezogen wird von allen Gewächsen in ein jegliches, das ihm gehört.

Dieweil ich vom Honig habe angefangen zu schreiben, sollt ihr wissen, daß die Natur in ihrer Wirkung so genaturt ist, daß sich allemal das Gröbste zu Boden setzt und das Reinere und Subtilere in die Höhe treibt. Davon kommt es nun, daß dreierlei Honig in einem Gewächs ist, das Unterste, das Mittelste und das Oberste. Das Oberste, das suchen die Immen; das liegt in den Blumen in der Blüte und in den Knospen, an demselben Ort suchen's die Immen.

So sie nun dasselbige gegen ihren Hunger gebrauchen, so folgt, daß sie Ausscheidungsöffnungen haben müssen, durch die sie ihre Ausscheidungen auswerfen. Diese teilen sich in zween Teil, in Wachs und in Honig. Weil nun dieser ihr »Überfluß« vom Manna und von der Fettigkeit der Erde usw. herkommt, so geben sie Honig und Wachs, das däuen[1] sie aus den Blumen und Knospen und tragen's in ihre Herberge, also gedäuet. Nun ist in alledem ein Unterschied. Die Blumen der Linden geben ein anderes Wesen, ein anderes die Blumen der Buchen, ein anderes die Blumen der Eichen. Das ist alles grobe, bäurische Speise der Immen. Denn ihrer sind zweierlei: edle und unedle, auch bürgerliche. Die sich in der Wilde behelfen, die sind grober, bäurischer Art, die geben einen harten, starken, groben Honig und Wachs, kernhaft und währhaft. Denn die Bauern sind im Volk die ersten und bleiben auch die letzten.

[1] Verdauen, essen.

Das sind nun die edlen Immen, die sich in den Anthe-
ris, das ist in Rosen, Lilien und dergleichen gezierten
Blumen nähren. Diese geben den edelsten Honig und
Wachs, gut zu süßem Meth und zu subtilen Pflastern.
Darnach entsteht zwischen den bäurischen Immen und
den adligen eine Heirat, das ist, ein Mittel zwischen
den Edlen und den Bauern, – da kommt Grobes und
Reines zusammen; das wird ein temperierter[1] Honig
und Wachs. Also befinden sich dreierlei Immen: die
Bauern, die Edlen, die Bürger. Dieser Unterschied soll
im Gedächtnis behalten werden von den Ärzten, denn
[danach] teilen sich auch ein die Arzneien, die von
ihnen gemacht werden.
Es erweist sich durch die Erfahrenheit, daß keinerlei
Tier erscheint, das dem Menschen in allem so gleich
ist, und so ein vernünftiges Tier ist. Es ist nicht zu
verneinen, sondern durch die Erfahrenheit zu beweisen, daß sie nicht ohne Obrigkeit sind, sondern sie sind
mit Ordnung unter sich selbst begabt. Der ihnen gegeben hat, daß sie *mechanici* sind in Aufrichtung der
Häuser, und ihnen gegeben hat, Künstler zu sein und
zu heißen, der hat ihnen auch das Regiment gegeben.
Er hat ihnen das Regiment gegeben, und auch gegeben, *mechanici* zu sein, auch Künstler, und das mit der
Ordnung[2], daß die Honigwaben nach dem göttlichen
Willen dem Menschen in seine Hand kommen, auf
daß die *magnalia dei* Gott loben und preisen in seinen
Kreaturen, die er doch mehr als wunderbar vollkommen geschaffen hat. Und der Mensch kann so wenig

[1] Ausgeglichener.
[2] Anordnung.

118

ihre Geheimnisse erfahren, das ist, die Mysteria ihrer Heimlichkeit, so wenig sie die des Menschen ergründen können. Und so wenig er ihnen das ihrige nachtun kann, so wenig sie ihm auch.

## ANFANG UND ENDE

Nach diesem Blick auf die vier Elemente, besonders auf die »Früchte« der Elemente, gehen wir nun weiter. Da Paracelsi Denken nicht nur das Denken eines Alchimisten und eines im Wissen seiner Zeit begründeten Menschen, sondern auch das eines frommen Menschen ist, muß er seine Kosmologie in die kirchliche Lehre und deren Schranken einzuordnen versuchen. Vielmehr (muß man umgekehrt sagen), seine Kosmologie ist aus diesen Vorbedingungen heraus erwachsen, weil Paracelsus kein anderes Denken kannte als das, das der kirchlichen Lehre von Gott und seinem Wollen Rechnung trug. Wie jene lehrt er die Schöpfung der Welt durch Gott. Aber sein Blick geht weiter zurück als die Lehren der Genesis. Gott schuf aus Nichts, so lehrt die biblische Geschichte; aus Nichts sind also die vier Elemente einst hervorgegangen. Was aber war ehemals dort, wo heute die Elemente sind? fragt Paracelsus; er kann es sich nicht denken, daß der Raum des Kosmos leer gewesen sei. Und wo hat Gott das hingetan, das an dieser Statt, dem Platze unserer Welt, ehemals war? An dieser Stelle stand das Unzergängliche, sein Himmel. Aus diesem Himmel hat Gott den abtrünnigen Engel Luzifer verstoßen, aus seinem Himmel in das Zergängliche, also in die Elemente. Dann also ist das, was ehemals Himmel war, verwandelt worden; es wurde vergänglich – und das Unzergängliche entwich –, es ist als Paradies an einen besonderen Ort gegangen.

Da wir gesetzt haben, daß Gott als ein Gott die Elemente aus Nichts gemacht hat, wollen wir nun philosophieren, wo er das hingetan hat, das vormals an ihrer

Statt gewesen ist und die Statt besessen hat. An der Statt, da die vier Elemente stehen, ist vorher das gewesen, das daraus verstoßen worden ist in die Hölle, und hat damals die Statt besessen. Denn das, aus welchem Luzifer verstoßen wurde, ist der Himmel, und ist die Statt gewesen, darin jetzt die vier Elemente gefunden werden. Und was davon nicht ist verstoßen worden in die Höllen, das ist an dem Ort und Ende, der vor der Zergänglichkeit bewahrt worden ist, das ist das Paradeis.

Nun sind die Elemente wesentlich erschaffen worden und füllen den Kreis der Schöpfung aus, so daß weiter kein Raum ist, der da himmlisch in ihm kann sein oder höllisch; es wäre denn etwas an den Enden und Orten, da Menschliches nicht ist noch sein kann, und darüber hinaus das, was die Hölle beschließt, in der die liegen, die verstoßen sind, — oder sie müssen unter uns sein, ohne alle Gewalt und Freud, oder sind in die Substanz der Elemente gebannt und gebunden.

Denn das ist die größte Hölle, daß sie im Zergänglichen sein müssen und wohnen, und nicht, wie sie gewesen sind, in ihrem Reich. Denn solches ist wohl als eine Hölle zu rechnen, wenn ein Engel des Paradieses herausgestoßen wird in die Welt und des Paradeises beraubet wird. Größer möchte seine Hölle nit sein, als wenn, was da ewig ist und nichts Zergängliches an sich hat, soll wohnen im Zergänglichen; größere Pein kann es nit haben.

Also schließen wir, daß die Statt der vier Elemente gewesen ist der Himmel des Luzifer, und er ist daraus nicht gestoßen worden, sondern derselbe Himmel ist zergänglich und in die Elemente gesetzt worden; das ist seine Strafe, daß er darin bleiben muß; denn er hat es sich nit versehen, daß Gott einen solchen Himmel, eine solche Lust würde zu [diesen geringen] Elementen machen, sondern er meinte, er müßte allezeit so im Himmel bleiben.

Da nun Gott die vier Elemente schuf, da ward er verstoßen in die Höllen, das ist, aus dem Licht des Himmels in die Finsternis, das ist, in die zergängliche Welt. Und wenn es zur Zergängnis der Welt kommt, so wird ein Schafstall werden aller derer, die in den vier Elementen beschlossen sein.

So ist der Anfang der vier Elemente aus Nichts geschaffen worden; denn die Statt, da sie jetzt sind, in derselbigen ist nichts Zergängliches gewesen, daraus das Zergängliche hätte erschaffen werden können. Darum hat das Unzergängliche müssen weichen in das Paradeis, und an die Statt ist das Zergängliche geschaffen von Gott, anfänglich der Himmel, das ist das Chaos und das Element Luft, und darnach die andern Elemente, wie oben stehet.

Der nächste, ein späterer Text, greift noch einmal den eben erörterten Gedanken auf. Er setzt zunächst bei der Schöpfung der Elemente ein: Sie sind nur Sachen, ein Äußeres – das Eigentliche und Wichtige ist das Geistige, die Kraft, das »Vivum« oder der lebende Geist, wie es im folgenden bezeichnet wird. Dies Vivum treibt die Elemente, so daß sie alles Nötige verrichten. Das ist die Schöpfung, die als die Schöpfung des Leibes und seines Regierers bezeichnet wird; denn nach diesem Leib der Elemente schuf Gott den Menschen oder »empfindlichen Leib« – empfindlich im Gegensatz zum unempfindlichen: zu Stein und Kraut – samt dessen Regierer oder König: des Menschen Geist. Das ist der Ablauf, wie ihn die biblische Schöpfungsgeschichte lehrt.

121

Damit euch vorgelegt werde der Anfang aller Dinge, so ist zuerst vonnöten vorzunehmen das Werk der ersten Schöpfung, wie Himmel und Erde und alle Kreaturen erschaffen worden sind. Die Ordnung dabei war so: erstlich der Leib, nach dem Leib der Regierer, nach demselben der empfindliche Leib, nach diesem sein König, der ihn regiert, mithin ein König, der den Menschen regiert.

Solches verstehe so: erstlich ist der Leib der oberen und unteren Sphaera erschaffen worden, so, daß das Firmament ein leibliches Wesen habe, und auch die Elemente in beiden, Himmel und Erden. Dies Corpus ist der Anfang gewesen aller Dinge; nach dem ist geschaffen worden demselbigen Corpus der lebendige Geist, welcher aus dem Corpus und durch das Corpus seine Wirkung vollbringt. So haben ein Ende genommen die Tage der Schöpfung und der Ordnung aller Kreaturen. Nach dem allen ist der Mensch gemacht worden von Gott selbst nach seinem Bildnis.

Nun verstehet weiter, was der Geist sei, der da guberniert[1] in der Schöpfung, und was der Geist sei, der den Menschen regiert. Von solchem Gubernieren merket also: Erstlich sind geschaffen worden die Elementa, und die Elementa sind nichts als ein Subjektum, durch das etwas vollbracht werden soll; das ist, sie sind die Dinge, in die das Vivum gelegt ist. Dieses sich Bewegende ist, das den Leib regiert. So ist ein Regierer und ein Herrscher in den Elementen, der aus ihnen treibt die Erde, daß sie Frucht geben muß, treibt das Wasser, daß es Fische muß erhalten, treibt die Luft über der

[1] Herrscht.

ganzen Erde, treibt Sonne und Mond und alle Sterne in ihrem Lauf.

~~~~~

**Die erste Scheidung**   Die paracelsische Schöpfungslehre, in die biblische Schöpfungsgeschichte eingebaut, zwingt auch dazu, sich mit den Einzelheiten auseinanderzusetzen. Die Auseinandersetzung aber geschieht durch einen Alchimisten. Wenn in der Schöpfungsgeschichte (1. Mos. 1, 4 und 7 und 18) steht, daß Gott »schied« – er schied Licht von Finsternis, die Wasser über der Feste von den Wassern unterm Himmel, und daß Gott Sonne und Mond die Tageszeiten scheiden läßt –, dann wird dem Akte des Scheidens eine große Bedeutung zugeschrieben, eine solche, wie sie der Alchimist aus seinem Tun bestätigen muß. Denn ihm, dem Chemiker, ist das erste, wichtigste Tun das Scheiden. Für ihn ist Schaffen zuerst Scheiden, Scheiden dessen, was in einer *potentia* oder Wirkung, in einer Kraft, in einem Wesen oder in einer Temperatur gestanden hat.

Die Exempel beweisen, daß im Anfang, vor der Scheidung, Tag und Nacht *ein* Ding gewesen ist, Sonne und Mond *ein* Ding, Sommer und Winter *ein* Ding; die Metalle standen alle in *einem* Corpus, alle Früchte in *einem* Samen, alle Schöpfung desgleichen. Aus dem folgt, weil Tag und Nacht in einer *potentia* bis nach der Scheidung der beiden voneinander stand, desgleichen auch Sommer und Winter in einer Temperatur bis nach der Scheidung der Hitze von der Kälte, auch Sonne und Mond *ein* Licht waren bis nach ihrer Scheidung in zwei, ein weißes und ein rotes, daß auch die warmen Wasser und die kalten beieinander gewesen sind. Denn was ist in der Temperatur, das nicht kalt oder warm ist? Und wie notwendig gewesen ist, die

Lichter zu scheiden, Sommer und Winter usw., ebenso notwendig ist es auch erschienen, das kalte Wasser vom warmen und das warme vom kalten zu scheiden, und jegliches an seinen Ort zu verordnen, wie andere Dinge verordnet worden sind.

~~~~~

**Das Weltenjahr** Anfang und Ende der Schöpfung ist der Anfang und das Ende der Elemente; denn nichts ist zeitlich, wurde geschaffen und vergeht als eben die Elemente und die »Früchte« der Elemente. So wie das Korn, die Erdbeere, die Rose ihre Zeit hat, so hat und so erlebt sie auch die ganze Schöpfung. Und so, wie eine Blume früh kommt, also ihren Sommer, d. h. ihre Blütezeit, schon früh hat, andere dagegen erst im Juli, noch andere im August, so ist es auch mit allem »Obst« und »Früchten« in dem wässerigen Element. Das eine ist eher da, das andere kommt erst später – ein Gold kommt wie die Veilchen und ein anderes wie die Rose. Nur was gekommen ist, das ist vorbei und läßt sich nicht mehr wiederbringen. Denn auch die Elemente lassen sich nicht wiederbringen; wenn sie gebaren, was sie bringen sollten, ist es aus mit ihnen.
Es ist in alledem noch eine besondere Abstufung zu bemerken. Wie es beim Lärchenbaume hieß, daß in der *prima materia«* alle Nahrungs- und die Aufbaustoffe aller Pflanzen liegen, und wie beim Meer gesagt ward, daß das Element gebäre und verschlinge, daß es in sich zurücknehme, was es ehemals ausgeboren hat – die beiden Ideen tauchen hier von neuem wieder auf. Aus einem Ursein, das hier »Yliaster«[1] heißt, – wie es sonst *»limbus«* oder später *»limus«* heißen wird: Es ist die ungeschiedene Summe alles dessen, was dann zu den Elementen wurde – aus diesem Yliaster scheidet Gott die Elemente, und in ihn kehren sie am letzten oder jüngsten Tag zurück. So ist das irdische Sein ein großer und geordneter organischer Prozeß, das Kind entspricht der Mutter – es findet keine Willkür statt.

[1] Wahrscheinlich von griech. *hyle* = Urstoff, Materie und latein. *astrum* = Stern.

Am ersten ist der Yliaster geteilt worden, der ein Nichts ist, und da [aus ihm] wurden die vier Elemente, und sie wurden gemacht und geordnet. Und er ist ähnlich wie ein Same, aus dem ein Stamm wächst: der Same, was er ausgibt, das nimmt er nit wieder in sich zurück; aber dieser Yliaster zieht wieder die vier Elemente in sich zurück, und es zergeht alles und wird, wie es vor den vier Elementen gewesen ist, – wenn das Weltjahr hin ist.

Der Stamm, der aus dem Yliaster gewachsen ist, das sind die vier Elemente; er gibt keinen Samen, aus dem ein Kind nach diesem Weltjahr werden könnte, so daß ein zweites würde, sondern die vier Elemente sind zugleich die Mütter und die Töchter. Etwas dieser Art wird nach seinem Tod nicht mehr gefunden, sondern wie es einen Anfang hat, also wird auch ein Ende, und alles, was darin ist, geht mit ihm dahin.

Wiewohl eine andere Welt hernach folgen wird, die ist eine Tochter dieser, dem Namen nach, aber nicht der Form, der Essenz und dergleichen nach. Denn dieselbe wird nicht hingehen, sondern wie die Seele, die geworden und geschaffen ist, bleiben; die Seele ist nicht tödlich, – und so auch diese Welt.

Ihr seht, daß das Jahr geteilt ist in 364[1] Tage mitsamt seinen übrigen Minuten. Das Jahr hat den halben Teil Sommer, den andern Winter, und so folgt ein Jahr dem andern bis zu Ende der Welt, und je ein Sommer, Winter usw. dem andern nach bis zu dem vorgemeldeten Ende, – so ist die Schöpfung der Welt und ihre Ordnung. Und das, was der Mensch sieht, ist die Welt.

[1] So schreibt der Text statt 365.

Nun stellt die Erde aber noch eine andere Welt mit ihrer Konstellation, Wohnung und dergleichen vor, einen besonderen *mundus*. Wisset, daß es in der Welt nicht mehr denn ein Jahr zählt vom ersten Tage der Schöpfung bis zur Zerbrechung der Schöpfung. Daraus folgt, daß die Dinge, die in der Erde sind, jetzt noch wachsen [was *auf* der Erde wächst, gehört nicht in die Erde], denn das Jahr ist ja noch nicht aus.

Es ist gesät in die Erde der Same der Metalle und der Mineralien. Dieselben haben ihren Herbst und Ernte nacheinander, nach der göttlichen Ordnung, früh oder spät. Gleicherweise wie ihr wisset, daß jetzt die Veilchen sind, dann der Thymian, dann die Rosen, dann Kirschen, Birnen, Nuß, Trauben usw. so lange, bis das Jahr herum kommt, — so ist es auch da: jetzt blüht herfür: in *der* Region Gold, da Silber, da Eisen, da Blei usw.; *das* ist vorüber, das ist gegenwärtig, das ist zukünftig; dessen Frühling ist aus, dem sein Mai, dem der Heumonat usw.

Die gewesen sind im Anfange der Welt, die haben das Gold und das Silber des Frühlings, wie mit den Veilchen, erlangt; ihre Nachfolger haben das Gold und Silber wie mit dem Klee und der Flammenblume gewonnen usw. So geht es für und für, vom ersten bis zum letzten.

Was abfällt, das wächst nimmer, das ist aus; es kommt kein ander Jahr mehr in der Erden.

Dieser Gedanke vom Weltenjahr gibt der Kosmologie des Paracelsus und alldem, was von der Schöpfung zu sagen ist, die pessimistische Note: Die große Zeit, der Frühling der Erde, ist vorüber; er war, als sie der Hand des Schöpfers entrollte; danach entsank sie, unaufhaltsam; wir leben heute nur noch in den

Stunden ihres Niederganges. Vieles, die paracelsische Theologie, seine Krankheitslehre, seine Stellung zum ärztlichen Wissen, hat in dergleichen Gedanken seinen Grund. So stehen die wenigen Sätze, die dieser Abschnitt mitteilt, als dunkler Hintergrund hinter dem kosmologischen und anthropologischen Denken des Paracelsus; sie werfen den Schatten in das Bild, der ihm das Relief und die Plastik gibt.

Und diese Tönung verstärkt dann noch der letzte Text: Wenn einmal alle Formen und Farben in allen ihren Möglichkeiten erfüllt sein werden, wenn also das Spiel in allen Varianten ausgespielt sein wird, dann ist es aus – Gott wirft die Karten zusammen. Es ist Ende.


So der Jüngste Tag kommt, so werden die Farben und Sitten der Menschen alle erfüllt sein; denn er ist allein gesetzt auf den Zeitpunkt, wenn alle Farben, Formen und Gestalten und Sitten der Menschen erfüllt sind, und keiner mehr geboren werden kann, der nicht einem andern gleich sähe. Alsdann ist die Stunde aus des Laufes der ersten Welt. Und vertröstet euch nicht darauf, daß ihr mehrere Weltalter setzt und die Welt in viele Teile austeilt. Wenn alle Farben und alle Sitten der Menschen erschöpft sind und keine neue mehr werden kann, sondern nur noch gleiche, da ist das rechte Alter aus.

# Anthropologie

## GRUNDLAGEN

Die paracelsische Kosmologie ist ein mehr oder minder zufälliges Ergebnis seines Philosophierens. »Philosophieren« heißt im paracelsischen Sprachgebrauch: Erkenntnis des Wesens, der Kräfte und der Früchte der Elemente; es ist das, was wir heute Naturerkenntnis, Naturkunde nennen würden. Paracelsus behauptete – wir werden seine Begründung dafür noch kennenlernen –, daß der Arzt erst da anfange, wo der Philosophus[1] aufhöre. Das heißt, wenn man es auf die richtigen Namen bringen will: daß Medizin und Anthropologie der Kosmologie bedürfen und daß man ohne die letztere die ersteren nicht verstehen könne.

Wenn Paracelsus das erklärt und wenn er diese Behauptung in seinen vielen Schriften immer wieder als den wichtigsten Grundsatz angesehen wissen will, dann kommt das wohl zunächst einmal davon, daß ihm, dem Arzt, die alte »Humoralmedizin« nicht mehr genügt. Er lehnt sie ab, weil ihm die Kranken unter den Händen sterben. Da also ihre Ergebnisse falsch sind, so muß sie selbst falsch sein. Es ist notwendig, eine neue und besser begründete Medizin zu finden.

Die Humoralmedizin steht, wie ihr Name sagt, auf der im Mittelalter gültigen Lehre von den *humores* oder Flüssigkeiten im Körper, aus deren wechselndem Übergewicht die menschliche Verschiedenheit sich erklärt – man redet noch heute mit den von ihr geprägten Ausdrücken vom Choleriker, Melancholiker, Sanguiniker und Phlegmatiker. Man ordnete dem hitzigen Choleriker als Element darüber hinaus das Feuer bei, dem Sanguiniker die Luft usw. Gegen diese bereits in der Antike üblich gewordene Auffassung wendet sich Paracelsus nun mit allem Temperament.

[1] Im Mittelalter ebenso wie Astronomus auf der zweiten Silbe betont.

Was hat er nun an dessen Stelle setzen wollen? – Dem Alchimisten stand eine geistige Welt von jeher nahe: die neuplatonische oder hermetische. In dieser Welt, die von der Gnosis und der Kabbalah Anregungen empfing, bestand als Kardinalsatz die Behauptung, daß alles, was oben ist, auch unten sei, daß sich im Mikrokosmos wiederhole, was sich im Makrokosmos draußen schon begeben habe. Der Makrokosmos, die große Welt, ist Abbild oder Vorbild für den Mikrokosmos, die kleine Welt, – die Anatomie des Menschen kann nur das finden, was eine Anatomie des Kosmos auch ergeben hätte.

Auf diese vollkommen neue Basis setzt er nun die Anthropologie, die Lehre vom Menschen, sowohl in geistiger wie in medizinischer Beziehung. Der Mensch ist ihm das Ab- und Nachbild jener von Gott geschaffenen großen Welt. Und – da man ja nicht hinter den Schädel oder die Haut des Menschen dringen und nicht in ihn hineinsehen kann, außer man sähe ein totes Fleisch – lehrt er in Folgerung des eben Gesagten, daß man den Menschen aus der großen Welt erkennen müsse. Sie zu studieren, das heißt *philosophiam* zu treiben, ist also die erste Pflicht des Arztes.

Es sind oben so viele Prozesse, als unten Prozesse sind. Der Mensch ist gleich der großen Welt. So nun der Mensch soll sein wie die große Welt, und derselben gleichmäßig seinen Lauf haben soll, so daß die äußeren Dinge den inneren und die inneren den äußeren gleich sehen, so muß die sophistische Humorlehre weichen. Denn des Menschen Anatomei ist gleich der Anatomei der ganzen ihn umfassenden Sphaera. Und so Himmel und Erdreich werden zergehen, so zergehet die große Anatomei; gleichermaßen, so der Mensch stirbt, so zergehet die kleine Anatomei. Und wie im Himmel Sonne und Mond ihren Schein verlieren, und wie die Sterne vom Himmel fallen werden, so geschieht es auch im Menschen, ehe er stirbt. Und wie der Mensch zergeht und zunichte wird, so auch wird Himmel und Erde ihr Ende nehmen.

Der Mensch ist die kleine Welt; darum hat er in sich alles, was die große Welt [in sich] begreift und in sich hat, Gesundes und Ungesundes. Nun ist die äußere Welt der Spiegel des Menschen, und seine Theorie und seine Anatomei, so daß durch die äußere Welt der Mensch in allen seinen Dingen erkannt wird. Denn aus dem Menschen selbst vermag seine große adlige Schöpfung nit begriffen zu werden.

Was bedeutet das Beispiel und das Werk des Sommers, welcher der Erde alle ihre Krankheit hinwegnimmt und gibt ihr die Gesundheit, so daß sie blühet, daß sie Frucht trägt, daß sie voller Blumen steht, daß sie auf mancherlei Art geziert ist, daß sie ihren Geschmack, ihre Kraft und Tugend hat, also daß sie als eine gesunde Erde angesehen werden kann? Nichts anderes bedeutet das, als daß der Mensch eine Erde ist, und durch den Sommer, der in ihm liegt, in eine eben solche blühende Kraft gebracht und geführt werden soll und muß. Denn dem Menschen, der krank liegt, ist nicht anders als der Erde, wenn sie der Winter ergreift; da verliert sie ihre Kraft, verliert ihre Tugend, und niemand rechnet sie als gesund. So ist es mit dem kranken Menschen auch.
Nun wie der Erde der Sommer kommt, und nimmt der Erde ihre Krankheit hinweg und bringt sie wiederum in die Gesundheit, durch welches Hinbringen wiederum alles das grünet, das in ihr ist, so soll der Mensch in seinen Krankheiten nicht anders vorgenom-

men werden, als daß der Winter vergehe und der Sommer komme, und er komme in sein Blühen, seine Farben, seine Stärke und Kraft, – wie das Feld in sein Blühen kommt.

Dann wenn die Gesundheit in die Hundstage geht und gehet hin in den Herbst, so fällt dieses ab. Gleich wie dem Sommer, – jetzt verzehrt er die Kifessen[1], jetzt verliert er die Birnen, jetzt verfallen ihm die Nüsse, und nachfolgend wird er mit einem Schnee überdeckt, und in der Zeit fallen viele Zuläufe[2] in ihn, jetzt im Wolfsmonat, jetzt im Jenner, jetzt regiert der Hornung, jetzt kommen Märzen-Zufäll, jetzt Aprilenwetter, – so geht es auch mit dem Menschen. Wenn ihm seine Gesundheit entrinnt, so fällt ihn an das Gift des Saturn[3], ihn platzt an der Lauf des Mondes, jetzt dies, dann jenes, so daß er krank und schwach wird wie die Erde.

~~~~~

**Der Limbus**  Die Limbuslehre, die uns dann ausführlicher beschäftigen wird, ist die Lehre von der Ausgangssubstanz, aus der der Mikrokosmos, wie vorher – aus einem früheren Limbus freilich – der Makrokosmos schon, entstanden ist. In dieser Ausgangssubstanz, die auch als Quintessenz der Elemente und ihrer Möglichkeiten bezeichnet wird, ist alles enthalten, was in den Elementen ist, und deshalb nennt man den aus dieser Quintessenz der Welt geschaffenen Menschen eben mit Recht die kleine Welt.

---

[1] Erbsen.
[2] Anfälle der Jahreszeit.
[3] Der Saturn macht melancholisch, krank.

Weil der Limbus *prima materia* des Menschen ist, muß der Arzt wissen, was der Limbus sei. Denn was der Limbus ist, das ist auch der Mensch; der den Limbus kennt, der weiß, was der Mensch ist. Nun ist der Limbus Himmel und Erde, die obere und untere Sphäre, die vier Elemente und was in ihnen ist, weshalb er billig den Namen Mikrokosmos hat, denn er ist die ganze Welt. Daraus folgt nun: weil er das ist, so muß der Arzt die beiden Sphären unten und oben erkennen in ihrem Element und Wesen, Eigenschaft und Natur. Wenn er nun die kennet, so weiß er, was dem Menschen gebrist[1] in seinen Nöten, denn der, den Gott geschaffen hat, muß mehr wissen denn der Mensch. Die große Welt hat alle menschlichen Verhältnisse, Einteilungen, Teile und Glieder wie der Mensch. Daraus folgt nun, daß Himmel und Erden, Luft und Wasser ein Mensch ist in der *scientia*.

~~~~~

**Der Spiegel**    Der Arzt, der einen Menschen heilen soll, muß wissen, was in dem Menschen ist, als sähe er durch ihn hindurch. Wie kann er das? Der Mensch ist ja ein Abbild jener großen Welt, aus der er kommt, und wie ein Spiegel ein Gebäude zeigt, so zeigt der Mensch in sich die große Welt. Wer in sie sieht, der also sieht den Menschen, der jene große Welt nur in sich widerspiegelt, der nur ihr Schein in einem stählernen Spiegel ist (vgl. S. 130).

Wie im Spiegel einer sich selbst deutlich von Punkt zu Punkt sehen kann, so soll der Arzt den Menschen deutlich im Wissen tragen, genommen aus dem Spiegel der

[1] Gebricht.

vier Elemente, und er soll sich diese vorbilden in den ganzen Mikrokosmos, daß er durch denselben hindurchsieht wie durch eine in ein Glas verschlossene Gallert.

Und das ist die Philosophei, auf die der Grund der Arznei gesetzt ist, daß ein Arzt einen Menschen so klar durchsehe, wie durchzusehen ist ein destillierter Tau, in dem sich kein Fünklein verbergen mag, das nit gesehen werde, und so soll er durch ihn hindurchsehen, wie durch einen quellenden Brunnen, wieviel Steine und Sandkörner, mit welchen Farben, Formen usw. da sind, so offenbar sollen ihm die Glieder des Menschen auch sein. Seine Glieder sollen ihm so durchsichtig sein, wie der polierte Kristall, in dem sich ein Härlein nicht verbergen könnte, – das ist die Philosophei, auf die der Grund der Arznei gesetzt ist.

Nicht daß du den Menschen so durchsehen könntest, sondern die Natur zeigt es dir von Stück zu Stück an, denn aus derselben ist der Mensch gemacht. Dieselbe Materia, daraus er gemacht ist, zeigt dir an, wie das ist, das gemacht ist.

Ebenso wie du in einem Stahl[1] ein Gebäude siehst, das kommt von dem äußeren [Gebäude] hinein, und wenn das Äußere nimmer da ist, da ist das Innere[2] auch nit mehr da im Stahl, denn das Äußere ist eine Mutter des Inneren, – so ist der Mensch ein Bildnis in einem Spiegel, gesetzt hinein durch die vier Elemente, und nach der Zergehung der Elemente folgt die Zergehung des Menschen. Denn solange das Äußere vor dem Spiegel still steht, so lange bleibt auch das Innere.

[1] Stahlspiegel.
[2] Das Bild.

Darum ist die Philosophie nichts anderes als allein das ganze Wissen und die Erkenntnis des Dinges, das den Glanz im Spiegel gibt. Und gleicherweise wie der im Spiegel niemandem vermag seines Wesens Deutung zu geben, niemandem zu erkennen zu geben vermag, wer er sei, so ist es mit dem Menschen selbst auch; aus ihm wird nichts verstanden, sondern es wird allein verstanden, was aus der Erkenntnis des Äußeren kommt, dessen Figur er im Spiegel ist.

~~~~~

**Das Mittel-Corpus**  Die Makro-Mikrokosmoslehre geht auf die neuplatonische Philosophie zurück. Daneben, in sie sich einschmiegend und ergänzend, stehen Paracelsi alchimistische Erkenntnisse. Der Mensch kommt aus dem chemischen Anfangsstadium, den Ersten, wie er dem heutigen Chemiker aus den »chemischen Elementen« kommt; sein End- und Ausgangsstadium ist der auferstandene Mensch, wie ihn die Kirche etwa nach 2. Korinther 15 lehrt. Dazwischen – im Heut – steht nun das Augenblickliche, das »Mittel-Corpus«. Und es ist da wie eine chemische »Verbindung«. Wie diese durch irgendein neues Element verändert, zersetzt und zu Zerfall gebracht werden kann, ja wie dergleichen Verbindungen in sich selbst zerfallen, so ist der Mensch ein Corpus, das jeden Augenblick zerfällt, zerbricht; ihn »hassen« die ihn aufbauenden »Elemente«.

Der Mensch ist in drei Dinge gesetzt, wie oben steht, und die drei haben ein mittel Corpus. Das ist das lebendige Corpus; denn vor diesem Leben ist *prima materia,* nach diesem Leben ist *ultima materia,* und das Corpus ist ein mittleres zwischen dem ersten und dem letzten.

Weil der Mensch in Zerbrechlichkeit und Zerstörung geschaffen worden ist, so hassen ihn seine eigenen Substanzen, so daß sie wieder begehren, in ihre erste Materia zurückzukehren. Denn die erste Schöpfung ist der mitteln Schöpfung gehaß[1] und trachtet für und für danach, dieselbe wieder zu zerstören, und sie wieder zurück in das erste Wesen zu bringen. Und wenn es wieder in dasselbe kommt, so ist es eine Erde und ein Staub, denn daraus ist der Mensch gemacht.

## DER MENSCH

Die Lehre vom Makrokosmos führt auf den Menschen als den Mikrokosmos, die kleine Welt. Er ist die kleine Welt, weil alles in ihm ist, was in der großen ist, die Quintessenz des Alls, und diese Idee wird nun von Paracelsus bis in die äußersten Konsequenzen durchgeführt. Damit gewinnt er aber auch die große Einheit, die Oben und Unten, Nahe und Weit in eine Existenz, ein Sein zusammenfaßt. Die Möglichkeit, den neuplatonischen Gedanken umzudenken, ihn für den Augenmenschen Paracelsus in das Anschauliche und Begreifliche einzuordnen, gewährte ihm die schon mehrmals gestreifte Vorstellung vom Limus oder Limbus, dem Erdenlehm der biblischen Schöpfungsgeschichte (1. Mos. 2, 7), den er in seinen frühesten Schriften Yliaster (vgl. S. 125) nannte – denn dieser gestirnte Urstoff, dieser Lehm, aus dem der Mikrokosmos einst geschaffen wurde, muß alle Eigenschaften, Wesen, Natur und Art des Menschen schon enthalten haben, sonst hätte der Mensch ja keinesfalls aus ihm entstehen können.

Um diesen Zentralgedanken vom Mikrokosmos ordnet sich nun das übrige; der Mensch ist eigentlich nur ein abgetrennter, abgesonderter Teil der großen Welt – das Außen und das Innen hängt also so zusammen, wie Außenluft und Innenluft in einer

---

[1] Gehässig, haßt sie.

Flasche; eins langt ins andere, und das eine nimmt vom andern, oder wie Paracelsus bildhaft sagt: Wir essen aus unserer Mutter, nehmen aus dem großen Kosmos in den unsern. Das auch bestimmt die Kleinheit und Armseligkeit nach einer Seite, die Würde des Menschen nach der andern — er ist nur Erde, Tier und Kot, und er ist alles, was die große Welt sein kann.

~~~~~

***Der Mikrokosmos*** Mit eben den Sätzen, mit denen das Makro-Mikrokosmoskapitel geschlossen hat, beginnt das folgende: Der Leib des Menschen ist der Mikrokosmos oder die kleine Welt, und wie die Erde hat er Sommer und Winter; weil nun das gleiche konkordiert, »sich annimmt«, sagte vorhin Paracelsus, so wirkt der Winter draußen in den Winter unseres Leibes, auch wenn man ihn gewaltsam auszuschließen suchte, denn — heißt es weiter: Außen und Innen ist *ein* Ding, ist eine Konstellation, das heißt Gruppierung kosmischer Kräfte, ist eine Influenz oder Beeinflussung — man denke an die Kette Mars bis Nessel[1] —, und darum auch muß Außen und Innen immer konkordieren. Deswegen ist es auch nicht schwer, die Anatomie des Menschen zu begreifen — die freilich nicht spekuliert, d. h. nicht durch Erdenken oder logisches Schließen gefunden werden kann, sondern die aus der Anatomie des großen Menschen, d. h. der großen Welt, erst abgelesen werden muß.

Der Leib des Menschen ist gleich der Erde, die den Sommer hat; der ist fruchtbar, — und darnach kommt der Winter, der ist unfruchtbar. Das was der Sommer gegeben hat, das bringt der Winter zur Verzehrung, und der nachfolgende Sommer muß wiederbringen und erstatten, das hin ist und hinweg ist. So fällt auch den Menschen ein Winter an, der unfruchtbar ist; der verzehrt, was gestern wuchs, und wenn der Sommer nit

[1] Vgl. S. 79 f.

nachfolgte, so würden alle Menschen ausdorren. Aber sobald der Winter, hin ist, so ist ein andrer Sommer da, und so geht es für und für; der Leib zehrt ab durch den Winter, und durch den Sommer kommt ein frisch und grünes Leben an die Statt.

Du siehst, daß der Winter und der Sommer abwechseln miteinander und wie je eins dem andern nachfolgt, jetzt kalt, jetzt warm. Eines solchen versieh dich auch im Leib. Der Mensch ist dem Sommer unterworfen, auch dem Winter, und so er im Winter eingesperrt würde in einen Feuerkreis und empfände darin den Winter nit, so vollbringt der Winter seine Wirkung doch in ihm, was er mit ihm zu handeln hat, – und ebenso ein jeglicher Monat; da hilft kein Versperren nicht. Und auch der Sommer findet ihn.

Bedenkt, wie groß und wie edel der Mensch geschaffen ist und wie er in seiner Anatomei als etwas Großes erscheint, und daß nicht möglich ist, seine Anatomei des Leibes und der Tugenden zu spekulieren in einem Kopfe oder in der Vernunft, sondern aus der Erkenntnis der äußeren Welt muß die des Menschen herkommen. Aus diesem wird sichtbar und offenbar, was in ihm ist. Denn wie es außen ist, ist es auch in ihm, und was außen nit ist, das ist in ihm auch nit. *Ein* Ding ist das Äußere und das Innere, *eine* Konstellation, *eine* Influenz, *eine* Konkordanz, *eine* Zeit, *ein* Erz, *ein* Thereniabin, *eine* Frucht.

Die Konkordanzenlehre führt aber noch ein weniges weiter. Denn wenn der Mensch der kleine Kosmos ist, ist alles in ihm, muß auch alles in ihm sein, was in dem großen Kosmos ist, nicht nur die Erde mit allen ihren Früchten, sondern wie sie der Himmel, und mit dem Himmel die Gestirne: Planeten, Nord- und Südpolarstern, großer und kleiner Wagen und die Tierkreisbilder. Der Mensch kann also auch der junge oder kleine Himmel heißen.

Man muß wissen, daß im Menschen der jung Himmel liegt. Das ist: der Mensch ist nach Himmel und Erden gemacht, denn er ist aus ihnen gemacht. Wenn er nun aus ihnen gemacht ist, so muß er seinen Eltern gleich sein, so wie ein Kind, das alle seines Vaters Gliedmaßen hat. So hat sie der Mensch auch seinem Vater gleich; sein Vater ist Himmel und Erden, Luft und Wasser. Weil nun sein Vater Himmel und Erde ist, so muß er [der Mensch] alle ihre Art haben und alle ihre Teile, und nit eines Härleins mangeln. Aus dem folgt, daß im Menschen sind Sonne, Mond, Saturnus, Mars, Mercurius, Venus und alle Zeichen, der Nord- und Südpol, der Wagen und alle Viertel des Tierkreises.

Man hat bei diesem Schluß ein atemberaubendes Gefühl. Es scheint, als hätten seine Voraussetzungen den Denker fortgerissen, so daß er über die letzten Hindernisse weggeglitten sei. Wir werden der Frage dann noch einmal, in einem größeren Zusammenhang, begegnen – hier ist nur wichtig, daß die Makro-Mikrokosmoslehre bis zu diesen eben angedeuteten Konsequenzen führt.

Denn es ist *eine* Anatomie, das heißt ein Aufbau und eine Beschreibung dieses Aufbaues in der großen und kleinen Welt. In dieser Anatomie gilt auch die Konkordanzenlehre, von der vorhin bereits einmal die Rede war. Wir wissen aus ihr, daß Mars im Himmel (das Gestirn) wie auf der Erde (Nessel), im Wasser (Eisen) und in der Luft (Thereniabin) ist, und so wie Mars auch jedes andere »Gestirn«, will sagen, jede andere

»Kraft«. Nun folgt der neue Schluß: Da ja der Mensch der Mikrokosmos ist, sind die vier Elemente auch in ihm, dann also ist auch der himmlische, irdische, wässerige, luftische Mars in ihm. Das scheint zunächst absurd, ist aber im Ganzen dieses Denksystems nur richtig und wird dann durch die Limuslehre noch einmal bestätigt werden. Hier interessiert vorläufig nur der nächste Schluß; ist in uns jede Kraft in jedem ihrer Elemente, dann muß der Mensch mit ihnen allen konkordieren, sie wirken in ihn, er nimmt sie alle an (sie langen in ihn), so wie das Glas mitschwingt, wenn auf der Geige der ihm konkordierende Ton gestrichen wird.

Es ist *eine* Anatomei aller vier [Elemente] und ihrer Austeilung. [Und die Anatomei des Makrokosmos und des Mikrokosmos sind] voneinander so wenig verschieden, wie die beiden Arme und die beiden Beine voneinander verschieden sind, wie ein Auge gegen das andere, wie die unteren Zähne gegen die oberen, wie das Fleisch in den Füßen gegen das Backenfleisch.
So nämlich ist ein Saturnus im Himmel und ist Feuer, und es ist einer in der Erde, der ist irdisch. So ist eine Sonne im Wasser, so eine im Himmel, und so vierfach ein jeglich Ding im Menschen. Und was im hintersten Winkel der Erde liegt, des Schatten fällt in den Menschen. Auch was im Tiefsten des Meeres liegt, hat seine Wirkung in den Menschen, und was unter dem Südpole liegt, gibt seinen Reflex dem Menschen und dem Nordpole.

Es ist gesagt worden in der Philosophei, daß im Menschen der Himmel sei und die Luft, ebenso wie er außer ihm ist. So ist eine Melisse im Leibe, ebenso wie auf der Erde, so auch eine Milchstraße im Himmel ebenso wie auch in uns. Ebenso sind beide Pole draußen so wie in uns, so der Tierkreis und anderes... Nun ist nötig, weil der Mensch solches auch in sich hat, es draußen zu erkennen, und solcher Erkenntnis kein Gebresten[1] zu haben.

Um die soeben erörterte Konkordanz genauer zu begründen, kehrt unser nächster Text zur Limus-Theorie zurück. Es ist an ihm nur eine ungewohnte Redewendung zu erörtern: daß man von einem Leibe die Seele oder den Geist ausziehe und diesen Geist gebrauche – das ist eben als ein Alchimist und Chemiker gesprochen. Wir kennen ja heute noch diese Wendung, denn Melissengeist ist nichts als nur ein »flüchtiger Auszug« der Melisse, und auch in »Weingeist« haben wir die ehemals alchimistische Redeweise. Wir nennen dergleichen Auszüge wohl auch Quintessenzen, aus *quinta essentia*, das ist wörtlich: fünftes Wesentliches –, und Paracelsus spricht von der Quintessenz in unserm Texte als »fünftem Wesen«. Der Limus ist also die Quintessenz, das Beste, was aus den Elementen ausgezogen worden ist – und als daraus der Mensch gemacht ward, unterschied der Auszug sich nur dadurch von den ausgezogenen Elementen, daß seine äußere Form nach Gottes Bild (1. Mos. 1, 27) gemodelt worden ist. In ihm sind aber die Elemente; die Erde als Fleisch, das Wasser als Blut, das Feuer als Wärme, die Luft als Balsam, d. h. Lebenskraft und Odem.

Daß die äußeren Wesen so gar gewaltig in den Menschen wirken, davon ist not, die Ursache zu erzählen. Erstlich wisset, daß Gott anfänglich geschaffen hat alle Geschöpf im Himmel und auf Erden, Tag und Nacht, alle Elemente und alle Tiere. Und am letzten, da alle Ding geschaffen gewesen sind und nichts mehr not gewesen ist, da hat er den Menschen geschaffen.
Nun ist zweierlei zu merken in der Schöpfung; erstlich,

[1] Mangel; vgl. S. 132.

daß Gott alle Dinge aus Nichts geschaffen hat, allein durch das Wort, — nur den Menschen nicht, den hat er aus etwas gemacht; das ist, er hat ihn gemacht aus einer Masse. Diese Masse ist gewesen ein Auszug aus allen Geschöpfen im Himmel und auf Erden, — so nämlich, als ob einer von einem Leib die Seele oder den Geist auszöge, und dann gebrauchte er den Geist. Nun so ist ausgezogen worden aus allen Kreaturen, allen Elementen, allem Gestirn in Himmel und Erden, von allen Eigenschaften, Wesen, Natur, Art, Wandel usw. dasjenige, das am subtilsten und am besten gewesen ist, und ist zusammengezogen worden in eine Masse. Aus *der* Masse ist der Mensch gemacht worden.

Daraus folgt nun, daß der Mensch die kleine Welt ist, das ist der Mikrokosmos, — aus der Ursache, daß er ein Auszug der ganzen Welt ist, indem er ein Auszug aus allen Sternen, aus allen Planeten, aus dem ganzen Firmament, aus der Erde und allen Elementen ist, und ist das fünfte Wesen. Denn die vier Elemente sind die ganze Welt und der Mensch ist aus ihnen gemacht, darum ist er in der Reihenfolge das fünfte, — das ist: das fünfte Wesen außerhalb der Elemente; ein Auszug von den vieren und der Kern aus den vieren.

Allein darin ist ein Unterschied zwischen der großen Welt und dem Mikrokosmos, zwischen den Elementen und dem fünften Wesen, daß der Mensch in eine andere Form, Bildnis, Gestalt und Substanz geordnet und geschaffen worden ist, so daß die Erde im Menschen Fleisch ist, das Wasser ist Blut, das Feuer ist seine Wärme, die Luft ist sein Balsam. Aber in ihm sind alle Eigenschaften der Welt geblieben, und die hat der Mensch in sich. Darum sagt die Schrift mit Recht, ein

141

Staub und Pulver sind wir und zu Asche werden wir. Das bedeutet: obschon der Mensch zu Gottes Bildnis geschaffen worden ist und hat Blut und Fleisch und ist nicht wie die Welt, sondern mehr denn die Welt, und regiert die Welt, nichtsdestominder ist er eine Erde, ein Staub und Asche.

~~~~~

**Der Limus**  Der eben gedruckte Text führt uns geraden Weges auf die Limus-Lehre zu; sie ist nun freilich schon so oft erörtert worden, daß es genügt, auf die vorhin gegebenen Erklärungen hinzuweisen. Zugrunde liegt ihr der biblische Bericht, daß Gott erst Himmel und Erde samt allen Geschöpfen in den sechs Tagen der Schöpfung durch sein Wort, wie 1. Mos. 1 erzählt, und als das letzte den Menschen schuf, zu dessen Schöpfung er, wie die Vulgata sagt, den *limus terrae* brauchte (1. Mos. 2, 7). Der Limus ist Lehm, Ton, Kot, wie man es eben übersetzen will, und ist der Staub, zu dem der menschliche Leib im Tode zerfällt. Er ist die Quintessenz der großen Welt und also die große Welt, ein Auszug aus den Elementen samt ihren Körpern und »*Creatis*« (Geschöpfen).
Bei diesem Schöpfungsbericht, der sich eng an die Genesis-Erzählung schließt, bleibt einzig zweierlei zu bemerken: Zuerst ist da die Lehre vom gestirnten Leib, von dem wir unten noch ausführlicher lesen werden — hier braucht man nur zu wissen, daß dieser Limus die Summe der vier Elemente darstellt, und da die beiden »unteren«, Erde und Wasser, greifbar, die beiden »oberen«, Luft und Feuer, ungreifbar, wenn auch körperlich erscheinen, der Auszug aus zwei Leibern, einem greifbaren und einem ungreifbaren, dem elementischen und dem siderischen, oder gestirnten, besteht. Da aber das Körperliche nur eine Hülle des Elementes und dieses selbst ein Geistiges ist, so müssen im Menschen aus den beiden Leibern auch zwei Geistigkeiten, die elementische und die siderische, sein. — Das zweite ist die Bemerkung, daß sich zwei Wissenschaften um den Men-

schen bemühen müssen, die Philosophie, die nach der mittelalterlichen Lehre die irdische Welt samt ihren Schöpfungen beschreibt, und die Astronomie, die von den oberen Elementen
handeln soll. Denn wenn der Mensch ein Limus und Auszug
dieser Elemente ist, wenn er in ihnen erkannt wird, müssen
diese Elemente und muß die Wissenschaft von ihnen über ihn
aussagen können.

Die ersten Geschöpfe sind aus Nichts gemacht, denn
also findet es sich, daß in der Welt erstlich nichts gewesen ist, auch kein Element, aber durch das Wort ist das
Corpus und sein Geist[1] gemacht worden, aus welchem
Corpus nachfolgend alle Kreaturen geworden und geschaffen sind, – das Letzte aber ist ein Etwas geworden. Das ist, der Mensch ist nicht aus Nichts gemacht
worden, sondern er wurde aus einem Zeug gemacht;
aber die anderen Geschöpfe alle sind aus Nichts gemacht worden.
Die Schrift beweist, daß Gott habe genommen den
*limum terrae* wie eine Masse, und habe aus derselbigen
den Menschen geformt und gemacht. Wenn dann die
Schrift weiter beweist, daß der Mensch eine Aschen
und Pulver sei, ein Staub und Erden, so ist das ein
genugsamer Beweis, daß der Mensch aus Etwas gemacht worden ist; welches Etwas eben der *limus terrae*
gewesen ist. Und wiewohl der Mensch eine andere
Form und Corpus hat, als der Limus ist, denn Fleisch
und Blut, Bein usw., ist anders als Lehm und Kot, so
wird er doch das wieder, das er gewesen ist, wie es sich
augenscheinlich beweist. Und Pulver, Staub ist ein
Zeug und eine Materia; was daraus gemacht wird, das
ist nicht aus Nichts gemacht, sondern aus einem Zeug.

[1] Siehe Seite 77 ff.

Was dieser Limus sei, davon soll jetzt geredet werden, – damit euch das einmal bekannt werde, das aus dem Pulver oder Staub gemacht worden ist. Dieser Staub ist *limus terrae*, und *limus terrae* ist *maior mundus*. Mithin ist der Mensch gemacht worden aus Himmel und Erde, das ist aus den obern und untern Geschöpfen. Denn der *limus terrae* ist ein Auszug vom Firmament und allen Elementen; das ist, wenn man verstehen will, was *limus terrae* sei, so ist er ein Auszug von allen Corporibus und Creatis. Ihr seht, wie der Grund aus der Bibel kommt, auf den die Philosophei gesetzt werden soll und das ganze Licht der Natur.

Erstlich schuf Gott Himmel und Erden und alle Kreaturen und das durch das Wort, je eines nach dem andern, so wie die Schrift ja anzeigt, was alle Tage geschaffen worden sei, und der Mensch kam am letzten, deswegen, weil die Materia vorher nicht dagewesen ist, davon er hat gemacht werden sollen. Als sie aber dagewesen ist, da ist er aus derselben gemacht worden. Weil er aus dem Limus gemacht werden sollte, darum ist vorher das geschaffen und gemacht worden, woraus der Limus gemacht werden sollte. Aus dem Limus hat er den Menschen gemacht, wie die Bibel es bezeugt, und er sah, daß es gut war.

Nachdem Gott alle Kreaturen und Elemente, alle Sterne und Geschöpfe geschaffen hat, und alles nach seinem Willen stand, zum letzten hat er den Menschen zu machen vorgenommen. Er hat ausgezogen das Wesen von den vier Elementen zusammen in *ein* Stück, und hat ausgezogen von dem Gestirn das Wesen der Weisheit, der Kunst und Vernunft, und beide Wesen, das der Elementen und das des Gestirns zusammengebracht in eine Masse, welche Masse die Schrift limum terrae nennt.

So sind zwei Corpora geworden aus der Masse, das gestirnte Corpus und das elementische. Man nennt diesen Auszug das fünfte Wesen; das ist: die Masse ist ein Auszug und in ihm ist das Firmament und die Elemente in eins gebracht worden. Daraus folgt, was aus den vieren ausgezogen worden ist, daß dies das fünfte ist.

Das fünfte Wesen ist der ganze Grund und Kern aller Wesen und Eigenschaften der ganzen Welt. In die Hand Gottes ist gekommen alle Natur, Kraft und Eigenschaft und alles Wesen in der oberen und untern Welt. Die allesamt zusammen hat Gott in seiner Hand gehabt realiter und den Menschen nach seinem Bildnis daraus geformiert. Denn so Gott soll eine Arbeit tun, so ist sie nit auf goldschmiedisch, sondern es ist ein Werk über alle natürliche Kräfte.

Das Zeug dazu ist das größte und edelste Zeug gewesen, das *arcanum* und Wesen von allen seinen Geschöpfen. Es ist groß zu beachten, daß alle Dinge aus Nichts gemacht sind, allein der Mensch nit, den Gott selbst seinem Bildnis nach gemacht hat; nicht aus gemeinem Kot, sondern aus dem Auszug aller Geschöpf. Und ob er gleichwohl ein Kot ist und ein Pulver, das der Wind hin und her wehet und wirft, so ist freilich alles das, daraus er gemacht ist, ein Kot, denn da ist nichts, das bleiblich ist.

Also ist in das fünfte Wesen gekommen alle Natur der ganzen Welt, der wahrnehmbaren und nichtwahrnehmbaren, und in eine Faust zusammen gefaßt worden, in eine Masse. Aus diesem Limus hat der Schöp-

145

fer der Welt die kleine Welt gemacht, den Mikrokosmos, das ist den Menschen; mithin ist der Mensch die kleine Welt; das ist: alle Eigenschaften der Welt hat der Mensch in sich. Und darum ist er der Mikrokosmos, darum ist er das fünfte Wesen der Elemente und des Gestirns oder Firmaments in der oberen Sphaera und in der unteren Welt. So ist die große Welt ein Vater der kleinen Welt.

Jetzt ist von der Masse gesprochen worden, daraus der Mensch seine Geburt genommen hat, und angezeigt worden, daß er ist ein Auszug aus der ganzen *machina mundi*[1], – so wie ein Arzt, der da auszieht die Kräfte und das Wesen aus einem Kraut, das man dann auch das »fünfte Wesen« heißt. Und so wie das zurückgelassene Corpus gegenüber dem ausgezogenen Wesen sich verhält, so verhält sich die Welt und der Mensch. Um soviel ist das zurückgelassene Corpus schwächer, und soviel, wie das fünfte Wesen in sich hat, das von dem verlassenen Corpus genommen ist, um soviel ist es minderer. Es ist nicht ganz ausgezogen worden, wie die Arznei aus einem Kraut ganz ausgezogen wird, sondern so viel als not zu dem Menschen gewesen ist, und soviel ist zurückgeblieben, daß er aus dem, was noch geblieben ist, sein Leben führen kann, Nahrung empfangen, Essen und Trinken usw.

~~~~~

**Essen aus der Mutter**  In seinem großen Bericht vom Limus sprach Paracelsus von zwei Teilen, dem elementischen und dem

---

[1] Dem Kosmos mit seinen Kräften.

gestirnten Leibe. Wie er zu diesem letzteren Namen gekommen ist, das wurde da nicht klar; man muß dazu die längere Entwicklung, die hinter dem Worte steht, erst kennenlernen. Zuerst war Paracelsi *limus* eine Zusammensetzung der beiden unteren (Erde und Wasser) mit den beiden oberen (Firmament und Luft) Elementen; die oberen sind – wie es der Augenschein ja gibt – die unsichtbaren. Es gab mithin ein sichtbares und ein unsichtbares Corpus. Das unsichtbare, in dem nach Paracelsi Kosmologie die Sterne schweben, das nannte er das gestirnte.

(Im Lauf der Jahre aber wandelt sich Paracelsi Limuslehre. Da lehrt er denn, der leibliche Teil des Limus sei aus dem Sichtbaren und Körperlichen der Elemente, der geistige Teil aus ihrem Geistigen, Wesentlichen hergekommen.)

Die beiden Leiber aber konkordieren mit dem zu ihnen gehörigen Elementischen oder Gestirnten der großen Welt; sie konkordieren mit ihm, sie nehmen es an, sie »essen aus ihm«. Das ist die wichtige und für Paracelsi ganze Lehre so bedeutungsvolle Wendung vom »Essen aus der Mutter«, das wohl ein Essen bedeuten kann, zuweilen aber auch nur ein Nehmen, Anlehnen, Konkordieren, Einigsein.

Nun wisset, daß der Mensch auf zwei Teile gestellt ist; der eine Teil ist von den Elementen, der ist Fleisch und Blut geworden; der andere Teil sind die Sinne und Gedanken, welche aus dem Gestirn gezogen sind. Ebenso teilen sich auch zwei Naturen im Menschen. Fleisch und Blut wird erhalten von den Elementen, Sinn und Gedanken von dem Gestirn. Und Gott hat verordnet, daß der Mensch einen Magneten in sich habe, einen nämlich von den Elementen, darum zeucht er sie an sich, und einen aus dem Gestirn, aus dem er an sich zeucht die mikrokosmische Sinnlichkeit vom Gestirn.

Die Welt hat zween Leib, einen sichtbaren und einen unsichtbaren. Der sichtbare, das sind die Corpora der

Elemente; die unsichtbaren der Elemente sind vier: die Erde und ihre Frucht, das Wasser und seine Frucht, der Himmel und seine Frucht, die Luft und ihre Frucht.

Weiter merket, daß sich die Dinge scheiden, das Unsichtbare vom Sichtbaren – in Himmel und in den Elementen. Zum Beispiel: wie durch den Hunger und Durst dem Fleisch und Blut Speise und Trank gegeben wird, so werden auch durch Hunger und Durst der Gedanken und Sinnen die Sinne gespeist mit Künsten und natürlicher Weisheit. Wie ich schon vom Magneten gesagt habe, der Essen und Trinken von den Elementen an sich zeucht, so hat die Vernunft des Menschen einen Magneten, der in sich zeucht vom Gestirn die Sinn und Gedanken.

So also ist der Mensch in zween Leib gesetzt, das ist in den sichtbaren und unsichtbaren, das ist in den elementischen und himmlischen. Darauf merkt jetzt weiter: der Leib kommt aus den Elementen, der Geist aus dem Gestirn. Jetzt folget daraus, daß die Elemente den Leib führen müssen und der Himmel den Geist. Weiter: aus den Elementen isset und trinkt der Mensch zur Erhaltung seines Blutes und Fleisches, aus dem Gestirn isset er seine Sinn und Gedanken in seinen Geist, denn im Leib wohnet Blut und Fleisch, im Himmel wohnet Sinn und Gedanken. Und wie ein Kind vom Vater gelehret wird und vom Vater da ist, so lernen wir auch aus dem Gestirn, aus dem wir auch sind. Darum schlägt der Mensch in die Art der Sterne, schlägt auch in die Art der Elemente, aus denen er gemacht ist. Darum hat er alle ihre Eigenschaft an sich; darum

speiset, führt und nähret ihn auch die große Welt in
Weisheit, in Vernunft, in Speis und in Trank, als ihr
eigen Blut und Fleisch, das wunderbarlich aus ihr geboren ist.

Und das ist besonders zu merken, daß wir Menschen
essen und trinken von unserm Vater. Weil wir aus der
Welt gemacht sind, darum speist uns die Welt als ihr
Kind. Das ist ebenso wie in der neuen Geburt aus Gott,
wo die Neugeborenen auch gespeiset und getränkt
werden aus dem, von dem sie sind, und auch mit Weisheit und Vernunft begabt werden, wie der natürliche
Mensch vom Gestirn. Denn der Astronomus kann es
nicht unterlassen, das Wort Christi zu gebrauchen und
zu betrachten, und ebenso der Philosophus, – denen
Christus ist der Eckstein, der da sagt: Mein Fleisch ist
eine Speise, mein Blut ist ein Getränk. Und gleicherweise, wie wir aus der großen Welt gemacht sind und
sie ist unsere Speise und Trank, so müssen, die aus
Gott geboren sind, aus Gott gespeiset und getränkt
werden. Wie Christus sagt, daß sein Fleisch und Blut
deren Speise und Trank sei, so spricht die Erde zu
ihren Kindern: esset das, das bin ich.

~~~~~

**Würde des Menschen**   Aus dieser seltsamen Doppeltheit, die
durch die Limuslehre ihre Begründung findet, ergibt sich auch
das Urteil über die »Würde des Menschen«. Er ist ein Tier, d. h.
nur ein natürliches Wesen, wie es die Tiere sind – und er ist
mehr; denn in ihm ist ja der gestirnte Leib, das ist der himmlische Leib, das Firmament –, und Paracelsus kann es nicht
unterlassen, an das Wort Himmel eine Reihe theologischer Ge-

danken anzuschließen. Denn spekuliert man, denkt man nach, dann ist im Menschen, da ja der Himmel in ihm ist, auch alles, was oben im Himmel ist – und also auch Gott; denn der wohnt ja im Himmel. Ja, diesen Schluß bekräftigt ihm die Bibel, nach welcher auch Gott im Menschenherzen wohne, wenn es ein Tempel des Heiligen Geistes ist (1. Korinther 6, 19). So biegt sich dieser Beweis mit einem kühn herzugeholten Schluß zurecht.

Im Menschen ist dasselbe wie auswendig in den unvernünftigen Tieren, denn der Mensch ist auch ein Tier in seinem Fleisch und Blut, und ist auf ihre Natur genaturt.

Es ist ein sehr Geringes um den Menschen und er ist eine so unbeständige Natur, daß sich nicht viel auf ihn zu vertrösten ist.

Wer ist sonst der, der den Menschen erkennen kann, was er ist, wie groß ihn Gott gemacht hat, als allein der Arzt? Der kann die Werke Gottes erkennen, wie edel die Welt sei, und noch wieviel edler der Mensch in dieser ist, und wie eins aus dem andern geboren ist und hervorgegangen. Der *das* nicht weiß, der berühme sich der Arznei nicht. Denn wunderbarlich ist der Mensch geschaffen und geordnet, wenn man erst in sein recht Wesen kommt, was er ist, und wenn man ihn ausspekuliert in allen Dingen.

Und das ist ein Großes, das sie bedenken sollen: nichts ist im Himmel noch auf Erden, das nicht im Menschen sei. Denn Gott, der im Himmel ist, der ist auch im Menschen. Denn wo ist der Himmel als im Menschen? Wenn wir ihn brauchen sollen, so muß er in uns sein.

Darum weiß Gott von Mund zu Mund, was wir wollen, denn er ist näher bei unsern Herzen als die Zunge oder unsere Gedanken. Gott hat im Menschen seinen Himmel groß und schön gemacht, edel und wohl. Denn Gott ist in dem Himmel, das ist im Menschen. Denn er spricht selbst, er sei in uns, und daß wir sein Tempel seien.

~~~~~

**Der gestirnte Leib**  Es ist im Prinzipiellen ja schon klar, was der gestirnte oder siderische Leib (siderisch von *sidus:* Stern) bedeutet.

Ihr wisset, daß die Welt und alles, das wir in ihrem Kreis sehen und greifen, nur der halbe Teil der Welt ist, und das, das wir nicht sehen, ist gleich dem und ebensoviel im Tragen und Heben, im Wesen und in der Eigenschaft. Das macht, daß noch ein halber Mensch ist, in welchem die unsichtbare Welt wirket. So machen beide Welten sozusagen zween Menschen in einem Leib.

Nach dem Gedankengang, der uns vorhin bereits begegnete, ist das Nichtgreifliche in dieser Schöpfung das »Gestirn«. In elementischen und siderischen Leib, Leib und Gestirn ist unsere ganze Welt geordnet. Der große Kosmos hat zwei *astra* oder Sterne, die Summe der Sterne oben, die zum Menschen herunter wirkt, und dann die Astra in der Erde, durch die das Kraut nach oben getrieben wird – wir sehen ganz deutlich, daß es sich bei Paracelsi *astra* und *sidera* um Kräfte, nicht um die Fixsterne oder Planeten am nächtlichen Himmelsbogen handeln kann. Die Astra von oben wirken auf die unteren Astra ein. – Nun ist der Mensch auch zweifach: Leib und Geist, und dieser sein Geist ist ein Subjekt, ein Untertan und Gegenstand der Wirkung

151

des Gestirns. Weil aber, was voneinander nimmt, das gleiche ist, so muß der Geist des Menschen das Gestirn im Menschen sein.

Die ganze *machina mundi* ist geteilt in zween Teil, in einen greiflichen Leib und in einen unsichtbaren Leib. Das Sichtbare und Greifliche ist das Corpus der Welt, das in den drei Ersten: Sulphur, Mercurius und Sal steht. Das ist das Corpus der Welt und ist elementisch und die Elemente sind das Corpus. Weiter, dasjenige, das nit das greifliche Corpus ist, sondern ungreiflich und unsichtbar, ist das Gestirn. Ob es uns gleich scheint, daß wir das Gestirn leiblich sehen, materialisch und wesentlich, so ist doch, das wir sehen, nit das Gestirn, – sondern sein Leib. Das Gestirn hat nie einer gesehen, aber sein Corpus. Es ist wie die Seele im Menschen, die ist auch nicht sichtbar. In die zweie, in Leib und Gestirn, ist die ganze Welt geordnet.
Nun wisset weiter, das Gestirn teilt sich in zween Teil; eine ist im Himmel in den Sternen, das andere Gestirn ist in der Erdkugel. Aus dem folgen zwei Verhaltensarten des Gestirns, eine besondere in dem Gestirn des Himmels, eine besondere in dem Gestirn der Globul und Sphaere. Das Gestirn in der Sphaera der Globul hat ein solches Wesen, daß es alles wachsen macht, was der Leib der Erde, der Elemente gibt. So treibt das Gestirn der Globul aus der Erde die Früchte heraus; ohne das Gestirn geschähe es nit. Und so auch in allen andern Dingen, die aus der Erden wachsen. Nun weiter von dem anderen Gestirn im Himmel! Das hat seine besondere Operation; es betrifft allein den Menschen. Und wiewohl beide Gestirn, das obere und das untere, miteinander verknüpft sind, vermählt miteinander lau-

fen, sich vergleichen, vereinigen, so ist doch der Unterschied zwischen ihnen beiden, daß das obere Gestirn die Sinne [des Menschen] regiert, das untere die Gewächse; das ist, das obere gibt den tierischen Verstand, das untere gibt die Gewächse, die aus der Sphaera wachsen.

Von dem Gestirn der Globul will ich hier nichts weiter sagen, weil seine Philosophei allein von Früchten und Gewächsen handelt. Aber von dem sinnreichen Gestirn ist mein Vornehmen zu reden. Da sollen wir wissen, daß der Mensch in sich selbst auch zwiefach ist, das ist, in zwei geteilt, nämlich in einen Leib der Globul und in einen Leib der Sinn, oder in einen sichtigen und greiflichen Leib, und in einen unsichtigen und ungreiflichen Leib, oder in den Leib der Elemente, der drei Ersten, Sal, Sulphur und Mercurius, und dann in das Gestirn.

So weit es den Menschen betrifft, so heißt sein Leib Blut und Fleisch, und das in ihm ungreiflich ist, heißt der Geist; mithin ist der Mensch Blut und Fleisch und ein Geist. Nun, Blut und Fleisch ist der [eigentliche] Mensch nit; der Geist ist der Mensch, denn der Geist ist des Menschen Weisheit, Sinn, Vernunft. *Die* Stücke sind der Mensch, der Leib ist ein Tier.

Nun ist der Geist ein Subjekt des Gestirns, und der Leib ein Subjekt des Geistes; also regiert das Gestirn den Menschen im Geist, und der Geist des Menschen regiert den Leib in seinem Blut und Fleisch. Dieser Geist ist tödlich, weil er nit die Seele ist, denn die Seele ist etwas anderes, die Seele ist über die Natur.

Solches zeige ich darum an, daß das Gestirn erkannt werde in den oberen Teilen des Himmels und in der

Globul der Welt, und daß auch erkannt werde, wie beide mit dem Menschen verbunden sind und sind eins, auf daß erfahren werde: was die äußeren Gestirne im Menschen tun, und auch was die Menschen in den äußeren tun. Denn das ist: die äußeren Gestirne wirken im Menschen, und ebenso wirken auch die inneren Gestirne des Menschen in das Äußere, wirklich und mit Taten, das ist mit vollem Werk. Denn das, was Mars in uns vermag, das vermag der Mensch in ihn auch, wenn er in seinen männischen Kräften bleibt. Denn ebenso wirken die Menschen in den Himmel als der Himmel in uns.

Die Frage des Wirkens der äußeren Gestirne in den Menschen läßt aber Paracelsus noch nicht los. Wie können sie in ihn wirken? Wie faßt Mars den Menschen? Wie kann die Venus einer Rose den Geruch verleihen? An eine direkte »Kraftumsetzung« werden wir nicht denken können, denkt wenigstens Paracelsus nicht. Er nimmt ein »Mittel«, einen Mittler an, mit einem sehr modernen Worte eine »Umschaltstation«, und diese Umschaltstation ist das schon einmal besprochene Astrum. Was also die Menschen tun, das tun sie aus dem Einflusse des Gestirns, der Influenz von oben, die von ihnen empfangen wird – durch ihre Konstellation, durch die Bereitschaft zum Empfangen –, und oben mit unten werden »gleichgeschaltet«, werden in eine Konkordanz gebracht.

Ein Exempel: Es soll der Mars in einen Menschen operieren. Das kann er aber nicht tun, er habe denn ein Mittel; das Mittel ist ein martialisches Gestirn[1], und durch dasselbige wirkt dann der Mars. Oder soll das obere Gestirn wirken in einen Sittich, so muß im Sit-

---

[1] Ein marsbeeinflußtes Gestirn.

tich ein Astrum als ein Mittel liegen, durch das das oberste Gestirn in ihm handelt.

Daraus folgt, daß ein Gestirn im Menschen ist und in den Vögeln und in allen Tieren, und alles, was sie tun, tun sie aus der oberen Influenz, das wird durch ihre Konstellation empfangen und in eine gleiche Konkordanz geordnet. Weiter ist auch ein Astrum in den Elementen, wie in der Erde, und ist gewaltig; dasselbe Astrum empfängt die Impression vom Oberen und wirkt darnach in der Erde, – so daß aus der Erde heraus muß, was in ihr ist. So auch im Element Wasser und in den andern Elementen.

~~~~~

**Der Magnet in uns**   Das Wort Gestirn bei Paracelsus ist ein Wort für »Kraft«. Es wirkt ein Immaterielles, eine Kraft, in unsern Leib herein – das ist sehr weit entfernt von irgendeiner astrologischen Deutung; wenn hier die Worte *astrum*, Konstellation und Influenz erscheinen, so stehen sie nur, weil dem Verfasser richtigere, bessere mangeln – sie meinen nichts als Kräftebeziehungen, Wirkungen von Kräften. Das Wort Magnet im vorigen Abschnitt ist ein weiteres solches Wort. Das »Annehmen«, die Beziehungen zwischen dem Mikro- und dem Makrokosmos, für die es steht, ist eine dem Magnetismus ähnliche oder entsprechende Kraft. Deswegen wohl auch bezeichnet Paracelsus sie als Magnetismus. Und diesen Magnetismus findet er sehr weit verbreitet. Er nannte ihn vorhin schon, als er vom Astrum in der Erde sprach, er nennt ihn dann, wenn er die Kraft der Mumia erklären wird – es ist die Kraft, die er im »Essen« wirkend sieht. Denn, lehrte er ja bereits, wir essen aus der Mutter; der Mars in uns ißt von dem Mars in Erde und Gestirn, das Wasser in uns muß aus dem Wasser draußen seine Nahrung nehmen. Es »nimmt das Wasser draußen an«, es zieht das Äußere an.

Wisset von der anziehenden Kraft, was für eine Tugend sie hat. Die Dinge, die den Menschen gemacht haben, die hangen ihm alle seine Tage an, so daß er für und für dieselbigen begehrt, und er hat an sich eine solche Art, daß er ihnen nachstellt, wie er dieselben in sich bringen kann, und sich in ihnen erfreuen. Wie zum Exempel der elementierte Leib, der ißt und trinkt dasjenige gern, daraus er geboren ist, mit demselben begehrt er seinen Leib zu erhalten, und die Dinge zieht er an sich, damit erhält er seinen Leib in Gesundheit. Wo aber ihm solches nit begegnen kann, sondern er muß desselbigen entraten, da folgen die elementischen Krankheiten hernach. So sollt ihr wissen, daß die Sinne des Menschen auch an sich ziehen die Eigenschaft und Natur dessen, das die Sinne geboren hat. Ebenso wie ein Magnet das Eisen an sich zieht und saugt ihm den Saft aus und wirft seinen Rost fort, so ist der Mensch ein zweifacher Magnet, des Leibes halben, weswegen er seine Speise an sich zieht, der Weisheit halben, weswegen er das Gestirn an sich zieht. In den Elementen findet er die Nahrung seines Blutes und Fleisches, im Gestirn findet er die Weisheit seiner Sinne und Gedanken durch die anziehende Kraft, die ein jeglicher Mensch an sich hat.

Und gleicherweise, wie der Magnet das Eisen an sich zieht, ißt ihm seine Kraft aus, und das andere, in dem keine Kraft mehr ist, läßt er fallen, so zieht der Mensch auch durch den elementischen Magneten Speis und Trank an sich, und was ihm nichts nützt, das läßt er fallen durch die Exkremente und behält nur den Saft. So saugt der Magnet der Sinne an sich vom Gestirn seine tägliche Vernunft, wie eine Biene den Honig aus den Blumen.

Die Frage des Essens will aber nicht nur von dem Neuplatoniker, sie will auch von dem Alchimisten Paracelsus eine Antwort haben. Und was der Alchimist sagt, ist viel interessanter als das andere. Er sieht, was wir erst heute wieder sehen lernen müssen: Das Essen ist ein alchimistischer, das heißt chemischer Prozeß (denn Alchimisten sind ja nichts als Chemiker gewesen). Die Männer, die in den Hütten einst die rohen Erze schmelzen mußten, nicht die landstreichenden Gaukler, sind die wahren Alchimisten – und nur an diese denkt er in den folgenden Vergleichen. Das, was sie in den Hütten tun, das tun in unserm Leib die Mägen; die sind die Alchimisten, die verarbeiten unsere Speise. Die Speise vergleicht sich jenem Rohstoff, den die Hütten-Alchimisten schmelzen, den sie durch ihre Scheidekunst in Schlacke und in Erz zerlegen, so scheidet der Magen aus der Speise Nahrungssaft und *stercus* (Kot).

Und dieser Vergleich wird dann in seinen einzelnen Stationen durchgeführt. Die erste der alchimistischen Arbeiten ist nach Jakob Böhme die Digestio, das ist die »Öffnung des irdischen Gefängnisses« der zu läuternden Stoffe, ist ihre Zerlegung, Scheidung oder die »Verdauung« (= *digestio*), und diese Digestio erfordert eingangs eine *putrefactio*, d. h. der zu bearbeitende Stoff muß putreficieren oder faulen; die Fäulnis zerlegt ihn, und die edlen Essentia werden frei; nun bleibt der Kot aus dieser Fäulnis (oder dort die Schlacke) übrig; der Kot wird ausgeschieden – aber die edlen Essentia, das Erz des Hütten-Alchimisten oder der Nahrungssaft im Magen, die gehen zu weiterer Verarbeitung an die nächsten Werkleute weiter.

Es ist ein »Erz«, darin die Speise oder der Trank liegt, ebenso wie alle Metalle in einem Corpus liegen. Und so man das Metall haben will, muß man voneinander scheiden, was Metall ist und was Schlacke ist. Die Schlacke ist also der Stercus der Metalle und das [reine] Metall die Essentia, und der Künstler, der das alles bereitet, steht an Stelle des Magens.

So wie es da zugeht, so geht es auch im Menschen.

Das, was wir essen und trinken, das muß in gleicher Weise wie das Erz geschieden werden. Nun ist der Magen der Meister Vulcanus[1], und der Stercus ist die Schlacke, und die Nahrung sind die Essentia, — das ist soviel wie Gold oder Silber.

Dieweil wir nun zu Speis und Trank gezwungen werden, wie das Erz zu einem Bergmann oder ein Bergmann zum Erz, so wißt, wie sie die Natur zu einem Stercus macht. Das geschieht in dem Wege: für alles das, das wir essen und trinken, hat es einen Sack, in den die Speise erst einmal fällt oder kommt. Weiter wisse, wenn sie nun in den Sack kommt, wie sie darinnen behandelt wird vom Mund bis zum Anfang der Eingeweide, das ist des Magens unterem Loche, — es geht ihr wie bei einem Künstler. Das ist dort alles voller *virtutis digestivae*.

Dort ist nun die erste Arbeit, daß der Künstler der Natur[2] anfängt, zu scheiden. Wenn er nun die Schlakken von den Metallen scheiden will, so putreficiert er erstlich alles. Die Putrefaction dient allein zu der Scheidung. Wenn er es genugsam geschieden hat, folgt darauf ein anderer Künstler; der selbige ist zweifach.

Der eine nimmt das Ganze und geht mit ihm bis in den Afterdarm und bereitet dort den Stercus, wie er außerhalb sein soll. Denn im Magen wird kein Stercus geboren, nur die Materia zu ihm gebiert sich in ihm, in der Scheidung. Der Bereiter *stercorum* setzt im Darm erst ein und macht ihn dort. Neben dem Künstler, der einen Stercus macht, ist ein anderer, der nicht Stercus macht.

[1] Werkmann, Arbeiter, vgl. S. 101 ff.
[2] Der Alchimist Magen.

Der andere nimmt, was von der Essentia da ist und geht damit in die Leber.

Die paracelsische Alchimie des Essens ist noch nicht zu Ende. Der Nahrungssaft, der aus dem Magen in die Leber kam, wird dort verteilt, auf so viel Teile, als im Leibe Digestiones oder Verdauungen sind. Der Mensch hat also nicht nur einen, sondern viele Mägen, d. h. der Nahrungssaft wird in den einzelnen »Gliedern« wiederum zerlegt, wird dort zum zweiten Male in Essentia und Kot zerspalten – ein jedes Glied hat seine eigene *digestio* und *putrefactio*, die eigene Separierung oder Scheidung und Zerlegung in Essentia und Kot. Es gibt deshalb soundso viele Ausscheidungen im Leibe, weil jeder Magen jedes Gliedes einen *stercus* übrigbleiben läßt, deswegen auch gibt es nicht nur eine exkrementische Erkrankung; es gibt vielmehr so viele, wie es Mägen in den Gliedern hat. Das Podagra, die Kolik sind darum im Grunde gleiche Leiden, denn beide entstehen durch Exkremente – wo im Leibe es auch sei.

Wenn der Nahrungssaft in die Leber kommt, geht es zuerst an eine Austeilung. Es werden so viel Teile, so viel der Digestiones im Leib sind, und deren sind wunderbar viel; nämlich ein jedes Hauptglied hat seine besondere Digestion und nimmt in der Leber, was ihm zugehört, und das wird von dort in seinen Magen geführt. Da ist ein Magen im Herzen, einer in der Milz, einer in den Nieren, einer im Hirn, einer in der Galle und einer in der Lunge.

Nun, was diese von der Essentia in der Leber im einzelnen an sich ziehen, ist uns verborgen. Das wissen wir, daß eines jeglichen Gliedes Nahrung im Brot liegt, auch im Fleisch und dergleichen; wie vielerlei Kräfte aber in der Speise sind und welche und wie das nach den Gliedern des Leibes ausgeteilt wird, das ist uns verborgen. Das wissen wir aber, daß es so ist.

159

Nun zu dem, was ein jegliches Glied an sich zeucht, das was ihm zugehört und roh ist, und es sich bereiten soll, – da geht eine neue Scheidung an durch eine neue Putrefaction, und es werden neue andere Materien geboren, deren Ausscheidungen wir nit alle kennen, sondern nur etliche. Denn wir wissen, daß sich die Leber durch den Schweiß säubert, und wissen, daß das Hirn seine Unreinigkeiten durch die Nase austreibt, und wissen, daß die Nieren durch die Blase sich ausleeren. Aber wir wissen und sehen nit die Ausscheidungen des Herzens, der Milz usw.

Und wisset, wie die Hauptglieder ein jegliches seinen besonderen Magen haben, und ebenso ein jegliches seine besonderen Exkremente und exkrementische Krankheiten, so haben es auch die geringeren Glieder des Leibes, wie das Gliedwasser, der Saft, das Geäder, das Fleisch, das Mark, die Knochen usw.; denn diese Dinge alle haben ebenso ihre eigenen Digestiones, Separationes und Gebärung der Exkremente, und ebenso ihre Ausscheidungen und exkrementischen Krankheiten. Denn *eines* Ursprungs ist Podagra und Kolik, eines Ursprungs ist das Nasengeschwür und Harnstrenge usw.


Die alchimistische Weisheit wird nun in die neuplatonische Ordnung eingebaut. Da außen das ist, was innen ist, und da der Mikrokosmos nur ein Bild des Makrokosmos ist, so müssen die Früchte des Makrokosmos ebenso essen wie der Mensch. Doch essen nicht alle, nur die lebendigen unter ihnen essen – man kann am Essen erkennen, ob ein Geschöpf lebendig ist oder nicht.

Dann ist es ein weiterer Unterschied, daß die empfindlichen, Tiere und Mensch, der Speise nachgehen müssen, die unempfindlichen aber liegen in ihrer Speise – der Stein, die Frucht des Wassers, also in der Speise Wasser. Ein jedes verdaut wie wir, auch wenn der Magen des Steines außerhalb des Steines liegt – und jedes zerlegt die Speise, scheidet Gutes ab vom Kot.

Uns scheint das kühn gedacht, scheint über das Ziel hinausgeschossen – und ebenso kühn erscheint uns der Gedanke, daß der lebende Stein, der Stein, der in der Nahrung lag, ein kräftigerer als der andere sei –, obwohl doch hier ein ganz gewiß nicht falscher Grundgedanke stecken mag, den man nur auf den »Stein in seiner Mutterlauge« umzudenken braucht, um zu begreifen, daß er nicht so falsch ist, wie es scheinen will.

Weil nun ein jegliches Ding, das isset, seinen Stercus macht, so ist notwendig, die äußerlichen *stercora* zu wissen, auf daß ihr dadurch die innerlichen zu erkennen wisset.

Erstlich muß man erkennen alle die Dinge, die *stercora* geben. Das sind die Dinge, die da essen. Und alle Dinge, die essen, sind die, die da leben. Nun ist hierin die höchste Erfahrenheit und Wissen not, zu erkennen, was lebe oder was da nit lebe, und dann, was da lebt, zu erkennen in seiner Digestion, und aus derselben Digestion seinen Stercus zu erkennen.

Es wurde gesagt, daß alle Dinge, die da leben, essen, und eins wie das andere seine Speise haben muß; denn so ernähren sich Menschen, so die Gewächse der Erden, so auch die Steine im Wasser. Allein das ist tot, das da nicht isset, das ist, das nit in seiner Nahrung liegt.

Ihr seht, dem Menschen wird seine Nahrung nit zugetragen, und er muß der Speise nachgehen. Ebenso was da empfindlich und beweglich ist, das muß der Krippen, das ist der Nahrung, nachgehen. Aber die da nit beweglich sind, denselbigen geht die Nahrung nach.

Dem Magen muß man die Speise zutragen, das ist, man muß ihn zu der Speise tragen. Denn alles, was da empfindlich ist, muß der Speise nachgehen. Aber die Unempfindlichen, die liegen still und liegen in ihrer eigenen Nahrung, in ihrer eignen Küche, wie ihr es seht: die Bäume, die wachsen aus ihrem Speishafen, aus ihrem Keller, und ihnen wird Speise und Nahrung zugetragen, und ebenso ist es mit den Steinen im Wasser, die in ihrer Nahrung liegen.

(Nun merket ein Exempel zwischen den Steinen im Wasser und denen außerhalb des Wassers, daß der Stein der im Wasser stehet, stehet in seinen Säften, und der, der außerhalb stehet, steht im Verlust derselben. Hierin liegt nun die Irrung der Alchimisten und derer, die da suchen *essentiam quintam*[1], und die große Elixiere bereiten wollen, große *magisteria* und *arcana* suchen, und es gebricht ihnen, das Lebendige und das Tote von einander zu erkennen.)

Was nun ein jeglich Ding esse, worin es gespeist wird, das sind Geheimnisse Gottes. Das wissen wir wohl, daß viel hunderterlei Nahrungen müssen im Leib sein, und dieselben sind alle in *einem* Bissen. Ebenso sind viel tausenderlei Nahrungen in der großen Welt. Wer ist, der sie erkennt? Das sind *magnalia*, die der Natur verborgen sind, *magnalia dei* und nit *magnalia naturae luminis*.


So schwer es ist, die »Nahrung« zu erkennen, eins steht fest, das geht aus der zugrundeliegenden neuplatonischen Anschauung ja hervor: Wir nehmen aus unserer Mutter, Mars in uns ißt Mars.

[1] Der Quintessenz der Arznei.

Das ist der Hauptsatz aller paracelsischen Essenstheorie. Wir sind aus den vier Elementen, und wir essen sie:
Alles, das unsere Nahrung ist, ist das, das wir selber sind; also essen wir uns selbst.
Das scheint ein Paradox, und es stimmt doch in diesem Denksystem. Und stimmt in Paracelsi Lehre von dem Magneten, der uns »annehmen« heißt, der gleich zu gleich und das einander Konkordierende zueinanderführt.
Wir essen uns selbst, Und wo wir uns nicht selbst essen, da schwindet unser Leib, unser Corpus, unser mittel Leben und was in uns ist.

Wir essen nit Bein, Geäder, Bänder und selten Hirn, Herz, Gekröse usw., auch nit Schmer, – Bein macht ja auch nit Bein, noch Hirn Hirn, – sondern ein jeglicher Bissen ist dasselbe alles. Ist auch die Form da unsichtbar, so ist doch das Bein da. Das Brot ist Blut, – wer sieht es? Es ist Schmer, – wer sieht es? Wer greift es? Es ist Speck, niemand greifts noch siehts; es wird es aber; so gut ist der Meister im Magen. Ihm liegt mehr am Menschen als an den Dingen. Darum schmiedet er ihm, was ihm not ist; trag du nur zu und gib ihm sein Zeug; laß ihn scheiden, formieren, wie alle Dinge sein sollen.
Speis und Trank ist nicht allein, um den Bauch zu füllen, von Gott verordnet worden. Es ist Kohl nicht allein eine Bauchfülle, sondern auch eine Arznei, Rübsen soll nicht allein den Bauch aufblähen, sondern auch in ihm ist eine Arznei. Das gilt auch von Fleisch, Brot, Gemüse und anderem. So ist auch im Wein nit allein eine Lust, sondern eine Arznei. Aber darauf soll gehalten werden, daß nit die Lust der Leber oder des Magens mit der Speise ersättigt werde, sondern die Notdurft. *Das* ist aber die Notdurft, daß wir den Leib

zu speisen und zu tränken wissen, daß die Speisen und Tränke den Leib in Gesundheit erhalten und seine Krankheiten austreiben. Denn in der Speise sind große Mysteria und Arcana.

~~~~~

***Imagination*** Die magnetische Kraft ist nicht die einzige, die Paracelsus im Menschen wirkend weiß – der Mensch ist eben nicht nur ein Summe von Fleisch und Bein und Blut –, er ist, wenn Paracelsus auch der Begriff noch fehlt, ein Schnitt- und Brennpunkt vieler aus ihm und in ihn wirkenden Kräfte, und Paracelsi Anthropologie kann deshalb keine Beschreibung des Fleisches und Blutes sein, sie muß die wirkenden Kräfte zu ergründen suchen. So ist sie uns viel näher und im Prinzip viel heutiger, als es zunächst vielleicht den Anschein hat.

Zu diesen im Menschen wirkenden Kräften gehört auch die, die er als Imagination beschreibt und die er immer wieder nennt, sei es, um Muttermale und das »Versehen« der Frauen zu erklären, sei es, um Pestilenzen und unerklärliches Land-sterben auszudeuten, sei es, um magische Wirkungen des über-natürlichen Charakters zu entkleiden, den seine Zeit in ihrem Vorsichgehen finden wollte. Imaginatio, Ein-bildung, wirkt in das leibliche Sein, macht Krankheit und treibt leibliche Pro-zesse – das scheidet sie ab von solchen Kräften wie Inclinatio und Impressio, von denen in einem späteren Abschnitt noch zu sprechen ist, vom Glauben, von dem wir bei den Krankheiten noch hören werden.

Imaginatio wirkt Unbegreifliches, denn es ist möglich, allein durch unsere starke Imagination, ohne ein magi-sches Bild oder eine Figur, eine Stimme oder Antwort aus den Lüften zu erlangen, so oft wir wollen oder begehren. Und das bedarf keiner Berufung oder Be-schwörung, so wie die groben unverständigen Nigromantici[1] und Teufelsbeschwörer behaupten, wenn man einen Geist oder allein eine Stimme aus den Lüften haben wolle, müsse man gewaltige *coniurationes* tun gegen alle vier Enden der Welt, mit laut rufender Stimme, und dazu gehörten nach ihnen noch viele Zeremonien: Zirkel machen, Rauchwerk, Kasteien, auch reine heilige Kleidung Salomonis und seine Sigille, – was aber alles ein lauter Affenspiel und eine Verführung vom Teufel ist, ohne Zweifel von einem teuflischen Menschen, der nit besser als der Teufel selbst ist, erdacht und gelehrt worden. Eben in des Teufels Schule, da der Teufel selbst Praeceptor und Schulmeister ist, werden solche Dinge gelehrt.

Darum hütet euch alle, alle die da Christen sind und Gott lieben, auch ihre eigene Seele, Leben und Seligkeit, und das Licht der Natur zu erforschen begehren, und hasset, fliehet und meidet solche Leute, die in des Teufels Schule gegangen oder von des Teufels Schülern verführt worden sind. Denn das sollen wir wissen, daß alles das, was sie mit großer Mühe und Arbeit und ihres Lebens und ihrer Seelen Gefahr vermögen und zuwege bringen, das können wir auch tun und besser als sie, allein durch unsern Glauben und durch unsere Imagination.

Wie wir aber tun sollen, daß wir eine Stimme oder Antwort auf unsere Frage bekommen, das versteht aus dem folgenden Exempel: Wenn ich zu einem sagte: geh hin an den und den Ort bei der Nacht, stehe unter dem Himmel und merke fleißig auf; um die Zeit, wann die Glocke soundsoviel mal schlägt, wirst du eine

---

[1] Nigromantia ist Schwarzkunst, also teuflische Magie.

Stimme aus den Lüften hören, die wird dir sagen und antworten, was du begehrst. Nun, derselbige glaubt kräftig meinen Worten und ginge hin und wartete auf die Stimme, und sein Glaube und die Imagination wäre so stark in ihm, daß er an gar nichts anderes könnte oder möchte denken, als daß er allein der Stunde und der Stimme wartete, die ihm allein in seinem Sinn läge, – jetzt würde derselbige ohne Zweifel eine Stimme hören, wie eines Menschen Stimme, aber nichts Leibliches sehen.

Ganz recht hat Paracelsus es verstanden, daß die magischen Erscheinungen, wie sie die Geisterbeschwörer zeigen, auf Imagination, d. h. auf Kraft der Einbildung, und auf Suggestion beruhen. Man kann sie ohne magisches Beiwerk, nur durch Suggestion erzielen und braucht dazu kein nigromantisches oder schwarzkünstlerisches, teufelsbündnerisches Tun und keine *conjurationes* oder Beschwörungen, und auch nichts von dem, was Zaubrer sonst an Zauberkreisen, magischer Kleidung oder Sigeln, d. h. Zeichen von Dämonen, anzuwenden pflegen. Er meint, die Teufelsbeschwörer bringen diese Stücke durch den Teufel fertig, so stark und fest steht er als Kind des 16. Jahrhunderts noch im Teufelsglauben; doch er bringt eben ihre Stücke durch den Glauben fertig.

Das Buch, das Paracelsus über die Imagination geschrieben hat, ist nur noch stückweis, nicht mehr ganz und gar auf uns gekommen. Man muß sich seinen Gang erst aus den Fetzen konstruieren. Was ist Imagination? Sie wirkt im Menschen wie die Kräfte, die er vorhin als das Gestirn, das *astrum*, kennen lehrte. Imagination ist also eine immaterielle Kraft, die aber materielle Wirkungen hat – so wie auch die Kraft der Sonne (der wirklichen Sonne, nicht des am Himmel auf- und niederwallenden Körpers, den wir Sonne nennen) materielle Wirkungen hat. Sie wärmt und brennt die Erde, zündet sie gar an. Die Wirkungen erweisen sich an der Erde, am Objekte – Paracelsus sagt: am Boden. Auch die Imaginatio hat ihre Wirkungen auf den Boden, auf den man sie gerichtet hat oder auf den sie wirken will. Auf diesen Boden wirkt sie ein, imaginiert und drückt ihm ihren Willen, ihre Absichten ein, sie imprimiert.

So weit wird Paracelsi Lehre ohne weiteres angenommen werden. Nur wenn er glaubt, daß durch Imagination sich Wirkungen erzielen lassen, die nicht auf suggestiver Basis liegen, wird ihm mancher widersprechen. Daß man durch seinen Willen einen anderen Menschen treffen kann, daß man den Haß zu einem Instrumente gegen einen machen kann, daß man ihn so haßt, daß das Angewünschte ihm geschieht – das wird nicht jeder glauben wollen, ob es mir auch glaubhaft scheint. Mit Haß und Lust, sagt Paracelsus, zwingt man das Gestirn des andern – d. h. man überwältigt ihn und seine inneren Kräfte; es muß an ihm das werden, was *ich* möchte, daß es wird, wenn es auch gegen ihn und seinen Willen, seine Lebenskräfte, wäre. Das ist, was Bileam – wenn auch mit andern Vorzeichen – einst geschehen ist, der ausging, um zu fluchen, und gezwungen ward, zu segnen. Der Zwang der Macht, die ihn ergriff, war stärker als sein eigener Wille; mit paracelsischen Worten: Diese Macht regierte sein Gestirn.

Die Sonne hat einen Schein, der ist nit greiflich, aber er brennt Häuser ab, macht Feuer, Kohlen, Asche. Nun was ist Imaginatio anders als eine Sonne im Menschen, die dort wirkt, wo sie hin scheint? Zum Beispiel: die Sonne scheint da und da auf den Boden; nun, der Mensch imaginiert auf den Boden; und so, wie die Sonne am selbigen Ort ihre Gewalt hat, so auch die Imaginatio, – wenn sie dermaßen vollendet ist, daß sie in die Wirkung kommen kann wie die Sonne. Wie die Sonne leibliche Werke tut, so tuts auch Imaginatio.

Es ist nicht, daß es ihr not sei, Instrumente zu haben, sondern sie macht selbst das, damit sie anzündet. Der etwas verbrennen will, der muß Feuer aus dem Stein schlagen, Zunder, Schwefel, Kerzen haben, – dann hat

167

er das Feuer. Wenn aber die Sonne brennen will, so hat sie keinen Stein, Zundel, Kerzen, sondern macht alles miteinander selbst, und niemand sieht ihr Feuereisen. So macht es Imaginatio auch; sie färbet auf ihrem Boden, malt, niemand sieht ihren Pinsel, Napf, Farben usw. Es gibt sich alles, so wie die Sonne beim Feuer, das sich selbst entzündet, ohne alle leiblichen Instrumente.

Darum soll sich keiner darüber entsetzen, daß aus der Imagination Werke kommen, die leiblich sind. Der ganze Himmel ist nichts als Imaginatio, – und er wirkt nicht durch leibliche Instrumente, sondern so, wie die Sonne, die anzündet. Und obwohl die Sonne nur Gewalt zu einem Dinge hat, der Mond auch nur zu einem, und so ein jeglicher Stern nur zu einem, – der Mensch aber ist alle Stern. Wie er denkt, so ist er, und er ist das auch, wie er es denkt. Denkt er ein Feuer, er ist Feuer, denkt er einen Krieg, er ist Krieg, und alles so, wie er es sich selbst austeilt.

Wisset, daß die Imagination stark ist und das in den Frauen am meisten, wenn sie schwanger sind und etwa erschrecken, sich etwas einbilden aus Furcht, Erschrecken, Lust, Freude usw. Furcht, Erschrecken, Lust, Begehren, Freud, Neid, die sechs Dinge mit ihrem Anhang übertreffen das Gestirn des Menschen, und ziehen das Gestirn, wie sie wollen, das ist sie regieren es.

Der Imagination ist die Welt nit zu weit; sie kann imaginieren über tausend Meilen und auch imprimieren tausend Meilen, kann auch imaginieren bis in den

Himmel, auch imprimieren in den Himmel. Und gleicherweise, wie die Sterne uns auf Erden vergiften, so daß wir sterben, viel Male ohne unsere Ursache, also vergiften wir sie auch. Denn unsere Spekulatio im Imaginieren geht ebensowohl hinauf, wie die ihre herab. So wir uns in das Imaginieren geben, so werden unsere Flüche wahr, – aber ihre Vergiftung ist unsere Krankheit.

Wir streifen hier das Kapitel, das wir »schwarze Magie« nennen dürfen. Magie ist diesen Jahren nichts als ein Gebrauchen irgendwelcher Kräfte, und die natürliche Magie gebraucht die in der Schöpfung liegenden Kräfte, die wir heut meist als solche der Physik beschrieben finden. Die schwarze Magie ist ein Gebrauchen solcher Kräfte, um zu schaden, nichts sonst – nichts irgendwie besonders Dämonisches oder Teuflisches. Es liegt nicht fern, daß jene Zeit nach Abwehrmitteln fragte. Und auch bei Paracelsus kommt ein solches Mittel einmal vor.

Die Imagination, die sich gegen mich richtet, kann so streng und scharf sein, daß ich durch eines andern Imagination kann getötet werden. Solche Imaginierung, die an mir geschehen soll, soll abgewendet werden, damit mir meine Gesundheit und mein langes Leben nicht geschwächt werde. Und ist dies dafür ein Exempel:
Es wäre mir einer feind, und der wäre kein Zaubrer, sondern nur sein Gemüt und seine Imaginationen wären wider mich, und zwar so stark, daß ich um mein Leben kommen sollte. Es wäre mir aber alles das nicht wissend, und ich wüßte nicht, was er gegen mich im Schilde führt, und es wäre mir verborgen, – aber ich hätte mir vorgenommen, Rechnung von mir zu tun und niemandem ein Übel zuzufügen. Infolge einer solchen

169

Mildigkeit kann der große Neid, der wider mich von ihm ausgeht, nicht vollbracht werden. Solche Frommheit ist die höchste Bewahrung gegen die Imagination, die mir von einem andern begegnen soll.

~~~~~

**Anatomia essata** Wir sahen, der Gedanke, unter dem Paracelsi ganze Weltdeutung steht, ist der Makro-Mikrokosmosgedanke. Durch ihn allein findet er sich in der verwirrenden Vielfalt des äußeren Seins zurecht. Neben ihm aber, ihn ergänzend oder vielmehr erweiternd, steht der andere, daß die Welt, das Sein, nicht im Außen sich erschöpfe. Nicht unser Leib ist der Mensch, sondern das Geistige, Göttliche in uns, nicht die funkelnden Lichter über uns sind das Gestirn – sie sind nur sein Leib, das Gestirn selbst ist das *agens*, das Wirkende, das Überkörperliche, das in oder hinter diesem Leibe steht. Dieser Gedanke begegnete uns schon verschiedene Male – und er taucht immer wieder auf, scheint mehr oder minder klar ausgesprochen, mühsam verdeutlicht, hinter anderen Ausführungen hervor. Stimmt es, so ist diejenige Anatomie, welche nur das Äußere beschreibt, welche nur den Ort, die Lage der einzelnen Knochen, Muskeln, Bänder, Eingeweide und deren Gestalt, Form und Entstehung beschreibt, nicht die »wahre Anatomie«. Nicht einmal diejenige Anatomie, die den Mikro- aus dem Makrokosmos erkennen will, diejenige also, die er selbst fordert und begründet, ist ihm die wirkliche und rechte; auch sie ist ja nur eine äußere, beschreibende, eine *anatomia localis* – die wahre *anatomia* ist die *essata*, die das Treibende, das Wesentliche, das Überkörperliche zu zeigen und zu sagen vermag.

Die Anatomen alle, die bisher Anatomie getrieben haben, die »anatomisierten«, haben auf das Subjekt geachtet – Subjekt ist hier so viel wie das Abhängige, der Untertan. Doch das Subjekt als ein Abhängiges kann ihnen keinen Aufschluß geben, man muß das suchen, was im Subjekt das Wirkende ist – nicht das *subiectum*, sondern das *essatum* muß man kennen. Wer es nicht glauben will, der frage doch nur den Astronomen, der zwar von den Planeten, von den Aszendenten spricht (das sind die in der Stunde der Geburt aufsteigenden Sterne, die von den Astrologen als die Geburtssterne angesehen werden). Doch wenn die Astronomen mit den Worten von den Sternen reden, dann meinen sie die wirkende Kraft, nicht aber das Corpus – so scheint es wenigstens Paracelsus. Wie also der Kosmos ein Geflecht von Kräften, wirkenden Kräften ist, so ist der Leib des Menschen auch nichts anderes als ein Kräfteknotenpunkt – er ist in dieser Beziehung eben auch ein Mikrokosmos,

Die Anatomie ist von ihrem Ursprung abgekommen und dahin geführt worden, daß gemeint worden ist, die Sachen alle, die zu ihr zugehörig sind, seien in einem toten Menschen zu erkennen. Dadurch ist die Medizin in eine irrige Theorie geführt worden und mit großer Irrung ausgestattet worden von denen, die nur mit einem Auge sehen wollen. Denn wenn ich schon die *anatomia localis* weiß, was sagt das über die Gelbsucht? Die Wassersucht? Was über andere Krankheiten? Es nützt diese Anatomie allein für die äußerlichen Wundkrankheiten und inwendig gar nichts. Darum, wenn die Anatomie unterrichten soll einen jeglichen Arzt, so müssen ihrer zwo sein, eine *localis* und eine *essentialis*.

Wenn ihr auch nur in etwas den Grund der Wahrheit in der Arznei erkenntet, müßtet ihr selbst bekennen, daß ihr in der *anatomia localis* weder Natur noch Wesen finden könnt. Es wundert mich sehr, daß ihr den toten Körper vornehmt, um etwas daraus zu lernen, was dem lebendigen nutz sein soll, ohne zu beachten, daß die Essentia, Eigenschaften, Wesen und Kraft, die das höchste der Anatomie sind, in ihm abgestorben und verdorben sind, – und ihr wollt daraus etwas lernen, um dem lebendigen Körper beizustehen?

Nehmet euch die lebendige Anatomie vor und laßt von
dem toten Gaukelspiel, darin ihr nichts finden noch
erkennen könnt, als das, was die Natur auswendig
zeigt. Denn wenn der Körper tot ist, was ist inwendig?
Hierin ist not, daß ihr euch weiter und mehr umseht als
bisher. Wenn ihr aber hierin Fehler macht, so ist in
keinerlei Weg Rat oder Hilfe für euch.

Um nun von der *anatomia essata* zu reden, so treibt uns
die Ursache dazu, daß ihr im Subjekt viel suchen wollt.
Habt ihr bisher noch nicht verstanden, daß kein Subjekt im Leben gewesen ist? Was sucht ihr es in ihm,
wenn ihr wißt, daß etwas Größeres als das Subjekt ist,
von dem das Subjekt geführt wird?

Damit aber *anatomia essata* angehe, ist mein Argument und der Grund, daß der physische Leib in keinerlei Weg soll betrachtet werden als Ursprung der Krankheit, und daß im Subjekt nichts gehandelt, noch die
Krankheit in ihm gesucht werden soll. Sondern gleicherweise wie eine Birne, – sag mir, aus was wächst
sie? Sprecht ihr: aus der Erde, so lügt ihr, denn das ist
*prima subiectum*; sprecht ihr, aus dem Holz, ist das
wieder eine Lüge, denn es ist nur das Subjekt. Ihr redet
so davon, als wenn ihr sprecht, wenn einer sein Haupt
zum Fenster hinaus lehnte, es wächst zum Hause hinaus oder wächst zum Fenster hinaus. Was zeihest[1] du
das *subiectum*, so du das *essatum* gar nicht kennst?

Habt ihr nie verstanden, warum der Astronom das
*astrum* anfährt, wenn er von der Natur der Planeten,
der Ascendenten, von den Konjunktionen der Sterne,
Kometen und dergleichen spricht? Meint ihr, er rede

---

[1] Zeihen = beschuldigen, verantwortlich machen.

vom Corpus, das ist von dem, das den Namen hat? Das geschieht nit. Er nimmt das *essatum* vor.

Wollten sie das Corpus vornehmen, wo bliebe die Natur[1] desselben? Sie nehmen die Natur und lassen das Corpus sein. Wollt ihr anders im Mikrokosmos handeln, als dieser Prozeß anzeigt, so müßt ihr – wie es ja geschieht – in allen euern Dingen fehlen. Besehet den Menschen, der da lebt, ob ihn das Fleisch wärmt oder er das Fleisch? Ist Leben und Corpus eins oder zwei? Welches enthält das andere? Ist nit das in Wahrheit das Leben, das wir verlieren und nimmermehr sehen, also das, davon wir reden? Das andere, das die Hände tasten und greifen, was ist in ihm, das einem Arzt nutze sei?

## DIE FRAU

Den krönenden Abschluß hat die paracelsische Makro-Mikrokosmoslehre in den Kapiteln über die Frau und ihre Biologie gefunden. Die Frau ist ihm nur Frau, nur weibliches Wesen, nur Gebärerin, sie ist ganz Mutter oder *matrix* (mütterliches Organ). Und wie die große Welt die Mutter des Mikrokosmos war, so ist die Frau allein die Mutter – also wiederum ein Makrokosmos. Philosophie und Theologie reichen sich die Hand. Sie ist ein Mikrokosmos, denn das ist ein jeder Mensch, und ist als Mutter trotzdem wieder eine »große Welt«; sie ist dabei die kleinste – nicht die kleine Welt, der Mensch –, denn sie ist ja erst aus dem Menschen geschaffen worden (1. Mos. 2, 21). Von dieser Grundlage aus errichtet Paracelsus seine Philosophie der Frau. Sie ist ein andrer Mensch, ein völlig anderer als der Mann. Und weil die Frau ein Kosmos ist, verschieden von dem Manne, sind ihre Krankheiten andere als die Krankheiten des Mannes, selbst wo

[1] Das Innere, Treibende.

173

die äußeren Erscheinungen sich zu gleichen scheinen. Darum ist eine besondere »Monarchei« der Medizin für die Frauen zu schaffen.

Das paracelsische Philosophieren von der Frau setzt wuchtig ein. Er stellt den Makrokosmos vor, wie ihn der »Himmel« eingeschlossen hält – es ist der Himmel, den er im Kapitel Luft beschrieben hat. Der liegt wie eine Haut, wie eine Schale um das elementische Ei; was drinnen ist, das ist die Welt der Elemente und der Mensch; was draußen ist, das ist der Ort und Raum des lieben Gottes – und drinnen und draußen müssen voneinander strenge geschieden sein, damit die Elemente im Menschen nicht die vier Elemente außer ihm berühren, weil eins am andern sonst zerginge oder wie er sagt: zerbräche.

Das, was hier gilt, gilt ebensogut von elementischer Welt und Mensch. Und gilt genau so von der Matrix. Die ist wiederum eine eigene Welt und ist genau so wie die beiden andern von den größeren abgeschlossen, denn eine jede ist von einem sie Umfassenden (Faß) umgeben.

Der Himmel umschließt beide, die untere und die obere Sphaere, und umgibt sie, auf daß nichts Tödliches, und was tödlich und vergänglich ist, hinaus gehe in das äußere Reich, das außerhalb des Himmels ist, den wir sehen. Denn das Tödliche und Untödliche können keine Gemeinschaft haben, noch in einem Raume wohnen. So also ist die große Welt verschlossen, daß nichts von ihr hinausgehe, sondern alles in ihr bleibe.

Die kleine Welt ist aber der Mensch. Derselbige ist auch mit einer Haut umschlossen, auf daß sein Blut, sein Fleisch und was sonst der Mensch ist, nit in Gemeinschaft mit der großen Welt komme, das ist, daß seine Element nit die äußeren berühren, denn eins zerbräche das andere. Darum hat der Mensch die Haut, daß sie die zwo Welten voneinander scheide, die große und die kleine, das ist die Welt und den Menschen, auf daß zwei sich widerwärtige Dinge nit zusammentreffen. So aber bleibt die Welt in ihrem Gehäuse ganz und unzerbrochen, und niemand ist in ihrem Hause, der sie irre oder zerbreche. Ebenso bleibt auch der Mensch in seinem Hause, das ist in seiner Haut, und läßt nichts hinein, und geht auch nichts aus seinem Hause.

Nun folgt aus diesem, daß der Mensch nit allein ist, noch ist die Welt allein, sondern es ist noch eine dritte Welt und das ist die kleinste und ist die Matrix. Dieselbe ist auch eine (Welt) und ist mit einem Faß gebunden, und sie hat ihr besonderes Gefäß, Haut und Gebände, auf daß sie für sich selbst steht, und ist geschieden von der kleinen Welt. Also der Mann ist die kleine Welt, die Frau ist die kleinste Welt, und ist etwas anderes als der Mann und hat ihre andere Anatomei, Theorie, Krankheitsursachen, Gründe und Kuren.

Die Mutter ist ein Ding, das nichts anderes ist als eine umschlossene Welt, die sonst keine Gemeinschaft hat mit den anderen beiden Welten, und ist doch eine Welt. Denn die (große) Welt ist und war die erste Kreatur, der Mensch war die andere, die Frau die dritte; also ist die Welt die größte, der Mann die nächste, die Frau die kleinste und hinterste. Nun hat die Welt ihre Philosophei und Kunst, ebenso gilt eine vom Mann, so auch eine von der Frau, so daß auch eine besondere Monarchei (der Medizin) der (großen) Welt ist, eine besondere des Mannes, eine besondere der Frau. Also gibt es dreierlei Ärzte, einen besonderen der Welt, das ist einen, der sie pflanzet und behütet vor ihren Gebresten, Reif, Schnee usw., einen besonderen des Mannes, der ihn behütet in seinen Gebresten, und auch einen besonderen der Frauen, der sie bewahret.

Die nächsten Überlegungen gehen von der Meinung aus: Der Same des Menschen sei der Mensch selbst. Ist die Meinung richtig, dann muß die Nahrung des Samens der des Menschen gleichen; denn gleiche Wesen nehmen auch die gleiche Nahrung an. Der Mensch ißt, wie wir wissen, aus den äußeren Elementen. Der Same liegt in der Matrix – wenn er nun dasselbe ist, dann muß die Matrix ihm dasselbe geben wie die äußere Welt dem Menschen. Dann aber ist auch die Matrix Himmel, Erde, Luft und Wasser. Und so kann endlich Paracelsus seinen schönen Eingangssatz bewähren, die Frau sei (»philosophisch« genommen) dem Kosmos näher als dem Manne – ein Satz, den wir noch heute, wenn auch aus einem anderen Grunde, glauben.

Die Frau ist der Welt näher denn der Mann, und der Mann ist weiter von ihr entfernt. Die Welt ist die vier Elemente, wie die Philosophia ausweist. Nun ist sie die, die in ihren vier Elementen dem Menschen seine Nahrung gibt. Die Luft ist eine Speise des Menschen, der Himmel die andere, die Erde die dritte, das Wasser die vierte. Die vier Speisen muß der Mensch täglich haben und mag nicht ohne sie sein. Aus ihnen wird der Mensch erhalten, denn in ihnen wächst ihm seine Nahrung und was ihm not ist.
Nun aber, so der Mensch empfangen wird, so liegt er in der Matrix. Nun ist der Same des Menschen der Mensch selbst, darum muß er auch die Speise haben, die einem Menschen zusteht. Er liegt nicht in der äußeren Welt, sondern in der letzten Welt, darum speist ihn auch die äußere Welt nicht, sondern die innere. Die Frau ist also der Welt gleich eine Mutter.

Weil nun der Mensch (ursprünglich) nicht in der (äußeren) Welt wächst, sondern in der kleinsten Welt, – so muß diese Welt auch dem Menschen seine Nahrung geben, so lange, bis er in die große Welt kommt.

Nun folgt: weil die Frau ein Acker ist, so muß sie sein wie der Acker in der Welt; der ist vierteilig, das heißt, er ist die vier Elemente.

Der Acker ist die Erde, in die gesät wird, ebenso ist die Matrix die Erde und ist ein besonderes Gefäß. Nun wächst aus der Erde nichts, es seien denn die andern drei dabei, nämlich das Wasser, – das Wasser der Frau ist das Blut. Dann muß die Luft da sein und das Feuer; die zwei sind die zween Himmel, Chaos und *astra*. Und ... es kann nichts wachsen in der Mutter, es sei denn, daß diese vier Elemente auch vorhanden sind.

Es ist von hier nur noch ein Schritt zu einem nächsten, wichtigen Schlusse; so wie der Baum aus allen Elementen Speise an sich zieht, so müssen die Glieder der Frau die Matrix speisen und erhalten. Der Körper der Frau ist ja nur um der Matrix willen da – nimmt Paracelsus kühn die heutigen Formulierungen schon vorweg. Weil das so ist, deswegen ist die Frau nur Matrix.

Die gemeine[1] Wissenschaft ist die, daß das Faß, das empfängt und das Kind behält und behauset, Matrix geheißen wird, – obwohl die ganze Frau die Matrix ist. Es ist aber billig, daß das, um dessentwegen die Frau geschaffen worden ist, diesen Namen vor allem erhält, denn um des Fasses willen ist die Frau da und sonst um keines anderen Gliedes Notdurft willen, noch um eines andern Stückes willen, als allein deswegen.

[1] Landläufige.

Nun aber, wie diese (spezielle) Matrix zu verstehen sei! Wisset, daß die ganze Frau die Erde ist und alle Elemente; diese Matrix nun ist der Baum, der da wächst aus der Erde, das Kind ist die Frucht, die aus dem Baume wächst. Und wie ein Baum in der Erde steht und mitsamt der Erde auch in der Luft, und auch im Wasser und auch im Feuer, denn das alles ist der elementische Acker, – so sind in der Frau die vier Früchte (der Elemente), die vier Elemente, die untere und die obere Sphäre da, und inmitten deren allen steht der Baum, um deswegen die Frau da ist. Wie die Erde und ihre Frucht und Elemente da sind wegen des Baumes und den erhalten müssen, so sind auch wegen der Matrix die Glieder der Frauen und alle ihre Eigenschaften und Natur da.

Nun folgt weiter: weil der Baum aus den vier Früchten, aus den vier Elementen der unteren und oberen Sphäre die Nahrung seines Leibes an sich zieht und ohne sie nicht sein kann, und wie dies vielfältig geschieht, solange bis er ein Baum ist, und vielfältig, damit er als ein Baum erhalten werde, so auch die Matrix der Frauen. Sie ziehet gleicherweise wie der Baum, aus allen Gliedern und dem ganzen Leib an sich dasjenige, das ihr zusteht und gehört. Und so wird die (spezielle) Matrix erhalten von der Frauen Leib, wie der Baum von allen Elementen und Früchten.

Es ist also so, daß die ganze Frau die Matrix ist, denn aus allen ihren Gliedern ist des Menschen Acker genommen. Und wie die Erde von allen Elementen erhalten werden muß, das ist aus allen Kräften der ganzen Welt, so auch der Mensch aus dem ganzen Leib der Frau.

***Würde der Frau*** Eine Frau ist wie der Baum, der seine Frucht trägt, und der Mann ist wie die Frucht, die der Baum trägt. Der Baum muß viel haben, damit er erhalten wird, und auf daß er vermöge das zu geben, weswegen er da ist. Nun seht, wieviel Gebresten dem Baume treffen können und wie wenig die Birne. So viel ist auch die Frau über den Mann. Der Mann verhält sich zu ihr wie eine Birne zu ihrem Baum, die fällt ab, aber läßt den Baum stehen. Der Baum trägt weiter Sorge auf andere Früchte in seinem längeren Leben; er muß viel haben, viel leiden, viel tragen wegen seiner Früchte, daß die wohl und glücklich kommen.

Sehet an die Distel in ihren Dornen; die hasset unsern Leib so sehr, daß uns der Dorn nit will vergönnen, nach der Distel zu greifen. Und wenn wir an die Distel kommen, so sticht sie gleich so fest und wehret sich gegen uns, damit daß wir die Arznei, die in ihr ist, nit erlangen sollen. Was tut aber Gott? Derselbige gebietet dem Feuer; das treibt die Arznei aus der Distel hervor und zersiedet ihr die Dornen, verbrennt sie zu Asche, und die wird vom Arzt ausgeworfen in den Dreck und in den Kot. Jetzt ist das Böse gemeistert und das Gute ausgeklaubt. Wer wollte aber der Distel feind sein, wenn sie uns diese Guttat beweist? Obwohl sie dem Leibe gehaß ist, muß sie ihm doch die Gesundheit geben. Wer kann einer Frau feind sein, sie sei gleich wie sie wolle? Denn mit ihren Früchten wird die Welt besetzt. Darum läßt sie Gott lange leben, ob sie gleich gar eine Galle wäre.

# Krankheit · Arznei und Arzt

## KRANKHEIT

Die paracelsische Kosmologie und Anthropologie hatte vor allem einen Sinn: dem Arzte Paracelsus die Grundlagen für sein ärztliches Tun zu geben. Das folgende Kapitel ist also nichts weiter als die Nutzanwendung aller Dinge, die er im vorigen gelernt, ist ihre Exemplifikation an einem besonderen Fall. Die Krankheit ist ein natürliches Ereignis, sie ist gewiß auch theologisch begründet – doch diese Begründung aus der Bibel stimmt mit dem überein, was man beobachten kann. Nur die Beobachtung, die Erfahrenheit kann über sie belehren, nicht Phantasei und Speculatio – die neue europäische Medizin beginnt, wenn auch vorerst noch unklar und noch tastend, hier. Doch jede Beobachtung wird rückbezogen, wird in der Makro-Mikrokosmoslehre neu verankert. So mischen sich kühle Feststellungen und die Schlüsse aus dem, das unter den Augen liegt, wie die zur Wundarznei, mit kühn aus seiner Makrokosmoslehre hergeleiteten Erklärungen. Die Vorbedingungen für die Krankheit sind mannigfaltiger Art. Zwei treten hervor: der Fall der ersten Menschen (1. Mos. 3), denn wie die Erbsünde fängt dort die »Erbkrankheit« an, die Disposition des Menschen in die Krankheit, die als Strafe Gottes kommt. Die zweite ist eine Erscheinung parallel zum Weltenjahr. So wie das Jahr der Welt vom Frühling sich zum Winter neigt, so »altert« der Mensch – die letzten Menschen leiden schwerer als der erste, der Himmel geht immer ernster, strenger mit dem Menschen um. Zu diesen von uns ein wenig belächelten Gründen tritt ein dritter: die Erblichkeit der Krankheiten, welche Paracelsus klar erkannte. In der Geburt wird uns der eigene Feind schon mitgegeben, wir bringen die Krankheit als ein Erbe von den Eltern auf die Welt, und im Verlauf der Generationen werden sie immer schlimmer. Kein Wunder, daß wir von Anfang an dem Tod bestimmt sind und dem Leiden.

Adam und Eva sind gesunder Art gewesen, Kain und Abel ungesunder, und so je länger, je mehr. Die Ursache ist die: die Ungesunden haben ihre Ungesundheit in der Empfängnis den Kindern einverleibt, so daß die Krankheiten der Eltern für und für, von Geschlecht zu Geschlecht, den Samen vergiftet haben, und daß das Gift bis an die jetzige Zeit in solcher Gestalt sich gemehrt hat, daß nichts mehr von den jetzigen Krankheiten den alten gleich ist, und sie werden von unserer Zeit an bis zu dem letzten Tage noch viel mehr einreißen, so daß die Krankheiten der folgenden Jahre, es sei denn Gott milder, unheilbar werden.

Weil nun der Mensch in einen solchen Zustand geraten ist, daß in der Geburt und in der Schöpfung sein eigner Feind ihm in seinen eigenen Leib eingeschlossen worden ist, so muß er ja mit der Krankheit und dem Tode umgeben sein. Und wenn er am gesündesten ist, so dünkt ihm das nur so, denn die Zerstörung feiert keinen Augenblick.

Wenn wir geboren werden und empfangen, so sind wir schon in den Tod bestimmt.


Wer in der Einwirkung des Himmels steht, der für und für arbeitet (je älter der Himmel wird, je mehr ändert er seine Werk. Wie ein Mensch, der von der Jugend wächst in das Alter, je länger je ernsthafter seine Sachen vollbringt, so ist es auch mit der Genealogie), immer ein Mensch vergiftet den andern durch die Geburt, weshalb auch der letzte Mensch viel schwerer leidet als der erste.

Wenn wir durch die ererbten Krankheiten dem Gesetz des Weltenjahres unterstehen, so führt das wiederum in neuplatonische Welt- und Denkbezirke. Das neuplatonische Denken bringt aber noch auf bessere Erklärungen. Der Mensch als Mikrokosmos konkordiert ja mit der großen Welt, und wie die regnet, so muß auch im Menschen Regen fallen, und wie im Feld die Rose blüht, so blüht die Rose auch im Menschen.

Der da des Regens Ursprung, Herkommen, Wesen und Art weiß, der weiß auch das Herkommen der Bauchflüsse, Milzsucht, Ruhr, Diarrhoe, und weiß auch in den Dingen allen ihre Notdurft und Eigenschaft. Der da weiß den Ursprung des Donners, der Winde, der Wetter, der weiß, von wo die Kolik kommt und die krampfhaften Verdrehungen. Der da weiß, wie der Strahl, der Hagel, der Blitz wird und wächst und was in ihm ist und was er ist, der weiß den Harnstein, den Harngries und alles, was *tartarum* berührt oder antrifft. Der da weiß die *coniunctiones* der Gestirne und die Finsternis, der weiß den jähen Tod, den Schlag und all seinen Anhang. Der da weiß die neuen Läufe der Zeit und die Brechung derselben von Tag zu Tag[1], von Stunde zu Stunde, der weiß, was Fieber sind und wieviel und was sie sind. Der da weiß, was der Planeten Rost ist und was ihr Feuer und was ihr Salz ist und was ihr Mercurius ist, der weiß, wie die Geschwüre wachsen und von wannen sie kommen, und die Räude und der Aussatz und die Sirei. Der da weiß, was Venus führt[2] und was in ihr ist, der weiß der Frauen Anliegen und weiß ihre Krankheiten und ihre Gesundheit, und

---

[1] Brechen ist bei Paracelsus Sterben; also das Absterben, Vergehen der Sternkonstellationen (Läufe).
[2] In was sie ist.

182

so mit allem. Soll dies nun nit im Grund betrachtet werden?

Und so der Arzt aus diesem Grunde nicht geht in den Kapiteln, in denen vom Ursprung der Krankheiten geschrieben wird, so ist es alles falsch und nichts mit der Wahrheit geschrieben.

Es ist wohl nicht mehr nötig, auch die anderen Konkordanzen aufzuzählen, denn wie der Himmel wiederholen die andern Elemente sich im Menschen, und der Planeten Rost im Himmel ist der Metalle Rost im Wasser, so daß auch dieser mit der Räude und der Sirei (Lupus?) konkordieren würde. Krankheiten sind also »Früchte«, sind Gewächse im Mikrokosmos, so wie die Sterne Früchte und der Regen Obst des Himmels sind, wie Bäume Früchte und die Birnen Obst der Erde heißen müssen. Aus einer solchen Philosophie ist Paracelsi Lob der Krankheit auch verständlich. Er kann viel unbefangener als ein anderer seiner Zeit die Dinge nehmen, er kann auch das, was weh tut, als die Frucht des Schöpfers loben, als eins der Wunder, das im Kosmos ausgerichtet worden ist, denn Gott ist wunderbar in allen, auch in diesen Werken; es ist ein gleiches Wunder, einen zu heilen oder krank zu machen, und wie das Auge des Basilisken, dieses sagenhaften Drachenungeheuers, von dessen Blick der Mensch vergiftet stirbt, die Krankheit macht, so kann *ein* Tropfen der Arznei ihn wieder zur Gesundheit bringen. Nicht das Zerbrechen oder Heilen – das einzig Verwunderliche ist die Meisterschaft.

Ihr alle sollt wissen, daß Gott in den Krankheiten ebenso hoch gelobt und gepriesen will werden in seinen meisterlichen seltsamen Werken als zum Beispiel in den Blumen des Felds, obwohl die Krankheit dem Menschen widerwärtig ist. Seht aber an, alle Vögel hat er geschaffen, das ist ihm ein Lob, er schuf auch die Würmer, Spinnen, Basilisken; das ist ihm eben so ein

Lob wie die Nachtigall, der Pfau; er schuf auch viel gute Gewächse, wie Gold, Perlen, hingegen auch viel Gift, wie Arsenik, Mercurius usw., es ist alles sein Lob. So ist es ihm ein Lob, daß er uns die Gesundheit gegeben hat, und auch ein Lob ist die Krankheit. Es braucht gleiche Meisterschaft, zu schmieden die Blumen wie zu schmieden die Krankheiten, und es ist eine Ordnung und ein Wesen.

Und wie er es geordnet hat, daß Dinge sind, die die Gesundheit brechen, so hat er auch welche geordnet, die die Krankheit brechen. Und so wenig wie sich der Mensch verwundern kann, warum man von dem Blick des Basilisken stirbt, ebenso wenig soll er sich verwundern, wenn er krank ist und von einem Tropfen der Arznei gesund wird. Denn in beiden ist eine Meisterschaft, im Zerbrechen und im Ganzmachen. Der Winter ist ebenso löblich in seinem Werk wie der Sommer.

Zu dieser Krankheitslehre tritt nun die des Alchimisten Paracelsus. Der Alchimist sieht unsern Leib als eine chemische Verbindung an, und wie so manche hat auch diese die Tendenz, sich aufzulösen; wir streiften ja den Gedanken schon im vorigen Kapitel. Auflösung, Zerfall bedeutet aber weiter nichts als Krankheit.

So die drei Ding einig sind und nicht zertrennt, so steht die Gesundheit wohl; wenn sie sich aber zertrennen, das ist zerteilen und sondern, das eine fault, das andere brennt, das dritte zeucht einen andern Weg, so sind das die Anfänge der Krankheiten. Denn so lange das Corpus einig bleibt, so lange ist keine Krankheit da, wenn es aber nicht einig ist, sondern es spaltet sich, da geht das an, das der Arzt wissen soll.

# THEOPHRASTI

## PARACELSI LIB. II. DE CAV-
### SA ET ORIGINE MORBORVM.

### Das ist:
### Von vrsachen vnd herkomen der kranckheitē.

## DE MORBIS INVISIBILIBVS.
### Das ist:
### Von den vnsichtbaren kranckheiten/
Jetzt newlich an tag kommen.

Gedruck zu Cöln/
Durch die Erben Arnoldi Byrckmanni.
ANNO 1565.
Mit Keis. Maiest. Gnad vnd Freiheit.

Nun, die Tendenz, daß die drei Ersten auseinanderstreben, daß sie zu dem, was sie gewesen sind, zu reinem Sulphur, reinem Sal und reinem Mercurius auseinanderfallen, liegt nahe, denn die *prima materia* ist dem Menschen ja gehaß. Und die Tendenz des Auseinanderfallens herrscht in allen Elementen, d. h. die Elemente sind in die Zerbrechlichkeit geordnet (geordnet bedeutet hier wohl, daß Gott in seinem Bauplan es so vorgesehen hat).

Alle Geschöpfe, die Gott in den vier Elementen geschaffen hat, sind in die Zerbrechlichkeit geordnet und geschaffen, so daß keines ganz ist, sondern alles ist dermaßen geordnet, daß es zerbrechen *muß*, und es ist am letzten mit dem Tod umgeben, der alle Dinge verzehret.

So werden also alle Dinge erstlich in die Zerstörung geführt, nachfolgend in den Tod.

Weil nun also der Mensch in die Zerbrechlichkeit geordnet ist und sie in ihn eingeleibt ist, eingeboren, so muß er warten und erwarten, wann die Zergänglichkeit ihn anfalle, – welche Zerbrechung, Zerteilung, Spaltung von den Ärzten eine Krankheit geheißen wird. Und deshalb soll der Arzt am allerersten wissen, daß solche eingeborene Disharmonie des natürlichen Leibes die erste Mutter aller Krankheit ist, und sie ist uns eingeleibt durch die Schöpfung, so daß sie nimmer zu wenden ist.

Das müßt ihr wissen, woraus eine solche Zerbrechlichkeit des Leibes komme, – nämlich dadurch, daß der Mensch aus so vielerlei Stücken gemacht ist, die nicht alle aufzuzählen sind, dazu kommen aus dem Firmament so vielerlei Impressionen und soviel Einflüsse von den Elementen, welche, wenn sie alle zusammen sind, den Menschen machen.

Weil nun nicht aus einem Stück allein der Mensch gemacht ist, so kann unter so vielerlei Dingen keines ganz beständig bleiben, sondern je eines bricht das andere.

So vielerlei sind im Menschen Wesen, Komplexe, Eigenschaften, in der Form und in der Natur, daß keines sich mit dem andern verträgt, und sie sollen und müssen doch in einer Haut zusammen bleiben, ein jegliches in seiner Quantität und Qualität. Da ist eins im Haupt, ein anderes im Leib, ein anderes in den Gliedern; da ist die Leber und hat dieses Amt, da ist die Lunge und hat ein anderes Amt, da ist der Magen, da die Gall, das Eingeweide, das Blut, die Bein, das Mark, das Fleisch usw., und so viel sind ihrer, keines dem andern gleich, so daß sie ohne Zerstörung nicht sein können. Und wie viel solcher besonderer Species im Menschen liegen und ein jedes mit einem besonderen Amt, – wer kann da eine Konkordanz finden, daß da könnte geurteilt werden: da ist eine Einigkeit?!

Jetzt folgt daraus, daß der Mensch in die Zerbrechlichkeit und Zerstörung geschaffen ist, so daß ihn seine eigenen Substanzen hassen, und daß sie wieder in ihre erste Materia zu gelangen begehren. Denn die erste Schöpfung ist der mittleren Schöpfung gehaß und trachtet für und für darnach, dieselbige zu zerstören und wieder in das erste Wesen[1] zu bringen. Und wenn es wieder in dasselbe kommt, so ist er nur noch eine Erde und ein Staub, denn aus dem ist der Mensch gemacht.

~~~~~

[1] In den rohen Urzustand.

***Tartarus*** Die Darstellung einzelner Krankheiten wird das eben gefundene Bild bestätigen. Da ist der Tartarus, der Blasen- oder Nierenstein, samt allem, was an verwandten Leiden zu den beiden zuzurechnen ist. Der Name kommt von dem Apotheker- namen *cremor tartarea* für Weinstein, denn als vom Weingenuß entstanden hat man ihn immer angesehen. Das spielt auch noch in Paracelsi Ausführungen hinein. Er hält den Tartarus für eine Unreinigkeit des Wassers; die Steine sind ja die Früchte, die im Elemente Wasser wachsen; was nun von einem solchen Samen übrigbleibt, der Rückstand, das wird zum Tartarus, es mischt sich in das Wasser und verunreinigt es – wie es im Wein als eine Unreinigkeit auftreten kann.

Die Theorie, daß aus verunreinigten Getränken Steinkrankhei- ten kämen, braucht an sich keinen Paracelsus, sie ist so naiv, daß sie ein jeder einfache Mensch erfunden haben könnte. Nur daß der Tartarus das Überflüssige eines Spermas sei, dies aus der menschlichen Zeugung wohl einmal entlehnte Bild, das in die Elementenlehre eingebaut wird, ist sein ganzes Eigentum. Daß wir im Wasser die Unreinigkeiten in uns trinken, daß sie in unsern Gliedern sich dann niederschlagen müssen, ist der nach dem Vorhergegangenen zu erwartende Schluß.

Damit ich euch unterrichte, was die Materie Tartari sei und wie sie auswendig in der Welt erkannt soll werden, das ist, in welchen Dingen sie liegt, so sage ich, diese *materia tartarea* ist ein Überflüssiges ... Denn ein jeg- lich Corpus soll nur es selber sein, ohne jede Vermi- schung; also Wasser nur ein Wasser, Wein allein Wein, ohne etwas anderes, das nicht Wein ist, und die Säfte in den Kräutern allein Saft, ohne etwas anderes Einge- mischtes.

Das ist nun aber in der Wirklichkeit nicht so, sondern in allen Dingen ist Reines und Unreines beieinander, Wasser und sein Letten, oder der Wein und seine Un- reinheit. Wenn aber nun das Reine vom Unreinen geschieden wird, so ist Wasser allein Wasser, Wein allein Wein. So wisset nun, daß das Unreine ist der Tartarum, von dem ich hier rede und schreibe.

Im Wasser werden allerlei Gesteine, gute und böse, und wachsen in dem Wasser wie ein Baum aus der Erden. Nun bleibt dabei ein *residuum*[1] übrig, das zum Steine-werden nichts tauglich ist. Dieses *residuum* wird in seine Mutter immisciert[2], also in sein Element; in dem bleibt es und es ist das Unreine desselbigen Elements. Jetzt ist das Corpus und das Unreine eine Mischung und wächst miteinander, und wird miteinander an sich gezogen von allen wachsenden Dingen. Der, der Wasser trinkt, der trinkt die Unreinigkeit mit, wie der, der Wein trinkt, der trinkt das Unreine auch mit. So ist, was wir zu uns nehmen, Reines und Unreines, in eine Mixtur vermischt.

Ich habe erzählt, wie der Tartarus aus dem überflüssigen Sperma der Steine und Sande wachse; es ist deswegen ein Überflüssiges, weil er nit in der Erzeugung und der Materie der Steine und des Sandes ist, sondern übrig gelassen wird, abgesondert und geschieden von der steinigen oder sandigen Masse, und nachher in die Elemente gebracht und mit ihnen vermischt wird, wie schon gesagt. Und es kommt darnach in den Menschen durch unser Essen. Der Tartarus wird von äußeren Dingen in uns hinein geboren, das ist aus den Dingen, die wir genießen, so daß durch die äußeren Tartari unsere Tartari werden. Das ist, daß die äußeren Tartari durch Speise und Trank in uns kommen und darnach in uns zu *tartari humani* werden.

[1] Rückstand.
[2] Immiscieren = vermischen.

***Die Bergsucht*** Die Bergsucht ist eine Lungenkrankheit, die den Bergmann überfällt, die Schwindsucht oder Lungensucht der Bergleute in der Erde, und ihre Erklärung macht Paracelsus wenig Schwierigkeiten. Sie ist nichts als die Lungensucht in einem anderen Element. Das Chaos — es war bei dem Kapitel Luft von ihm die Rede —, das über der Erde liegt, macht die gewöhnlichen Menschen lungensüchtig; das Chaos, das in der Erde ist, vergiftet die Menschen in der Erde. In diesen Gedankengang spielt nun die paracelsische Anschauung vom Magen. Wir hörten vorhin, daß jedes unserer Glieder einen Magen hat — so auch die Lunge —, nur was weiter folgt, ist neu. Es hieß vorhin, die Leber teile die Nahrung in die Glieder aus; hier ißt die Lunge ohne die Leber. Ihre Speise ist die Luft. Die Differenz der Anschauungen ist aber kleiner, als es scheint; der Hauptgedanke ist der gleiche — und es hieß auch schon, daß sich der Mensch wie von der Speise von den andern Elementen nähre; er muß es auch, denn diese Elemente sind ja seine Mutter. Ein kleines Schwanken in den Einzelheiten — mehr ist nicht geschehen.

Um die Krankheit der Bergsucht zu beschreiben, ist erstlich von nöten zu entdecken die alte und lange bekannte Lungensucht, wie die verlaufe, denn aus dem selben Grunde geschieht die Geburt und der Ursprung der Bergsucht. Sie scheiden sich beide nur im Element. Nun ist die Lungensucht eine Krankheit der Lunge, — ebenso auch die Bergsucht.

Wenn die Erzleute, Schmelzer, Knappen und was den Bergwerken verwandt ist, es sei im Waschwerk, in der Arbeit, im Silber- oder Golderz, Salzerz, Alaun- und Schwefelerz oder im Vitriolsud, im Blei, Kupfer, Zwitter, Eisen oder Quecksilbererz, in die Lungensucht fallen, wenn sie Blutungen des Leibes, Magengeschwüre haben, so heißen sie bergsüchtig. Ferner wis-

set, daß von diesen Krankheiten bei den alten Skribenten nichts gefunden wird, weswegen sie bisher unbe-
schrieben geblieben ist, und auch ihre Heilung ausgelassen wurde. Weil aber der Mensch ein Finder des
Ursprungs dieser Krankheiten ist und durch das Licht
der Natur dieselbigen zu ergründen sucht, so folgt nun
die Beschreibung dieser Krankheit.

Nun müßt ihr wissen, daß die Luft das Corpus ist, aus
welchem die Lunge ihre Sucht erlangt und außer von
der leiblichen Luft steht der Lunge kein Arges zu.
Nehmen wir ein Exempel: Einer der da trinkt –, dassel-
bige Trinken schlägt der Lunge zu einem Schaden.
Dieser Schaden ist nit aus dem Trank, sondern aus der
Luft, die im Getränk ist; dieselbige wird an sich gezogen von der Lunge und wird in der Lunge verzehrt.
Denn ein jeglich Element hat seinen eignen Magen im
Leibe, und in diesem Magen muß es verzehrt werden.
So verzehrt sich die Luft in der Lunge. Und gleicherweise, wie der Magen seine Speise verdaut, der eine
Teil ist dem Leibe nutz, den andern schüttet er von
sich, so ist es auch von der Luft zu verstehen, die auch
einesteils verzehrt und der andere Teil als ein Exkre-
ment ausgelassen wird.

Nun ist nit not, noch mehr zu schreiben, sondern allein
das Chaos zu erklären, das allein das Element ist. Gleicherweise wie ihr seht, daß zwischen dem Himmel und
der Erde ein Chaos liegt, welches alle die Krankheiten
macht, die der Lunge anliegen, ihr Fieber, ihre Geschwüre, ihre Schwindsucht, ihre Völle, ihren Husten,
ihr Keichen, ihre Enge, – und wie das Exempel ausweist, daß das Chaos, das zwischen Himmel und Erde
liegt, eine Speise der Lunge ist, gleicherweise wie die

Gewächse der Erde eine Speise des Magens sind, – so verstehe nun auch, daß solch ein Chaos in der Erde ist. Das nährt die Lungen derer, die in den Bergen wohnen. Und wie die auf der Erde aus ihrem Chaos lungensüchtig werden, so werden auch die lungensüchtig, die in den Bergen dem irdischen Chaos unterworfen sind. So scheiden sich die Namen der beiden Leiden nach ihrem Element, nämlich – lungensüchtig heißen sie in denen, die auf der Erde sind, und bergsüchtig in denen, die in der Erde sind.

~~~~~

**Das Hinfallend** Und noch einmal geht Paracelsus von der Mikrokosmoslehre aus; er will aus ihr die fallende Sucht, die Epilepsie, erklären. In wenigen Sätzen wiederholt er alle nötigen Einzelheiten. Dann setzt er ein – ein jedes Element gibt zweierlei: Es gibt die Frucht, und es wirkt durch sein Geistiges. Das wirkende Geistige ist das »astrum«, ist das wahre Element – es ist von ihm vorhin ja schon gesprochen worden. Dies Wirkende im Element, so setzt der paracelsische Analogieschluß ein, macht sich aus Sal, Sulphur, Mercurius ein Gebilde, eine Schale wie eine Frucht; »wenn die astralische *operatio* da ist, alsbald ist auch da die verschlossene Schale oder Blase, in der es sich gebiert«, und das, was sich darin gebiert, ist die »Materie« des Donners. Wenn seine Wirkung zeitig oder reif ist, sprengt er seine Hülle, und das Zersprengen, den Paroxysmus oder Krampf, das heißen wir den Donner.

Was hier geschieht, geschieht auch in den andern Elementen, im Wasser, wo der Lorind, das Seegeschrei, dadurch entsteht, und in der Erde, und gewiß auch in der Luft. Und wie im Makrokosmos kommt es auch im Mikrokosmos vor; da nennen wir den Paroxysmus die hinfallende Sucht.

Der Mensch ist die kleine Welt; darum hat er in sich alles, was die große Welt in sich hat, Gesundes und Ungesundes. Nun ist die äußere Welt der Spiegel des Menschen und seine Theorie und seine Anatomei, so daß durch die äußere Welt der Mensch in allen seinen Dingen erkannt wird. Denn aus dem Menschen selbst kann seine große adlige Schöpfung nit begriffen werden, nach der Notdurft, die ein Arzt braucht. Es folgt also, daß der Arzt bei der Beschreibung solcher Krankheiten die Natur der großen Welt sich vornehme und diese erkläre, und wenn die nach Notdurft erklärt ist, so ist erklärt dasjenige, das im Menschen gefunden und gesehen wird. Aus solcher Ursache mag ich wohl widersprechen und falsch heißen alle Bücher und Kapitel, die von dieser Krankheit geschrieben worden sind von den Alten und Jungen. Denn da ist nichts beschrieben aus dem Grund der Natur, aus welchem Grund die Krankheiten sollen und müssen genommen werden; darum so mögt ihr mirs nit verargen, daß ich sie verwerfe, denn sie haben den Anfang der Arbeit des Arztes nit gewußt noch verstanden, wie es ihre Schriften und ihre Kunst klärlich ausweisen.

Weil also die Welt soll vorgenommen werden in ihren vier Elementen, so wisset, daß ihr die große Welt teilen müßt in zween Teil, das ist in Himmel und Erden, und unter dem Himmel versteht zwei Element, das Feuer und die Luft, bei der Erde auch zwei, die Erde und das Wasser.

Weiter wisset zwo Teilungen in einem jeglichen Element; die eine ist seine Frucht, die andere seine Einwirkung. Die Frucht ist diese: der Erde Früchte sind alle Kräuter, Bäume und Gras; des Wassers Früchte sind die Metalle, die Steine und der Kies. Der Luft Früchte sind der Tau, das Mannah und der Thereniabin (das ist zweierlei, nit einerlei). Des Feuers Früchte sind die Regen, Schnee und die Rislen[1]. Das sind nun die vier Früchte der Elemente; von diesen vier Früchten aber rede ich hie nichts, denn darin wird keine Krankheit des Hinfallenden geboren.

Es muß vielmehr das andere dieser Teilung vorgenommen werden und das ist so. Ihr seht, daß der Himmel seinem Element auch den Donner gibt. Nun ist der Donner nit seine Frucht, (aber er erklärt uns, was das Hinfallend ist). Denn gleicher Weise, wie ihr es in der Natur seht und zuvor wißt, wann der Donner kommen soll, – der nun, der das weiß, der weiß vorauszusagen und anzuzeigen, ob der Mensch fallend wird oder nit. Denn ihr sollt das wissen, daß die äußeren Elemente vorbilden den ganzen Menschen, und der die vier Elemente wohl kennt, derselbige kennt auch den Menschen. Man darf mit gutem Recht schelten den Astrononum, der sich lobt und vergißt die Anatomei der elementischen Krankheiten, denn es sei denn, daß der Arzt die ganze Welt erkenne, sonst ist er kein Arzt, sondern ein verzweifelter Vagant. Nun aber wißt, daß der Donner, – ich meine nun die Materie des Donners – die Krankheit ist.

Des Donners Geburt geschieht von dreien Dingen, von dem Mercurio, Sulphur und Sal; diese drei sind die Corpora des Donners. Die liegen auch im Menschen, denn aus Mercurio, Sulphur und Sal ist der Mensch gemacht und das ist sein Corpus. Und nun laß ich hier

---

[1] Fröste, Reif.

die drei Corpora sein, und rede jetzt vom *effectu*, das ist von der Wirkung.

Den Donner beschreibe ich in meinen meteorischen Büchern, es gebürt sich einem Arzt, sie zu lesen, der da antreten will in die Arznei. Nun von der Wirkung merkt dies: die drei Ersten gebären den *impetum*. Nun ist dieser Impetus in einem Corpus, gleicher Weise, als wäre er mit einer Schale oder einer Haut umgeben und eingeschlossen. So lange das Corpus ganz bleibt, so lange ist kein Donner. Wenn aber der Mercurius, Sulphur und Sal die Zeitigung haben, dann geht der Paroxysmus des Donners an, und mit Gewalt erschüttert er sich und zerreißt seine Schale, darin er liegt. Nun ist der Donner da, und dasjenige, das der Donner geboren hat, mit ihm. So nun wie der Donner, so soll euch auch wissend sein alles von dieser fallenden Krankheit und alles mit der Materia und den Corpora Mercurii, Sulphuris und Salis. Das ist nun eine Ursache solcher hinfallenden Krankheit.

Darum wißt, warum uns Gott peinigt mit solcher Krankheit, davon ist das die Ursache, daß der Mensch die kleine Welt ist, und was in der großen ist, muß er auch bei sich und in sich haben.

Nun aber ist es nit genug, diese Sache im Element Feuer anzuzeigen, sondern ein solches geschieht auch in der Erde. Um euch das zu erklären, wisset, daß sie ebenso ein Astrum hat wie das Element Feuer. Denn was ein Element ist, das ist auch ein Astrum, ohne ein Astrum können sie nit leben. Das Astrum ist verborgen, die Corpora sind offenbar. Nun wisset, daß ich hier nit von den Corporibus rede, denn von ihnen zu reden, das träfe die Krankheit nicht, sondern man muß die Astra besprechen. Nehmen wir das Exempel vom Erdbeben. Dasselbige, sagen die aus meinem Widerpart, entspringe aus dem Wind, der in die Erde geschlagen werde, an ihren Wasserfällen usw. Aber das ist nichts, und ist wider alle Philosophei. Das Erdbeben entspringt aus dem astro der Erde, in gleicher Form und Gestalt wie der Donner im Himmel, nur geschieden in der Wirkung und Erscheinung, soweit es die elementische Form betrifft.

Aber damit ich euch das Exempel verständlich vorlege, so wisset, daß das Astrum der Erde durch seinen Mercurium, Sulphur und Sal ebenso wie das Astrum im Feuer erstlich ein Ei macht, das ist eine Schale; in derselbigen liegt die gemeldete Materie und zeitigt sich wie der Donner im Himmel. Und wenn seine Zeitigung da ist, dann sollt ihr wissen, daß die Zerstörung mit einem irdischen Donner angeht. Dieser Donner erbebt die Erde.

Damit ist die zweite hinfallende Krankheit erzählt, die kommt aus dem *astro* der Erde, wie es der astronomische Medikus bezeugt. Denn wie vier Elemente sind, sind auch vier Arten dieser Krankheit, denn im Menschen sind die vier Astra, er ist die kleine Welt.

~~~~~

***Suggestionskrankheiten*** Es führte zu weit, in dieser Art nun alle Krankheiten durchzunehmen, die Paracelsus monographisch abgehandelt und besprochen hat: die Syphilis, das Podagra, die Hysterie, die Haut- und Wundkrankheiten, und was sonst noch da alles ist. Ich greife aus allen nur noch eine wichtige heraus, und diese deshalb, weil er der erste Arzt gewesen ist, der die Suggestionskrankheiten erkannte als das, was sie sind. Er hat im Sein ja stets das Wirken geistiger Kräfte sehen können. So lag es nahe, einzelnen dieser Kräfte schärfer nachzuforschen.

Man braucht zu dem, was folgt, kaum ein erklärendes Wort zu sagen; nur das ist wichtig, auf die Basis seiner Ausführungen hinzuweisen, das Christuswort, daß alle Dinge möglich sind, dem welcher glaubt (Markus 9, 23), und die Bemerkung, daß man mit dem Glauben Berge versetzen kann (Matthäus 17, 20), wie jenes dritte Wort, daß die Teufel glauben, aber zittern (Jacobus 2, 19); es zeigt, wie nahe seiner Philosophie die Theologie gestanden hat, wenn die sich vom Materialistischen entfernenden Dinge aus dem Geistigen her verstanden werden wollen.


Nachdem ich drei Bücher im Lichte der Natur vollendet hab und in ihnen die Anliegen und Gebresten des sichtbaren und leiblichen Teiles des Mikrokosmos erzählt habe, – erfordert es die Notdurft weiter, auch den andern Teil, den andern halben Menschen zu beschreiben, auf daß der Mensch ganz in der Vorstellung des Arztes stehe.

Diese Ding müssen gegründet werden auf die Lehre Christi, denn menschlicher Vernunft sind sie unmöglich zu ergründen. Ihr wisset, wie das Evangelium einen kurzen Begriff gibt von der Kraft und Macht des Glaubens, da es sagt: Ist es Sache, daß ihr werdet einen Glauben haben nur wie ein Senfkorn groß, und aus demselben Glauben und in Kraft desselben sagen zu den Bergen: du Berg, send dich hinab in das Meer! so geschieht es. Daraus wisset, daß unsere Stärke, die der Leib hat aus dem Fleisch und Blut, gar eine kleine Stärke ist, und unsere wahre Stärke alle liegt allein im Glauben. Und so sanft und leicht, wie wir ein Senfkörnlein in unsere Hand nehmen und das in das Meer werfen können, ebenso sanft und leicht werfen wir die großen Berge durch unsern Glauben in das Meer. Darum sollen wir vom Glauben verstehen, daß wunderbare Wirkungen durch ihn geschehen, an die der sichtige Mensch in seinen Sinnen nicht denken darf. Das seht ihr an Samson. Was war sein Leib? Nichts. Sein Glaube war seine Stärke. Auch Josuah und andere dergleichen zeigen uns alle, daß unser irdischer Leib keine Stärke hat, sondern alle Stärke, die wir haben sollen und brauchen, die soll im Glauben stehen.

Nun wisset weiter von dieser Stärke, daß sie auch im Teufel ist. Die Teufel haben alle den Glauben, und aus dem haben sie ihre Stärke. Daraus folgen zwei (Möglichkeiten): recht gebrauchen und mißbrauchen. Recht brauchen bleibe dahingestellt, mißbrauchen ist das, davon ich weiter rede. Die Teufel haben ihren Glauben mißbraucht, darum sind sie verstoßen worden; der Glaube ist ihnen aber dabei nicht genommen worden. Deshalb, weil ihnen der Glaube nicht genommen ist, haben sie auch Macht, die Berge ins Meer zu werfen und dergleichen. Sie haben auch Gewalt, durch ihren Glauben gesund und krank zu machen, und wie die Sonne Gutes und Böses überscheint, einen wie den andern, so kann auch der Teufel gegen den Menschen handeln. Darum kann er gute oder böse Zeichen tun; denn so lange ihm der Glaube bleibt, so lange ist er mächtig.

So verstehe nun auch vom Menschen, daß wir unsichtbar einander durch Glauben schlagen können, den Glauben recht- oder mißbrauchen, wie uns Gott das gibt. Und solche Streiche, die aus solchen Kräften geschehen, sind nicht anders zu verstehen als die Sam-

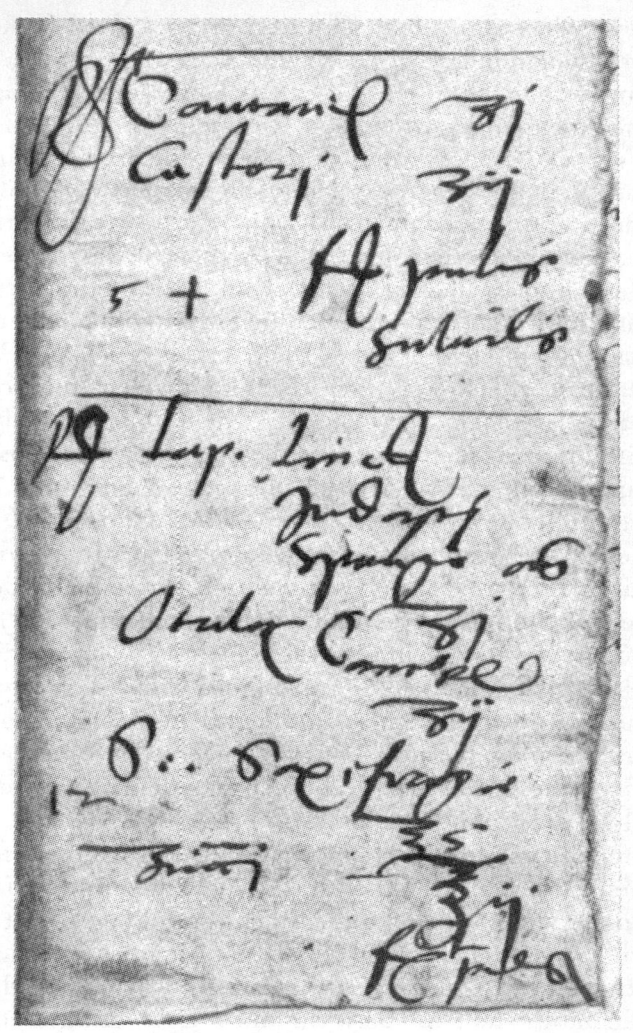

Zwei Rezepte des Paracelsus

sons, wie er mit dem Kinnbacken eine Zahl Volkes zerschlagen hat.

Nun was erzähle ich aber diese Dinge, da ich doch noch nicht angegriffen habe, was mein Vornehmen ist, – wie es geschehe, daß der Glaube den Leib krank mache, denn bisher hab ich allein traktiert die Kräfte und Stärke des Glaubens. Das ist gleich wie ein Arzt, der hat unter sich die guten Arzneien, was für ein Mensch er ist, darnach wird er mit ihnen handeln; er kann dem Kranken mit ihnen helfen, er kann auch mit ihnen töten. Denn kann er Melissen eingeben zur Gesundheit, so kann er auch Arsenik eingeben zum Tod. Wie ist aber dies zu verstehen? Nicht anders, als daß wir durch unsers Glaubens Kraft Gutes oder Böses wirken können, wir Menschen gegen einander. So ist unser Glaube nit anders als eines Werkmannes Instrument. Der Werkmann, der schmiedet ein Messer, damit er seinen Nächsten schlage und verletze ihm den Leib, und ohne Messer und dergleichen kann er ihn nit hauen. So verstehe nun dieses Gleichnis: wenn wir den Glauben mißbrauchen wollen und fallen von dem, wozu er uns gegeben ist, und legen unseres Glaubens Kraft in einen falschen Weg und entweichen vom rechten, – dieser falsche Mißbrauch aus den Kräften des Glaubens schmiedet die Waffe.

Nun eine kurze Unterrichtung von dieser Schmiedung! Wenn wir eine Krankheit im Lande haben und verfallen darauf, es sei eine Buße, Rache oder Plage, so ist es schon (geschehen). Obwohl sie natürlich ist, so macht sie doch der Glaube unnatürlich, und macht es, daß alle natürliche Hilfe da verloren ist. Dazu bringt es die Waffe, die der Glaube schmiedet. Denn können wir

Gutes tun, so können wir auch Arges durch ihn tun. Und wie der Berg in das Meer geworfen wird, so wird hier des Glaubens Einbildung eingeworfen.

## ARZNEI

Daß dem Kapitel Krankheit das von den Arzneien folgt, ist wohl in Ordnung; denn wo stünde es mit größerem Recht? In ihm sind freilich keine einzelnen Rezepte nachzuschlagen (allenfalls könnte man die letzten Absätze zu *Contraria a contrariis curantur*: daß man ein Leiden durch ein ihm Entgegengesetztes bessere, oder die aus den Neuplatonikern hergeleitete Lehre, das Gleiche mit Gleichem zu kurieren, als solche rechnen). Sonst aber geht es hier ganz und gar nur um das Allgemeine: was die Arznei sei, wer sie gebe, daß sie Gott dem Menschen schenkte – daß die Natur sich selber heile und der Arzt nichts anderes könne, als ihr zu folgen oder ihre Kur zu unterstützen, indem er mit seinem Balsam dem der Elemente an die Seite springt – und schließlich: daß die Arznei kein Grobes, Körperliches sei, daß sie ein geistiges Prinzip in einer äußeren Hülle ist. Was daran einer Deutung bedarf, ist schon in den ersten beiden Teilen dieses Lesebuches gesagt: daß Paracelsi Philosophie alchimistisch und hermetisch sei.

Gott hat die Arznei allezeit gleich ausgeteilt und dieselbe den Heiden eben so froh und eben so viel mitgeteilt als den andern, und sie nie einem vorenthalten, auch sie keiner Nation vor der andern besonders versprochen, sondern ebensowohl bedacht das Volk deutscher Sprache wie das hebräische, das polnische wie das chaldäische. Was aber ein jeglicher Besonderes sich zu haben berühmt, das geschieht aus Übermut. Denn Gott hat kein Volk vor dem andern begabt, sondern dem Leib allenthalben seine Notdurft mitgeteilt, gleich wie die Sonne der ganzen Erde.

So edel ist die Natur, daß sie jeglicher Krankheit ihre Arznei gibt mit Sicherung gegen alle Zufälle.

(Neue Krankheiten wollen neue Arzneien.) Die Arznei ist gerichtet in die Welt gleich einem Schiff auf dem Meer, das keine bleibende Statt hat, sondern durch den Schiffsmann geführt wird je nachdem, was ihm begegnet, nit nach dem gestrigen Wind, sondern nach dem heutigen.

Was ist die Hülfe der Arznei anders als die Liebe?

Ein jeglicher, der aus Zorn sich vergeht gegen einen, dem er feind ist, und ob er gleich rechte Urteilssprüche für sich hätte, und er schlägt denselben zu Tode, so vergeht doch der Augenblick des Todschlags nit, es reut ihn schon, daß es geschehen ist, und es ist ihm leid. So ist es auch mit Gott, – den überkommt auch Reue, wenn er mit Sterben oder Plagen über den Menschen kommt.
Es ist schon im Menschen so, – wenn einer einen schießt, und wenn er auf den andern abdrückt, noch ehe die Kugel denselbigen berührt, und ehe er seine Augen vom Zielen abwendet, es fällt eine Reue in ihn und er denkt bei sich selbst: träfe sie nit! So nun das im Menschen ist, der böse ist, wieviel mehr ist es dann in Gott, der gut ist. Ob er gleich im Zorn abdrückt, so fällt doch sofort die göttliche Barmherzigkeit ein, und wenn sie den Zorn gewaltigen kann[1], gewaltigt und mildert sie ihn, – den der Mensch nicht gewaltigen kann, so-

[1] Über ihn Gewalt erlangen kann.

bald ein Ding aus seiner Hand kommt, — denn nichts ist, das Gott aus der Hand entweicht, das er nit könne mildern und brechen.

Wie einer, der eine Schlacht tut und überwindet seinen Feind und schlägt ihn nieder, und der, der den Sieg erhalten hat, bewegt sich zur Güte, und verbindet den Feinden ihre Wunden, die er selbst geschlagen hat, und heilt sie und hilft ihnen, so tut auch Gott gegen uns. Darum wird der weis Mann, der bedenkende Mann die Arznei nicht verachten, sondern bedenken, daß oft ein Mensch dasselbe heilt, das er getan hat, aus Mitleid und Barmherzigkeit, — ist das dem Menschen angeboren, noch viel mehr ist es Gott angeboren, der das höchste Gut ist, und der in aller Barmherzigkeit gegen uns unsere Wunden heilt.

Darum bedenke ein jeglicher, daß Gott nit allein die Arznei geschaffen hat dem Vieh zu einer Speise, sondern dem Menschen aus Güte, und sie geordnet aus göttlichem Vorbedenken. Als Gott die Plagen bedacht hat, die über den Menschen in zukünftigen Zeiten würden gehen, und sich darum erbarmt hat und die Arznei gegen sie geschaffen hat, damit sie zu der Stunde, da es not wird sein, der Mensch habe, darauf hat er den Spruch gesagt: die Kranken bedürfen eines Arztes, die Gesunden nit. So sie nun sein bedürfen, so ist das so viel gesagt wie: wo der Zorn einfällt, da bedarf man der Barmherzigkeit. Was ist nun die Arznei als allein Barmherzigkeit?

**Natur und Arznei**   Die Natur ist die, die dem Kranken Arznei gibt. So sie nun die gibt, so muß sie ihn auch kennen und wissen; denn ohne ihn zu kennen, kann sie ihm nichts geben.

Nun liegt die Erkenntnis nit im Arzt, sondern in der Natur, – und darum in der Natur: sie kann ihre Natur in sich wissen, der Arzt nit. Und weil allein die Natur dieselbige weiß, so muß sie auch die sein, die das Rezept komponiert. Denn aus der Natur kommt die Krankheit, aus der Natur kommt die Arznei und aus dem Arzt nit. Dieweil nun die Krankheit aus der Natur, nit vom Arzt, und die Arznei aus der Natur, auch nit vom Arzt kommt, so muß der Arzt der sein, der aus den beiden lernen muß, und was sie ihn lehren, das muß er tun.

Die Natur hat die Arcana wunderbar gesetzt und zusammen komponiert, was zusammen gehört; lernet, daß ihr sie versteht und wißt, und seid nicht so, daß ihr euch selber versteht und die Natur nicht. Die Natur ist der Arzt, du nicht; aus ihr mußt du handeln, nicht aus dir; sie setzt zusammen, nicht du. Schau du, daß du lernest, wo ihre Apotheken sind, wo ihre Heilmittel geschrieben stehen und in welchen Büchsen sie stehen.

Das soll ein jeglicher Arzt auch wissen, daß der Leib sich selbst mehr Krankheiten vertreibt, als der Arzt und seine Arznei. Denn wenn Gott die Arznei dem Menschen nit so reichlich gegeben hätte in seine Natur, ihm selbst unwissend, er würde ein kurz Leben haben.

Wenn wir am gründlichsten den Dingen nachdenken und -trachten, so ist unsere eigene Natur selbst unser Arzt, das ist, sie ist die, die in sich das hat, was sie braucht.

Seht es von außen an mit der Wunde. Was gebricht der Wunde? Nichts als allein das Fleisch; das muß von innen heraus wachsen und nit von außen hinein, darum ist die Arznei der Wunde allein ein Defensiv[1], daß die Natur von außen her keine Zufälle erleide und ungehindert bleibe in ihrer Wirkung. So heilt sie sich selbst.

Es sind zween Wege der Heilung da, *defensiva*[1] und *curativa*[2]. Defensiv wie oben steht, curativ aber ist so, daß die Wunden zu einem Magen werden müssen; das ist, daß man Arznei darein tue, die Fleisch werde. Und wenn dieselbige Arznei in die Wunde getan wird, so ist die Natur von innen heraus da und verdaut sie in der Wunde und macht sie zu Fleisch, so daß also die Wunde ein Magen ist.

Ihr Arzte seid gleich den Metzgern und Zimmerleuten, die hauen mit ihren Waffen[3] zu und es ist ihnen nützlich, euch ist es aber unnützlich, denn ihr sollt die Krankheit lassen hauen mit ihren Waffen, und nit ihr mit euern Waffen sollt hauen. Es ist wohl eine Meinung und eine Philosophei, daß ein wassersüchtiger Mensch, der zween Zentner wiege, und wäre an sich selbst nicht ein Zentner schwer und der andere Zentner wäre die Krankheit, daß man den Zentner der Krankheit hinwegnehme. Soll das geschehen, so fährest du hinein mit deinen Waffen, purgierst und purgierst fünf, sechs oder acht Pfund hinweg. Nun hast du

---

[1] Defensiv: verteidigend, gegen Einwirkungen von außen schirmend.
[2] Curativ: kurierend, heilend.
[3] Werkzeugen.

so viel weniger am Zentner, und morgen nimmst du wieder so viel weg, übermorgen wieder so viel usw., – das ist ein Verfahren von einem Zimmermann gelernt, das nicht tauglich ist in der Arznei. So also schlägst du alle Tage zu mit deinem Gewaffen, haust alle Tage davon ab und – am letzten ist nichts davon gehauen. Das beweist der Kranke. Wäre es das rechte Gewaffen der Arznei, so würde die Krankheit selbst hauen und du würdest nicht inne, wie der Streich geschähe.

Jetzt habe ich also zehn Pfund von der Wassersucht genommen, morgen nehme ich wieder zehn, übermorgen wieder usw., so würde ich in zehn Tagen also hundert Pfund haben, am elften nähme ich mein Geld, – aber solches alles ist nichts als ein Lügenwerk, und daß es ein solches ist, das beweist die Krankheit und deine Arznei selbst. Denn wenn der elfte Tag kommt, so hast du den Kranken im alten Gewicht oder mit dem schwarzen Erdreich überdeckt; Ursache: du hast *deine* Waffen gebraucht und der Krankheit keine Waffe in ihre Hand gegeben, und *sie* ist die, die die Krankheit heilet, und nicht du.

Denn hie ist zu merken: wenn der Balsam der Natur des Mikrokosmos zu schwach ist, seinen eigenen Schaden zu wenden, so muß der äußere Balsam der Elemente gesucht werden, um das Fehlende im Balsam des Mikrokosmos zu erstatten.

Was macht den Kranken gesund? Der Arzt nit, auch das Kraut nit. Das ihn gesund macht, hat nie ein Mensch gesehen. Die Arznei geht zum Munde ein, durch den Bauch wieder aus; was aber hilft, das sieht niemand.

Das was die Zähne kauen, ist die Arznei nit; niemand sieht die Arznei. Es liegt nit am Leib, sondern an der Kraft.

Der Arzt soll nichts anderem nachgehen, sondern soll die Kraft suchen, die ist die ganze Arznei.

Der Wille Gottes ist das Arcanum, das in den natürlichen Dingen ist.

*Contraria a contrariis curantur*[1], das ist: Heißes vertreibt Kaltes. Das ist falsch und in der Arznei nie wahr gewesen; sondern es muß heißen: Arcanum und Krankheit, das sind contraria. Arcanum ist die Gesundheit und die Krankheit ist der Gesundheit widerwärtig; diese zwei vertreiben einander, jedwedes das andere.

Die rechte Ordnung der Natur will, daß Anatomei gegen Anatomei gestellt werde, Glied gegen Glied. Nach solcher Anatomei sollt ihr die Krankheiten zu nehmen wissen, dieselben verstehen und erkennen, damit ihr wißt, warum der Skorpion skorpionisch Gift heilt, – nämlich weil er des Schadens Anatomei hat. Und so hat der äußere Mensch[2] des innern Anatomei. So heilt Arsenik die arsenische Krankheit, das Herz das Herz, die Lunge die Lunge, die Milz die Milz; nit Milz von

[1] Das der Krankheit Entgegengesetzte heilt.
[2] Der Makrokosmos.

Kühen, nit Hirn von Säuen das Hirn des Menschen, sondern das Hirn, das des inneren Menschen äußeres Hirn ist, heilt es.

Daraus und aus dieser Anatomei traktiert die Philosophei, und das ist die Philosophei, aus der der Arzt wächst. Wie groß ist die Person des äußeren Menschen, ihr lieben Ärzte all! Wie groß seine Arcana, seine Tugenden, Eigenschaften, Wesen und Kräfte!

Kann Imaginatio Krankheit machen, kann Erschrekken Krankheit machen, so kann Freude Gesundheit machen.

Die Schule der Arznei ist nicht mit Ziegeln gedeckt, sondern mit dem ganzen Himmel.

Der gesund werden will, der muß daran denken, daß es ohne Schmerzen nit geschieht, und daß es um einen Kranken gleich steht wie um eine schwangere Frau, die genest ohne Schmerzen nicht, sondern mit großen Schmerzen. Und wie wir in unserm Schweiß die Nahrung gewinnen, so ist es auch hier: in unserm Schweiß, mit Schmerzen werden wir von Krankheiten gesund.

## DER ARZT

Zu der Arznei gehört als der, der sie vollbringen muß, der Arzt. Es wäre verwunderlich, wenn Paracelsus nicht über ihn geschrieben hätte, denn wenn ein Mensch von Herzen Arzt war, so war er es. Auch hier ist wenig zu erläutern, weil die vorhergehenden Kapitel das, was an neuplatonischen Reminiszenzen einfällt, schon erörtert haben. Der Arzt, so heißt die erste Forderung, kommt aus dem Lichte der Natur; die alten Autoritäten, wie sie immer heißen, taugen nichts, und ihre Bücher sind die Schriften eitler Schwaderlappen. Die *liberei* (Bibliothek) des Arztes ist der Kosmos. Dazu kommt die Experienz, Erfahrung oder Erfahrenheit, und diese Experienz kann nicht daheim im Sorgenstuhl erworben werden – wir sehen an seinem Beispiel, wie gewissenhaft er selbst das hält; er schreibt nur das auf, was er draußen erfahren hat.

Dann fährt er fort: Die Philosophie ist nötig, um aus dem Makrokosmos in den Mikrokosmos sehen zu können; die Philosophie (samt Astronomie) und Alchimie, das sind die drei Grundpfeiler oder Säulen seiner Medizin; zu ihnen tritt als der vierte *virtus*, d. h. Tugend. Auf diesen vieren, so verlangt es seine Hauptschrift »Paragranum«, steht der Arzt; wer sie nicht hat, der ist nicht als vollkommen anzusehen. Und diese Forderungen kehren immer, immer neu gewendet, wieder; es sind die Pflichten, die er seinen Standesgenossen einzuprägen hofft, die ihm das Wichtigste scheinen, wichtiger als die Titel und die Ehren. Ein dritter Teil aus den nun folgenden Sätzen greift ins Weite. Er spricht von Gott, der uns die medizinische Wissenschaft gegeben hat, von Amt und Würde des Arztes, der ein Gott ist in der kleinen Welt, vom ärztlichen Herzen, von Liebe, Treue und Gerechtigkeit – er klagt, daß die vollkommenen Ärzte fehlen, und er gibt die große Regel, die so wie eine Vorwegnahme aus den letzten Jahren erscheinen mag, daß man nicht die Erscheinungen, sondern den Grund des Übels treffen muß.


Wisset, liebe Herren und gute Freund, daß die Bücher, so an euch und an mich von den Alten her gelangt sind, mich genugsam zu sein nit gedäucht haben. Denn sie sind nit vollkommen, sondern eine ungewisse Schrift, die mehr zur Verführung dient denn zum rechten,

209

schlichten Weg. Das hat mich auch geursacht, sie zu verlassen.

Nun ist nit minder, ein Jünger mag ohne einen Meister nit sein, der Jünger muß vom Meister lernen. Und das ist mir je und je im Sinn gelegen, wo der Meister sei, der da lehre, weil diese Skribenten für Meister nit können geachtet werden. Auf solches hab ich gedacht: wie wenn kein Buch auf Erden wäre, gar kein Arzt, wie müßte es da gelernt werden? Da findet es sich, daß die Arznei wohl ohne Menschenmeister gelernt werden kann. Wie aber und in was Weg, das habe ich hie zusammen gesetzt, auf daß der Mensch sein Heil nit im Menschen suchen soll als in einem einigen Meister, sondern den Menschen fahren lassen kann und die Hauptbücher suchen soll und in denselbigen vollkommen werden.

Der Mensch hat zu geben allein eine schlechte Unterweisung. Das Vollkommene muß aus dem Licht der Natur genommen werden, wie die Apostel von Gott genommen haben. Denn ein Exempel sollt ihr euch merken: die Apostel haben aus sich selbst Christum nit gepredigt, sondern durch den, der mit feurigen Zungen aus ihnen geredet hat; der ist ihr Schulmeister gewesen. Eine solche Schule ist auch bei den Ärzten zu haben, und das Licht der Natur soll den Arzt aus der Philosophei unterweisen, aus der Astronomei, und nit der Mensch, in dem doch das natürliche Licht gar nit ist.

Befleißet euch nit, auf der hohen Schule zu lernen, sondern in der Natur. Betrachtet, was für eine große Vergeudung von Zeit das sei, daß ihr die großen

Schwaderlappen Jakobus de Partibus[1], Gentilis[2], Trusianus[3], Hugo[4], Mesue[5], Azararius[6], Avicenna[7], Galen[8], Rhasis[9], Montagnana[10] und andere, deren Werk eine Schande ist, und es eine Schande ist, ihrer zu gedenken, lest. Was nutzt es euch auch, daß ihr euch befleißigt viel rhetorischen Geschwätzes, das doch keinen Arzt macht, sondern ihn zerbricht. Was sucht ihr in der Logik und in eurer Dialektik, die alle dem Arzt zuwider sind und eine Hinderung des Lichtes der Natur? Denn

[1] Der Arzt Giacomo della Torre, gest. 1413, Kommentator des Avicenna und der antiken Mediziner Hippokrates von Kos (460–377 v. Chr.) und Galenos.

[2] Gentile dei Gentili, scholastischer Kliniker, lehrte zuletzt in Perugia, gest. 1348, »der vornehmste der Avicenna-Kommentatoren«, »*Anima Avicennae*«.

[3] Pietro Torrigiano dei Torrigiani, zuletzt in Paris, Galenos-Kommentator, »*Plus quam commentator*« genannt.

[4] Hugo von Lucca, 1211 als Wundarzt nach Bologna berufen, Chirurg.

[5] Juhanna ibn Masawaihi, »Johannes Mesuë der Ältere« genannt (777–857), islamischer Arzt, Zeitgenosse Haruns al Raschid, »im Gegensatz zu einem pseudonymen Mesuë dem Jüngeren, unter dessen Namen im 13. Jh. Schriften abendländischen Ursprungs ausgingen« (Meyer-Steineg-Sudhoff, Gesch. d. Medizin).

[6] Abul Kasim, arabischer Arzt in der 2. Hälfte des 10. Jahrhunderts, Verfasser einer »Chirurgie«.

[7] Ibn Sina (980–1037), aus vornehmer persischer Familie, »der glänzendste Stern am Ärztehimmel des Islam«, Arzt, Philosoph und Staatsmann, Verfasser des »*Qânûm fit tibb*«, d. h. »Kanons der Heilkunde«; ruht in vielem auf Aristoteles und Galenos.

[8] Galenos aus Pergamon (129–199), vorübergehend in Rom Leibarzt der Kaiser Commodus und Marc Aurel, Verfasser von 400 Schriften. Hauptwerke: »Anatomische Untersuchungen«, »Vom Gebrauch der Körperteile«, »Die Lehrmeinungen des Hippokrates und Platon«, die »Heilmethode«, »Die kranken Körperteile«, »Die Zusammensetzung der Arzneimittel«, »Hygiene«.

[9] Ar-Razi (850–923), Perser, der größte Kliniker des Islam.

[10] Bartolomeo Montagnana, Verfasser eines Werkes »Konsilien« (klinische Beobachtungen).

aus der Natur sind diese Dinge nicht; aber der schwarze Geist, der euch zu den Augen heraussieht, der jubiliert in solchen phantastischen Dingen. Nicht verzehrt eure edle Zeit mit solchen Büchern!

Was ists weiter, daß ihr in den schönen Wissenschaften den Vergil übertrefft? Sagt mir nur, ob alle Werke Vergils sich mit einem Arzt mögen vergleichen, der nichts als allein Tapsum[1] kennt? Urteilt, welcher der beiden des Lobes am würdigsten sei. Was ists, so ihr der Lucanus[2] selbst seid, und seid Ovid und seid Horaz? Was sind die von nöten? Wem seid ihr nutz als eurem Maul? Und wenn ihr den losen Macer[3] kennt, den schlechtesten unter allen Poeten, der auch bei den Ärzten am wenigsten gilt, – sein bösester Vers ist edler denn der aller Poeten und der ganze Homer. Wen wollte die Natur so geboren haben, der in seinen Krankheiten nicht alle seine Poesie, sein Griechisch, Hebräisch usw. gebe, um eine einzige Sache zu wissen für seine Gesundheit? Ob nicht den Vergil seine geschriebene Torheit vor seinem Ende gereut hat? Auch den Horaz? Was ist aber, das den Medikus reut? Nichts, denn er hat seine Tage vollbracht mit den Arcanis und hat in Gott und in der Natur gelebt als ein gewaltiger Meister des irdischen Lichts.

---

[1] Wahrscheinlich *Tapsus barbatus-Verbascum* = Wollkraut, Königskerze.
[2] Römischer Epiker, 39–65 n. Chr.
[3] Macer Floridus, Lehrgedicht in lateinischen Hexametern über Arzneipflanzen und ihre Heilkräfte, im 10. Jahrhundert entstanden.

Der Arzt kommt aus der Natur, denn sie gibt es ihm, und der ist ein Arzt, dem die Natur ihre Experienz[1] gibt, nit der, der aus einem spintisierenden Kopf wider die Natur, wider ihre Art und wider das, das in ihr ist, schreibt, redet und handelt. Die Natur macht den Arzt.

Ein Arzt soll ein Naturalis[2] sein und solche Ding wissen, ehe er ein Arzt wird.

Der Arzt ist allein der Natur Diener und nit ihr Herr.

Weil die Krankheit ihr eigener Arzt ist und nichts vom äußeren Arzt als allein die Waffen begehrt, so folgt hieraus, daß der Arzt nicht mehr ist als ein Vorfechter[3], der seinem Meister die Waffen gibt und zurechtlegt, mit denen er fechten will. Wenn nun der Arzt nicht mehr ist, so ist auch seine Apothekerei nicht mehr als allein eine Schmiede, darin diese Waffen geschmiedet werden. Was folgt nun aus dem? Nichts als: allein der Natur das zu geben, das sie begehrt in ihrem Fechterspiel. Wenn nun das die Kunst ist, so muß der Arzt *seine* Weisheit fallen lassen und das tun, was die Natur begehrt, und nit, was er selbst begehrt.

~~~~~

**Vom Biß giftiger Tiere** Es sind Tiere, die an sich selbst keine Wunde machen können, sondern die allein

---

[1] Erfahrung.
[2] Naturkundiger
[3] Gehülfe im Fechterspiel.

durch ihr Gift, das hineingerät, eine Wunde gebären. Nun wißt zunächst von der Art des Giftes, daß es vielerlei Gifte gibt, aus der Erde und in den Tieren, und daß es soviel gibt, daß nicht möglich ist, ihr Wesen und alle ihre Eigenschaften zu beschreiben. Denn ob ich gleich hier etliche giftige Tier beschreibe wie Spinnen und Kröten, so sollt ihr doch wissen, daß die andern Tiere mir in der Heilung unbekannt sind, weshalb ich auch deren Heilung zu beschreiben unterlasse. Denn ich kann selbst erkennen, daß der Gifte mancherlei sind und nit einerlei Art, und deshalb ist es auch billig, mancherlei Arznei gegen sie anzuzeigen, was ich aber auf Grund meiner Erfahrnis nit vermag.

So viel hab ich vom Gift erfahren, daß von den Giftmischerinnen mit Fleiß ein Gift erfunden worden ist, gegen das der Theriak nit helfen kann, und dabei auch so mancherlei Gift, daß eines auf diese Art, das andere auf andere peinigt und tötet. Wer kann auf so mancherlei Gift Rat und Hilfe geben?

Der Skorpion hat sein besonder Gift und heilt sich selbst, – wo ist aber etwas dergleichen? Der Arsenik vergiftet den Menschen, heilt sich aber nicht selbst. Der Mercurius macht viel Leute gesund und ist ein Gift, tötet auch manchen Menschen. Von den Geheimnissen des Gifts sollt ihr wissen, daß noch nie der rechte Grund an den Tag gekommen ist. Es sind aber etliche Arzneien, die das Gift austreiben und sich wunderbar erweisen. Sie sind aber auch nit gegen alle Gifte, weshalb mir, von allen Giften zu schreiben, hie nit gebührt. Was aber durch genugsame Probe bewährt ist, davon zu schreiben ist recht und billig, also von Kröten und Spinnen, dann auch von den Moltwürmern[1], obwohl die Heilung der Moltwürm nit auf die Art der Heilung der Spinnen und Kröten geht. Denn ich hab nie einen gehabt, den die Moltwürme gebissen haben. Das aber weiß ich, daß etliche Künstler Künste versucht haben und meinten, daß in den Moltwürmern eine Tinktur sein sollte, welche den Mercurium in Gold verwandle. Nun legen sie einen [verschlossenen] Hafen [mit Moltwürmern] in ein Kohlenfeuer, und in den Hafen geht ein langes eisernes Rohr, durch welches sie den Mercurium schütten, und im Hinabschütten desselben geht der Rauch hinauf, der sie vergiftet, so daß sie verschwellen und etwa gar sterben.

Nun von der Arznei zu reden, die ich gegen Kröten, Spinnen und Moltwürmer setze, so sind es zweierlei. Die gegen die Spinnen und Kröten ist allein *terra sigillata*[2]. Diese Terra sigillata ist nit die, die wir in Deutschen Landen im Gebrauch haben, denn die ist nur ein gewachsener Letten[3]. Von der gerechten Terra kann man nit so viel Zentner haben, wie gebraucht wird. Da man sie nit hat können in alle Land nach Bedarf bringen, da hat man weißen gewaschenen Letten genommen und damit die Apotheken angefüllt, – wie sie denn heute noch des Lehmes voll stecken.

Diese Terra sigillata ist ein gar subtil weiß Erdreich und ein besonder Erz, das seine Klüfte und Gänge hat wie die Metalle, und so subtil ist die Kunst, sie zu finden, daß auch das Erz in den Metallen nit auf so subtile Art gefunden werden mag. Diese Terra wird

[1] Molche.
[2] Siegelerde aus Malta; nach Apostelgesch. 28: Erde St. Pauli.
[3] Lehm.

215

dann mit einem Siegel gezeichnet und in die Form von Zeltlein[1] gebracht, doch nit über Daumennagels groß und dünn, und sie wird von etlichen geheißen *terra sancti Pauli*. Sie ist ein Erzlehm[2], subtil und weiß und sehr selten.

Mir ist sie nur selten unter die Augen gekommen, einmal durch Theriaskrämer zu Zengg in Kroatien, einmal zu Maria Loretto durch einen kunstreichen Erzmann von Sizilien, noch mit den Stufen und Gängen[3]. Und weil die andere Terra sigillata, die aus dem nächsten Lehmhaufen genommen wird, so sehr über Hand genommen hat, ist diese Terra abgegangen und die falsche hat sie verdrängt.

Bei einer Vergiftung, wie sie oben beschrieben wurde, ist es not, daß du sie mit Speichel zu einem Müslein machst und über der Spinnen und Kröten Gift legest und dieses mit ihr bedeckest; das nimmt und tut das Gift hinweg. Weiteres Bewährtes und Gründliches kenne ich nit.


Der Arzt soll die Kraft und die Natur der Krankheit im Ursprung suchen und nit in dem, das von der Krankheit kommt, denn den Rauch vom Feuer sollen wir nit löschen, sondern allein das Feuer. Wollen wir, daß die Erde kein gut Gras gebe, so muß sie zerstört werden, und nit das Gras ausgerauft. Also soll der Arzt zurück in den Ursprung der Krankheit denken und nit in das, das die Augen sehen; diese Dinge sind Anzeigung, aber

---

[1] Lebkuchen.
[2] Besonders guter Lehm.
[3] Wie sie gefunden worden war.

nit der Ursprung, wie ein Rauch ein Feuer anzeigt, ist aber das Feuer nit.

Der Philosophus erkennt der irdischen Gewächse Krankheit und Natur, und der Arzt der inwendigen, das ist der Menschen, Natur und Krankheit. Der nun sein will ein Arzt, derselbige muß und soll zuerst ein Philosophus sein und die Philosophei wissen und darnach den Menschen, – denn was die Ursache dessen ist, das das Holz, Gras, Laub usw. schädigt, das ist auch die Ursache, das den Menschen schädigt.

~~~~~

***Die drei Säulen der Arznei*** Ich kann von den Alten nichts erfahren, das zur Wahrheit dient, ebensowenig durch ihre Discipul oder Schüler, sondern ich werde gezwungen, wenn ich der Wahrheit nachgehen will, den Grund aus der Philosophei, Astronomei und Alchimei zu nehmen.
Welcher ist unter euch, der da ohne die Philosophia die Natur der irdischen Dinge beschreiben und erkennen könnte? Niemand. Was ist Philosophia? Sie ist, das zu erkennen, was der Erde und des Wassers Gewächs ist, und deren Natur und Kraft zu wissen. Und es ist auch das ein Philosophus, der des Menschen Lauf weiß und erfahren hat und ihn erkundet. Der erste ist Philosophus, der andere auch, der ist *terrae*, der andere *hominis*[1]. Noch ist aber kein Arzt da.
Weiter: der ist ein Astronomus, der den Himmel und

[1] Ein Philosoph der Erde, des Menschen.

die Luft kennt in ihrer Natur, Wirkung, Kraft und Macht. Und der ist auch ein Astronomus, der des Menschen Lauf in seinem Firmament kennt, ob er schon den Himmel nicht kennt. Also sind auch zween Astronomi und sind beide Astronomi. Noch ist aber kein Arzt da.

Wenn nun ein Arzt soll gesund machen können und den Grund nehmen aus den obengenannten Künsten, womit soll er schließen? Allein mit der Alchimia. Was ist Alchimia? Eine Bereiterin der Arznei, die da die Arznei rein und lauter macht und gibt sie vollkommen und ganz, so daß der Arzt durch sie sein Wissen vollendet.

~~~~~

**Virtus** Nachdem alles gesagt worden ist von dem Wissen und den Künsten der Arznei, auf denen ein jeglicher Arzt stehen soll, ist nun von nöten, daß der Arzt noch einen Grund habe, der die drei anderen enthalte und sie trage nach dem Willen Gottes, welcher die Arznei gegeben und geschaffen hat.

Ob ich da nicht billig möchte die Redlichkeit eines Arztes lassen einen Grund sein und eine Säule der Arznei? Was ist des Arztes Redlichkeit? Ja: ja, nein: nein, das ist seine Redlichkeit, darauf soll er stehen. So nun Ja Ja sein soll, so muß er die Arznei dermaßen wissen, daß das Ja ein Ja sei und werde, und ebenso soll Nein auch Nein sein. Aus alledem folgt, daß die Redlichkeit eines Arztes auf dem Wissen der Kunst steht.

Nun merke, daß Gott den Arzt unter allen Künsten und

Fakultäten der Menschen am liebsten hat. Wenn nun der Arzt von Gott so hoch gesetzt ist, so soll er kein Larvenmann sein, kein alts Weib, kein Henker, kein Lügner, kein Leichtfertiger sondern ein wahrhaftiger Mann muß er sein. Denn so wenig Gott den falschen Propheten Schüler und Jünger zuläßt, ebenso wenig läßt er diesen Ärzten die Kunst der Arznei. Denn weil Gott die Kunst geschaffen und gegeben hat, dem Menschen zu nutz, so muß sie allein in der Wahrheit stehen und in einer gewissen Wahrheit; nicht in verzweifelter Kunst, sondern in gewisser Kunst. Denn Gott will, daß der Mensch wahrhaftig sei und nicht ein Zweifler und Lügner; er hat die Wahrheit geschaffen, nit die Lügen, und hat den Arzt in Wahrheit zu sein verordnet und geschaffen, nicht in Lügen.

Die Wahrheit ist nun seine Redlichkeit. Und so ist des Arztes Redlichkeit, daß er so standhaft und so wahrhaft sei wie die erwählten Apostel Christi, denn er ist nicht weniger bei Gott. Wenn nun Gott die Wahrheit ist und er setzt den Arzt, wie kann er ihn dann zu einem alten Weib machen oder zu einer Plappertasche, – er muß ihn in der Wahrheit machen. Auf diese Tugend soll also gesetzt werden die vierte Säule der Arznei.

Nit weniger soll der Arzt auch eines guten Glaubens sein. Denn der, der eines guten Glaubens ist, der lügt nicht und ist ein Vollbringer der Werke Gottes. Denn so wie er ist, so ist er ein Zeugnis seiner selbst; das ist, du mußt eines ehrlichen, redlichen, starken, wahrhaftigen Glaubens in Gott sein mit all deinem Gemüt, Herzen, Sinn und Gedanken, in aller Liebe und Vertrauen; auf solchen Glauben und Liebe hin wird Gott seine Wahrheit nit von dir ziehen und wird dir seine Werke offenbar machen glaublich, sichtlich[1], tröstlich. Nun aber, so du gegen Gott nit eines solchen Glaubens bist, so wird es dir in deinen Werken abgehen und du wirst Mangel in ihnen haben. Und in der Folge hat das Volk in dich auch keinen Glauben.

Aber der Arzt soll im Volk Glauben haben, denn dann hat er ihn auch bei Gott; denn von dir zu Gott, vom Volk in dich will Gott, und daß alle Teile in der Wahrheit stehen und leben.

Alle Künste auf Erden sind göttlich, sind aus Gott und nicht aus anderem Grund. Denn der heilige Geist ist der Anzünder des Lichts der Natur, darum niemand die Astronomei, niemand die Alchimei, niemand die Medizin, niemand die Philosophei, niemand die Theologei, niemand die Künste, niemand die Dichtung, niemand die Musik, niemand die Geomantei[2] und die anderen alle lästern darf.

Und der Arzt soll sich nicht allein in diesen gemeldeten Tugenden, sondern auch in weiteren, den Leib betreffenden Dingen, rein und keusch halten, auch nicht seine Arznei zur Hoffart brauchen. Was meint ihr Ärzte, so ihr schon von einem eine gerechte Kunst lernt und ihr seid Buben und gebraucht sie zur Büberei, – das ist aus dem Teufel. Die Kunst ist aus Gott, euer Brauch und Wesen aus dem Teufel. Und ob ihr nun damit viel gewönnet, so ist das doch wie einer, der mit gestohlenem Gut gewinnt und wird mit gestohlenem Gut reich.

---

[1] Sichtbar.
[2] Wahrsagekunst aus Sand oder Erde bei P. in der Bedeutung: Philosophie des Elements Erde.

Gott muß uns nähren, und sonst vermag uns niemand zu nähren. Aber wie ein Herr mit seinen Knechten verfährt, – wes Sinnes ein jeglicher ist, darnach hält er ihn; so tut Gott auch. Will sich einer mit Wahrheit nähren, so gibt ihm Gott in der Wahrheit genug und gibt ihm mit der Wahrheit seine Nahrung; denn er ist uns schuldig, die Nahrung zu geben, und die gibt er uns, wie wirs wollen. Wollen wirs mit Lügen haben, so werden die Wahrheiten Lügen bei uns, und als Lügner leben wir.

Mithin soll der Arzt rein und keusch sein, das ist, so ganz, daß sein Gemüt nach keiner Geile, Hoffart, Argem usw. oder dergleichen steht. Denn dieselbigen, die in solcher Lüge stehen, offenbaren lügenhafte Werke, verlogene Arbeit, und alles, was da falsch ist, ist bei ihnen.

Es mag auch nicht ohne sein, – wo der Grund eines guten Arztes ist, daß auch die Treue da mitläuft und vollkommen sei, nit eine halbe, nit eine geteilte, nit ein Stückwerk, sondern eine ganze vollkommene Treu. Denn so wenig in Gott die Wahrheit geteilt oder gemischt werden kann, so wenig auch die Treu. Denn das sind Dinge, die sich nicht teilen lassen, so wenig wie die Liebe, – denn Treu und Liebe ist ein Ding.

So soll der Arzt sein, daß er die Krankheit, gleich wie ein Bauer mit einer Axt einen Baum umhackt, auch fälle. Kann ichs nit dermaßen, so bin ich auch kein Arzt, denn die Arznei ist so geschaffen, daß sie ohne Zweifel und Lügen gebraucht wird. Denn nichts Unvollkommenes hat Gott geschaffen, sondern einen vollkommenen Arzt, keinen zweifelhaften, – denn Gott

will nicht getadelt werden, daß er etwas Unvollkommenes dem Menschen vorgelegt habe, – wie der Mensch
Vollkommenes unvollkommen erkennt. Der Arzt muß
vollkommen stehen auf den vier gemeldeten Säulen;
das ist die Ordnung, um in die Arznei zu gehen, – nicht
oben zum Säuloch hineinzusteigen.

~~~~~

***Gott ist der Arzt*** Damit will ich mich verteidigt haben, wenn es heißt, daß ich eine neue Medizin nach
der jetzigen Monarchia hervorbringe und an den Tag
tue. Und ob gleichwohl gesagt würde: wer lehrt dich
das zu tun? so frag ich dich: wer lehrt das heutige Laub
und Gras wachsen? Denn derselbe hat gesagt: kommet
zu mir und lernet von mir, denn ich bin eines milden
und demütigen Herzens. Aus *dem* fließt der Grund der
Wahrheit; was nicht aus dem geht, ist Verführung.
Ebenso wie du siehst, daß Gott niemanden die Taufe
entzieht, sondern allen Dürstigen gibt, die dann der
Eingang zur Seligkeit ist, – nun wenn er das gibt, das
das Ewige betrifft, sollte er nicht auch das geben, das
den Leib betrifft und weniger ist, als dem Dürstigen die
Taufe? Ihr Verzweifler und Abtrünnigen, wie dünket
euch in diesen Dingen? Ob nicht auch Gott selbst mit
solcher Taufe taufe, oder ob der Mensch allein zu tau-
fen habe? Hat *er* sich nit die Gewalt behalten? Was
meinet ihr, wer da taufe mit dem heiligen Geist? Nämlich Gott. Tauft er mit dem heiligen Geist und setzt
keine Zahl und kein Ende, nimmt niemanden aus,
sondern gibt die Taufe allen Dürstigen, wie kann dann
einer denken und reden, die Arznei sei alle vorhanden,

und was nit geschrieben sei, würde nimmermehr erfunden?

Ihr verzweifelt in Gott, und wisset Gottes Kraft nit, der
uns täglich die Sonne, die zur Nacht ruht und von uns
weicht, morgens wiedergibt. Den Sommer, der im
Herbst ausruht, gibt er im Lenz wieder, und gibt uns
ander Brot, andern Trank. Und wir vertrauen ihm nit
so viel, daß er uns auch mit der Arznei versorge, der sie
doch wie das Brot uns täglich gibt, und er heißt uns
bitten um das tägliche Brot, das doch bald durch die
Därme ausgeschieden ist, – o ihr Abtrünnigen!

Der Arzt soll Gott vertrauen und wissen, daß Gott allen
Krankheiten ihre Arznei geschaffen und gegeben hat.
Ist dein Herz treu und gerecht, es würden, ehe dir in
Unerfahrenheit die Künste gebrechen, eher mit dir die
Kräuter und Wurzeln reden, in denen die Kraft ist, ehe
du entblößt da stündest. Wirst du aber in Zweifel fallen
und dich mit menschlichem Rat behelfen, so wird dir
das, was du in der Hand trägst, stumm werden.

Des Arztes Amt ist nichts anders, als die Krankheit zu
vertreiben. Soll nun das sein Amt sein, so muß er
handeln gleich seinem Herrn, das ist Gott. Gott hat die
Krankheit der großen Welt hinweggenommen, darum
wachsen alle Jahre die Blumen, alle Jahr der Schnee
usw. Solche Dinge stürben alle ab, wenn Gott nicht
selber ihr Arzt wäre und hinnähme die Krankheit des
Winters. Und die kleine Welt, das ist der Mensch, den
hat er dem Arzt befohlen, ihm seine Krankheit zu nehmen. Wenn nun der Arzt der kleinen Welt Gott ist, also
an Statt Gottes steht, wo soll er seinen Grund nehmen

und lernen, als allein bei dem ältesten Arzt, das ist bei Gott?

Du mußt wissen, daß du der *Vater* der Krankheiten bist, nit ihr Doktor; darum speise sie wie ein Vater sein Kind. Und wie ein Vater seinem Kind geschaffen ist, es zu erhalten, so der Arzt auch seinen Kranken.

~~~~~

**Gottes Treue**  Wenn die Ärzte nit Leviten[1] und Priester wären, sondern Samariter, es würde Gott auf ihre emsige Treu hin offenbaren die Geheimnisse der Natur, auf daß sie dem Arzt in seine Hand kämen, damit er die Kranken gesund machte. Und wenn es nicht in der Natur wäre, Gott würde es drein legen und schaffen von Stund an.

~~~~~

**Die Schnitter sind nicht da**  Alle Arznei ist auf Erden, aber die sind nicht da, die sie schneiden sollen. Das ist, gewachsen ist die Arznei in die Ernte, aber die Schnitter sind nicht gekommen. Wenn die Schnitter der rechten Arznei (ohne einlaufende falsche Sophisterei) da sein werden, so werden wir die Aussätzigen rein machen, die Blinden sehend und dergleichen. Denn die Kraft dazu ist in der Erde und wächst.

[1] Luk. 10, 25 ff.

Es geht zum Teil auf schon berührte Vorstellungen zurück, was uns hier begegnet, aber es ist not zu wiederholen, und unter einem neuen Gesichtspunkt es zum andern Male zu durchdenken. Die alten Autoritäten und ihr Schreiben haben ihm nichts getaugt – die Bücher, die Paracelsus angibt, sind ganz anderer Art; er nennt: Das Buch, das Gott geschrieben hat, das ist das Buch Natur und ist das Buch, das oben am gestirnten Himmel steht; wie es zu lesen ist, das ist dem Neuplatoniker ja bewußt. Die wahre Erkenntnis freilich kann dem Leser nur von oben kommen, der Leser in ihnen braucht die Erleuchtung durchs natürliche Licht, sonst sieht er nur die Buchstaben – und die Buchstaben helfen nichts. Das Buch Erfahrenheit, Erfahrung ist ja wiederum das Buch Natur. Und auch das Buch der Landstraßen, das man peregrinierend liest, ist die Natur – nur die Natur der andern, fernen Länder. Die muß der Arzt erfahren – erfahren steht hier noch in seinem alten Sinne, wo fahren: reisen bedeutet –, also muß er sie sich erreisen, sie wird ihm nicht daheim und hinterm Ofen in den Mund gestrichen.

Was aber erreist er sich? Der Tartarus in Schwaben ist anders als der Tartarus in Böhmen oder in Niederösterreich, der wieder anders als der polnische und der anders als in Schweden. So viele Länder es gibt, Regionen, das heißt Erdgebiete, so viele Staaten, Provinzen, so viele Unterschiede sind vorhanden. Der Arzt in Schwaben brauchte das schwedische Asthma nicht zu kennen, denn für das schwäbische wächst ihm die Arznei in Schwaben. Und doch verlangt es Paracelsus – denn nur so wird möglich, daß aus dem Stückwerk eine gegründete Wissenschaft ersprießen kann; und diese gegründete Wissenschaft, die scheint ihm not zu sein.

~~~~~

**Das Buch der Natur**   Wer ist der Natur sonst feind als der, der sich klüger schätzt als die Natur, so sie doch unser aller oberste Schule ist.

Du sollst wissen, daß sich die Natur nicht übernötigen läßt noch in ein anderes Wesen treiben, als ihre Natur ist. Du mußt ihr nach und sie dir nit. Sie folgt dir nit, du mußt ihr folgen.

Welches ist zur rechten Tür hineingegangen in die Arznei? Durch den Avicenna, Galen, Mesue, Rhasis[1] usw. oder durch das Licht der Natur? Denn da sind zween Eingänge; ein anderer Eingang ist in den gemeldeten Büchern, ein anderer Eingang ist in der Natur. Ob es da nun nit billig sei, Leser, daß überlegt werde, welche Tür der Eingang sei, und welche nit? Nämlich die ist die rechte Tür, die das Licht der Natur ist, und die andere ist: oben zum Dach hineingestigen, denn sie stimmen nit zusammen. Anders sind die *Codices scribentium*[2], anders das *lumen naturae;* und anders ist das *lumen apothecariorum*[3]; anders das *lumen naturae.* So sie nun nit eines Weges sind und doch der rechte Weg in dem *einen* liegen muß, achte ich, das Buch sei das rechte, das Gott selbst gegeben, geschrieben, diktiert und gesetzt hat. Und die andern Bücher geben nach menschlichem Dünken Vorschriften und Meinungen, so viel sie mögen, – der Natur ist nichts genommen.
Das, Leser, ist dir wohl wissend, daß allein von einem ausgeht die Kunst der Arznei, nämlich von Gott. Nun, was ist da viel darüber zu reden? Er hat sie in *das* Buch geschrieben; da suchs, da lies es, da findest dus. Und der weise Mann wird sich davor nit scheuen.

[1] Vgl. S. 211.
[2] Bücher der Schreiber, der Gelehrten.
[3] Licht der Apotheker.

Was sich äußerlich anzeigt, erzeigt sich auch im Menschen. Das ist die *theorica medicinae*[1], das ist die *liberei medicinae*[2]. Nicht die Bücher, auf denen der Staub liegt und die die Schaben fressen mögen, auch nit die Bibliotheken, die mit Ketten gebunden sind, sondern die Elemente in ihrem Wesen sind die Bücher.

Es ist von nöten, daß der Arzt eine große Experienz habe, nicht dessen, was im Buch steht, sondern die Kranken sollen sein Buch sein, dann fehlet ihm nichts, und er kann nicht betrogen werden. Aber der sich genügen läßt am Buchstaben: der ist tot, und der Arzt ist auch tot; die zween Toten töten den Kranken auch. Es kann doch ein Hundschläger aus Büchern nicht lernen, einen Hund zu schinden, sondern durch die Experienz, wie viel mehr muß sie in einem Arzt sein?!

Die Theorie der Medizin ist auch von Gott. Und will der Arzt ein Theoretiker sein, so ist von nöten, daß er aus dem gemeldeten Buch lerne, die Theorie zu führen. Erstlich aus Gott, der soll alle Lippen auftun und soll uns in dem helfen, das wir in seinem Namen tun, und ohne ihn ist es alles nichts. Darnach die andern Bücher, die angezeigt sind: alle wohl erforschen und ergründen, und nichts reden, denn was aus ihnen gelernt wird. Was aus diesen Büchern geht und theoretisiert wird, das ist ganz vollkommen, denn dieselbigen Bücher sind auch ganz und vollkommen. Denn Gott hat sie selbst geschrieben, gemacht, eingebunden und an die Ketten in seiner Bücherei gehängt. Darum ist

[1] Theorie der Medizin.
[2] Bücherei der Medizin.

kein Falsch in ihnen, kein Betrug, kein Irrsal, kein Fehl, keine Verführung. Und ob gleichwohl etwas aus ihnen in das Papier geschrieben wird, gesetzt und herein getragen, wie es wohl geschehen mag, so muß doch das Licht der Natur die Instruktion geben und der Mensch nit.

Zum Exempel: Wir haben das ewige Leben im Evangelium und in der Schrift mit aller Notdurft beschrieben. Nun, obwohl das ewige Leben in der Schrift auf dem Papier steht, ist es doch noch nit genug, daß es so bleibe, wie es im Papier ist, sondern es muß weiter gesucht werden, nämlich von dem und durch den, von dem es gehört wird. Was im Papier angezeigt wird, ist nur ein Buchstaben; was einer aber vermag und was er lernt, das muß er von oben herab gelehrt werden und erleuchtet. So ist es mit der Theorie der Arznei auch zu verstehen. Obwohl sie ins Papier des Buches gebracht werden mag, so bleibt das doch ein toter Buchstabe. Aus dem Licht der Natur muß die Erleuchtung kommen, daß der Text *libri naturae*[1] verstanden werde, ohne welche Erleuchtung kein Philosoph noch Naturkundiger sein mag.

Nun merket von einem andern Buch der Arznei, welches Buch das Firmament ist. Gleicherweise wie in einem Buch mit Buchstaben eine ganze Doktorei kann gesetzt werden, so daß ein jeglicher durch Lesen dieselbige erfahren kann, so ist auch im Firmament ein solches Buch, das da lehret die Kräfte und Lehren zu erkennen. Und der dies Buch nicht erfährt, der kann

[1] Des Buches der Natur.

kein Arzt sein noch geheißen werden. Denn der Arzt wird gezwungen, wie einer ein Buch auf dem Papier liest, so die Sterne des Firmaments zusammen zu buchstabieren und die Sentenz[1] daraus zu nehmen. Und wie ein jegliches Wort eine besondere Kraft hat und doch in sich selbst noch keine Sentenz ist, sondern erst durch Wörter, die die einzelnen zu einem Satz vervollkommnen und so die Sentenz ganz machen, so müssen die Sterne am Himmel auch zusammen gekuppelt werden, um die firmamentische Sentenz daraus zu nehmen, das ist, den ganzen Grund in eins fassen und verstehen.

So soll das andere Buch der Arznei angegriffen werden. Das *Buch* betrügt niemanden, es hats kein falscher Schreiber geschrieben; der hats geschrieben, der keines Papieres bedarf, uns daraus zu lehren.

~~~~~

**Das Buch der Landstraße** Wisset, daß der Verstand des Menschen, der ja ein inwendiger Verstand ist, von den natürlichen Dingen, also von einem Auswendigen, nichts wissen kann. Das ist vor allem not euch zu entdecken. Denn aus eigener Phantasie kann die medizinische Lehre nichts aufrichten; nur was die Augen sehen und was die Finger betasten, das lehrt *theoricum medicum*[2].

Damit ihr das besser versteht, merket ein Exempel. Gesetzt, es wäre einer all sein Tag in einem Kloster

[1] Satz, Spruch, auch Lehre.
[2] Medizinische Theorie.

auferzogen worden, und hätte nichts mehr gesehen als den Klosterbrauch, das ist, wie das Kloster handelt, was sein Wesen, Art und Gewohnheit ist, – derselbige wird nichts weiter wissen als den Klosterbrauch. Kommt einem solchen etwas anderes vor, so weiß er nichts davon, er kennt allein seine Geige. Kommt ihm nun die Krankheit Tartarus vor, so weiß er von derselbigen nichts zu sagen, außer was ihm seine klosterliche Spekulation lehrt, die doch allein aus der eignen Phantasei des Menschen kommt, – denn sie ist nur Ordnung des Gottesdienstes, des Betens usw., und was solche Ordnungen sind, die kommen aus menschlichem Denken. Doch die Arznei kann so nicht bestehen, noch kann sie auf einen solchen Grund gebaut werden. Darum so kann derselbe Klosterangehörige nit auf den Grund der Sache kommen.

Das ist ein Exempel, das von den Ärzten verstanden werden soll. Euer sind zweierlei: eine Art, die da lebt in der erphantasierten Spekulation und in den erdichteten Büchern, und mit der Weisheit, mit der die Klosterordnung gemacht worden ist. Die andern sind die, die aus der Erfahrenheit und durch Experienz und Beobachten und alchemische Operationen ein Ding sichtbar, greiflich und wesentlich finden, sehen und betasten. Darum besorg ich, daß auch diejenigen, die in ihre Bücher und *studiis* eingeschlossen sind, keine größere Erfahrnis haben als der, der in seinem Kloster von seinem Kreuzgang und Glockenseil ein Wissen hat. Nun ist die ganze Summe davon also, daß ich die Beschreibung des Herkommens Tartari, wie sie die Alten setzen, verwerfe, denn sie soll nicht auf eine Spekulation gegründet werden, sondern aus dem

Wirklichen, und sie soll dahin gebracht werden, daß sie demonstrative gezeigt werde. So also soll die medizinische Lehre laufen, – ohne welche Demonstratio der Arzt auf keinen Grund der Dinge kommen kann.

Weil nun die Arten Tartarorum in den Bibliotheken nicht gefunden werden, in denen die Schriften der erdichteten Theorie liegen, so ist not, weiter eine Bibliothek zu suchen, nämlich die, in der da demonstrative gelehrt wird. Nun ist diese Liberei die ganze Welt, nit allein ein Teil, sondern es ist not, sie in den Elementen, auch unten und oben, zu durchwandern. Und nicht, daß das allein hie von nöten sei, zu dieser Krankheit, sondern in der ganzen medizinischen Wissenschaft.

Nicht, daß ich der Liberei an ein Ende gekommen sei, weil ich erkläre, daß nicht das Papier mit der erdichteten Theorie den Ursprung anzeige; sondern die Erde und das Wasser, als zwei Elemente und Mütter, sind die Bücher, in denen die Lehre Tartari genugsam demonstriert wird.

Und so nun ein solches Buch das Buch der Medizin ist, so bekenne ich: wo ich mit ihm aufhöre, da hebt der andere an, der dritte, der vierte usw., so lange, bis alles geendet ist. Das ist: daß ich Asien und Afrika erfahren hätte und diese Blätter umkehrte, ist nit der Fall, auch nit in Europa, dessen ich aber ein genugsam Teil erfahren habe. Jedoch wer mag alle Winkel durchstreichen?

Es ist darum einer jeglichen Nation ihre Arznei in ihr selbst gegeben worden, auf daß sie ihre gebührliche Theorie entwickele. Denn ich kann wohl ermessen, daß meine Rezepte bei den Fremden unfruchtbar sein möchten, und der Fremden Rezepte unfruchtbar bei uns. Das ist, ich schreibe für Europa; ob Asien und Afrika davon etwas genießen mag, ist mir unwissend. Denn wie einem jeglichen Tag seine eigene Plage gegeben ist, so auch einer jeglichen Region und auch einer jeglichen Nation, Provinz, Tal und Erdstrich ihr eigen Übel. Und wie der morgene Tag seine eigene Sorge trägt, so ist auch eine andere Region mit ihrer eigenen Sorge beladen, und so auch eine jegliche Nation, Provinz usw. Darum ist not, daß ein jeglicher ein Kosmographus sei, ein Geographus und habe seine Folia[1] mit den Füßen getreten, und mit den Augen gesehen, was einem jeglichen Land anliegt und was die Wissenschaft dieser Nation demonstrative den Ärzten vorhält.

Darum will ein Arzt ein Wissenschaftler sein, so muß er perambulanisch[2] handeln, peregrinisch[3] und mit Landstreichung die Blätter in den Büchern umkehren; nicht der Mutter im Schoß gebratene Feigen an einem Bratspießlein essen, – wie denn bisher die Skribenten nichts weiter erfahren haben als so weit, daß sie den Ofen allemal bald wieder zu erreichen vermochten. Das ist, in der Stuben ist ihre Erfahrnis. In der Stube aber wird allein erfahren, was die Phantasei gibt, ohne den rechten erprobten und wahrhaften Grund.

Nach alledem kann also die Liberei Tartarorum noch nicht mit geschriebenen Büchern gefüllt werden, es sei denn die Liberei, in der die Blätter mit den Füßen

[1] Große Buchseiten.
[2] Umwandernd.
[3] Pilgernd.

umgekehrt werden, wie ich in diesem Kapitel Meldung tue. So also ist die Wissenschaft vom Tartarus, so werden die Ursachen der Tartari gefunden; aus dieser Liberei gehen die Rezepte. In den Büchern ist die Entstehung des Tartarus nie beschrieben worden. Ein Ding suchen, wo es nicht ist, das ist eine Torheit. Darum sollen wir die Länder durchwandern und die Unterschiede der einzelnen Species erkunden; wie in der äußeren Welt sich die Probe weist, so findet es sich auch im Tartarus des Menschen.

Schämt ihr euch aber zu wandern, und zu suchen ein Ding dort, da es ist, so könnt ihr nicht an das Ziel kommen. Was schadet es, daß du lernest, was dich deine Augen lehren, was dich die Experienz lehret? Müssen nicht solche Ding gelernt werden durch die Augen? Die Augen, die in der Erfahrenheit ihre Lust haben, dieselbigen sind deine Professores.

~~~~~

**Alchimie**   Drei Säulen, so lehrte Paracelsus, hat die Medizin. Die Philosophie, die Astronomie (diese beiden Begriffe werden von Paracelsus nicht immer scharf voneinander geschieden, gehen mitunter ineinander über) und die Alchimie. Alchimisten und Wundärzte sind die Besten in der Medizin (der Wundarzt ist kein Arzt, er ist der Bader, kein gelehrter Mann; erst Paracelsus hat die Wundarznei zur Medizin gezählt). Die Theologen taugen nichts; denn was »sich seelt«, was von der Seele handelt, das »leibt sich« nicht, hat mit dem Leibe nichts zu tun, so bildet er mit spöttischem Augenzwinkern eine neue Weisheitsregel. Poeten, das sind die Humanisten, leisten auch nicht viel.
Nach diesem Eingang kommt er endlich auf die Alchimie. Sie öffnet, wie wir schon wissen, das Verständnis für den Aufbau der Natur; sie lehrt, was die Materia in den Elementen ist. Die

ersten Kapitel dieses Lesebuches zeigen es zur Genüge. Sie ist die Scheidekunst; der Anfang aller Alchimie ist Scheiden, ist das Zerlegen, oder wie sie selber sagt, digestio. So scheidet sie das Unreine ab vom Reinen, sie trennt das Wirksame der Arznei von dem nicht wirksamen Überflüssigen ab. Und sie ist die, die das vollendet, zum Gebrauche fertig macht, was die Natur dem Menschen auf dem Acker und im Weinberg bietet. Sie führt die *ultima materia* der Natur (das Korn) in einen Zustand über, der ein Anfangszustand ist (in Mehl), und bringt die *ultima* so in die *prima materia*, aus der der Mensch die neue *ultima materia* (das Brot) bereitet. Der Kreislauf: Zerstörung der *ultima materia*, die *prima materia* wird, und ihre neue oder Wiedergeburt – wie Paracelsus auch die neue *ultima materia* mit einem christlichen Wort zu nennen pflegt, geschieht in der Retorte, wenn der Alchimist ein chemisches Werk bereitet, und es geschieht im menschlichen Leben überall und täglich. Das, was der Mensch tut, das ist also alles Alchimie. Die Alchimie ist nur ein Fertigmachen des von der Natur Gebotenen – und wie die Nahrung, so muß die Arznei vollendet werden. Was der Archeus, der Bereiter oder Handwerksmann, im Elemente macht, das macht der Arzt, wenn er die Medizin bereitet und vollendet.

Und hier knüpft das Fragment des Paragranum-Buches wieder an. Der Arzt ist Philosoph und Astronom, er kennt den Makrokosmos, noch aber ist er kein Arzt – erst wenn er die Arznei vollendet, wenn er die »Früchte« der Natur zur Zeitigung, zur Reife, bringt, wenn er das, was der Makrokosmos trägt, zur Reife bringt, erst dann ist er der Arzt, der wahrhaft Hilfe leisten kann.


Die besten zu der Arznei sind, die aus den Künsten erwachsen, aus den Alchimisten, aus den Astronomen, aus den Wundärzten, denn sie sind unverdrossen, vieler Arbeit gewohnt, treu, wahrhaft und redlich. Aus der Theologie wird kein Arzt geboren, denn das sich seelt, das leibt sich nit. Aus den Juristen entspringt auch kein guter Arzt. Aus der aristotelischen Philosophei ist auch keine Gebärung eines Arztes, denn sie erkennen sich selbst nit. Der Poeten Art duldet keinen Arzt. Aus Handwerksleuten werden sie faul, aus den Müßiggehenden liederlich.

Wisset, daß die Natur die Alchimia haben will.

Alchimia, diese Kunst lehret finden, was in einem jeden Corpus liegt und was im selbigen ist. Und der solches nit weiß, der hat den Anfang der Arznei nit, sitzt noch im Donat.[1]

Wenn ihr Alchimie nicht wißt, so wißt ihr auch nicht die Materia der Natur.

Alchimie ist Scheidekunst. Ohne die Scheidung ist nichts kräftig, denn die Scheidung zeigt das, das in dem Dinge ist. Wenn Sommer und Winter *ein* Ding wäre, so geschähe keine Gebärung der Dinge; wenn Mond und Sonne *ein* Ding wäre, so wäre kein Licht auf der Erde. Wisse auch, daß zu Anfang nur das Wasser war[2] und nichts darin gewesen ist von Kräften; aber in der Scheidung, da erblühten die Kräfte.

In der Alchimie, da finden wir den Grund der Medizin und alles, was not ist. Wiewohl die Alchimie in Verachtung gekommen ist und so gut wie vernichtet ist, soll doch der Arzt sich das nit bekümmern lassen, denn andere Künste sind auch in Verachtung, wie die Astronomei und die Philosophei und andere mehr. Ich

[1] Mittelalterliche lateinische Grammatik für Anfänger.
[2] 1. Mos. 1, 2.

weise euch auch zu nichts anderem in die Alchimie als allein zur Bereitung der Arznei, zu bereiten die Arcana, zu scheiden das Reine vom Unreinen, auf daß du eine lautere reine Arznei habest, eine vollkommene, eine gewisse, die da in ihrer Kraft und Macht am höchsten ist.

Die Natur ist so subtil und scharf in ihren Dingen, daß sie ohne große Kunst nicht gebraucht werden kann, denn sie gibt nichts an den Tag, das vollendet sei, sondern der Mensch muß es vollenden. Diese Vollendung heißt Alchimia. Ein Alchimist ist der Becke, indem er Brot backet, der Rebmann, indem er den Wein macht, der Weber, indem er das Tuch macht. Und so, was aus der Natur dem Menschen zu nutz wächst, — der, der es zu dem Ziele bringt, zu dem es bestimmt ist von der Natur, der ist ein Alchimist.

Der Arzt ist ein innerer Astronomus und ein innerer Philosophus, geboren aus der äußeren Astronomei und Philosophei. Noch ist aber kein Arzt da. Sondern ebenso, wie der Knopf[1] in der Blüte eine Materia der Birne ist, und ist die Birne, aber noch niemandem nütze, so da auch; da ist wohl ein Arzt, aber die Ernte ist noch nicht da, deshalb muß er ein Alchimist sein. Was macht die Birne zeitig, was bringt die Trauben? Nichts als die natürliche Alchimei. Was macht aus Gras Milch? Was macht den Wein aus dürrer Erde? Die natürliche Digestion. So also wie die Natur draußen einen Alchimisten abgibt, so muß auch die Arznei zeitig gemacht werden. Und wie die Bereitung aller Materien in

[1] Knospe.

der Natur geschieht, so muß sie auch geschehen durch den Arzt. Zeitigung der Früchte ist natürliche Kochung. Was die Natur in sich hat, das kocht sie, und wenn es gekocht ist, so ist die Natur vollkommen. So auch, wenn der Arzt kochen kann, was die Philosophei und Astronomei innehalten, so ist er ein Arzt, dessen man sich wahrhaftig trösten und freuen mag.

Wie die Blumen aus der Erde wachsen, so wachsen auch die Arzneien unter den Händen des Arztes. Denn er ist in seiner Kunst gleich der Erde, die diese Möglichkeiten in sich hat. So soll er sie auch haben und sich nach ihrem Exempel richten.
Wie du siehst, daß im Winter in deinem Garten kein Kraut noch Blumen stehen, und so verborgen ist die Erde, daß du nicht weißt noch siehst, was in ihr liegt, aber du weißt, daß darin Kräuter, Blumen und mancherlei Gewächs liegen, obwohl du sie nicht siehst. So auch ist die Arznei in deiner Hand. Du siehst nichts in ihr; du weißt aber, daß etwas in ihr ist gleich einem Samen, der sieht seinem Ziele nicht gleich, dahin er kommt. So ist auch die Arznei in deiner Hand nur ein Samen. Diesen Samen mußt du wachsen machen, auf daß du denselbigen zu dem bringst, das er werden soll[1]. Du hast zum Beispiel Gold und weißt, daß im Golde große Tugend liegt; du hast sie aber noch nicht, weil sie noch in ihm liegt, das Gold ist noch nicht zur Arznei erwachsen. Darum, wie der Archeus in der Erde handelt, kochet und macht, so soll der Arzt der andere Archeus sein, der da ebenso verfahre mit seinem Ge-

---

[1] Nämlich, daß er ein Arcanum, eine Arznei, werde.

wächs wie der Archeus in der Erde. Sein Baum wird zu Gold, dein Baum wird zu Arznei; er ist in der großen Welt, du in der kleinen. Laß das Gold den Samen sein, sei du die wachsende Kraft.

Die Rose ist groß im ersten Leben und wohl geziert mit ihrem Geruch; solange sie den hat und behält, solange ist sie noch keine Arznei. Sie muß faulen und sterben und neu geboren werden, — *dann* redet von den Kräften der Arznei, dann verordnet sie.

Denn wenn der Magen nichts ungefault läßt, das zu einem Menschenfleisch werden soll, so wird auch nichts ungefault bleiben, was zu einer Arznei werden soll. Darum achte nicht auf das erste Leben, suche auch nit in ihm alle seine Kräfte, das was es ist, zergeht und bleibt nit. Was nit bleibt, was nit in die neue Geburt geht, das geht den Arzt nichts an.

Alle seine Arbeit soll sein, daß die Rose in die neue Geburt gehe; da entspringen die rechten Sulphur, Mercurius und Salz, in denen dann alle Geheimnisse liegen und Gründe, Werke und Kuren. Auf das Leben bau nichts, das das erste ist, auf das andere geh, in selbigem suche!

Die Arcanen sind nit alte Dinge, sondern neue Ding, nit alte Geburt, sondern neue Geburt. Die alten Geburten sind die Wesen und Formen, wie sie in der Welt stehen. Ebenso wie uns die Form solcher Dinge nichts nützt, sondern sie zerbrochen werden muß und eine neue daraus werden, sonst ist sie nichts nutz, so muß da auch ein Verlieren aller alten Eigenschaft sein. Es sei denn, daß Solatrum[1] seine »Kälte« verliere, sonst wird es keine Arznei; ebenso es sei denn, daß Anacardi[2] seine »Hitze« verliere, sonst wird es keine Arznei sein. Das ist in der Summe: es sei denn, daß alle alte Art absterbe und in die neue Geburt geführt werde, sonst werden keine Arzneien sein.

Wir haben damit den Kreis der paracelsischen Medizin umschritten. Wir sahen, wie seine Lehre von der Krankheit aus zwei Fundamenten sprießt, aus einem neuplatonischen Grunde und aus einem alchimistischen. Wir hörten dann auch, was die Arznei sei und auf welche Art sie hilft. Wir haben erfahren, was denn der Arzt sei, welcher Tugenden er bedarf, aus welchen Büchern er gelehrt wird, was die Alchimie ihm nützt – das hat von Paracelsi medizinischen Lehren einen genügenden Begriff gegeben. Wir dürfen von ihnen, mit dem Rückblick auf die Philosophie des Arztes, die uns zu diesem Kapitel geführt hat, wieder Abschied nehmen.

~~~~~

**Philosophie des Arztes** Eines jeglichen Arztes Grund soll aus der Natur gehen, aus der Philosophie.

So ein Arzt nicht durch die Philosophei in die Arznei kommt, der kann kein Arzt sein, denn er geht nicht die rechte Tür hinein, sondern steigt oben durch das Dach in sie. Darum werden aus solchen Mörder und Diebe. Durch die Philosophei geht das Tor in die Arznei; so ist der Weg in sie, so muß sie gelernt werden. Und was

[1] Alte Form für Nachtschatten.
[2] Anacardie, die Frucht des Anacardienbaumes oder Acajou, des Nieren- oder Elefantenlausbaumes in Amerika und Ostindien.

außerhalb dessen ist, das ist ein erdachtes Ding, Phantasei, ohne Grund. Darum bewegts der Wind hin und her wie das Rohr; das ist, sie können keinen festen Grund finden, der gewiß sei.

Es lautet ein alter Spruch unter den Gelehrten: wo der Philosophus aufhört, da fängt der Arzt an.

# LEBENSWEISHEIT

Die gemeine Philosophie, wie wir das erste Buch mit Paracelsi eigenen Worten überschreiben könnten, gibt einen gemeinen Verstand und eine gemeine Lebensweisheit, so wie die *philosophia adepta* eine tiefer dringende Weisheit tragen wird. In dieser seiner Lebensweisheit aber erscheint uns Paracelsus als einer der besinnlichen und nachdenklichen Männer seiner Zeit, als ein kluger und verständiger Mensch, ein Bürger, wie eine Gemeinde ihn sich wünschen mochte. Er hat zuweilen abseitige Ideen, doch hinter diesen Gedanken birgt sich ein fast hausväterliches Denken – man nehme nur seine Sätze über die beste Zeit. Der Bürger des Lutherschen kleinen Katechismus und der von Hebels »Schatzkästlein«, der biedere Mann, wie er in unsern Schullesebüchern fortlebte, tritt uns hier entgegen. Dieser bedächtige und kluge Mensch ist auch ein echter Bürger der Gemeinde. In den freien Reichsstädten und in den Gemeinwesen der Schweiz hat Paracelsus sich seine politischen Anschauungen gebildet. Über allem aber steht ihm die Liebe zum Reich. Das Reich ist ewig, denn es ist das Reich des Kaisers Cäsar, das Heilige Römische Reich jetzt Deutscher Nation, das nach der Johanneischen Apokalypse ebenso wie nach den Worten der Sibyllen bis in die Stunden des Gerichtes stehen soll – und diese Ewigkeit ist notwendig, denn Gott selbst hat sie gewollt und sie erfüllt den einst von Gott gesetzten Sinn. Hier stoßen wir wieder auf Gedanken, die für Paracelsus kennzeichnend und bestimmend sind: Nichts geschieht nur natürlich, nichts nur äußerlich, sondern alles geschieht sinnerfüllt. Das lehren auch seine Bemerkungen zur Geschichte, wenn er geschichtliche Ereignisse (die »Praktik«) als das Realwerden geistiger Kräfte (der »Theorie«) erklärt. Das, was zur Wirklichkeit geworden ist, war vorher geistig, firmamentisch, da, und nur, was Gott durch seine firmamentischen Kräfte treibt, hat »Sinn«.

***Die beste Zeit*** Hausväterlich bieder mutet uns der erste Abschnitt an; man sieht es fast, wie einer durch den Garten und die Felder stapft, wie er mit seinen Gedanken an den Fragen hängen bleibt, wann es die beste Zeit sei, Kraut zu pflanzen oder Holz zu schlagen. Denn wie die Zeit vergeht, so wandeln sich doch auch die Kräfte, und was die eine Jahreszeit uns an Gutem gebracht hat, das nimmt die andere wieder weg. Weil also nicht immer die rechte Zeit ist, Obst zu brechen oder Holz zu fällen, so fragt es sich, wann denn die beste Zeit sein möge? Er nennt sie die balsamische Zeit, das meint die Zeit des Balsams in den Pflanzen. Was dieser Balsam sei, das gibt er in den nächsten Zeilen an: Er ist die Kraft, die eine Mumie vor der Fäulnis retten kann, und ist mithin die Kraft, die auch das Obst vorm Faulen schützt; er ist in der Arznei die wirkende und das Leben stärkende Kraft. Und wie ein guter Hausherr denkt er über diese Zeit und Stunde nach.

Will man von dem Unterschied der Zeit und der Veränderung der Kräfte und Unkräfte philosophieren, so ist erstlich zu wissen, daß die Zeiten im Jahre ungleich sind, und daß mit der Zeit sich auch alle Kräfte verwandeln und ab- und zunehmen wie der Mond, und herumgehen wie ein Rad, jetzt ist das unten, jetzt oben, das aber wieder unten, – und wie eine Unruhe in einer Uhr, die nicht stillsteht, sondern für und für hin und wider geht, oder auch ein Auf- und Niedersteigen, wie die Sterne und Zeichen am Firmament, die alle Stunden anders sind. Denn anders ist der Lenz, anders der Sommer, anders der Herbst, anders der Winter. So ist es auch mit den Monaten, anders ist der Januar, anders der Februar, anders der März, Mai usw., und so mit allen Monaten. Das gleiche gilt von Tag und Nacht, denn anders ist der Morgen, anders der Mittag, anders der Abend, anders die Mitternacht usw. Und auch hierbei ist eine Zeit verschieden von der anderen, auch besser und böser ist eine als die andere. So ist es auch mit dem Mond zu verstehen. Denn anders ist der Neumond, anders das erste Viertel, anders der Vollmond, anders das letzte Viertel.

Alle Kräfte ändern sich und verwandeln sich. Dafür habt ihr ein Exempel und sehet es am Winter; derselbige bringt Schnee und Eis, der Lenz aber nicht, sondern der verzehrt und vertreibt, was der Winter bringt. Der Lenz macht Schnee und Eis zu Wasser, denn er ist feucht und macht ein weiches, lockeres Erdreich. Das tut wieder der Sommer nicht, sondern er trocknet, — und der Herbst ist auch einer andern Wirkung. Weil nun solchem nicht widersprochen werden kann, so folgt, daß nicht allezeit gut ist, Lehm und Letten zu graben, Holz zu hauen oder zu fällen, noch viel weniger Kräuter zu sammeln, Obst zu brechen, Wurzeln zu graben, Balsam und Harze zu sammeln, das vielmehr alles in einer balsamischen Zeit, alles nach den Monaten, Monden und Zeichen, und auch zu besonderer Zeit am Tage geschehen soll.

Welches aber die rechte balsamische Zeit sei, darin die Kräfte eines Dinges erhalten werden, wie die Mumia vor der Fäule, — da ist erstlich unter den vier Zeiten des Jahres der Herbst am besten, unter den Monaten der September und Oktober. Dann ist der Mond im Abnehmen und in den letzten drei Tagen am besten, und dann der Tag des Morgens früh, zu Anfang des Tages. Denn gleicherweise, wie der Mensch am Tage arbeitet und nach solcher Arbeit müde und kraftlos ist, und zur Nacht, wenn er seine Arbeit verrichtet hat, gern seine Ruhe hat und seinen Schlaf, so tun auch alle Früchte und Gewächse der Erde, Wurzeln, Kräuter und dergleichen. Denn mit der Sonne handeln und arbeiten alle Früchte, die aus der Erde wachsen, und ruhen und schlafen mit dem Mond. Wie der Mensch nach genügendem Schlafen am gesundesten, stärksten und kräftigsten ist, so auch alle Früchte, und das ist nach Mitternacht und nicht vor Mitternacht.

Wir sehen dafür ein Exempel am Obst; so das in balsamischer Zeit gebrochen und abgeschnitten wird, liegt es viel länger und fault weniger denn sonst, und ein jedes Obst, das gebrochen wird nach Mitternacht, oder doch vor Aufgang der Sonne, liegt am allerlängsten...

~~~~~

**Gut Regiment** Der Mann, der aus dem Denken des fünfzehnten Jahrhunderts kam, der wie ein kluger und besonnener Hausvater seine Tage einzuteilen weiß, dem muß sich auch die äußere Welt im *patriarchalischen Sinn* ordnen. Ein jedes Land braucht einen Herrn und braucht ein Haupt, denn ohne ein Haupt zerbräche die Ordnung; wir werden hören, daß der Begriff der Ordnung für Paracelsus ganz entscheidend ist. Was er beklagt, sind die schlechten Häupter seiner Zeit; längst sind die Jahre dahin, in denen Zoroaster zugleich König und Weiser war (die von Paracelsus ersehnten Magi sind nicht Zauberer, sondern Weise).

In gleichem Maße liegt ihm Heraufkunft und Sturz der Herrscher im Sinn. *Ein* Mann zerbricht die Herrschaft nicht und schafft sie nicht neu, wohl aber vermag er einen ersten Schritt dazu zu tun.

Wie sind dergleichen Gedanken möglich? Nun, sie haben mehrere Wurzeln; da sind zuerst die astrologischen Prognostica, in deren Prophezeiungen aus den Sternen sich dergleichen Sätze fanden. Dann aber entspringen solche Überzeugungen dem politischen Denken Paracelsi, das man sich nicht so klein vorstellen darf, wie es wohl scheint; sein ganzes Tun ist ja in einem gewissen Sinne ein politisches Tun. Er fragt einmal: Weswegen hassen mich die andern? Und gibt sich selbst zur Antwort: weil ich deutsch bin.

Weil er ein Deutscher ist – daraus erklärt sich auch der feste Glaube, den er an den Bestand, die Ewigkeit des Reiches hat; es ist unüberwindlich, unzergänglich, da Gott es will; das Reich ist ja in Gottes Weltplan eingeordnet. Das *nicht* von Gott Gewollte, also Alexanders des Großen Tapferkeit, die Heldentaten der antiken Männer, die von Titus Livius und Plutarch, von Vergil in der Aeneis so gepriesen wurden, sie sind aus *menschlichem* Geist entsprungen und deshalb vergänglich.

~~~~~

**Der Fürst**    Nichts ist so gut, das nicht eben so arg werden kann, wenn es ohne ein Haupt ist. Ohne-ein-Haupt-sein gibt Hoffart: die gebärt nichts Gutes. Darum wird ein Haupt gelegt auf dich, daß du unter dem Haupt ein Glied sein und dich drücken lassen mußt.

Mein höchster Wunsch wäre, daß es noch in der Welt stünde unter den Fürsten, Königen und Herren, wie es gestanden hat zu den Zeiten der Magi, da würden die Tugenden wunderbar zunehmen in allen Dingen, so daß sich der Mensch aufs höchste verwundern müßte, daß Gott ein solcher Künstler gewesen ist, der in die Natur solche wunderbarliche Dinge gelegt hat und der das alles dem Menschen gegeben hat zu erforschen. Aber die Magi sind aus; da ist nichts Magisches mehr als Hurer und Buhler, Räuber und Diebe.

Es ist zu erbarmen, daß so gar kein Magus unter den Fürsten ist, und sie nichts wissen als Tanzen und die

Wölfe in den Rat setzen und die regieren lassen, die sich und den Herren genug finanzen[1]. Und so ist es mit den Geheimnissen der Natur gegangen, daß nach Abgang der Magie verloren und verachtet sind worden alle Künste, und sind in den Menschen erloschen, und es sind angegangen die Schreiber in den langen Rökken, und die reißenden Wölfe regieren jetzt alle Welt und die Künste sind verschwunden, und eine Räuberspelunke ist auferstanden.

*Ein* Mann bricht keine Monarchei, er macht auch keine, aber wohl fängt er sie an.
Wenn ein Haupt von einem Lande stirbt, so wirkt das nit allein in der einen Person, — denn ein Mensch ist bald erwürgt, — sondern die erleiden alle dieses Hauptes Gericht, die das Haupt gehalten haben.

~~~~~

**Das Reich**  Ein jeglich Reich, das in sich selbst geteilt ist, zergeht. Also zergeht kein Reich ohne eigene Zerteilung. Die höchste Aufbauung eines Hauses und Bündnis eines Reiches ist, daß sie wandeln in *einem*.

~~~~~

**Die Gemeinde**  Die Gnade ist einem jeglichen von Gott gegeben, daß der Mann nach der Führung strebt in der Gemeinde. Es ist auch eine treffliche Tugend und eine gute Art an einem jeglichen, daß er nach

[1] Aussaugen, plagen.

solcher Gnade strebt, und ficht, übet, und hält sich, damit er eine ganze Gemeinde, das ist den gemeinen Nutz, fördere und ihr ein Vorgeher sei.

Wir finden, den gemeinen Nutz zu fördern, dreierlei Notdurft. Eine ist, daß sich etliche befleißigen, die Polizei[1] in ihren Kräften zu erhalten. Die dritte, die mehr als die Polizei ist, ist das Ewige, das wir in uns haben, täglich ohne Unterlaß zu betrachten. Aber das Mittel zwischen den zweien ist, den Leib in Gesundheit zu erhalten und den Weg, um den Kranken in seine alte Gesundheit zu bringen, mit emsigem Fleiß zu ergründen.

~~~~~

**Das Deutsche Reich vergeht nicht**  Unser männliches Wesen, Taten, Hübsche, Stärke, Gelehrtheit, Weisheit, Geschicklichkeit usw. werden geteilt in zwei Wirkungen, in ein Natürliches und Übernatürliches, auch in ein Überwindliches und in ein Unüberwindliches, in ein Tödliches, und ein Untödliches, – so wie wir Menschen ein Instrument sind, durch welches Natürliches und Übernatürliches, Überwindliches und Unüberwindliches, Tödliches und Untödliches vollbracht und vollendet wird.
Damit ihr solches in rechtem Verstand begreift, so merkt auf die nachfolgenden Exempel. Beide Wirkungen, des Natürlichen und des Übernatürlichen, werden so geschieden: Alexander der Große, Pompejus, Scipio

[1] Verwaltung und Regiment.

usw., die haben ihre Taten getan aus natürlichen Kräften, und haben in denselben die Menschen übertroffen, deswegen aber auch sind sie überwindlich und tödlich gewesen und all ihr Sieg und Triumph ist mit ihnen hingeschmolzen.

Also, wenn der Mensch seine Gelehrtheit, seine Weisheit, seine Kraft in natürlichem Wandel führt, so fällt er mit der Natur in den Tod. Weiter nun nehmt Cäsar, den Kaiser, dessen Geschichten und Taten übernatürlich erscheinen. Darum ist seine Monarchie geblieben und bleibt bis an das Ende der Welt, und wird unüberwindlich sein, und dem Tode nit unterworfen sein bis auf den Tag des zukünftigen Gerichtes.

Weiter gedenkt an viele Kriegsleute, die in den Historien beschrieben sind, die alle trefflich im Lichte der Natur aufgestanden sind, wie uns Vergil von Troja schreibt, wie Titus[1], Justinus[2], Thukydides, Plutarch usw. schreiben. Diese Helden sind mitsamt ihren Gesetzen, Geschichten, mit Schild und Helm begraben; das ist, sie sind niemanden mehr Nutz. Aber immer noch besteht die unüberwindliche Monarchie des Kaisers Julius Cäsar. Also – ein Teil dieser Geschichte gleicht der Natur, der andere Teil ist über die Natur; so wird Tödliches und Untödliches, Natürliches und Übernatürliches voneinander geschieden.

Um die Dinge besser zu erklären, so merket, daß in

---

[1] Titus Livius, der römische Historiker (59 v. Chr.–17. n. Chr.), behandelte in 142 Büchern die gesamte römische Geschichte.
[2] Ein gewisser Justinus (3. Jahrh. n. Chr.) fertigte aus des Galliers Pangeius Trogus »Philippica«, der ersten Universalgeschichte (um 20 n. Chr. verfaßt), in deren Mittelpunkt die makedonische Geschichte stand, einen willkürlichen Auszug an.

dem Übernatürlichen, wie in Simson, der da mit des Esels Kinnbacken eine große Zahl des Kriegsvolkes schlug[1], Gott wirkt. Diese Stärke ist nit Herkules' Stärke gewesen noch die Alexanders des Großen, sondern eine übernatürliche. Die Mannheit und der Sieg Davids gegen Goliath war nicht eine Stärke wie die Catos oder Hannibals, sondern war unüberwindlich.

Daraus entnehmt nun, daß der Mensch ein Instrument ist, durch das die Natur wirkt, und auch ein Instrument, dadurch Gott wirkt. Was die Natur durch ihn wirkt, das verschluckt die Erde. Also ward Alexander usw. verschluckt; was aber Gott durch den Menschen wirkt, das verschluckt die Natur nit. So ist Cäsars Monarchie geblieben, und deswegen hat auch Christus seiner Monarchie geheißen: dem Kaiser zu geben, was dem Kaiser gehört[2]; – das muß geschehen bis an das Ende der Welt. Die Hübsche der Helena von Troja und die Schöne der hübschen Lucretia[3] waren Lichter aus der Natur, darum wurden sie von der Erde verzehrt. Die Hübsche und Schöne der Petronella[4] war ihr aus Gott gegeben, darum kann sie die Natur nicht verzehren noch hinnehmen.

Aus diesen zwei Exempeln folgt, daß ein Teil sein muß und der andere muß nicht sein. Der Teil, der nicht sein muß, das ist der natürliche Sieg. Denn was Nutz ist gewesen der Römer Weisheit der ganzen Welt? Nichts, denn als Gott die Weisheit einem andern Reich auch

[1] Richt. 15.
[2] Matth. 22, 21.
[3] Römerin, die durch Tarquinius Superbus entehrt wurde und sich selbst den Tod gab.
[4] Angeblich Jüngerin des Apostels Petrus. Ihr Tag ist der 31. Mai.

gegeben hat, ließ er die Römer untergehen als die, die unnotdürftig waren, die ganze Welt zu regieren, die ohne sie auch Weisheit genugsam hatte. Und er erhielt die, die sein muß, wie die Monarchie des Kaisers, welche die natürliche Weisheit überwand gleicherweise wie Simson die Philister.

~~~~~

**Unser Brot ist so gut wie das fremde**  Die Überzeugung, die Paracelsus von dem Reiche der Deutschen glauben ließ, es sei von Gott gewollt und es bestehe nach dem Willen Gottes, die läßt ihn auch die Mängel und die Fehler dieses Reichs verteidigen – denn es sind keine Mängel. Und das führt er aus. Das Reich des Herrgotts ist viel größer als das Reich der Menschen; wenn es nicht wäre, wie wollte sich dann das menschliche ernähren. Und wenn man von den großen Leuten in den Reichen der Menschen schreibt, dann ist es recht, auch von der Speise aus dem Gottesreich zu sprechen. Nach dieser Vorbemerkung geht er an das eigentliche Thema. Gott hat den Reichen der Menschen jeweils ihre Notdurft zugeordnet; ein jeder in jedem Reich hat Essen, Trinken, eine Wohnung und die Kleidung – die unzufriedenen Mäuler aber wird man nirgends stopfen können. Und haben die Schwaben Weizen, so können die Slavonier Heidkorn essen, das so gesund ist wie der Weizen; haben die Sizilier Wärme, so wächst im Schwarzwald Holz, das denen unterm Ätna mangelt. Man darf deshalb das Vaterland nicht für geringer achten.

Der paracelsische Beweis geht einen ungewohnten zickzackartigen Gang. Uns kommt es heut auf diesen Beweis ja nicht mehr an – wir hören aus ihm nur, wie ein Mann sein Vaterland verteidigt und wie die Mängel dieses Landes ihm zu einer Schönheit werden, wie er es schön und gut sieht, weil ihm seine Liebe zugehört.

So wie die Menschen sich in besondere Reiche teilen und wollen von einander geschieden sein, so hat Gott besondere Reiche geschaffen in der Schöpfung. Wer wollte nun nicht seine Reiche zählen, da doch der Menschen Reiche so bedachtsam von Titel zu Titel erzählt werden? Denn welches ist wohl das Höchste in der Vernunft, das Reich Gottes oder das der Menschen zu erkennen, dieweil das Reich Gottes das Reich der Menschen nähren muß. Denn was äße das Reich Germaniae, oder wie möchte es sich erhalten im Winter vor der Kälte, wenn das Reich Gottes nit dasselbe versorgte mit Feuer oder mit Korn? Weil nun die Reiche der Welt, das ist der Menschen, mit großen Rotten, Amtleuten und Vernunft erhalten werden, und von Haus zu Haus, von Küche zu Küche beschrieben werden, warum sollte dann nit auch und mit größerem Fleiß, Liebe und Bedachtsamkeit die Küchenspeis, die aus dem Reich Gottes kommt, betrachtet werden?

Weil nun Gott ein jegliches Land mit seiner Notdurft versorgt hat und keines gegen ihn kann in Klage stehen, – denn Ursach [der Notdurft ist]: wir sind alle Menschen; so weit die Welt geht, bedarf der Mensch nichts als Essen und Trinken, Kalt und Warmes, und ein Dach zu einem Schatten, – wer ist dieser Dinge beraubt, so daß er deswegen könnte Gott einen Tadel zumessen? Die, die Ungarn und Etschland allein um des Goldes willen lieb haben, oder den Rhein seiner Salmen[1] wegen, – weder Gott noch der Mensch kann denen ein Genüge tun, die also geartet sind.

Wir schreiben von der Notdurft.

[1] Fisch.

Aus dem allen folgt nun, daß sich der Schwarzwald nicht beklagen kann wegen des Winters, weil er den Ätna nit hat, denn er hat Holz und Steine. Wieso sollte Slavonien des Brotes halber klagen über Schwaben, weil die Slavonier von ihrem Heidkorn[1] das Alter erlangen, das jene mit dem Weizen erreichen? Oder sollte das Allgäu über Elsaß des Weines halber klagen, da ihnen doch in Stärke und Schöne nichts abgeht? Gott hat seine Wunder so geschaffen [wie sie sind], und so hat es ihm beliebt, sie auszuteilen, denn das Reich ist sein. Und Gott hat in seiner Ordnung die Gesundheit und Notdurft der Menschen angesehen, und sie alle versorgt. Und so wenig ein Balsamholz besser ist zum Kochen als das buchene, so wenig schadet es, Wasser statt Wein zu trinken, und Rindfleisch statt den Fasanen zu essen. Denn was nützt uns die Hübsche, was die Schöne in Nöten? Gott hat sein Werk wunderbarlich gesetzt und in solchen Dingen kein Ansehens gehabt.

Der Mensch beschreibt den Karfunkel, den Rubin, den Topas und vergißt den Kristall, der in Tugenden höher als die alle ist. So bleiben die minderen Steine, die doch mit größeren Tugenden begabt sind, zurück. Es ist wie mit dem Wein, — das Wasser vollbringt mehr, denn einem Weine möglich gewesen wäre, auch in des Weines Tugenden.

Weil nun das so durch Gott geschaffen ist, so erfordert es das Licht der Natur, dasselbe zu erklären, und das, was im Vaterlande wächst, nicht zu verwerfen oder einen Tadel darauf zu legen, obwohl es so ist, daß

---

[1] Buchweizen.

fremde Dinge lieb sind und höher denn das Heimische gehalten werden.

~~~~~

**Der Himmel macht die Geschichte**   Nach diesem Exkurs über Paracelsus und das Vaterland nimmt unser Lesebuch ein schon einmal berührtes Thema wieder auf. Es handelt sich wieder um die »Ursache« des Geschehens, die wir gemeinhin als geschichtliche zu bezeichnen pflegen. Das, was geschieht, ist nicht nur Schießen, Hauen, Stechen, nicht nur ein sinn- und ursacheloses Kriegen über Meer und Land; es muß in einer geistigen Bedingtheit seine Wurzel haben: Das reine Geschehen, die Muskeltätigkeit, nennt Paracelsus »Praktik«, die geistige Bedingtheit des Geschehens heißt er »Theorie«.
Nun gibt es zwei Helden: die aus Gott und die aus irdischen Kausalitäten. Die Helden aus Gott kann man aus irdischen Gründen nicht verstehen. Die Helden, die nicht aus Gott sind, werden vom Gestirn getrieben; der geistige Mensch, sein Wollen, Denken, Suchen, Planen, ist damit gemeint. Geschichte ist also nicht ein äußerliches Aneinanderreihen von Geschehnissen; wir fragen nach dem Gestirn, nach den kausalen Wurzeln der Geschichte.
Das greift sehr weit voraus – genau so weit voraus wie die hierzu parallele Forderung, daß man die Ursachen der Krankheit, aber nicht die sie begleitenden Symptome heilen müsse. Ein uns sehr naher, nicht mehr mittelalterlicher Denker wird hier sichtbar.

Ein Geschichtsschreiber muß seine Beschreibung doppelt zu geben verstehen; einesteils theoretisch, und anderntteils praktisch. Der Teil, den er theoretisch gibt, ist, daß er alle Taten, Geschichten, Triumph und was noch ist, aus der *Astronomei* erkennen und verstehen soll und nach demselbigen erst soll er den *Menschen* beschreiben, das ist in die Praktik führen.
So versteht es auf das Kürzeste an Alexander dem

Großen. Wer will sein Werk, Taten, Sieg, Lob usw. beschreiben, der des Himmels unwissend ist? Allein der, der den Himmel in gutem Wissen trägt, kann Alexander beschreiben. Denn wenn Alexander auf Erden beschrieben wird, was wird an ihm beschrieben als allein die Praktik? Wer kann aber eine Praktik vollkommen verstehen, der nit ein Theoretikus ist? Alexander ist die Praktik, der Himmel die Theoretik. Denn im Himmel ist auch ein Alexander, der ihm vorangegangen ist, aus dem er geboren ist, dessen Praktik und Operation auf Erden er vollbracht hat.

Hierauf folgt, daß der Geschichtsschreiber am ersten den Vater beschreiben soll des Sohns, das ist: nit den Vater, den Mann seiner Mutter, sondern *den* Vater, den des Sohnes Mutter nie gekannt hat. So schreibt er aus der Theoretik und nachfolgend erfüllt er der Theoretik Werk, das ist die Praktik.

Nun versteht, daß hier ein Unterschied ist zwischen den Menschen; nämlich, daß entweder aus den *astris* oder aus Gott der Handel geführt wird. Wenn der Handel aus Gott geführt wird, so müßt ihr wissen, daß diese Theorie nit vom Himmel geht, sondern aus Gott selbst genommen werden muß, – wie bei der Beschreibung des Petrus, Paulus, Andreas, Salomon, David, Jeremias, Johannes baptista[1] und was ihresgleichen sind. Aus Gott sind sie gewesen, darum nehmen sie aus Gott ihre Theorie. Der nun die Leute beschreiben will, – wer kann sie vollkommen und gerecht beschreiben, der nit in der Theorie von Gott bekannt ist? Niemand. Denn der Täter auf Erden muß aus Gott verstanden werden.

---

[1] Johannes der Täufer.

Ebenso wird auch der Himmel für einen Gott genommen, derer, die aus ihm handeln. Wie Alexander magnus[1], — wer weiß ihn zu beschreiben, der sein Gestirn nit weiß, seine gestirnische Geburt? Niemand. Alexander hat aus sich selbst nicht gewirket; der Himmel hats getan, — und nit allein in ihm, sondern auch in Cäsar, in Augustus, in andern dergleichen wirkte er. Denn alle diese Geschichten sind aus dem Himmel, nit aus dem Menschen, darum der Himmel beschrieben soll werden, nicht der Mensch.

~~~~~

**Was man erkennen soll**  Dieser uns so nahestehende, nach kausalen Ordnungen suchende Denker kann, auch wenn er einmal aus seiner Denkwelt seitwärts schweift, die ihm am Herzen liegenden Themen nicht vergessen. So große Lust es bereitet, sich an historischen Schriften oder Liebeserzählungen zu erquicken, die größere Lust ist doch, den Makro- und den Mikrokosmos zu durchspüren.

Es ist eine große Lust, Ehrliches und Löbliches zu lesen, noch viel mehr ist es dem Herzen und Gemüt eine Erquickung und Stärkung in seinem Mühen um die höchste Erkenntnis Gottes, wenn man liest, was die Alten, unsere Vorvorderen, für Geschichten und Taten, ritterlich, mit List und Hand vollbracht haben, darin nicht allein der Adel, Kaiser usw., sondern auch der gemeine Mann gehandelt hat, in List und Geschicklichkeit der tapfern Männer, die aus ihm geboren sind. Wie lustig und erregend ist zu lesen der Kriegsleute

---

[1] Alexander der Große.

Vernunft, der Liebe nie müde Begier, viel seltsame Ingenia der Köpfe usw.; noch weiter, höher ist aber zu loben und zu erheben die Erkenntnis der natürlichen Dinge, die da übertrifft alle Vernunft und List der Menschen. Was aber ist in der Erkenntnis höher, als den Mikrokosmos zu erkennen und die vier Elemente, und was Großes die Kriege anrichten, die innere Kriege sind, und den Leib betreffen, der diesem Feind nicht entrinnen kann.

~~~~~

*Lehre* Der Staat, das bürgerliche Leben kann nicht ohne Lehre sein. Ist es aber möglich, einen Menschen durch Lehre zu erziehen? Die Meinungen Paracelsi scheinen hin und her zu schwanken. Aus keiner Nessel zieht man Rosen – will man es durchaus versuchen, dann wird aus einem solchen Menschen doch nicht viel Gescheites. Trotzdem aber wirft er denen, die ihr Lebtag nichts gelernt haben und die nun zu nichts taugen, ihre geistige Faulheit vor. Die Witze, das heißt die Klugheit, wachsen nicht wie die Birne auf dem Baume; man muß sie suchen, muß es sich viel Fleiß und Mühe kosten lassen. Wer also als Alter unklug ist, den soll man nicht bedauern, er hat sein Lebtag ja nichts Rechtes und nichts Ehrliches vollbracht. Die Kräuter im Garten müssen auch durch Säen und durch Pflanzen kommen: so auch die Kunst, die man durch Lehren in den Menschen stoßen muß; der Mensch findet sie nicht von selbst, man muß sie mit viel Mühe in ihn treiben, so wie man einen Keil in einen Baumstamm schlägt und treibt. – Trotzdem sind manche, die aus sich heraus was Großes oder Neues finden – wenn so ein Mensch vom Lichte der Natur erleuchtet wird. So wie die Kraft der Erde Kräuter ohne Saat aufgehen läßt, so wächst auch ein Genie von sich im Lichte der Natur.

Wie die Blumen auf dem Feld wachsen, so muß der Mensch auch wachsen. Keine Nessel zeugt Rosen, keine Rose Lilien; es bleibt alles in seinem Geschlecht.

256

Wie also Lilien in den Lilien bleiben, bleiben Rosen Rosen. So wenig wird der Mensch verändert oder anders gezogen, so wenig du die Salbei in Raute verwandeln kannst. Wenn du aber meinst, nein, du könntest den Menschen dahin und dahin bringen, – geschieht es, so steht er da wie ein Ölgötze oder ein Bild an einer Wand, auch wie ein Schatten, der weder reden noch pfeifen kann, weder sauer noch süß ist, weder Geruch noch Gestank gibt.

Obwohl es so ist, daß man den Alten viel nachsieht und ihnen viel Weisheit zulegt, so ist das doch töricht gehandelt. Denn was kann das Alter, wenn die Jugend nichts taugte, so doch die Witze nicht von sich selbst in einem wie eine Birne wächst, sondern sie muß mit Arbeit, Fleiß, Ernst gesucht werden und gelernt mit großer Müh, und es muß ausgeschlagen werden alles das, das der Weisheit zuwider ist. Und wenn das betrachtet wird, so haben die Alten ihr Leben verzehrt von Jugend auf bis unter ihr graues Haar in allen den Dingen, die die Weisheit zu lernen verhindert haben. Und jetzt, da sie alt sind, hat sie die Faulheit, die Verdrossenheit und die verstümmelte Lehre überfallen, daß sie zu nichts mehr gut sind als zum Bellen wie die alten Hunde und hinter dem Ofen zu liegen, Backbirnen umzudrehen. Nun kann sich ein jeglicher denken, was solche Leute ihrtags Ehrliches vollbracht haben, oder was in ihren alten Tagen bei ihnen Gutes zu suchen sei.

Wie das Kraut im Garten durch Säen und Pflanzen kommt, und wenn das nit geschieht, so wächst es nit, –

es ist aber das, das wir säen, nichts als Erde und wir gebens der Erde, ziehens wiederum von ihr, – so ist in uns die Kunst, die man in uns treibt und stößt. Der, der mich lehret, der hat es aus dem Licht der Natur, und ich hab dies Licht auch so gut wie er, aber man muß es doch eintreiben. Nun geschiehts aber, daß viel Kräuter wachsen, die man nicht sät und es sind die besten; ebenso sind viel sinnreiche Dinge, die man nit sät, und sie sind besser als die, die man sät. So aber ist die Kraft der Erde, und so ist das Licht der Natur, daß sie eins wie das andere nicht feiern. Allein hab acht auf deinen inwendigen Garten!

# Drei Wege
# der Philosophie

ASTRONOMIA MAGNA:
Oder

# Die gantze Philoso
phia sagax der grossen

vnd kleinen Welt / des von Gott
hocherleuchten / erfahrnen / vnd bewerten teutschen Phi=
losophi vnd Medici / Philippi Theophrasti Bombast /
genannt Paracelsi magni.
Darinn er lehrt des gantzen natürlichen Liechts vermö=
gen / vnd vnuermögen / auch alle Philosophische / vnd Astronomische ge=
heimnussen der grossen vnd kleinen Welt / vnd deren rechten brauch / vnd mißbrauch / Zu
dem andern / die Mysteria des Himlischen Liechts / Zu dem dritten / das vermögen des
Glaubens / Vnd zum vierdten / was die Geister durch den Menschen
wircken / etc. Vor nie in Truck außgangen.

Titelblatt des Erstdruckes der „Philosophia sagax" obere Hälfte

# Die philosophische Lehre

Es ist die besondere Eigenart der paracelsischen Philosophie – die aus dem unablässigen Suchen Paracelsi erwachsen ist, der immer von neuem wieder die nämlichen Probleme durchdenkt und prüft –, daß sie im Philosophieren erst ihr gültiges System gewinnt. Er findet es sozusagen erst im Niederschreiben. Und dieses sein System wächst mit ihm fort von einem Jahr zum andern; so ist das Denksystem des jungen Arztes und Baseler Professors ein anderes als das des reifen Mannes, des Verfassers des *»Paragranum«* (1530), und wieder ein anderes, als das des Hauptwerkes seines Lebens, der *»Astronomia magna* oder *Philosophia sagax«* (1537). Von Schrift zu Schrift entwickelt es sich deutlicher und klarer.

Was ihm zuerst als ein Philosophieren »im natürlichen Licht« erschien, als *das* Philosophieren schlechthin, das scheidet sich in der *»Philosophia sagax«* in die »gemeine Philosophie« und eine *»philosophia adepta* im natürlichen Licht«, von welcher das dritte unserer Bücher handeln soll. In der »gemeinen Philosophie« oder *»philosophia communis«* behandelt Paracelsus alles das, was wir als die Naturgeschichte im weitesten Sinne zu betrachten pflegen und was aus dieser Naturgeschichte sich als Folgerung ergibt. Daß diese Naturgeschichte ein hermetisches, neuplatonisches Gesicht empfing, das hing natürlich mit dem geistigen Ausgangspunkte Paracelsi nah zusammen. Was aber ihr Inhalt war: die Kosmologie und Anthropologie, samt dem, was für den Mediziner sich daraus ergibt, das eben rechtfertigt ihre Bezeichnung als eine gemeine oder alltägliche.

Es ist die Philosophie, von welcher diese beiden Definitionen sprechen: »Die Philosophie soll traktieren von allem Herkommen der natürlichen Dinge, und wo sie das nit traktiert, so ist ihr Tun vergebens. Nun haben die alten Philosophi viel geschrieben, das für Philosophei ist gehalten worden und es ist doch nit Philosophei.

Der Philosophus soll wachsen in zween Weg, einer aus dem Himmel, einer aus der Erden. Das ist, ist er aus der firmamentischen Sphaer, so versteht er die Luft und das Feuer, und ist er aus der Globel Sphaer, so versteht er die Erde und das Wasser. Darum soll er in beiden geschickt sein, ihre Natur zu beschreiben. Es ist zwar nur *eine* Philosophei, aber wir nennen den einen einen Philosophus, den anderen einen Astronomus.«

»Wisset, daß der Philosophus in der Philosophei groß wachsen soll; das ist, so wissentlich soll ihm die Natur sein, daß er soll wissen, wie alle Dinge konkordieren, was da sei, was da wird, und so es da ist, was es sei; das soll er innen und außen wissen.«

»Der Himmel hat seinen Philosophen und die Luft hat ihren Philosophen, sie heißen Astronomi, und in der Erde und Wasser heißen sie Philosophi und es ist ein Ding.« (Entwurf zum Paragranum 1529/30)

Dieser Philosophie steht gegenüber die *»philosophia adepta* im natürlichen Licht«, die keine unirdischen oder theologischen Probleme zum Thema hat, wie ja ihr Name schon sagt, die vielmehr sich mit Themen und Problemen des natürlichen Seins beschäftigt. Doch ist sie eine *philosophia adepta* oder *sagax* (eine »erkennende« oder »scharf-sinnige«), eine ungewöhnliche Philosophie. Wenn wir für sie die Worte *metaphysisch* oder *metapsychisch* setzen würden, dann träfen wir das Charakteristische ihrer »natürlichen« Qualität. Sie ist ein über das alltägliche Natürliche Hinausgehobenes, sie sucht die tieferen, dem alltäglichen Denken nicht zugänglichen Bezirke.

Die beiden natürlichen Philosophien sind nun in Gegensatz zu einer übernatürlichen gestellt, in welcher Erkenntnis und Wirken aus dem Göttlichen geschieht. Das ist das Philosophieren und Handeln aus dem Licht der Gnade – ein Philosophieren und Handeln, wie es nur dem Wiedergeborenen möglich ist.

So baut das ganze paracelsische System sich in der *»Philosophia sagax«* auf. – So gültig und klar erscheint es aber nicht in seinen vorhergehenden Schriften. In diesen hat er nur immer das Nächste und ihn augenblicklich Drängende im Auge, und es ist oft genug der Fall, daß ihm die beiden »natürlichen« Philosophien: die »gemeine Philosophie« (Naturgeschichte) und die *»philosophia adepta«*, zusammenfallen und daß sie dann als *eine*

Philosophie im Gegensatz zu der »übernatürlichen« aus dem Heiligen Geiste stehen. Dann redet er einfach von den beiden Lichtern, die wir haben, und wägt den Wert, die Gültigkeit der beiden Lichter oder Erleuchtungen gegeneinander ab.

Mit dem Versuch, sich über die Räume und die Grenzen seines Philosophierens klarzuwerden, das von der einfachen Naturbeschreibung bis zur Kosmologie und Anthropologie, zur Frage nach der Krankheit und der Heilung und in die reinen seelischen Bezirke führt und das von dort sich zu der Frage nach der Gottheit, nach Gut und Böse erhebt – mit diesen Grenzbestimmungen befaßt sich unser zweites Buch. Es ist schulmeisterlicher, als es Paracelsus war – obwohl auch er zuzeiten wie ein Magister dozieren kann –, doch es muß diese Grenzbestimmungen einmal geben und ihn, den ständig Überbrausenden, in geordnete Bahnen zwingen, wenn man des Denkens, das er dachte, teilhaftig werden will.

## Philosophia adepta

Die beiden Erkenntnisbezirke, die hier voneinander geschieden worden sind: der durch das Licht der Gnade vermittelte übernatürliche und der vom Lichte der Natur vermittelte natürliche Bezirk, sind die beiden Grund- und Eckpfeiler paracelsischen Philosophierens. Sein ganzes Werk steht auf diesem Grunde, erst unbewußt, doch mit den Jahren immer bewußter und deutlicher erkannt, und es ist ja die Scheidung, welche im Grunde heut noch gilt, wenn wir von übernatürlichen und natürlichen Erkenntnissen sprechen, die Scheidung, die seinem Jahrhundert erb- und eigentümlich war[1].

Ich schiebe die Frage nach der Erkenntnis aus dem Licht der Gnade noch zurück und will zunächst von der *philosophia*

[1] Ich habe in meinem Buch »Pansophie« dies Gegeneinander zweier Erkenntnisse, wie es erkannt wurde und begriffen, zu zeigen versucht und dargestellt, wie es im florentinischen Neuplatonismus der Renaissance aufgeht, herüber ins Deutsche schlägt und wie es bei deutschen Denkern immer weitere Kreise zieht.

*adepta* im natürlichen Lichte« sprechen. Das Buch »*Philosophia sagax*« trennt sie folgendermaßen von der »gemeinen Philosophie« ab:

So merket, daß alle irdischen Corpora über das, was sie von den Elementen haben, noch eine firmamentische Kraft und Tugend in sich tragen, so daß wo ein elementisch Corpus ist, auch eine firmamentische Eigenschaft ist. Der nun weiß, was firmamentisch ist im elementischen Corpus, der ist Philosophus adeptus. Und zu gleicher Zeit, wie der gemeine Philosoph die natürlichen Kräfte der Kräuter beschreibt, so soll der Philosophus adeptus beschreiben die firmamentischen Kräfte in denselben.

Die *philosophia adepta* ist also eine Erhöhung der Philosophie; sie lebt aus dem natürlichen Licht, wie *medicina adepta* aus dem natürlichen Licht besteht, das heißt, sie ist ein Teil der *astronomia naturalis*.
Die Worte »*adeptus*« oder »*sagax*« decken sich bei Paracelsus. Aus dem gewöhnlichen lateinischen Wortsinne lassen sie sich nicht verstehen; man muß vielmehr bedenken, daß der alchimische Erkenner ein Adept geheißen wird. Adeptus ist also ein Erkennender in hermetischen Bezirken, in jenen Bezirken, die dem gewöhnlichen Menschen sonst verschlossen sind. Wenn Theophrastus Paracelsus sagt, daß man die Heimlichkeiten suchen müsse – bei ihm bedeutet Heimlichkeit: Geheimnis –, so ist das das gleiche. Er fragt nach jenen Gesetzen, Mächten, Wirkungen, die verborgen liegen, die nicht dem Bauern und dem Handwerker täglich in die Augen springen, die man auf Grund hermetischer Lehren erst in stiller Zelle suchen muß. So ist *adepta mathematica* eine höhere mathematische Wissenschaft, *adepta medicina* eine über die gewöhnliche sich erhebende Medizin (indessen er die gewöhnliche oder gemeine eine »elementische« nennt). »Zwei Ursprünge sind, aus denen alle Krankheiten wachsen: der eine aus dem Gestirn, der andere aus den

Elementen. Also sind auch zweierlei Ärzte, auch zweierlei Arznei, zweierlei Herkommen und zweierlei Wirkung. Darum soll der Arzt sich befleißigen, daß er die Unterschiede wohl wisse und erkenne, auf daß er nicht die siderischen Krankheiten mit elementischer Arznei angreif, oder die elementischen mit siderischer Wirkung.«

Hier kommen wir also auf das Entscheidende des Begriffes *adeptus*. Er wurzelt im wesentlichen in Paracelsi Anthropologie. Wie wir vorhin schon lernten, ist der Mensch der Mikrokosmos; Gott schuf ihn aus dem *limus* als aus einem Auszug aus dem Makrokosmos; er schuf aus den vier elementischen Bereichen des Kosmos diesen *limus terrae*, der sich dabei in zwei verschiedene Corpora gebildet hat; die beiden unteren Elemente Erde und Wasser gaben unsern greiflichen Leib, die beiden oberen Elemente Luft und Feuer einen unsichtbaren, aber körperlichen. Der Mensch besteht demnach aus zweien Leibern, aus dem elementischen und siderischen. Nun lernten wir weiter, daß ein jedes Element ein Geistiges sei, und daß sein Körper nur die äußere Hülle dieses Geistigen ist. Der elementische Leib des Menschen hat mithin auch einen elementischen Geist, wie der siderische Leib des Menschen einen siderischen Geist besitzt. Was ist der elementische Körper? Es ist unser Fleisch und Blut. Dagegen ist der siderische Leib ein Ungreifbares, aber Körperliches – er wird von Paracelsus gern dem Schatten oder Spiegelbild verglichen –, und er ist das, was wir im Volk als »Spuk« beschrieben finden. Sein Geist steht über dem Geist des elementischen Körpers Fleisch und Blut; es ist das geistige Leben gegenüber dem Trieb im Menschen.

Nun wird die Scheidung in die philosophischen Bezirke völlig offenbar. Dem elementischen Geist gehört die *philosophia communis* zu, die sich mit Irdischem, Einfachem und Alltäglichem beschäftigt, die *philosophia adepta* treibt die Dinge des siderischen Geistes – so wie die Philosophie im ewigen Licht die Dinge Gottes und der Seele treibt.

Der es weiß, was das Schwarze schwarz macht, der ist der Philosophus. Der es nicht weiß, sondern nur weiß, was schwarz ist, derselbe ist und taugt nichts, als zu betrügen oder zu malen mit der Schwärze. Die Philosophie ist ein Teil der Theologie.

Wie aber *philosophia adepta* im Gebiet der *astronomia naturalis* schon eine Erhöhung über die gemeine Philosophie, und so die andern Zweige auch, darstellt, so ist die *philosophia adepta im Gebiet des göttlichen Lichtes* ein Gegenbild der vorigen und dennoch ihre Erhöhung in das Ewige. Oder um es an einem andern Fall zu zeigen:

*Medicina adepta* ist die Arznei, die aus dem Gestirn entspringt. Zwo sind der Arznei, die des Gestirns und die der Elemente; zweierlei Krankheiten sind, des Firmaments eine, die andere der Elemente. Der nun die firmamentische Krankheit mitsamt ihrer Arznei erkennt und versteht, derselbige kann *Medicinam adeptam*.

Nun was *Medicina coelestis adepta* sei. Es besteht ein Unterschied unter den zwei Arzneien, der coelestischen und der irdischen. Sie sind so von einander unterschieden, daß die irdische Adepta und die Nicht-adepta durch die natürliche Ordnung und Kräfte geschieht, die himmlische aber ohne die Kräuter und die Sterne. Nämlich: Wenn ein Apostel die Finger auf das Haupt legt, so ist der Kranke genesen, item so er zu einem Toten spricht: stehe auf und lebe, so lebt er... Diese Kraft ist *medicina coelestis* und tut, was die Natur nicht vermag.

Wie sich diese drei Philosophien zueinander verhalten, wurde schon Seite 262 f. gesagt. Durch jede dieser Philosophien ist ein anderer Erkenntnisweg gegeben.

Und wisset von der Seele im Menschen, daß der Mensch da hat die dritte Weisheit, als am ersten die fleischliche Weisheit, zum andern die siderische Weisheit, das ist die Kunst und zeitliche Vernunft der Menschen, zum dritten die von dem Geist, den Gott dem Menschen gibt.

## Zwei Bereiche der Philosophie

Die Lehre von den drei Philosophien geht von den drei verschiedenen Möglichkeiten der menschlichen Erkenntnis aus und scheidet nach diesen: eine einfache und gemeine, dann die Erkenntnis des Genies und endlich die des aus der Offenbarung lebenden Gottesmannes. Wenn man jedoch nicht nach der Tätigkeit des Denkers, sondern nach den *Bereichen*, die der Philosoph erfaßt, aufteilen will, dann haben wir nur eine irdische oder »viehische« und die überirdische.
Die irdische, das ist die elementische, und die Weisheit des gestirnten Menschen liegt in dem von Gott durchs *fiat* oder »Werde« geschaffenen, aus dem Limus elementisch aufgerichteten Leibe.

Gott hätte den Menschen wohl mit dem Wort Fiat auch aus Nichts machen können, es ist aber nicht geschehen, sondern er hat ihn in die Natur geschaffen und aus der Natur, – und hat ihn in die Natur getan, und ihn der Natur untertänig gemacht wie ein Kind, und die Natur ihm auch untertänig gemacht[1], aber wie ein

[1] 1. Mos. 1, 26 ff.

Vater. Daraus geht hervor, daß der Astronomus durch den »Vater des Menschen« dessen Empfängnis [Herkommen] erkennt. Und aus dem folgt auch, daß dem Menschen aus der Natur durch den Arzt geholfen wird, als wenn ein Vater seinem Kind in Nöten hilft, wenn es zum Beispiel in den Graben gefallen ist.

So ist die Natur dem Menschen untertänig, ihm zu helfen als ihrem Blut, als ihrem Kind, als ihrer Frucht, die von ihr geboren ist, – im Leib der Elemente, in dem die Krankheiten liegen, im Leib des Geistes, in dem die Sinnlichkeit, Vernunft liegen, – die Elemente durch Arznei, die Gestirne durch ihre Kunst und Weisheit. Aber, weil diese Weisheit nichts ist vor Gott, sondern die göttliche Weisheit vor aller geht, – so teilen sich da die Namen der Weisheit. Die aus der Natur wird tierisch geheißen, denn sie ist tödlich, und die aus Gott wird ewig geheißen, denn sie hat keinen Tod in sich.

Zwei Weisheiten sind in dieser Welt, eine ewige und eine tödliche. Die ewige entspringt aus dem Licht des heiligen Geistes, die andere aus dem Licht der Natur. Obwohl es selig ist zu schreiben und mehr denn selig zu lernen die ewige Weisheit, unterstehe ich mich doch dessen hier nicht, sondern spreche allein von der tödlichen, – wie ich es dann durch mein Schreiben vollkommen vollenden will. Sollte ich wie ein jeder sonst nicht so viel vermögen, daß wir das ewige Licht in uns bewährten und [dabei] das natürliche Licht auch in uns bezeugten, und daß wir also im ewigen Licht wandeln im Willen Gottes und daß unser Licht dabei scheine vor allen Menschen, so wäre mir leid, daß mich der Erdboden tragen sollte.

Wenn aber gemeint würde, ich handelte nicht recht, wie die Verzweifelten behaupten, die im Glauben des Ewigen doch selbst nur Schwärmer sind und ihren Herrn verachten – wie kann da das Licht der Natur von ihnen unverletzt bleiben? – so merket, Gott wird es mir nicht verargen. Denn in der Schöpfung sind zween, die geschaffen haben. Der erste, der Vater, hat geschaffen den Menschen von unten herauf; der andere, der Sohn, von oben herab[1]. Da also eigentlich zwei Schöpfungen geschahen, so ist die erste durch Gott den Vater gesetzt zum natürlichen Licht. Wenn ich nun schreibe von dem natürlichen Licht des Vaters, warum wollte mich der Sohn hassen, – oder neiden, wenn ich des Sohnes Weisheit vornehme? Warum soll mir dann des Vaters Licht für heidnisch und ich für einen Heiden erkannt und geurteilt werden, da ich doch ein Christ bin und wandle im christlichen Lichte?

Wenn ich beide lieb habe und gebe einem jeden sein Licht, wie es Gott einem jeden verordnet hat, wie kann ich dann heidnisch sein? Nur kann der Leib nicht mit der Speise der Seele ernährt werden, noch die Seele mit der leiblichen Speise, sondern ein jegliches hat sein ihm Zugehöriges. Und wenn ich jedem sein Teil gebe, der ihm gegeben werden soll, soll ich darum ein Heide oder Mameluck genannt werden oder ausgeschlossen von der Zahl der Christen?

Wohl ist mir bekannt, daß das natürliche Licht nicht ewig ist, sondern durch das ewige muß ich ewig werden. Ob ich aber nicht das zergängliche Licht vereini-

---

[1] Von unten herauf, das heißt aus dem Irdischen, den Elementen; von oben herab, die Wiedergeburt durch den Hl. Geist: vgl. Evg. Joh. 3.

gen darf mit dem ewigen? Noch ist Leib und Seele beieinander, wer kann da nicht zwei Lichter, wie oben steht, gebrauchen, da doch Gott zwei Wesen im Menschen gemacht hat, das irdische und das ewige, und beide sind miteinander vermählt bis zur Auferstehung; da erst wird das irdische der Erde zugestellt, das ewige dem Reich Gottes.

Weiter merket, daß – wie zwei Lichte beschrieben werden, ein ewiges und ein tödliches, – das ewige in der Seele seine Wandlung vollbringt, das tödliche im Leib. Denn so hat es die göttliche Vorsehung gewollt, daß dem tödlichen Leib seine Arbeit gegeben werde, zu vertreiben die Zeit, die wir auf Erden verzehren müssen, damit andere üppige Gedanken unterwegs gelassen werden, und daß wir nach Gottes Willen im natürlichen Licht wandeln und unserm natürlichen Leib das natürliche Licht zustellen und uns die natürliche Kunst vornehmen und die Wunderwerke Gottes durch die Natur erfahren sollen, – wiewohl der Mensch sich nicht allein in diesem Licht erfreuen soll, sondern auch in dem Licht, das dem Bildnis Gottes zugehört. Und so soll der Mensch in zweien Lichten leben, und keins hindert das andere, sondern sie sind zusammen vermählt wie Mann und Weib.

~~~~~

**Zwei Lichte** Die paracelsische Lehre von den drei Philosophien steht auf der Anschauung von den zwei Lichten in der Welt. Licht heißt Erleuchtung, und Erleuchtung hilft uns zur Erkenntnis und gibt uns Erkenntnis. Zwei Lichte gestatten also zwei Erkenntnisse in der Welt und führen zu zwei Weisheiten: zu der natürlichen und zu der ewigen. Beide Erleuchtungen kommen uns zwar durch den Ewigen – sie werden jedoch unterschieden nach den Reichen dessen, der sie gibt. Gott *Vater* ist der *Schöpfer, sein* Licht betrifft die *Schöpfung;* die Erleuchtung im Bereich des *Sohnes* dagegen betrifft das *Geistliche.* Man könnte auch sagen: Der Bezirk des Schöpfers ist der Leib – und auch: Er ist das kreatürliche, das natürliche Sein des Menschenkindes. Der Wirkungsbereich des Sohnes dagegen ist die Seele. Gott Vater, der Schöpfer, spricht den natürlichen Menschen an, Gott der Sohn den erlösten. Vom Lichte des Vaters leben die natürlichen Wissenschaften, vom Licht des Sohnes zehrt die theologische, die das Ewige sucht.

Die Theologen verwerfen zwar jene anderen Wissenschaften als heidnisch – ist aber, was uns den Schöpfer Gott erkennen läßt, wohl heidnisch? Und können die beiden Wissensreiche denn nicht nebeneinanderstehen, da ja die Schöpfung schon den kreatürlichen Menschen an die Seele band?

Was kann es da für Feindschaft geben zwischen dem natürlichen und dem ewigen? Nehmt ein Exempel: der tödliche Arzt macht den Kranken gesund, der Apostel macht ihn auch gesund; daß der Apostel den natürlichen Arzt übertrifft, das macht die neue Geburt[1]. Daß aber darum das Licht der Natur verworfen werde, das gestattet die Gottheit nicht. Daß der Apostel das Tote wieder lebendig macht und der Natürliche nicht, daran erkennt der Natürliche, daß seine Kunst ein Fußschemel ist gegen den Ewigen.

Die Propheten haben Dinge geweissagt, die dem Astronomus in keinem Punkt möglich waren zu finden noch zu ergründen. Was tut aber das der Astronomei? Weil sie nicht sagen kann, was sie nicht weiß, sollte darum die Astronomei in dem, das sie weiß, verachtet werden? Ob schon die Propheten viel gesagt haben,

---

[1] Er ist wiedergeboren.

271

was nimmts der Astronomei? Ob schon die Astronomei viel sagt, was schadets den Propheten? Der eine Teil redet von oben herab, der andere von unten hinauf, und beide sind gerecht in ihrem Licht.

Ob schon die Apostel und Heiligen viele gesund gemacht haben, – ist nicht der Arznei noch viel mehr überlassen worden, die von Heiligen und Aposteln nicht gesund gemacht worden sind? Ist das nicht auch zu betrachten, daß die Apostel und Heiligen zwar die Toten lebendig gemacht haben, die Lahmen gerade usw., daß sie aber nicht allerwegen bei uns sind, und uns deshalb auch ihre Werke abgehen. Sollte nun die Arznei nichts sein, so müßten die Heiligen ihre Statt erfüllen. Da aber nun die Heiligen nicht vorhanden sind und die selben Werk nicht geschehen, so muß die Arznei ihre Statt vertreten, – wie es denn in Jericho mit dem Verwundeten[1] geschehen ist, der von der Arznei und nicht von den Heiligen ist kuriert worden.

So ist also das natürliche Licht ein Vertreter des heiligen. Was schadets der natürlichen Zunge, daß die feurige geredet hat? Oder was vergibt sich die feurige Zungen gegen die natürliche? Es ist gleich wie ein Mann und Weib, die beide ein Kind gebären, und ohne beide kann es nicht geschehen, – also sind auch beide Lichter gegeben worden, um in einem Menschen zu wohnen.

[1] Lukas 10, 25 ff.

Einer, der da will von den Künsten schreiben, von der Weisheit des Lichtes der Natur, der soll am ersten seiner Weisheit *Lehrmeister* vorstellen. So sagt Paracelsus in einem Fragment zu seinem Buch »*De fundamento scientiarum sapientiaeque*«: Und der Grund und Lehrmeister aller Weisheit oder Erkenntnis ist der Vater. Denn wer sonst sollte uns das natürliche Licht anzünden als der Vater, der die Natur erschaffen hat? So spielen seine ersten und eingehendsten Überlegungen um den »Vater«. Und wie ein medizinischer Autor erst den Grund angeben muß, aus dem er schreibt, wie dieser den Lehrer nennt, und wie man das Geschriebene erst erproben muß, so muß auch in der Weisheit einer erst den Grund aufweisen – der aber ist Gott, von dem ja alle Weisheit kommt. Was diese Forderung veranlaßt, ist die Vielheit der auftretenden Lehransprüche; denn offensichtlich kann es nur *eine* Weisheit, nicht zwei Weisheiten geben, wie es ja auch nur einen Zirkel, eine Form des Kreises gibt. So also, wie es nur *einen* Zirkel gibt, so gibt es auch nur einen Grund der Weisheit, auch nur *eine* Weisheit.

Einer der von den Künsten der Weisheit schreiben will, der muß erstlich der Kunst und Weisheit Ursprung und Lehrmeister vorweisen und vorlegen; gleicherweise wie ein Arzt, der sich vornimmt, von seinen Krankheiten zu schreiben, – der muß seines Schreibens Grund vorweisen: aus wem er schreibt und wer ihn das gelehrt habe zu schreiben; dann: was er schreibe und was er damit lehre, wie auch dasselbige probieren und bewähren in den Krankheiten. In diesem wird dann erfunden seines Lehrens und seiner Künste Wahrheit und Gerechtigkeit.

So also hier auch in diesen andern Dingen, was den Grund der Weisheit und der Künste der Weisheit betrifft, da ist not, erst einmal den Anfang zu beschreiben, aus wem sie kommen, aus wem sie gelehrt werden, und um darnach mein Vorhaben zu Ende zu bringen: wie diese Weisheit zu bewähren ist, – gleicherweise, wie die Arznei gezeigt worden ist, aus welchem Grund sie gehe und woraus sie fließen soll. Die Arznei nun betraf das Leibliche. Hier in diesem Buch ist aber nichts Leibliches, sondern es betrifft die unsichtbaren Dinge, das ist: die Vernunft.

Was mich dazu ursacht, zu schreiben, ist, daß viele sind, die da schreiben und sie schreiben vielerlei. Aber wie kann ein Zimmermann sein gegen den andern, so sie beide ein Haus bauen und machen sollen? Es ist *eine* Axt, es ist *eine* Führung, es ist *ein* Zirkel. Von diesem Zirkel, Axt, Führung ist not zu schreiben in der Weisheit, daß [nämlich] nicht zween Zirkel gebraucht werden, – denn es ist nur *ein* Zirkel, nicht zween. Und so wenig ein Zimmermann, Steinmetz, Maurer einen neuen andern Zirkel gebrauchen kann, ebensowenig kann auch der Bau der Weisheit aus einem anderen Grund gehen als aus einem allein. Wie ihre Kunst alle aus einem Zirkel besteht, und wie nur *eine* Zahl, *eine* Linie, *eine* Quadratur ist, so ist auch nur *eine* Weisheit allentwegen.


Die Weisheit ist jedem gegeben. Die Weisheit – es ist die Fülle der Erkenntnis aus den beiden Lichten – ist nicht aus eigenem Bemühen und aus eigener Kunst zu lernen, denn da erhebt sich dann der Anspruch eines jeden, seine Weisheit sei allein die rechte. Sie muß, wenn sie dem Anspruch genügen will, *die* Weisheit, also die unwidersprechliche und die rechte zu sein, *von oben* gegeben werden. Denn es ist so: Den Menschen, sein Ziel auf Erden, seine Aufgabe und sein Wesen, kann man nicht aus dem Menschen verstehen oder folgern, der Mensch kann vielmehr nur aus seinem Vater, das ist Gott, dem Schöpfer, sich verstehen, denn aus dem Vater versteht man auch den Sohn, das ist aus seinem Schöpfer das Geschöpf, und man begreift, wozu dies Wesen denn geschaffen worden sei.

Indem so Paracelsus die Erkenntnis zur Schöpfung in Bezug setzt, gewinnt er seinen nächsten Schluß: wie uns der Schöpfer alle Glieder recht und gleich gegeben hat, so hat er jedem Menschen Weisheit zugeteilt. Wer seine Witze oder Klugheit, seine Weisheit nicht zum Vorschein bringt, dem fehlt sie nicht, der schläft nur. Das Lehren ist mithin ein Erwecken, nicht ein Beibringen eines Neuen, bisher Ungewußten.

Da wir beim schlafenden Menschen nicht die Weisheit holen können – und auch der allerwacheste ist ein Schläfer –, bleibt nur eine Quelle, das ist der Vater; denn in diesem ist die Weisheit offenbar. Der Vater muß sie dem Menschen als dem Sohne, dem Gotteskinde, offenbaren. Mit diesem Beweise begründet Paracelsus seine Erleuchtungslehre, denn wenn der Mensch selbst nicht die Weisheit finden kann, wenn er sie nur vom Vater nimmt, dann bleibt weiter nichts, als sich vom Vater Weisheit zu erbitten.

Es stehen viele auf, die sich selbst lehren, das ist, die da nit kommen aus dem, aus dem sie entspringen sollen, und ein jeglicher derselben will, *seine* Weisheit sei gerecht, seine Kunst sei gerecht, – und so soll je eins und das andere gerecht sein, und ist doch nicht bewährt.

Nun werden aus solchem Selbstlehren viele Abgötter, die groß und hoch geachtet werden wie die Prahlärzte, und sind nichts. Denn nichts ist aus uns; wir sind nit unser selbst, sondern Gottes sind wir, darum müssen wir aus ihm erweisen, was in uns ist. Sein ist es, nicht unser; er hat uns den Leib gemacht und das Leben gegeben und die Weisheit dazu, aus ihm kommt alles Ding...

Aus [diesen Feststellungen] wird nun verstanden der Mensch in seiner Weisheit. Vor allen Dingen muß verstanden werden der Vater der Weisheit, was derselbige sei, und wie er sei und was er sei; dasselbe ist auch das Kind, das ist der Mensch. Denn aus dem Menschen vermögen wir nit zu verstehen, warum er auf Erden ist, warum er geschaffen worden ist oder was er ist, aber aus dem Schöpfer, daraus können wir es nehmen, warum der Mensch erschaffen worden ist und was seine Art ist auf der Welt. Diese Art nimmt sich aus dem Vater der Weisheit. (Der nun den Vater erkennt, der erkennt auch den Sohn, denn der Sohn erbt nach dem Vater, – nicht im Gut, denn der Vater der Weisheit ist nicht ein Vater des Gutes, – sondern allein ein Vater der Weisheit.)

Darum ist Weisheit genug bei allen Menschen, denn sie erben alle die Weisheit, und keiner kann sprechen, er habe mehr als der andere oder weniger als der andere. Denn so wenig ein Mensch ein Gliedmaß von Gott weniger bekommen hat als ein anderer, ebenso wenig ist er auch der Weisheit beraubt, denn wie der Kaiser sie hat, so auch der Bauer; wie Christus so der Mensch. Darum wißt, wie der Leib *ein* Ding ist in allem und niemand ist an ihm arm oder reich, sondern alle sind sich gleich, so daß keiner sprechen kann, er habe am Leib mehr Glieder als der andere, ebenso kann in der Weisheit auch keiner sprechen, daß er der Weisheit beraubt sei und einfältig sei, elend begabt, des Verstandes beraubt, der Vernunft beraubt, des Witzes beraubt, – alles das gilt nichts! Sondern es ist alles wohl da. Das aber ist es, daß wir es vergessen und nicht achten und trachten, was uns zu der Weisheit bringt.

Der da schläft, der weiß nichts, denn er ermahnet[1] sich an nichts. Der toll lebt, sauft, faul ist, der ermahnet sich nicht an das, das in ihm ist, sondern durch seine Faulheit versäumt er die Arbeit der Weisheit.

Ist es nicht so, wenn eine Gemeine zusammenkommt, so kann niemand nichts und alle Menschen sind einfältig, bis auf einen, der gibt den Rat und die Wegweisung. Und wenn er das den Bauern vorgelegt hat, so sagen sie alle: ja, bei Gott, er hat recht und es ist so, wie er sagt! Wenn nun dieser Rat und diese Anweisung nicht ebenso in dir gelegen wäre wie in ihm, wie könntest du ihm Zeugnis geben, daß er recht daran hätte? Du bezeugst, daß er recht hat, mit derselben Erkenntnis in dir selbst.

Du hast dieselbige Witze in dir auch, so gut wie jener, du aber hast gefehlt und dich nicht gemahnet daran; und dann sprichst du: ich hab nicht so weit gedacht. Jetzt bist du ein Zeuge gegen dich selbst, daß du geschlafen hast in dem Erbe, das du hast. Denn alle haben ein Erbe, das ist die Weisheit; aus der Weisheit erben wir alle gleich. Einer aber wuchert mit seinem Erbe, der andere nicht; einer vergräbts und läßts liegen und es gehet bei ihm oben hin, der andere gewinnt damit, einer viel, der andere mehr, – und so wie wir das Erb anlegen, üben und brauchen[2], darnach haben wir viel oder wenig, und haben es doch alle und es ist in uns.

Wie ein Mensch, der grob an Gliedmaßen ist, und ein anderer subtil an Gliedmaßen, – welcher unter den

[1] Er ruft sich nichts ins Bewußtsein.
[2] Vgl. Lukas 19, 11 ff.

zweien ist zu loben oder zu schelten? Keiner, denn sie haben beide Magen, Herz, rot Blut, rotes Fleisch, weiß Bein, Mark, Haar; und so auch alle einen ganzen Verstand (aber nicht die Klugheit, die Klugheit ist ein fremdes tierisch und viehisch Ding), – denn bei allen ist, das in dir ist; in einem jeglichen liegt, das in dir liegt. Wie einem Armen das Seine im Garten wächst ebenso gut wie dem Reichen, so da auch.

Im Menschen liegen alle Handwerke, alle Künste, aber nicht alle offenbar. In dem einen liegt das und die andern alle nicht, in dem andern ein anderes und weiter auch nichts mehr, – und sie sind doch alle in ihm und er hat sie alle. Erst das Aufwecken bringt sie hervor. Lernen vom Menschen, das ist kein Lernen, denn es ist ja vorher schon im Menschen, es ist allein ein Erwecken und Ermahnen. Denn so wenig du ein Holz tanzen lehren kannst oder machst einen Hund reden, ebenso wenig vermagst du einen Schüler aus dir zu lehren. Denn es ist nicht im Hunde, nit im Holz, das im Schüler ist.

Darum ist ein Kind ein *ambiguum*[1], wie du es erweckst, so hast du's. Erweckst du's mit einem Schuster, so ist es ein Schuster, erweckst du's mit einem Steinmetzen, so ist es ein Steinmetz, erweckst du's mit einem Gelehrten, so wird es gelehrt. Deswegen wird es so, weil alle Ding in ihm sind; welches du in ihm erweckst, das geht herfür, die andern bleiben schlafen. Wären sie nit zusammen mit dem Fleisch und Blut geboren, nimmermehr würdest du's in sie bringen, das du doch in sie bringen kannst.

---

[1] Doppelgesicht.

Drum bist du auch mit ihnen ein Schüler; du weckst die Schüler und sie dich auch. Das ist, ein andrer kann dich lehren und auch erwecken in einem anderen, das bei dir schläft, ebenso wie bei den Schülern und Kindern.

Nun ist mein Vornehmen, zu schreiben was die Weisheit der Menschen sei. Die kann nun aus dem Menschen nicht genommen[1] werden. Denn wenn er schläft, wer kann mit ihm reden? Wer kann aus ihm lernen? Nun, der allerwacheste Mensch schläft, so daß von keinem Menschen etwas zu lernen ist, was in ihm sei oder ist, daß man eine Lehr nehmen könnte aus ihm. Wer kann aus einem Stummen die Lehre nehmen, was in ihm ist? Niemand. So auch nicht aus dem Menschen. Aber aus dem Vater desselben, da wird es gelernt. Denn da ist ein Unterschied zwischen dem Vater und dem Sohn, daß der Vater zu der Lehr leichter und nützer ist denn der Sohn, und daß der Vater offenbar ist und der Sohn nicht, und aus dem Vater werden des Sohnes Wesen, Leben, Art, Eigenschaft, Amt usw. erkannt.

Nun ist der Mensch ein Sohn und hat die Weisheit, aber nicht aus sich selbst, sondern vom Vater der Weisheit; aus dem gehet die Weisheit. Der nun die Weisheit des Menschen lernen will, der lernets aus dem Sohne nicht, sondern er muß sie aus dem Vater lernen, denn der Vater ist offenbar in der Weisheit und legts und zeigts offen an den Tag.

Darum wird nun weiter mein Vornehmen sein zu schreiben vom Vater der Weisheit, auf daß der Sohn

---

[1] Verstanden.

mit seiner Weisheit verstanden werde. Denn es muß einmal offenbar werden, was die Weisheit des Menschen sei in allen Dingen.

Was sein Kopf tut und wirkt, muß sein Vater haben. Wer der sei, das ist notwendig zu wissen. Und was der Vater ist, ist auch der Sohn, und die Person oder Form hindert nichts daran. Denn von der Weisheit rede ich, nit von der Person. Wenn wir nun wissen, was wir sind, warum wir zu Kindern gesetzt sind, so wissen wir auch, was unser Erbe ist, das bei allen ganz ist und nit zerbrochen, denn so wenig das Leben im Menschen gestükkelt werden kann oder einem mehr oder weniger geben werden kann als dem andern, sondern es muß allen gleich gegeben sein, – so wie das Leben, sollt ihr auch wissen, ist es mit der Weisheit, es kann kein Weg noch Maß gleicher sein als ihre Austeilung.

## DER AUFTRAG AN DEN MENSCHEN

Schon in dem Umstande, daß dem Menschen zwei Lichte gegeben sind, liegt auch der Auftrag, diese beiden Lichte zu gebrauchen. Er darf nicht feiern, sondern er soll Tag und Nacht in Übung liegen, um das Natürliche und das Ewige in das Werk zu bringen. Die beiden Lichte verlangen also nicht nur geistiges, sondern auch reales Tun. Was das für das natürliche Licht bedeutet, legt nun Paracelsus klar. Er setzt zu diesem Zwecke bei dem Schöpfungswerke Gottes ein.

Der Leib des Menschen ist der elementische Leib und der gestirnte. Der elementische Leib ist aus den Elementen verwandelt (transformiert), er ist zu Fleisch und Blut gekünstelt oder umgeschmiedet worden. Der rechte Mensch ist aber nicht der elementische, sondern das Gestirn, und dieser gestirnte Mensch, von dem im ersten Teil ja schon die Rede war, ist der, in den

Gott das natürliche Licht einwirken läßt. Der elementische Leib ist nur das Handwerkszeug, das Instrument, durch welches der geistige oder gestirnte Mensch sein Werk verrichten kann.

Es scheint, als ob hier Paracelsus eine große Parallele sähe – so wie der elementische Leib das Instrument ist des natürlichen Lichtes, so ist der ganze Mensch das Instrument des Willens Gottes. Durch ihn – so will Gott – sollen seine Geheimnisse aufgeschlossen werden. Denn, Gott hat ihn dazu geschaffen und »*omnia subiecisti ei*«: er hat ihm alles unter seine Füße getan (Ps. 8, 7). Drum hat der Mensch im Reiche des Lichtes der Natur zu suchen, und wenn wir das im Lichte der Natur zu Leistende nicht vollenden wollen, so fordert er dafür Rechenschaft.

So aber sollen wir auch das Ewige fördern und es treiben.

Wenn wir nun eines der beiden Lichte erkennen, ist das schon ein Zeichen, daß Gott das *Werk* von uns getrieben haben will; denn niemand kann es erkennen, den Gott oder das Gestirn nicht »zieht«. Aus der Gewißheit meines Erkennens also wächst der Auftrag Gottes, wächst die Verpflichtung, zu erfüllen, was er mich erkennen ließ. Und dieser Auftrag ist der Pflug, die Pflicht, die Gott uns auferlegt – es ist das »Kreuz«, wie Paracelsus den Zuruf Christi an seine Jünger »Wer mir nachfolgen will, der verleugne sich selbst und nehme sein Kreuz auf sich« (Markus 8, 34) deutet.

Merket, daß Gott zweierlei Geschöpfe geschaffen hat, ein ungreifliches und ein greifliches. Das ungreifliche Geschöpf sind die Engel und Geister, das greifliche sind die Menschen.

Gott hat also zwei Kreaturen geschaffen, substantialem und nit substantialem. Gott hat wollen haben eine Kreatur, die greiflich ist, die Blut und Fleisch habe. Dieses Blut und Fleisch ist genommen aus dem Corpus der vier Elemente, und transformiert aus der Substanz in die Substanz des Menschen (gleich wie einer, der ein weiß Ding schwarz, grün oder rot macht. Denn alle Ding sind in der Hand Gottes weiß, und er kann sie

machen in was er will. Nicht wie die Menschen, die
können aus Holz nichts anderes machen, als daß es
Holz bleibt, die Metalle Metall, die Steine Stein usw.
Gott aber kann aus Steinen Brot machen[1] usw. Ebenso
kann er transformieren die vier Elemente in Fleisch
und Blut).

Merket also, daß der Mensch der Substanz nach ein
Auszug der vier Elemente ist, und derselbige Auszug ist
zu Blut und Fleisch gekünstelt worden. Und weil der
Mensch von den Elementen ist und nach Gottes Bildnis gemacht worden ist von Gott selbst, darum ist er
gewaltig über die vier Elemente, aus denen er gemacht
ist. Dieselben müssen ihm gehorsam sein, und er ist
Herr über sie, das ist soviel: nicht, daß der Limus Herr
sei, sondern der ist der Herr, der aus ihm gemacht ist.
Jetzt merkt nach diesem allen, daß der rechte Mensch
das Gestirn ist. Denn weder Hände noch Füße machen
einen Menschen aus, sondern allein die natürliche
Weisheit und die natürlichen Künste machen den
Menschen. Was den Leib angeht, das ist viehisch; allein das soll der Mensch sich vornehmen, ihm zu folgen, das im Leib unsichtbar ist und ungreiflich, das ist
das Licht der Natur, die natürliche Weisheit, welche
Gott in das Gestirn gegeben hat und vom Gestirn in
den Menschen, – und der Mensch lernt von ihm, wie
einer, der von einem Lehrmeister Schreiben oder Lesen lernt. Darum sind Hände und Füße nichts.

Nun können die Werke aber nicht vollbracht werden
ohne Hände und Füße, ohne Ohren und Augen, denn
durch die Augen sehen wir in die Natur usw., und sie

---

[1] Lukas 4, 1 ff.

sind Instrumente, durch die wir das vollbringen, das in uns ist und uns von Gott als eine natürliche Gabe gegeben ist, darum, zu Instrumenten, ohne die keine Weisheit sein mag, sind sie geschaffen worden.

Weil nun die Weisheit mittels der körperlichen Dinge geschehen muß, darum ist der Mensch aus den Elementen geschaffen und formiert worden nach dem Bildnis Gottes in die Form und Gestalt, die am geschicktesten ist zu tun das, das Gott von ihm haben will. Und eine geschicktere Form kann nicht sein noch gefunden werden als die ist, die der Mensch ist; denn seine Gestalt und Form ist geschickt, sie in alle Gaben der Natur, zu Künsten und allem anderen zu brauchen und zu handeln.

Was Gott im Geiste tut oder ein Engel oder Geist, das tut der Mensch mit seinem Leib und mit seinen Instrumenten. Denn das ist der Unterschied zwischen einem Geist und Menschen, daß der Geist ohne Instrumente ist und handelt, der Mensch durch Instrumente, − so weit es das natürliche Können betrifft. Wie zum Exempel: Gott macht ein Haus, das kann der Mensch auch machen; Gott hat Hände und Füße im Wort[1], der Mensch an den Gliedmaßen. Auch der Mensch macht den Menschen gesund mit Arznei, die muß er mit seinem Leibe bereiten, Gott bereitet sie mit *einem* Wort ohne Hände und Füß. So werden also durch die Glieder vollbracht die Künste und Weisheit des natürlichen Lichts, wie das Exempel ausweist.

Will nun Gott, daß diejenigen Ding geschehen sollen, die im Firmament durch ihn geschaffen sind, wie

[1] Wenn Gott ein Wort spricht, so geschieht es (vgl. 1. Mos. 1).

Kunst, Musik, mechanische Künste, Wissenschaften und andere Berufungen, so muß es durch einen Menschen geschehen. Denn es muß etwas sein, durch das das Gestirn handelt, das ist allein der Mensch. Darum ist er in diese Gestalt geschaffen worden, daß alle *magnaliae naturales* sichtbar geschehen können und in eine Körperlichkeit gebracht werden durch ihn, welcher aus den Elementen in die Form und Blut und Fleisch geschmiedet worden ist. Das ist: von Gott so geschaffen, – welches Geschöpf nicht hätte besser sein können; denn seine Glieder sind geschickt, alles das zu vollenden, das Gott in das Gestirn gegeben und gelegt hat.

Daraus folgt jetzt, daß der Wille Gottes durch den Menschen, welcher alle Ding in das vollkommene Ende bringen muß, geschehen muß. Darum soll der Mensch wissen, daß er allein der ist, der ein Instrument ist des natürlichen Lichts, es zu vollbringen, nämlich die Werke in Künsten und Weisheit, die Gott im Firmament geordnet hat. So ist Fleisch und Blut ein geschicktes Instrument, durch welches die Dinge alle geschehen können, Gutes und Böses. Es sei Gutes oder Böses, so ist der Mensch ein Instrument dazu. Wehe aber dem, und ihm wäre besser, er wäre nie geboren, durch den Übel und Ärgernis geschehen.

Wisset, daß Gott so sehr wünscht, daß die Geheimnisse im Gestirn eröffnet werden, daß er deswegen den Mikrokosmum geschaffen hat, um nicht allein durch ihn im Gestirn das Geheime, sondern auch alle natürlichen Mysteria der Elemente zu offenbaren, welches ohne den Menschen nicht hätte geschehen können. Und Gott will, daß die Dinge sichtbar werden, die unsichtbar sind. Solches soll sich der Mensch hoch und wohl bedenken, daß Gott ihn darum geschaffen hat und zu ihm gesagt hat: *omnia subiecisti ei* etc. Weil nun Gott das geordnet hat, so will er, daß der Mensch nicht feiere[1], nicht müßig gehe, nicht stillstehe, nicht saufe, nicht hure und dergleichen, sondern er will, daß er in täglicher Übung sei, zu erforschen die Geheimnisse der Natur in alledem, was Gott in die Natur gelegt hat. Daraus folgt nun, daß der Mensch soll ohne alle Einrede und ohne Aufzug[2] sein Amt vollbringen, dessentwegen ihn Gott geschaffen hat, und nicht widerbellen oder es verachten. Denn so wir im Licht der Natur das nit vollenden, das Gott durch uns haben will, so muß Rechnung darum gegeben werden am jüngsten Tage. Denn damit soll ein jeglicher seinem Nächsten dienen und Gott in seinen Gaben erkennen, – ein Säufer freilich kann gar nichts erkennen; er kann auch Gott nicht lieben ohne Erkenntnis, sondern er ist eine Sau, die nichts kann, als was eine Sau kann. So hat Gott aber den Menschen erschaffen, daß seine unsichtbaren Werke durch das Sichtbare geschehen sollen, das ist, durch den Menschen.

Ein Mensch ist wie der andere, ein jeglicher hat zehn Finger, ein jeglicher zween Füß, so daß daraus nit geurteilt zu werden vermag, wer oder was der Mensch sei. Sondern aus seinen Werken und Kräften, die von ihm gehen, wird er erkannt, wer er ist, – und dadurch wissen wir, wer der Sohn Gottes ist, was Propheten, was Apostel sind, was Heilige oder Lehrer sind, was aus Gott oder

[1] Nicht ohne Arbeit sei.
[2] Verzug.

aus der Natur ist. Durch die Werke werden so erkannt die Menschen, in denen das Licht der Natur liegt, was in einem jeglichen ist, wozu ein jeglicher die Natur braucht. So werden durch alle Menschen alle Mysteria Gottes geoffenbart, in einer englischen und einer natürlichen Philosophei und Astronomei, so das alles offenbar wird, es sei im Himmel und Erden, in der Hölle und in allen Kreaturen, – denn nichts ist so heimlich, das nicht offenbar werde.

Niemand erkennt Christum, denn allein der, der vom Vater zu ihm gezogen wird. Der nun zu ihm gezogen wird, der wird von ihm gelehrt. So wird auch niemand vom Gestirn gelehrt, er werde denn in das Gestirn gezogen. Das ist so viel: was von Gott ist, vom Himmel ist, das redet von Gott und vom Himmel; was von der Natur ist, das redet von der Natur; eben wie auch, was vom Teufel ist, vom Teufel handelt. Darum sollen wir wissen, daß beide Philosophei durch den Menschen mit seinen Kräften erkannt, vollbracht und vollendet werden, nämlich die ewige und die natürliche, und sie können beide wohl beieinander stehen, denn sie gehen beide von einem Gott aus und der Mensch auch von demselben.

Darum sollen wir unsern Leib nicht verderben, das ist feiern lassen, sondern Tag und Nacht in Übung liegen, um das Natürliche und das Ewige in das Werk zu bringen, auf daß beide Philosophei von uns nicht genommen werden und wir beraubt werden der göttlichen Gaben. Denn wenn Gott vom Menschen die Gabe nimmt, so ist nichts mehr in ihm, – die Hand Gottes ist von ihm genommen, und durch dieses Hinwegnehmen werden wir beraubt der Mysterien Gottes. Der aber so beraubt ist, dem ist keine Seligkeit zu erhoffen, aus der

Ursache, er ist ohne sein Kreuz, das er tragen soll. Das ist unser Kreuz, daß wir die Gaben Gottes tragen und suchen.

~~~~~

**Kann alles vermittels des göttlichen Lichtes erkannt werden?** Nein: Ebensogut wie die Propheten müssen auch die Astronomen wirken, und der Arzt soll neben dem heilenden Apostel gelten; denn Gott hat selbst das Ewige neben das Irdische gesetzt. Verwirrung hierin haben nur immer selbstgerechte Menschen, »Pharisäer« mit ihrer Sophisterei, angerichtet: Sie haben das Licht des Ewigen als das allein Gültige setzen wollen und haben damit die Weisheit des natürlichen Lichtes verdammt; nicht Christus hat es verdammt, verdammt haben es nur jene pharisäischen und sophistischen kleinen Geister. Dadurch haben sie zugleich mit dem natürlichen auch das ewige Licht verdunkelt.

Besser ist die Weisheit Christi, als alle Weisheit der Natur. Ich muß auch das bekennen, daß ein Prophet besser redet und in *einer* Stund mehr Wahrheit als alle Astronomi, und ein Apostel besser ist in der Wahrheit als alle Magi. Denn was kann der Schule widerstehen, die mit feurigen Zungen redet?
Christus hat die ewige Weisheit in die Welt gebracht; darum ist es billig, die mindere zu verlassen und der besseren anzuhangen; und das muß ich auch bejahen, daß die untere Weisheit einmal der besseren weichen wird; darum: besser ist die Weisheit Christi als die der Natur, besser auch ein Prophet, ein Apostel, als ein Astronomus und ein Medikus; besser aus Gott geweissagt, denn aus der Astronomei; besser aus Gott arzneien, denn aus den Kräutern. Durch die Propheten

wird geredet, das nit fehlet; durch die Apostel werden die Kranken gesund gemacht, das auch nit fehlet. Drum ob schon die Astronomei mit ihrem Licht unter Christo[1] verlassen worden ist, wer kann das falsch heißen? Aber weiter muß man doch auch sagen: die Kranken bedürfen eines Arztes, nicht alle jedoch der Apostel; auch die Vorhersagungen bedürfen eines Astronomi, nit alle eines Propheten. Es ist vielmehr so ausgeteilt: ein Teil den Propheten, ein Teil den Astronomis, weiter ein Teil den Aposteln, ein Teil den Ärzten. So hat ein jeglicher seinen Grund; drum ist die Astronomei uns Christen nit aufgehoben noch verboten, sondern christlich zu gebrauchen erlaubt.

So also erbt an uns das Licht von Gott dem Vater und das Licht von Gott dem Sohn, hie auf Erden wie auch im ewigen Leben. Und kein Teil hindert den andern, der Vater seinen Sohn nit, der Sohn den Vater nit. So kann der Mensch auf beiden Seiten wohl handeln, erfahren und ergründet sein.

Mehr rat ich zum Licht des Sohnes als zu dem des Vaters, und doch des Vaters Licht nicht verlassen, denn der Vater ist nicht wider den Sohn, der Sohn auch nicht wider den Vater, – allein, wehe dem, der in dem Heiligen Geist sündigt[2].

So bekenne ich auch, daß der Mensch ein Staub ist, denn er ist aus den Elementen. Was sind die Elemente? Nichts. Was ist dann der Mensch? Auch nichts. Darum ist billig, zu dem zu raten, das nit nichts ist, sondern ist. Jedoch, weil die Wunderwerk Gottes sollen erfahren

[1] Nachdem Christus gekommen ist.
[2] Die Sünde wider den Heiligen Geist, die nicht vergeben wird – das Tun gegen die eigene Überzeugung.

werden, ist es recht, daß ich mich im Lichte der Natur bemühe. Denn es sind Gaben den Propheten gegeben, Gaben den Aposteln, Gaben den Heiligen, so auch Gaben den Ärzten, Gaben den Astronomis, – und alles durch Gott und aus Gott. Also was bestimmt ist in die Hände der Propheten und Apostel, das wird seinen Fortgang haben, auch was in der Astronomei und Arznei bestimmt ist, wird auch seinen Fortgang haben, und alles durch Gott und durch seine Werk, – nicht alles in das Ewige, nit alles in die Natur; ein jegliches, da es hin gehört.

~~~~~

**Die Schuld der Pharisäer**  Obwohl Christus und die Propheten über die Natur sind, – daß aber mit ihrem Kommen die Astronomei aufgehoben worden sei, das ist nicht der Fall. Es ist aber eingerissen eine Logik, dieselbe hat verblendet das Licht der Natur und das Licht der Weisheit und hat eingeführt eine fremde Doktrin: das sind diejenigen, die angefangen haben, Christi wegen das Licht des Ewigen und der Natur zu verlöschen, und so wird durch sie verdunkelt die Wahrheit beider Lichter.

Dazu merket aber, daß Christus und die Seinen dem Licht der Natur nichts genommen haben; aber der pharisäische Sauerteig derer, die in den Schulen wandeln, hat der Natur ihre Macht brechen und nehmen wollen, und sie selbst folgen weder Christo noch dem natürlichen Licht. Sie sind die Toten, die die Toten begraben[1]; das ist, kein Leben ist in ihrem Tun, denn

---

[1] Lukas 9, 60.

sie lernen in keinem Licht etwas, weder im natürlichen noch im ewigen, und wollen doch beides sein.

So ist das Licht der Natur und auch des heiligen Geistes verlöscht und in ein unansehnlich Wesen gebracht worden. Das könnte vielleicht sein die Sünde in den heiligen Geist, die weder hie noch in jener Welt vergeben werden kann[1]; das ist das Heulen Rahels[2], die niemand geschweigen konnte. Dahin ist es gekommen, daß wenn die Königin des Ostens diesmal käme und suchte die Weisheit Salomonis[3], sie würde keinen finden, der mit ihr Gespräch hielte, — und es ist doch das Licht der Natur und des heiligen Geistes nicht erloschen, sondern noch so gut wie am Pfingsttage. Daß es aber so steht, das macht die Sophisterei, die beide Lichter verboten hat.

Und das ist zu beklagen, käme ein Apostel vom Himmel oder Prophet, es wäre niemand da, der mit ihm reden könnte. Käme Jupiter vom Gestirn herab zu uns, er fände niemand, mit dem er Bekanntschaft machen könnte, so durchaus ist der Grund erloschen. Aber käme der Satan, er fände seinen Leviathan[4], mit dem er spielen könnte. So haben sie ihre eigenen erdichteten Fabeln an die Statt der beiden Lichter gesetzt. Wenn diese Sekte nicht wäre eingerissen, so wäre die Schule der Apostel vortrefflich, in großem Schein, und das Licht der Natur vorhanden in großen Künsten und Würden.

[1] Matth. 12, 31.
[2] Matth. 2, 18.
[3] 1. Könige 10.
[4] Vgl. Hiob 40, 29.

# Die philosophische Arbeit

Viel häufiger als vom System der Philosophie – sieht man von seinen Ausführungen über die zwei Lichte ab – hat Paracelsus von der Tätigkeit des Philosophen selbst gesprochen. Das ist begreiflich, weil des Paracelsus Philosophieren ein dauerndes Geschehen und nicht ein abgeschlossener Akt war, weil er sein Leben lang philosophierte – und sich immer wieder mit den Autoritäts- und Schulgläubigen auseinandersetzte. Nicht an die geschriebenen Bücher glauben! ist sein A und O – sondern an die Bücher der Natur und an das Buch »Erfahrenheit«. Die starke, bewußte Abkehr vom Erdachten, »Erspekulierten«, das Bauen auf dem allein sicheren Grunde der Erfahrung: Dieser Zug seines Denkens rückt ihn in die Reihe der modernen Forscher, jener Denker, die, den Darstellungen der Philosophiegeschichte zufolge, mit Paracelsi Zeitgenossen Leonardo da Vinci und Cardanus beginnt. Dahinter aber, ihn zwingend und beherrschend, steht der eigentliche Antrieb seines Denkens: die Freude am Suchen und der Zwang zum Suchen, die unbezwingbare Lust, die Tiefe und die Höhe zu erkennen, das wahrhaft Faustische dieses Menschen, dessen große, von Geheimnissen umwitterte Gestalt hinter der Sage von Dr. Faust steht, jenem Sucher, der seine Seele gibt, um alle Tiefen und alle Höhen wahrhaft zu erkennen. Und ganz zuletzt enthüllt sich uns Paracelsus als ein Meditierender, als ein in sich Versinkender, in die eigene Tiefe Horchender.

## Spekulatio und Erfahrenheit

Die schärfsten Gegensätze im Philosophieren Paracelsi sind Erfahrenheit und Spekulatio. Die Spekulatio ist Spekulieren, das ist ein Denken ohne Festigung in der Wirklichkeit, ein ungegründetes Denken, ein Denken ohne Begründungen, ist »Phantasei«, d. h.: ein nur »Zusammenphantasiertes«, wo Schluß auf Schluß sich baut und wo die Untergründe dafür fraglich sind. Der Gegensatz von Spekulatio ist die Erfahrenheit. Erfahrenheit ist Erfahrung, das ist *experientia*, Experienz. Es ist das aus Erfahrungen, »Tatsachen«, abgeleitete Denken, es ist die »Praktik«, das gegründete Wissen; denn Praktik ist erstens Experiment, d. h.: der im Realen verankerte Fall, und ist dann *contemplatio*, das ist das Durchdenken dieses Falles, der Schluß, der von dem Erkennenden aus dem Wirklichkeitsereignis gezogen wird.

Die Spekulatio ist Scholastik, ist das Philosophieren des versinkenden Mittelalters. Erfahrenheit ist die neue wissenschaftliche Methode, die das 16. Jahrhundert findet und die dann bei Descartes gefestigt wird, sie ist der Weg, der bis in unsere Tage seine Gültigkeit behielt. Paracelsi Experienz ist aber noch etwas mehr; sie ist im Gegensatz zum bloßen Spiel mit Worten *philosophisches Begreifen*.

Ihr müßt zugeben, daß unsere Augen nit durch die Haut gehen, drum sollen wir uns nit zu viel in die Spekulation geben, sondern gewaltig den vier Elementen nachgründen.

Ich sage euch, mit euerm Spekulieren bis an den jüngsten Tag, ohne Lernen, Sehen und treffliche Übung, ist euer keiner einen Heller wert.

Ich bekenn, daß die Sachen müssen gespekuliert werden, aber so, daß sich die Spekulaz aus der Praktik erhebe.

Zween Wege sind, aus denen alle Künste entspringen, obwohl der eine der beiden die Künste falsch vorlegt, der andere aber gerecht. Der die Kunst falsch darlegt, das ist der Weg des menschlichen Nachsinnens und der eigenen, vorgenommenen Phantasei. Der andere Weg ist, daß der Mensch aus der Erfahrenheit und dem Gegenwurf[1] der Natur seine Lehre augenscheinlich und greiflich nimmt, und aus dem, was die Erfahrenheit ihm vor Augen stellt, vollbringt er sein Suchen. So wird der eine aus sich selber gelehrt, der andere aus dem Gegenwurfe der Erfahrenheit. In diesen zweien Wegen werden geschrieben die Bücher der Philosophei, der Arznei und Astronomei und andere mehr, – woraus dann folgt, daß in der Philosophei, Arznei und Astronomei Falsches und Gerechtes gefunden und gelesen wird.

Mithin sind zweierlei Schüler: die, die da anhangen eigener Phantasei, und die, die da anhangen der Erfahrenheit. Allein die Erfahrenheit bleibt in der Wahrheit; was eigenes Nachsinnen spekulierte, das kann nit bestehen.

Unsere Vernunft ist wie ein Stummer und blind in Erkenntnis der Dinge, die sie treiben soll, sie werde denn durch die Praktik dahin gebracht. Nit durch Versuchen, – denn Versuchen ist nit die Praktik, Wissen ist die Praktik.

Ich habe so viel erfahren, daß Spekulieren keinen Arzt macht, sondern die Kunst, und Kunst ist keine Spekulation, sondern ein Experiment, das wird durch die Hände gefunden, und nachfolgend gehört Contemplatio dazu, das ist, acht auf die Natur haben, wie man sie brauchen soll. Dann kommt die Erfahrenheit dersel-

[1] Parcelsi Verdeutschung von Objekt.

ben Kunst, die ist Meister, nit die Scherer und Bader noch andere ihresgleichen. Weil wir von den unheilbaren Steinkrankheiten schreiben wollen, wollen wir vergessen die zweifelhaften Traktate und Kapitel, und wollen vor uns stellen die allerausbereiteste Jungfrau Experientiam, die ohne menschlichen Samen eine Mutter ist aller Künste, – und sie wird sein eine Bewährerin unseres Schreibens.

Was ist Medicina anders als Experientia? Die bei mir ebenso ist wie bei andern? Wer kann aus seiner Experienz einem Andern Gewißheit geben? Niemand. Was baut dann ihr *sequaces*[1] auf sie oder nun auf mich? Schau ein jeglicher auf seine Kunst und Erfahrenheit selbst. Ein jeglich Ding muß seine Erfahrenheit haben, drum so schau du auf dich selbst; ich erfahr es mir, dir nicht. Erfahre es so wie ich, dann stehst du mir gleich.

Viele sind, die schreiben aus der Erfahrenheit. Nun wisset die Erfahrenheit, wie ihr sie verstehen sollt. Sie kann einem jeglichen gegeben werden (aber ihre Wirkung kann nicht von einem in den andern gehen). Das ist die rechte Erfahrenheit nach philosophischer und astronomischer Art, alle Dinge in ihrer Unsichtigkeit zu erkennen. Ebenso auch: die Zerbrechung[2] aller Dinge außerhalb dieser Erkenntnis, das ist die Erfahrenheit.

[1] Nachläufer.
[2] Was nicht firmamentisch erkannt wird, ist zu verwerfen.

Das Suchen – das ist das Herz und Wesen Paracelsi; sein ganzes Leben ist ein Suchen, ist ein Ringen nach Erkennen. Zum Suchen sind wir bestimmt, zum Suchen hat uns Gott geschaffen, er will sein Werk durch unser Suchen offenbar und sichtbar machen; wir sollen erkennen: sein Werk, uns selbst und in dem allen ihn. In immer neuen Variationen trägt das Paracelsus vor; wenn etwas es rechtfertigt, daß wir vorhin von ihm sagten, er sei das Vorbild für den Mythus »Dr. Faust« gewesen, so sind es diese Sätze und Bekenntnisse seines niemals müden Suchens.

Gott will nicht nur erkannt sein, sondern er will *uns* auch als Weise, nicht als Narren haben. Was haben wir auch auf Erden als die Freude solchen Suchens? Wenn es einst die Zeit sein wird, die Rechnung abzulegen, dann wird die Wohnung oben (Evg. Joh. 14, 2) uns nach dem Erreichten zugemessen; der, der sich hoch ergründet, das ist der von uns, der nach dem Grunde suchte, überaus stark suchte – dem Grund, auf den das ganze menschliche Sein gegründet ist –, der wird als der Gelehrte glänzen. Denn: *Das Ergründen führt zu Gott.* Das ist ein Glaubensbekenntnis, wie es in dieser Deutlichkeit nur einmal ausgesprochen worden ist.

Von den hier folgenden Texten ist im Grunde nur einer zu erklären; das ist der, der vom natürlichen und menschlichen Lichte spricht – der Prologus zum *»Liber de nymphis«*. In diesem Prolog hat Paracelsus zwischen dem natürlichen Licht, dem Licht der *philosophia communis*, und dem, das er das menschliche Licht nennt, geschieden; dem Lichte der *philosophia adepta* unserer Unterscheidung. Beachtet man das, dann ist die Stellung seines Textes sofort klar.

Ein pessimistischer Ton klingt in den ausgewählten Sätzen an – ein einziges Mal; der zuversichtliche ist viel stärker, und aus der Zuversicht, daß alles gefunden werde, lebt ja Paracelsus. Daß alles gefunden werde – und daß wir es suchen dürfen.

Gott ist es, der geboten hat: du sollst deinen Nächsten lieben wie dich selbst und Gott lieben vor allen Dingen.

Willst du nun Gott lieben, so mußt du auch sein Werk lieben. Willst du deinen Nächsten lieben, so mußt du [bei bösen Krankheiten] nit sagen: dir ist nit zu helfen, sondern du mußt sagen: ich kann es nit und verstehe es nit. Diese Wahrheit entschuldigt dich vor dem Fluch, der wider die Falschen geht. Merke also, daß weiter soll gesucht werden, so lange bis die Kunst gefunden wird, aus welcher die rechten Werk gehen. Denn wenn Christus spricht: forschet in den Schriften[1], – warum sollte ich nicht auch sagen: forschet in den natürlichen Dingen!?

Gott ist wunderbar in seinen Werken und Geschöpfen, und hat dem Menschen als der edelsten Kreatur selbst alles zu philosophieren befohlen, und zu erforschen die Natur, damit sie die Wunderwerke Gottes hervorzeige. Denn was haben wir auf Erden, als allein in göttlichen Werken zu wandeln und sie zu erkennen, und nicht zu wandeln in den Dingen, die da nicht göttliche Werke sind. Denn in zween Wege sind die Werke Gottes geteilt, in die Werke der Natur, die die Philosophia begreift, und in die Werke Christi, die die Theologia begreift. In denen sollen wir verzehren die Zeit, so wir auf Erden zu verzehren haben, damit wir in Frieden sterben.

Da der Mensch mehr ist als eine tödliche Kreatur, so muß er auch mehr Wissen haben. Weiß er, was im Himmel ist, was in der Erde, was in der Luft, was im Wasser, – warum ist das? Darum, daß er erkennt, wer er sei und woraus er sei.

[1] Evg. Joh. 5, 39.

Die Krankheit der Menschen und ihre Gesundheiten sind allein darum da, daß der Mensch den Limbus erkenne, aus dem er geboren ist, und daß er das Vieh im Wald und im Feld erkenne, auf daß er sehe, daß er wie das Vieh ist und nichts besseres. Darum soll der Mensch sich selbst betrachten und erfahren sein in allen Kreaturen, auf daß er sich selbst erkenne.

Der Arzt ist der, der da jedem eröffnet die Wunderwerke Gottes. Denn was ist im Meer, das dem Arzt verborgen sein sollte? Nichts. Was ist im Meer, das er nit soll eröffnen? Nichts. Er solls hervorbringen. Und nit allein im Meer, auch in der Erde, in der Luft, im Firmament, das ist im Feuer, – auf daß männiglich sehe die Werke Gottes, warum sie da sind, was sie bedeuten.

Über das, das das natürliche Licht faßt und erkennt, ist noch etwas, das über dasselbige reicht und erhoben ist; das ist im Licht der Natur nit zu ergründen. Aber im Licht des Menschen, das über das Licht der Natur ist, wird es ergründet. Denn die Natur gibt ein Licht, durch das sie erkannt werden kann aus ihrem eignen Schein. Aber im Menschen ist auch ein Licht außerhalb des Lichtes, das in der Natur geboren ist. Das ist das Licht, durch das der Mensch über-natürliche Dinge erfährt, lernt und ergründet.
Die im Licht der Natur suchen, die reden von der Natur; die im Licht des Menschen suchen, die reden *über* die Natur. Denn der Mensch ist mehr als die Natur; er ist die Natur, er ist auch ein Geist, er ist auch ein Engel; deren aller drei Eigenschaften hat er. Wan-

delt er in der Natur, so dient er der Natur; wandelt er im Geist, er dient dem Geist; wandelt er im Engel, er dient wie ein Engel. Das erste ist dem Leib gegeben; die andern sind der Seele gegeben und sind ihre Kleinode. Deswegen nun, weil der Mensch eine Seele hat, und die zwei Gaben dazu, darum steigt er über die Natur, um zu ergründen auch was nit in der Natur ist, und zu erfahren und zu ergründen die Hölle, den Teufel und sein Reich. So ergründet der Mensch auch den Himmel und sein Wesen, nämlich Gott und sein Reich. Darum wißt, daß dieses Buches [Liber de Nymphis] Vorhaben ist, zu beschreiben die Geschöpfe außerhalb des Verständnisses im Lichte der Natur. Denn das Amt hat der Mensch, daß er soll die Dinge erfahren und nicht blind darin sein, – denn darum ist er geschaffen worden, um von den Wunderwerken Gottes zu reden und sie vorzutragen.

Ein jegliches Werk, das Gott geschaffen hat, dess' Wesen und Eigenschaft ist dem Menschen möglich zu ergründen. Denn nichts ist geschaffen, das nit dem Menschen zu ergründen möglich sei, und es ist darum geschaffen, daß der Mensch nit müßig gehe, sondern in Gottes Wegen wandle, das ist in seinen Werken. Nit in Laster, nit in Hurerei, nit im Spielen, nit im Saufen, nit in Rauben, nit in Gut gewinnen noch Schätze sammeln den Würmern, sondern: seinen Geist, sein Licht, seine englische Art anlegen, in den Dingen, die göttlich sind zu betrachten.

Seliger ist zu beschreiben die Nymphen, denn zu beschreiben die Orden[1]; seliger ist, zu beschreiben den

[1] Die Mönchsorden.

Ursprung der Riesen, denn zu beschreiben die Hof-
zucht; seliger ist zu beschreiben die Melusine, denn zu
beschreiben Reiterei und Artillerie; seliger zu beschreiben die Bergleute unter der Erde, denn zu beschreiben
Fechten und Frauen-dienen, – denn in *den* Dingen
wird der Geist gebraucht, zu wandeln in göttlichen
Werken. In den andern Dingen wird der Geist gebraucht, der Welt Art zu gebrauchen und ihr Wohlgefallen in Hoffart und Unlauterkeit zu suchen.

Der viel auf Erden erfährt und hört, der wird auch
gelehrt sein in der Auferstehung; der nichts weiß, der
wird wenig sein, denn im Hause Gottes sind viele Wohnungen, und ein jeglicher wird seine Wohnung nach
seiner Gelehrtheit erhalten. Wir sind alle gelehrt, aber
nit gleich, alle weise, aber nit gleich, alle kunstreich,
aber nit gleich. Der sich hoch ergründet, der ist am
meisten, – denn Ergründen der Dinge und Erfahrenheit führt zu Gott und verscheucht der Welt Laster,
flieht den Dienst der Welt, Fürstenzucht, Hofsitten,
schöne Gebärden, und lehrt die Zungen, in der Lügen
und Fluchen auch liegt, [Gutes reden].

Die Wunderwerke Gottes, die lehrt das Licht des Menschen. Zucht gegen Gott, das ist dem Menschen befohlen, zu halten. Zucht gegen Menschen, – was ists mehr
als ein Schatten, der nichts ist? Der Mensch bezahlt
keine Zucht, belohnt nichts in derselben, stirbt ab, und
im Tod, so ist es ein Kot. Was macht der Mensch aus
sich selbst? Er lerne mehr als Zucht und lasse Zucht
beiseite und liebe seinen Nächsten, – da kommt die
Zucht von selbst, wie aus einem guten Baum die Blüte
und seine Frucht. O wie groß ist der in der Freude, der
seinem Schöpfer nachdenkt! Er findet Perlen, die nit

den Säuen gegeben werden[1]. Aber der dem Menschen nachdenkt, der selbe sucht Perlen wie eine Sau, die alles zerstreut und nichts findet, das ihr nützlich sei.

Alle Dinge werden offenbar durch die Ordnung Gottes. Nichts ist so heimlich, das nit dem Menschen offenbar werde, das ist, daß er nit durch die letzte materiam den Anfang und sein verborgen Wesen erkennt.

Wunderbar ist Gott in seinen Werken, die Tag und Nacht nicht sollen unterlassen werden zu ergründen, sondern wir sollen wachen und täglich in ihrer Erforschung Fleiß anwenden, — denn das ist gewandelt im Weg Gottes.

Eine jegliche Arbeit, die in der Weisheit Gottes geschieht, erkennt Gott, je nachdem sie ist. Viel Arbeit gibt große Erkenntnis.

Gott soll erkannt werden in seinen Werken.

Ich sage, daß große Geheimnisse in der Natur sind, in den Geschöpfen Gottes, und daß es besser, und nützer wäre, man studierte in solchen Dingen, als daß man der Sauferei und der Hurerei, auch anderer Büberei nachläuft. Aber jetzt ist die Zeit so, daß man die Hurerei achtet, — so lange, bis ein Drittel der Welt erschlagen wird sein und das andere an der Seuche stirbt, und das dritte kaum überbleibt[2], dann wird es wieder kom-

[1] Matthäus 7, 6.
[2] Vgl. Off. Joh. 8, 6 ff.

men in seinen rechten Stall. Auch müssen die Stände untergehen und aus der Welt gerottet werden, sonst kann es auch nicht geschehen. Dann aber ist die güldene Welt, das ist, dann wird der Mensch zu seinem rechten Verstand kommen und menschlich leben, nicht viehisch, nicht säuisch, nicht in der Spelunke.

Was nicht aus natürlicher Ordnung geht, da ist nachzugrübeln verboten.

Das ist wohl wahr, daß in der Erde noch viel liegt, das ich nit weiß; es habens auch andere kein Wissen. Denn das weiß ich wohl, daß Gott noch Seltsames wird an den Tag bringen, das noch nie bisher gebracht ist worden und offenbart, davon wir alle noch nie gewußt haben. Das ist weiterhin auch wahr, nichts ist verborgen, das nit offenbar werde. Darum so wird der nach mir kommen, dessen Wunder-Erkenntnis noch nicht lebt, und wird sie[1] öffnen.

Als die Philosophi so streng und mächtig der Gesundheit zu Liebe die Arcana der natürlichen Dinge gesucht haben, haben sie vielerlei Künste gefunden, aber sie haben mit ihnen nit zum Ende können kommen. Darum ist not, daß wir, die jetzt leben, mehr suchen und erfahren und nit in ihrem Ende bleiben, – denn sie sind nit ganz zum Ende gekommen, sondern es ist uns hinterlassen, das Ende zu suchen. Den Anfang haben sie gegeben und den rechten Grund, dem wir nachgehen sollen, und weiter das Ende suchen.

[1] Die Erkenntnis der Wunder.

Es ist Gottes Wille, daß in allen Winkeln Weisheit und Künste seien, denn er ist ihrer aller Ursprung und Brunnen, und sie sollen von den Menschen gebraucht werden, auf der Erde wie im Himmel. Dadurch erkennen wir, wie unser Gott ist, was er ist und wie er uns mit Treuen meinet und liebet und haben will. Denn keineswegs soll man meinen oder glauben, daß er wolle, daß wir Menschen finster seien und dunkel, sondern er will, daß wir alle gelehrt seien aus Gott, erleuchtet von dem Höchsten. Er hat keine Freude an den Toren, an den Narren, an den Unweisen. Auch nicht, daß in einem Lande allein *ein* weis Mann, *ein* Ratsmann, *ein* Gelehrter sei, sondern daß wir alle gelehrt seien aus Gott und in ihm, auf daß wir wissen, wer unser Gott sei und was er sei. Denn wir sind nicht geboren zu Narren, zu Toren, sondern um uns in den Stufen Salomonis, der Apostel und des ewigen Lichts zu ersättigen. Gott hat uns nicht die Einfalt [als Ziel] vorgestellt, sondern die ewige Weisheit und Kunst, Gott darin zu preisen und zu ehren und loben, daß die Welt solcher Tugenden wie der Himmel voll sei.

Einer, der in natürliche Dinge kommt, mag schwerlich davon lassen, denn je länger, je mehr er nachdenkt und sucht in denselbigen, je härter wird er gezwungen, ihnen nachzugründen und zu folgen; drum einer sie nicht allein sehr liebt, sondern überliebet.

~~~~~

**Meditieren**  Der hierfür gebotene Text handelt in seinen letzten Sätzen von der Spekulatio, die er hier nicht so ablehnt wie im

302

Abschnitt S. 291 ff. Was hier »Spekulation« genannt wird, ist nämlich nicht das uferlose Schlüssebauen, sondern die *contemplatio*, die er vorhin als Teil der Praktik nannte.

Ein solches Kontemplieren, ein solches Nachdenken und Sinnieren ist auch das »Meditieren«, das er hier so schön beschreibt, wie es auf Dürers »Melancholie« vor Augen tritt. Der Mensch versinkt und taucht in sein Gemüt. Das ist der Schritt, der einen Menschen in die Mystik tragen kann.

Es ist ein solch groß Ding um des Menschen Gemüt, daß es niemand möglich ist, es auszusprechen. Und wie Gott selbst und die *prima materia* und der Himmel, die drei, ewig und unvergänglich sind, so ist es auch das Gemüt des Menschen. Darum wird der Mensch selig durch und mit seinem Gemüt, das ist, er lebt ewig und stirbt nimmermehr, so wenig wie Enoch und Elias[1], die auch ihr Gemüt recht erkannt haben. Und wenn wir Menschen unser Gemüt recht erkennen, so wäre uns nichts unmöglich auf dieser Erden.

Wie aber dasselbe recht zu erkennen sei, wenn es in seiner Exaltation[2] ist, so wisset, daß das Gemüt in sich selbst ist versunken und ertrunken; das ist, der Mensch ist mit sehenden Augen blind, mit hörenden Ohren hörlos, mit seiner Nase riecht er nichts, mit seinen Händen betastet und greift er nichts, sein Leib empfindet nichts. Das ist nun so zu verstehen: er sieht wohl, weiß aber nicht, was er sieht; er hört wohl reden, verstehts aber nicht; hat wohl den Ton und Hall eines jeden Dings, weiß aber nicht, was es ist, verstehts nicht. Er riecht wohl, weiß aber nicht, was er riecht; er greift

[1] Die nach der christlichen Mythe bis zu den Tagen des Antichrists leben.
[2] Erhöhung.

wohl, weiß aber nicht, was er greift; denn er hat sich ganz in das Ding, das in seinem Gemüt liegt, versehen und vergafft, wie ein Affe an einem Spiegel oder wie ein Kind an einem Mensch. Der in solchen tiefen Gedanken ist und in seinem Gemüt also ertrunken, der ist gleich, als hätte er seine fünf Sinne verloren, und er wird von der Welt für den größten Stocknarren gehalten, — ist aber bei Gott der allerweiseste Mensch, den Gott seine Geheimnisse wissen läßt und in das Verborgene hineinsehen läßt, mehr als alle Weltweisen.

Wenn wir nun so auf Erden mit unserm Gemüt zu Gott kommen, so werden wir gleich den Aposteln, wir fürchten weder den Tod, noch Gefängnis, weder Marter noch Pein, Armut, Arbeit, Hunger noch anderes dergleichen, item wir können Teufel austreiben, Kranke gesund machen, Tote lebendig machen, Berge versetzen.

Ein Exempel haben wir an der Spekulation; denn wir sehen, einer der da spekuliert, und hat von dem Dinge darin er spekuliert, einen Verstand, — läßt er nun nicht davon ab und läßt es sich ernstlich angelegen sein, so findet er in solcher Spekulation die Praktik, denn keiner kann zu der Praktik anders kommen als allein durch die Theorie und Spekulation. Es muß alles ernstlich spekuliert sein. Auch alle Handwerke und Künste haben ihren Ursprung aus Spekulation und aus der Theorie. Und das ist hier auch zu wissen, daß allemal bei Nacht, wenn alle leiblichen Dinge ruhen, heimlich und still sind, es am besten und nützlichsten zu spekulieren, mentieren[1] und imaginieren ist, auch

[1] Bedenken, vom latein. *mens* = Geist.

an geheimen, besonderen und dazu geschickten Orten, so daß keiner von Leuten beschrieen, erschreckt oder verhindert werden kann, dazu auch mit nüchternem Leib.

# Philosophia adepta
## aus dem natürlichen Lichte

# PHILOSOPHIA

> Wisset erstlich, daß die Weisheit nichts
> anderes ist denn eine einige ewige Freud.

## WEISHEIT IM NATÜRLICHEN LICHT

Erkennen ist das Fundament. Die Sapientia oder Weisheit, das ist bei Paracelsus zunächst die Weisheit im natürlichen, dann freilich auch die im ewigen Licht. Sie ist Erkennen und ist ein Wissen, ein festes, gegründetes Wissen, nicht ein bloßes Wähnen. Denn die Erkenntnis aller Dinge ist der Grund, das Fundament, auf dem sich alles andere erst erhebt, und diese Erkenntnis liegt, wie wir vorhin bereits (S. 273 ff.) erfahren haben, nicht in uns Menschen, unserm Spekulieren, sondern nur bei Gott. Wir müssen sie also bei Gott suchen, müssen sie von ihm erbitten.

Man könnte dagegenhalten, daß die Natur das Diesseits sei, daß ihre Erkenntnis also nicht von Gott gegeben werden könne. Doch mit dem Einwand läßt sich Paracelsus nicht erschrecken – sie kommt von Gott, weil sie von Gott geschaffen worden ist. Mit diesem Beweise vernichtet er die falsche Lehre der »Sophisten« und führt die Natur aus ihrem Aschenbrödelwinkel wieder in das Licht des Tages – aus ihrer Verdammung macht er ihre Heiligung.

Ist Gott der Grund, aus welchem man allein erkennt, dann muß der Weisheitssucher nach dem Reiche Gottes trachten (Matth. 6, 33); denn dem, der danach geht, wird alles andere ja gegeben werden. Mit Bitten und Suchen, Anklopfen muß man es erlangen (Matth. 7, 7), nicht mit Gewalt es nehmen oder es erstürmen wollen – obwohl doch Paracelsus der war, der es mit Gewalt ergriff. Das, was wir bitten, wird von Gott gewährt; Gott gibt nicht Steine oder Schlangen (Matth. 7, 9 f.), vielmehr ein Besseres, auch ein Besseres als Brot, denn nicht das Brot allein ist unser Leben, unsere Seligkeit (Lukas 4, 4) – die Seligkeit ist die von Gott ausgehende Weisheit im Erkennen. Erkennen, das ist das tiefste Fundament des Menschenseins.

Dem wir bereits im vorigen Buch einmal begegnet sind, dem faustischen Drange nach Erkenntnis, nach dem Grund und dem Geheimnis, das treffen wir wieder hier. Und ganz abrupt wird ausgesagt, daß die Erkenntnis alles, daß sie die Vorbedingung auch der Liebe und des Glaubens sei – ein Weg, bei dem wir ihm kaum werden folgen können, und doch ein fast Erschrekkendes in seinem Drange nach Erkenntnis.

Von diesem Gedanken ist es nur noch ein kleiner Schritt, um ihm bei einem nächsten, ähnlich kühnen, zu begegnen. Gott will, daß wir uns unsers Almosens nicht rühmen (Matth. 6, 1 ff.), und er trägt selbst das Joch, das er uns damit auferlegt, er rühmt sich selbst nicht, rühmt sich seines Werkes nicht. Er läßt zum Beispiel etwa seinen Ruhm dem Alchimisten, der etwas aufweist, das er nicht aus seinem Geiste hat. Will Gott, wie es aus alledem scheint, verborgen sein, so ist es wohl auch billig, daß wir seinen Willen achten und nur das Werk im Sinne haben – daß sein Grund gefunden wird.

Das höchste und das erste Buch aller Arznei heißt Sapientia, und ohne dies Buch wird einer nichts Fruchtbares ausrichten. Und *das* ist Sapientia, daß einer wisse und nit wähne, – so daß er alle Ding versteht und mit Vernunft gebraucht, und daß eine Vernunft und Weisheit sei – ohne Torheit, ohne Narrheit, ohne Irrsal, ohne Zweifel, sondern daß es der rechte Weg sei, der rechte Grund, der rechte Verstand und das rechte Ermessen und Erwägen, das ein jegliches Ding in seiner Waage trage.

In selbigem Buch Sapientia ist der Grund und die Wahrheit und aller Dinge Erkenntnis, denn aus der Erkenntnis werden alle Dinge regiert, geführt und in ihre Vollkommenheit gebracht; und das Buch ist Gott selbst. Denn allein bei dem, der alle Dinge geschaffen hat, liegt die Weisheit und der Grund in allen Dingen. Durch ihn wissen wir weise zu handeln in alle dem, in dem wir wandeln sollen, und ohne ihn wissen wir nichts zu regieren, zu führen, zu gebrauchen, wie es sein soll; ohne ihn ist es alles eine Narrheit.

Gleicherweise wie die Sonne auf uns scheint, so müssen auch die Künste von oben herab auf uns scheinen. Denn was ist Weisheit, als allein die Kunst, daß ein jeglicher sein *donum*[1], sein *officium*[2] wisse und kenne? Und das können wir so wenig aus uns selber haben, so wenig wir Tag und Nacht, Sommer und Winter aus uns haben können.

Und ob gleich die Arznei natürlich ist, das ist, sie ist bei uns auf der Erde, wie das Quecksilber, das Guajakholz[3] usw., so muß sie doch von dem höchsten Buch uns gezeigt werden, so daß wir durch dasselbige lernen, was in ihr sei, wie es in ihr sei, wie es von der Erde soll genommen werden, wie den Kranken und welchen Kranken es diene. Denn das Körperliche [an ihr] ist nicht die Arznei, es ist Erde. Das ist die Arznei, das im Corpus ist, – was die Erde, Blut und Fleisch nit wissen. Aus dem folgt, daß die Arznei aus dem Geist fließen muß, der im Menschen ist, welcher von dem ist, zu dem er wieder geht.

Aus diesem allen folgt, daß die erste Lehre und Forschung ist: daß wir am ersten sollen suchen das Reich Gottes. Da liegt der Schatz, die Schule des Grundes der

[1] Gabe.
[2] Amt.
[3] Holz des westindischen Guajakbaumes, das noch heute als Arznei gebraucht wird (Syphilis, Gicht, Rheumatismus).

Weisheit eines jeglichen Menschen. Nach diesem werden uns alle anderen Dinge gegeben, denn wenn wir suchen, klopfen an, bitten, was kann Edleres sein?

Wir sind irdische Leute miteinander und finden nichts in der Schule der Erde als Narrheit; darum werden wir darauf hingewiesen, zu suchen im Reich Gottes, in dem alle Weisheit liegt, – des Spruches mag sich der Arzt nicht erwehren. Wenn er gleich meint, die Natur sei nit im Reich Gottes, so meint er falsch, den sie kommt von Gott. Darum muß der Arzt seine Principia im selben auch suchen, ohne sie ist er nichts als ein Pseudomedikus und ein Irren eines flattrigen Geistes. Sondern will er lernen die Wahrheit der Kunst, so muß er hier den Eingang nehmen, und wenn er nit so eingeht, so lernt er für und für und kann auf kein Ende der Wahrheit kommen. Es soll es sich niemand befremden lassen, daß ich sage, daß Gott das erste Buch sei. Die Ursache ist: wer kennt die Arbeit besser als der, der sie gemacht hat? Der weiß derselbigen Arbeit Kraft anzugeben und anzuzeigen. Wer ist nun, der die Arznei gemacht hat, anders als allein Gott? Wer ist denn, der sie wisse, als allein Gott? Es fließt alles aus ihm, wie die Wärme von der Sonne, die treibt die Blühe herfür. Also soll unsere Weisheit aus Gott auch fließen.

Darum sage, was ist auf dem Erdreich gefunden worden, das nit durch Gott an uns gelangt sei? Er hat es alles in seiner Hand behalten. Wollen wirs ihm aus der Hand nehmen, es muß durch Bitten geschehen, durch Suchen und durch Anklopfen. Denn mit Gewalt, mit Stehlen, mit Drängen schaffen wir da nichts.

Der, der uns geheißen hat bitten um das tägliche Brot, der heißt uns auch bitten um das, das mehr ist, als das

Brot ist. Denn nit allein im Brot ist unser Leben, sondern auch in den Künsten und Weisheiten, die da ausgehen von dem Mund Gottes. In demselbigen sollen wir uns füllen und die Bauchfülle für tödlich erachten, jene aber für ewig. Denn die gelehrt sind, werden scheinen im Reich Gottes wie der Schein der Sonne.

Die Lehre muß aus Gott gehen. Also ist eine jegliche vollkommene Gabe von Gott, der uns heißt bitten, suchen und anklopfen und sagt, was wir in seinem Namen bitten, das wird uns gewährt. Daraus folgt, daß uns nit Steine oder Schlangen für Brot gegeben werden, sondern ein besseres.

Das soll nun ein jeglicher natürlicher Schüler wissen, daß er so die Natur erfahren muß. Denn das Wort, da er spricht: Lernet von mir![1] das muß erfüllt werden, oder es wird kein Grund der Wahrheit gefunden werden. Denn was ohne ihn gefunden wird, das ist alles ein Blindes, eine Finsternis ohne Licht. So müssen die Secreta[2] und Mysteria[3] der Natur in uns kommen, so werden uns die Magnalia Gottes offenbart. So kommen hervor die *arcana naturae* durch den, der sie in die Natur gelegt hat, und der sich freut, so wir darin lernen und erforschen die Schrift Gottes[4], die uns die Ding alle offenbart.

Der nichts weiß, der liebt nichts; der nichts kann, der versteht nichts; der zu nichts gut ist, der taugt nichts. Der aber verstehet, der liebt, der merkt, der sieht.

[1] Matth. 11, 29.
[2] Geheimnisse.
[3] Wunder.
[4] Vgl. Evg. Joh. 5, 39.

Von den Begierden hat uns der Teufel abgeführt, denn ihm ist wohl wissend, wenn der Mensch ein Wissen von den Geheimnissen hat, daß er sich vom Buch nit verführen ließe, sondern hinge an dem Schatz. So aber der Mensch das nit weiß, so hanget er dem an, das er weiß, dem Saufen, dem Huren, dem Spielen, dem Kriegen, der Faulheit usw. Denn das ist einmal wahr: der Gott nicht erkennt, der liebt ihn nicht; er weiß nichts von ihm. Der die Trinität nicht weiß, der glaubt sie nit, darum liebt er sie nit. Der die Natur nit kennt, der liebt sie nicht. Der, der also nichts erkennt, der sieht nichts bei demselbigen, verachtet es. Sein Bauch ist sein Gott. Je mehr aber Erkenntnis ist in einem Ding, je mehr ist Liebe.

Alle Dinge liegen in der Erkenntnis; aus derselbigen fließen dann die Früchte; die Erkenntnis gibt den Glauben. Denn der, der Gott erkennt, der glaubt ihn; der ihn nicht erkennt, glaubt ihn nicht; ein jeglicher glaubt, wie er erkennt.

## Das Licht der Werke

In diesem Abschnitt beweist uns Paracelsus die Notwendigkeit, warum zum Sehen unserer Augen weitere Erkenntnisquellen kommen müssen. Der unsichtbare Mensch in uns, der für ihn zweifellos vorhanden ist, kann nicht von uns mit unsern leiblichen Augen wahrgenommen werden; wir können ihn nur im Lichte der Natur erkennen und begreifen. Denn wie das Licht der Sonne dem des Mondes überlegen ist, so ist Erkenntnis aus dem Lichte der Natur mehr als die Erkenntnis durch die Augen. Dies Licht und seine Bedingnis geht aus einem weiteren Schlusse hervor. Wir sehen die Werke, deren Verursacher uns nicht sichtbar sind. Wenn wir die Werke sehen, muß aber ihr Macher auch vorhanden sein, und uns fehlt nur das richtige Licht, um diesen Macher zu erkennen. Es kommt nur auf das Licht an – nicht auf unser Auge. Das Licht, in dem der Macher erkennbar ist, das ist *sein* Licht. So konnte auch Christus nicht im Licht der Sonne sichtbar werden; die, die ihn als Sohn Gottes sahen, sahen ihn in einem Licht, das ihnen von oben, aus dem Ewigen erst gegeben worden war.

Wir sehen, daß Paracelsus hier zu einer Folgerung gelangt, die ihn sehr nahe an die Schlüsse Nicolaus' von Kues geraten läßt. Er hat gelernt, wie relativ das menschliche Erkennen ist. Wie der Kusaner rettet er sich daraus zum ewigen Licht. Wir sollen nicht in den Werken stehenbleiben, sondern sollen weiter suchen – der Schluß, »den Meister des Werkes« zu suchen, gibt sich fast von selbst. Gott will von uns erkannt sein, deshalb sind die Werke da, die uns den Zwang auflegen, ihren Ursachen, ihrem Macher nachzugehen.

Es erfordert die Notdurft, auch den andern Teil des Menschen zu beschreiben, obwohl derselbe unsichtbar ist und doch greiflich (und das da greiflich ist, das ist nit sichtbar). Das ist so zu verstehen, wie ein Blinder, der da greift und sieht nicht, was er greift. Im Gegenspiel sehen wir und greifen, aber empfinden das nit, das wir greifen, und so wunderbar dem Blinden sein Greifen erscheint, so wunderbar ist unsern sichtbaren Augen, daß sie blinzen und nit empfinden, was die Hände greifen. Und merket dies Exempel wohl; denn nicht umsonst wird uns der Blinde geboren, sondern er gibt uns damit ein Beispiel, daß wir im Lichte der Natur mit sehenden Augen blind sind, darum es billig ist, dasselbe zu erforschen.

Wir Menschen auf Erden, was haben wir ohne das Licht der Natur in der Erkenntnis aller natürlichen Dinge? – Von welchem Licht der Natur ich weiter sage,

315

daß es sich erstreckt in das Unsichtbare, und ebenso wunderbarlich in demselben ist wie das andere im Sichtbaren.

Was die Augen sehen, das bedarf wenig Dartuns, denn die Augen sehen die große Welt und bringen die große Welt in die Philosophei. Was von dieser ergründet wird, das ist sichtbar.

Aber, um die Dinge weiter auszuführen, so wisset, daß die Welt und alles, das wir in ihrem Kreis sehen und greifen, nur der halbe Teil der Welt ist, und das, was wir nicht sehen, ist gleich und ebensoviel im Tragen und Heben, im Wesen und in der Eigenschaft. Und es ist noch ein halber Mensch, in welchem die unsichtbare Welt wirket. Also machen beide Welten zween Menschen in einem Leibe.

So wunderbar sind die Kreaturen, daß sie im Licht der Natur ebenso zu erfahren sind in dem, das Gott unsichtbar an ihnen gemacht hat, als in dem, das wir sichtbar haben. Denn so streicht Gott seine Wunder hervor und die Schule des Lichts der Natur, daß wir nit allein uns sattsehen sollen, sondern uns verwundern und nachforschen den natürlichen Dingen, die der Augen Gesicht nicht begreift, und die doch so deutlich vor ihnen stehen wie eine Säule, die vor dem Blinden steht.

Vom Auftun der Augen zu reden, ist weiter mein Vornehmen, weil im Licht der Natur klar gezeigt wird, unsichtbare Dinge zu sehen, und gezeigt wird, wie sie zu erfahren seien. Das lehrt dieses Exempel: Der Mond ist ein Licht, aber die Farben gibt er nicht zu erkennen; aber wenn die Sonne aufsteigt, so werden alle Farben gesehen. So ist auch die Natur ein Licht, das *über* das Licht der Sonnen scheint, und wie der Mond im Verhältnis zur Sonne scheint, so scheint das Licht der Natur über alle Gesichte und Kräfte der Augen. Im selbigen Licht werden die unsichtbaren Dinge sichtbar: und – daß je ein Licht das andere überscheint, lasset euch eingedenk sein, wenn ihr es verstehen wollt.

Wir glauben den Werken und müssen ihnen glauben, denn der zu wenig glaubt, dem kranken die Werke. Die Werke zeigen an das, davon sie kommen. Sind die Werke sichtbar und das, davon sie kommen, unsichtbar, so wisset, daß das nur deshalb unsichtbar ist, weil wir im selbigen Licht, welches dasselbe sichtbar macht, nicht wandeln. Und es ist gleich, als wenn wir bei der finstern Nacht eine Glocke hörten, die können wir nicht sehen, und doch das Werk der Glocken sehen wir wohl, das ist, wir hören's. Wollen wir nun das sehen, davon das Getön kommt, so muß es durch ein Licht geschehen. Der Mond ist eins, aber ein finster Licht; die Sonne erklärt es gründlicher. Nun müssen wir uns nit genügen lassen an dem Lichte, das zu den Werken leuchtet und solche sichtbar macht, sondern wir müssen weiter suchen und denken, daß das, so die Werke macht, mehr ist als das Werk, darum muß auch sein Licht mehr sein, – denn ein jeglich Ding hat sein Licht, in dem es gesehen wird, und ein jeglich Licht machet sichtbar das seinige, das im andern Licht unsichtbar bleibt.

Da nun die Werke uns weiter weisen, als bei ihnen stehen zu bleiben, – den würden die Werke nit gläubig machen, der sich von diesem Zeiger nicht wollte führen lassen, – glauben wir die Werke, so glauben wir auch dem Meister des Werkes. Denn das ist ein toter Glaube und eine kindische Art, aus den Werken nit zu dem Meister zu schreiten. Die Gebäude gefallen uns wohl; noch viel mehr soll uns der Meister gefallen; die Gebäude lehren uns nichts, die Lehren der Gebäude fließen vom Meister. Denn seht dies Exempel an: Christus war ein Licht der Welt, aber unsichtbar, denn er erschien als ein Mensch, – aber seine Werke bewiesen es. Die seine Werke bei seinem Licht erkannten, die wandelten klarer, als alle Sterne am Firmament scheinen könnten. Unsere Augen sahen die Werke beim Licht, das aus der Sonne ging; das selbige Licht konnte aber den Meister nit zu erkennen geben. Darum die ihn erkennen wollten und wollten ihn sichtbar haben, so wie er war, mußten das Licht haben, das über ihn schien, davon gesprochen wurde von den Aposteln, als seine Verklärung geschah[1]. So hat ein jeglich Ding sein Licht, und der bei dem Hauptlicht nicht sehen will, dem sind die unsichtbaren Leiber vor den Augen, gleich wie bei finsterer Nacht ein großer Berg. Also finden wir in der Natur ein Licht, das uns das sichtbar macht, was Sonne und Mond nicht vermag.

Weil nun auch Dionysius Areopagita[2] bei seinem Licht nit die Werk sehen konnte, die da unter dem Kreuz Christi geschahen, dem doch das Firmament nach astronomischer Weise bekannt war, – er wollte im Werk nit ertrinken, sondern er wollte weiter sehen den Werkmeister dieser Welt, und suchte ein ander Licht

---

[1] Matth. 17, 1 ff.
[2] Dem von Paulus (Apostelgesch. 17, 34) Bekehrten schrieb man ein großes griechisches Schriftenkorpus zu, in dem die Verschmelzung christlicher und neuplatonischer Lehren vorgetragen wird. In Wahrheit entstand es erst im 5. nachchristlichen Jahrhundert. Es wirkte stark auf die mittelalterliche Mystik, bis zur Renaissance.

und fand's. Also sollen wir auch nit ersaufen im Werk; denn der da suchet und klopfet an, der findet. Das ist von den Werken zu verstehen.

Ihr sollt aber wissen, wo Werke geschehen, daß sie darum allein geschehen, daß wir ihre Ursache erfahren. Denn sie werden um keiner andern Ursache willen geboren, als daß uns Gott damit etwas will zu verstehen geben, und durch seine göttliche Weisheit uns auffordert, mehr wunderbarliche Dinge zu erforschen in seinen Geheimnissen, auf daß wir seine tiefe und unbegreifliche Weisheit, die ohne Ende ist, erkennen und spüren.

## GÖTTLICHE BAUGEDANKEN

Die Baugedanken, die aus der irdischen Welt, aus den natürlichen Dingen sich ergeben – ihr wahrer Sinn enthüllt sich dem Menschen erst von drüben. Die Schule des heiligen Geistes muß den Schüler sehen lehren. Wenn er das kann, ergeben sich ihm danach die Gesetze der übernatürlichen, einer von Gott gesetzten Harmonie. Und Form ist dann nicht mehr ein äußeres Zufälliges, und Schönheit nichts mehr, was sein kann oder uns auch fehlen darf – das Schöne ist die aufs Höchste gesteigerte Erscheinung einer Tugend, d. h. des Sinnes des Wesens oder der Idee des Dinges. Die Welt ist in das Maß, die Harmonie geordnet, ja Böse und Gut sind Teile einer Harmonie.

***Form und Signatur*** Die Form, die Gestalt der Dinge, ist ein Ergebnis ihres inneren Seins. Wir lernten ja schon, daß alle Dinge eigentlich nur die geistigen Inhalte seien und daß der Stern, den wir Jupiter nennen, das Gefäß der Kraft »Jupiter« sei. Die äußere Form ist durch die Kraft, die in ihr wohnt, bedingt. So ist der Thymian nur eine bestimmte, gewachsene Form der Süße. Wo diese Süße ist, da wächst sie in die Form des Thymians. Deswegen hat eine Hautkrankheit, die aus der gleichen Süße kommt, die Form des Thymians. (Uns ist hier gleich, ob diese Krankheitsdeutung ihre Berechtigung besitzt – es handelt sich nur darum, das paracelsische Denken und seine Art zu schließen zu erkennen.) Aus dem »*arcanum*« Lilie, d. h. aus ihrer inneren *Kraft*, ihrem *Wesen*, man könnte sagen: aus der *Idee* der Lilie, ist ihr äußerer Leib entstanden; wenn *er* nicht wäre, wäre auch das Arcanum nicht vorhanden. Denn: Nichts ist, das da wächst oder gewachsen ist, das ohne Form vollendet wäre.

Die Ursache, die etwas verändert, ist auch die Ursache der Veränderung der Form. Wo nun Veränderung der Form ist, da ist auch Veränderung der Dinge, die der Form anhangen.

Nun merkt von dem Wachsen der Krankheitsgruppe, die unter dem Wort *Thimia* begriffen wird. Dieselbe gleicht dem Thymian, der als seinen Stengel einen großen Kolben heraustreibt, welcher sich weit umher ausbreitet und legt, – so haben auch diese neun Krankheiten eine solche Art in ihrem Wachsen, das ist, daß sie mit kleinen Verzweigungen sich ausbreiten, und außerhalb der Verzweigungen werden sie groß. Und wie der Kolben des Thymian liegt, so liegen sie auch. Und weiter, wie im Thymian ein süßer Saft ist, der sich trefflich erzeigt, so ist auch eine solche Süße in diesen Geschlechtern thymischer Art, so daß die Läuse ihrer Süße zulaufen. Und wie die Immen auf dem Thymian sitzen und seine Süße saugen, so sitzen hier die Fliegen, Mücken usw. und saugen die Süße des Gewächses heraus. Darum wisset, daß sie billig dem Thymian nach geheißen werden, denn *eine* Art ist es, diese und jener.

Nun steht ihre Heilung allein in dem Punkt, daß diese Süße genommen wird, denn um der Süße willen wächst der Thymian, und seine Süße wird in den *Thimia* in der kleinen Welt gehabt, und aus der Süße wächst diese Form. Das ist, die Kraft der Süße ist der Meister der Formierung.

Die Form des Corpus geht aus der [inneren] Form der Arcana. Die Arbeit wird, nachdem des Werkes Amt ist. Ein Becher, aus dem man trinken soll, muß hohl sein, also muß er zu diesem Amt geschmiedet werden, eine Lilie muß in eine Lilie geschmiedet werden, sonst ist ihr Arcanum nicht da.

Wenn sich die Form der Dinge aus ihrer inneren Kraft ergibt, dann muß man aus den äußeren Zeichen auch die innere Kraft *erkennen* können: Das ist der selbstverständliche Schluß aus dem soeben Dargelegten. Die Wissenschaft, die diese Erkenntnis treibt und die die *signa* oder die Zeichen deuten lehrt, nennt Paracelsus »Signatur«. Sie heißt auch Physiognomie, weil sie ja aus dem Aussehen, aus der Physiognomie der Dinge, Schlüsse zieht. Genau das Gleiche ist die *»chiromantia«* unseres Meisters. Ursprünglich war *Chiromantia* das Wahrsagen aus der Hand, aber im Altertum schon wurde es ein Lesen aus den Linien der Hand. Für Paracelsus sind die Linien Zeichen; die *Chiromantia* ist mithin für ihn die Wissenschaft der Zeichen, (nicht aber die Wahrsagung aus ihnen!). Zuweilen gebraucht er auch *Magia* in der Bedeutung von »Signatur«.
Vor allem an Kräutern hat Paracelsus seine Signaturenlehre ausprobiert. Wie schon das Volk, so vergleicht auch er die an unseren Orchideen, den Knabenkräutern, zu bemerkenden Wurzelknollen einem Hodenpaar; wie schon dem Volk, so erscheinen auch ihm die Wurzelhüllen eines wilden Lauchs, des Allermannsharnischs oder der Siegwurz, einem Kettenpanzer ähnlich – aus solchen Zeichen schließt er auf die Kräfte und

Arcana in diesen Pflanzen. Denn diese Formen wären nicht,
wenn nicht die Kräfte in den Kräutern wären. – Ist der Gedanken falsch? In seiner rohen Ausgestaltung wohl – und doch wird
niemand sich der Überzeugung ganz verschließen können, daß
aus dem inneren Sein sich eine bestimmte Form gebären müsse.

Die Natur zeichnet ein jegliches Gewächs, das von ihr
ausgeht, zu dem, dazu es gut ist. Darum, wenn man
erfahren will, was die Natur gezeichnet hat, so muß
man an dem Zeichen erkennen, was für eine Tugend
in dem Gezeichneten ist. Denn das soll ein jeglicher
Arzt wissen, daß alle Kräfte, die in den natürlichen
Dingen sind, durch die Zeichen erkannt werden, woraus denn folgt, daß die Physiognomie und Chiroman-
tie der natürlichen Dinge sollen durch einen jeglichen
Arzt zum höchsten verstanden werden. Wo das nit ist,
da wird kein Geheimnis in der Natur gefunden werden
mit sicherer Prob und rechtem Wesen.
Es soll sich das niemand verwundern lassen, daß ich
vorbringe die Zeichen der Dinge, denn nichts ist ohne
ein Zeichen, das ist, nichts läßt die Natur aus ihren
Händen gehen, ehe sie nit bezeichnet das, was in ihm
ist. Ihr seht ein Exempel an den Menschen, die euch
nit verbergen können, wie das Herz in ihnen geartet
und genaturt ist. Und nichts ist so Heimliches im Menschen, das nit ein auswendiges Zeichen hat.
Diese Signatur ist ganz aus dem Brauch gekommen
und ihrer gar vergessen worden, woraus dann ein groß
Irrsal folgte; nämlich: daß bisher noch kein Arzt oder
Schreiber nach rechtem Grund geschrieben hat, was in
den natürlichen Dingen sei, sondern alle, so viel ihrer
sind, nur nach Hörensagen. Der da will beschreiben
die natürlichen Dinge, der muß die Zeichen vorneh-

men, und aus den Zeichen dasselbige erkennen. Denn wie wir den Menschen erkennen aus seinen Früchten, so werden wir die Kräuter auch erkennen in ihren Früchten, wie wir es nach den Zeichen erfahren.

... Daß ich solches hier anzeige, dafür ist das allein die Ursache, daß viele von Kräutern schreiben und nicht aus dem Brunnen der Arznei, sondern nur allein vom Hörensagen, und alle Ärzte wollen auf solch Hörensagen bauen, und es ist ein Sand. Der da will ein Arzt sein, der muß aus dem Grunde reden, und seinen Grund nehmen aus dem Licht der Natur, nit von den Hörensagern. Darum hat die Natur die Dinge gezeichnet und befiehlt, daß ihr allein die Zeichen lernt. Denn wenn ihr sprechen wolltet: wer kann in das Kraut sehen, was in ihm ist? So antworte ich: sieh allein seine Zeichen an, so siehst du alles, was in ihm ist. Der rote Bart ist ein Zeichen, der schwarze auch, die Kleidung und anderes, aus dem allen muß der Mann erkannt werden. So ist euch ein Grund vorgelegt worden, alle Heimlichkeiten der Natur zu erfahren durch ihre Zeichen.

Dieweil ich mich so gar auf die Zeichen ergeben habe, zu erfahren der Natur Heimlichkeit, so merket auf solches weiter, warum ich mir das Kraut Wasserblut vorgenommen habe, und was im selbigen für Zeichen sind, dadurch ich seine Tugend beschreiben mag und kann. So sind das die Zeichen, durch die ich sie erfahren habe, – und nicht allein, daß ichs von diesem Kraut allein meine, sondern von allen natürlichen Dingen, daß man ein jegliches in seiner Art dermaßen auch erkenne. Im Wasserblut sind rote Blutstropfen. Das ist nun das *signatum*, daß es eine besondere Art und Natur in sich hat, über alle andern Kräuter. Weiter so hats noch ein anderes *signatum,* das ist die Form und Gestalt, und hat noch ein *signatum,* das ist der Geschmack. Aus den drei *signatis* werden jetzt die Tugenden erfahren, die im Kraut sind...

Nehmet euch ein Exempel in der Rose oder Lilie! Warum hat sie Gott formiert in dies Bild? Und andere Ding desgleichen? Darum, daß er den Arzt geschaffen hat, daß er wisse, was aus der Erde gehe in solcher Anatomei. So er dessen Anatomei weiß, so soll er darnach wissen die Anatomei der Krankheit, so findet er die Konkordanz der Dinge, die einander gleichen und zusammen gehören. Aus Konkordanz dieser zweien Anatomien wächst der Arzt, und ohne die ist er nichts. Selig wäre die Stunde, in diesen Dingen zu arbeiten, wenn man mit Elend nicht umfaßt wäre.
Darum seht: ein jeglich Ding, das zu der Mutter gut ist, hat der Matrix Anatomei, und was für Krankheit dieselbe hat, dieselbe Anatomei ist darin zu finden. Darum billig die Anatomei der Krankheiten und aller natürlichen Dinge uns vor Augen liegen soll. Und der die Anatomei der Krankheit der Rose hat, soll sich freuen, wenn er sie vor sich sieht, daß ihm Gott eine solche Arznei zustellt, die ihn fröhlich ansieht und fröhlich, tröstlich hilft, – die Lilie desgleichen, der Lavendel desgleichen und so weiter mit allen Dingen.

Die Chiromantei ist also vorzunehmen: wenn ich spreche, der hat eine solche Hand mit solchen Linien durchzogen; die Linien und der Feigenbaum stehen in *einer* Anatomei; drum so sage seine Natur aus dem

Feigenbaume, daß das ist ein weich Mensch, unbeständig, luftig usw. Denn das muß sein, daß die Hand in ihrer Anatomei verglichen werde den Bäumen oder Kräutern, und wo das nicht ist, so wird da keine Kunst gefunden, die wahrhaftig ausgeht. Dermaßen so man findet eine Hand in ihren Linien und Zügen gleich der Tanne, so sagt man, das ist ein grob, hart Mensch, rauh, tölpisch und ungeschlacht, grober Sitten und Vernunft usw. Dergleichen so eine Hand ist in der Anatomei des Pfirsichs, so spricht man, der Mann wird früh und bald zornig, schließt vor dem Brot in den Ofen, aber es geht ihm bald hin. Item, er ist nicht rein; all seine Weis und Wörter haben einen Skrupel, das ist, sie haben ein Gift in sich, das man nicht verdauen mag noch beißen, wie den Kern in dem Pfirsich, den auch niemand zerbeißen mag, – und also dergleichen mit allen andern.

Durch die Kunst Chiromantia, Physiognomia und Magia ist möglich, gleich von Stund an, nach dem äußerlichen Ansehen, eines jeden Krautes und jeder Wurzel Eigenschaft und Tugend zu erkennen an seinen Signa, an seiner Gestalt, Form und Farbe, und das bedarf sonst keiner Probierung oder langen Erfahrenheit. Denn Gott hat im Anfang alle diese Dinge fleißig unterschieden, und keinem wie dem andern eine Gestalt und Form gegeben, sondern einem jeden eine Schelle angehängt, wie man sagt: man erkennt den Narren an der Schelle. Also sollt ihr nun auch die Kräuter und Wurzeln an den Schellen und Zeichen erkennen.
Und das sind nun ihre Zeichen: seht an die Wurzel Knabenkraut. Ist sie nicht gestaltet wie eines Mannes

Scham? Niemand kann anders sagen, weshalb sie magisch anzeigt, daß sie den Männern ihre verlorene Mannheit und Unkeuschheit wiederbringt. Also die Distel, stechen ihre Blätter nicht wie die Nadeln? Dieses Zeichens halber ist durch die Magie gefunden worden, daß kein besser Kraut ist für das inwendige Stechen. So hat die Siegwurz ihr Geflecht um sich wie einen Panzer; das ist auch ein magisch Zeichen und Bedeutung, daß sie vor Waffen behütet wie ein Panzer. So hat die Wurz Syderica in ihrem Kraut in jedem Blatt ein Bild und die Figur einer Schlange, dadurch zeigt sie magisch an, daß sie vor allerlei Vergiftung behüte. So hat auch die Wegwarte, die Wurzel, eine besondere angeborene Influenz von der Sonne, das sieht man an ihren Blumen, die sich allezeit zur Sonne neigen, als wollten sie sich dankbar erzeigen. Darum hat sie auch ihre höchste Kraft und Tugend bei der Sonne Schein und so lange die Sonne auf dem Erdreich ist, so bald sie aber untergeht, hat sie wenig Kraft mehr. Aus welcher Ursache meinst du, daß ihre Wurzel sich nach sieben Jahren in eines Vogels Gestalt verwandle, und was zeigt die Magie davon an? Weißt du das, so schweig still dazu und sage keinem Spötter was davon; weißt du's aber nicht, so lerne es wissen und frage ihm nach und schäme dich nicht zu fragen. Denn wer da fragt, geht nicht irr und tut nicht unrecht, wie man sagt. Darum lerne, lerne, frage, frage und schäme dich nicht.

~~~~~

***Ordnung, Schöne und Harmonie*** In Paracelsi Denken begegnet immer wieder der Begriff der »Ordnung«. Sie ist bei ihm sehr viel: Die rechte Reihenfolge in der Krankendiät heißt so; sie kann die Anordnung, die Gott getroffen hat, bedeuten; sie kann zuletzt die Ordnung sein, die wir im Kosmos sehen und verstehen. Von dieser dritten Ordnung spricht er gern und oft. Das kann man auch verstehen – es sind die neuplatonischen Sucher, die die Gesetze und die Ordnungen beider Welten finden wollen; das, was sie lehren, ist ja nur ein Ordnen des Gegebenen. »Schönheit« – ein Wort, das man bei Paracelsus selten findet, ist für ihn, wie unser Satz zeigt, eine äußerste Vollkommenheit. Je höher die Tugend eines Dinges ist, um so schöner sieht es aus. Zuletzt will Paracelsus »Maß«, d. h. Harmonie. Wie er die Harmonie im Essen und im Fasten fordert, wie in der Arbeit, so verlangt er sie im Leben überhaupt. Doch er muß klagen, daß kein Mensch mehr Maß gehalten hat – deswegen wird uns das Maß von oben wieder aufgezwungen werden. Die Welt ist Harmonie, sie kann allein durch Ordnung und durch Maß bestehen, und Maß wie Ordnung sind die Baugedanken alles Seins.

Weil Unordnung einen gesunden Leib verderbt, – wieviel mehr verderbt sie einen Kranken. Darum soll in allen Dingen eine Ordnung gehalten werden, die zur Gesundheit dient, und wider dieselbe soll man nit handeln, denn böse Ordnung und gute Arznei kann nit ein gut Werk machen; böse Arznei und gute Ordnung ebensowenig.

Was ist das Glück anders, als Ordnung halten mit Wissenheit der Natur? Was ist das Unglück, als wider die Ordnung ein Eingang in die Natur? Wir haben unsre Ordnung in der Natur.

Ohne Zerbrechung der Ordnung wird kein Irrsal.

Hippokrates führt zwei Beispiele an, durch welche alle Disharmonie verstanden werden kann, nämlich: zuviel voll sein und zuviel leer sein; das ist, jetzt voll über die Natur, morgen leer über die Natur. Das taugt nichts. Denn man soll ein Maß halten in Zahl und Gewicht, daß die Leere ein Gleichgewicht habe mit der Fülle. Wenn eins aber das andere übertrifft, das ist wider die Natur; die Natur duldet es nicht. Denn wenn wir die Natur bedenken, wie sie ist in ihrem Wesen, so müssen alle Dinge in der Ordnung stehen, in der Zahl, im Gewicht, im Maß, im Zirkel usw. und nichts darüber hinaus, weder herüber noch hinüber. Wo das nit bedacht wird, da ist es alles umsonst.

Darauf merkt nun etliche Exempel. Ich setze von den Klöstern und ihrer Ordnung: Fasten auf eine bestimmte Stunde wider die Natur, das heißt, sie hat zu wenig in dieser Stunde, darnach in einer andern Stunde die Völle, die die Natur übertrifft. Die zwei Gewichte auf der Waage der Natur brechen die Natur; das eine ist zu schwer, das andere zu gering, die ganze Waag steht falsch. Die ganze Woche sich anfüllen und am Freitag und Samstag zu Wasser und Brot fasten, oder ein ganzes Jahr voller Fleisch stecken und in den Fasten keins mehr, das ist ein ungleich Gewicht in der Natur. Und so nit allein mit diesem, sondern auch mit der Arbeit, Müßiggehen usw., und was sonst dergleichen ist, nit alles not zu erzählen.

Ein jeglicher braucht heute das, das ihm die Natur gegeben hat, zum höchsten, obwohl sich der Mensch zähmen soll und nicht alles das tun, das ihm die Natur

gegeben hat. Wenn aber solche Waage[1] sich überschlägt, und kommt in die Üppigkeit wie zu den Zeiten
Noäh, so kann der Mensch die Dinge nimmer stillen[2].
Da stillet sie aber Gott. Weil nun also keine Kunst, kein
Handwerk, kein Stand in der Waage gebraucht wird,
sondern dieselbe überschlägt sich, wie kann da Friede,
Einigkeit oder Gleichmaß auf Erden sein. Weil der
Kriegsmann alles das tun will, was er aus der Natur
vermag, wie kann dann ein Friede im Licht der Natur
sein? Wenn nun die Natur sich selbst nicht recht weisen oder führen will, so führt sie das Übernatürliche,
dahin wohin sie nicht gern geht.

Selig und mehr denn selig ist der, der in rechtem Maß
wandelt und bedarf nicht menschlicher erdichteter
Hilfe, sondern wandelt im Weg, den Gott gegeben hat.

Nun haben die Worte Harmonie und Ordnung bei Paracelsus
noch einen ganz besonderen Sinn. Der Alchimist in ihm – und
der adeptische Denker ist ja stets dem alchimistischen Handwerk nahe – gebraucht für Harmonie den Ausdruck Temperatur, so wie man später vom »wohltemperierten Klavier« gesprochen hat. Stehen Sal, Mercurius und Sulphur, die chemischen
Grundbaustoffe, in der Temperatur, so sind sie gegeneinander
ausgewogen, sie sind »in der Waage«, die Schärfe des einen
wird durch die Mildigkeit des andern, das Salzige des Sales
durch die Süße des Mercurius ausgeglichen. Solange die Dinge
in der Temperatur stehen, in der Harmonie sich halten können,
so lange zerbrechen sie nicht, das heißt, so lange dauern sie.
Wenn aber ein Ding aus seiner Temperatur heraustritt, wenn es
stärker oder schwächer wird, dann wird die Harmonie und Ordnung niedergerissen, und das ganze Sein zerbricht. Darum ist

[1] Das Gleichgewicht.
[2] Sie erhalten ihre eigene Gesetzlichkeit und ein Eigenleben.

nichts so böse, als was gut wird über seine Maße. Der Mond, wenn er in seiner Gänze, seiner Schönheit bliebe oder weiter wüchse, zerstörte die Welt, weil er die Temperatur, die Harmonie zerbricht. Ein übergroßes Gut ist also böser als ein durchschnittliches Böse[1].

## WIRKUNGEN

Über den Bauplan hinaus, der der natürlichen Welt zugrunde liegt, über die Baugedanken hinaus, die ihn in seinem Zustandekommen bestimmen, durchwirken die ganze natürliche Welt noch geistige Mächte oder Kräfte – ja diese Mächte sind wohl das eigentlich Wesentliche des irdischen Seins. Wir lernten ja schon, daß die wahrhaften Elemente nicht das sind, was wir sehen, sondern daß ihre »Idee« das Wirkliche ist; wir lernten, daß nicht die funkelnden *Scheine* über uns die *astra* oder Gestirne sind – was dort oben schimmert, das sind nur die *Körper* der *wahren astra* und sonst nichts, das ist also nocht nicht ihre »Idee«, ihre letzte Wirklichkeit; wir lernten ferner, daß nicht das *Kraut* Melisse die Melisse ist und daß nicht dieser elementische *Leib* der Mensch sein kann. Allein das Göttliche, das durch den Schöpfer mit dem Leib umgeben worden ist, ist der wahrhaftige Mensch. Das ganze Sein ist »geistiges« Geschehen. Darum verwundert es nicht, daß Paracelsus immer von neuem nach jenen nicht-materiellen, überirdischen, ungreifbaren Mächten oder Kräften fragt, und daß er immer wieder solche Mächte oder Kräfte spürt – wie die Adepten sie zu ahnen und zu finden wußten.

Wir glauben nicht mehr an alle, die er fand und kannte. Das aber ist ja auch nicht so entscheidend. Entscheidend ist heute, *daß* er sie setzte, daß er das Sein als *geistiges Geschehnis* sah. Deswegen ist auch nicht wichtig, welche der Mächte oder Kräfte im einzelnen wir hier kennenlernen – wichtig ist nur, daß wir ihm nach zu denken vermögen, wie diese Welt ein Mehr ist als nur Staub und Erde.

[1] Siehe »Böse ist Gut« S. 407; »Herrscher Zeit« S. 405.

***Von der wahren Influenz der Dinge*** Influenz, *influentia*, ist das Einfließen einer Kraft in ein Ding. Das Mittelalter glaubte an Influenzen aus den Sternen; es sah positive wie negative Kräfte von ihnen hernieder auf die Erde wirken – die ganze Astrologie steht ja auf dieser Lehre. Man hat auch Paracelsus einen Astrologen heißen wollen; wir wissen bereits, was er mit den astralischen Wirkungen meint.

Hier untersucht er die »Tugenden«, die »*arcana*«. Ein jedes Ding hat eine Tugend; denn es gibt nichts Leeres, ob diese »Tugend«, dieses *innere Sein*, beim Menschen »Seele«, bei einem Gesteine »Tugend« oder bei Tier und Kraut der »Nutzen« heiße; und diese Tugend kommt eben nicht aus einer Influenz der Sterne – der Himmel, die Sterne befördern sie nur, sie geben sie aber nicht –, die Tugend, die eine Emanation von Gott ist, gibt nur Gott.

Und so wie von der Sonne und den andern Sternen Strahlen scheinen – von jedem Gestirn wie von der Sonne kommt nur *eine* Art von Striemen oder Strahlen –, so teilt Gott auch die Tugenden aus in Kraut und Tier und Stein, und jedem Geschöpf gibt er die eine, ganz besondere und bestimmte Art (wir werden im Abschnitt über die »weiße Magie« noch darauf zu sprechen kommen). Und so wie andern Geschöpfen gibt Gott auch den Menschen Gaben, und jedem bestimmte Tugenden oder Arcana, die in ihnen wirkend werden sollen. Das ist die wahre Influenz, nicht die aus dem Geschaffenen, in welch letzterer Gott uns ja nur durch Kreaturen oder »Mittel« berührt.

Die Influenz, die vom rechten Ursprung her fließt, das ist aus Gott, die zu erörtern ist nit ein klein Vorhaben. Denn Gott, der alle Dinge geschaffen hat, Himmel und Erden und was darinnen ist, der hat ihnen auch gegeben, das was sie haben. Und noch über das, – es gehet Gott an der Guttat nichts ab. Darum wird hie nachfolgend vorgenommen, ein Buch zu schreiben von der wahren Influenz aller Dinge.

Es sind der Influenzen zwo, eine die von den Kreaturen in uns wirkt, als durch den Himmel, und eine, die ohne alle Mittel in uns langet, das ist ohne den Himmel. Von der ist hier mein Vornehmen, die selbe Influenz zu beschreiben, – die, die nicht durch den Geist noch durch die Sterne in uns langt, sondern ohne diese.

Wenn man fragt: was hat dieses Kraut für eine Kraft? Und man sagt: es hat *die* Kraft, so muß man bedenken, wer der ist, der ihm die Kraft gegeben hat. Da wird niemand gefunden, der das vermöge, als allein Gott. Alle natürlichen Dinge fließen aus Gott und sonst aus keinem andern Grund.

Nun werden sie zwar natürlich geheißen, denn der Mensch entnimmt, daß sie natürlich seien, daraus, daß sie wachsen. Wie kann aber Gott natürlich sein? Die Dinge, die sind sein; das Kraut hat er geschaffen, aber die Tugend darin nit. Denn eine jegliche Tugend ist ungeschaffen; das ist, Gott ist ohne Anfang und nicht geschaffen. Und alle Tugenden und Kräfte sind in Gott gewesen, ehe Himmel und Erde war, und ehe alle Dinge sind geschaffen worden, als Gott ein Geist war und schwebte über die Wasser, das ist, als Gottes Geist über die Wasser gegangen ist. Darum kann niemand sagen, daß die Tugend der Dinge, ihre Kraft usw. natürlich sei, sondern sie sind übernatürlich, ohne Ende und Anfang.

Von dem sie gekommen sind, zu dem gehen sie wieder, wenn Himmel und Erde zergehen wird. Das ist aber so: die Kräuter sind geschaffen, wie auch die Bäume und das Gestirn, denn sie waren nit bei Gott im Anfang der Gottheit, das ist, ehe Himmel und Erde geschaffen sind. Denn der Geist Gottes hatte keines der Dinge bei sich; aber nachher, da schuf er's, da machte er Sterne, da Erde, da Berg, da Kräuter, da Wasser, da Feuer, da Luft, da Metalle, da Steine, da Planeten usw. Als er sie nun geschaffen hat, da sind sie geworden; sie wurden greiflich und sichtlich, und es ward aus Nichts eine Materia.

Nun aber, weil Gott nichts leerstehen läßt, sondern er erfüllt dasselbige, so wäre doch ein Stein leer, wenn in ihm nichts wäre von Tugenden. Was wäre der Mensch, wenn die Seele nicht in ihm wäre? Die Seele macht ihn voll. Was wäre eine Kuh, wenn sie nicht Milch gäbe? Die Milch macht, daß die Kuh voll ist, denn der Nutzen, der aus einem Ding geht, derselbige Nutzen ist die Völle des Dinges. So hat ein Mensch eine Seele, aus Kraft der selbigen Seele soll er und alle Menschen leben. Das ist nun die Völle. Was ists, daß die Berge voller Flüsse und Steine sind? Wenn nichts in ihnen wäre, so wären sie alle leer. Was taugte die Erde, wenn sie nit Frucht gäbe? Daß sie die Frucht gibt, das selbige ist die Völle. Und was sollte die Frucht, wenn sie auch leer wäre? Darum, wie oben steht, Gott hat nichts leer geschaffen, sondern alles voll. Denn wer will ein Haus bauen, der nichts darein zu tun hätte? Er wäre ein törichter Mann. Also wäre es auch hie. Was wollte Gott solche wunderbarliche Ding schaffen, so nichts in ihnen sein sollte, sondern sie sollten alle leer stehen? Das Haus ist das Zeichen, an dem man erkennt, wer der Wirt drinnen sei.

Darum: weil Gott vielerlei geschaffen hat und hat nichts leer bleiben lassen, sondern alles mit Tugenden und Kraft erfüllt, die in der, die in einer andern Kreatur, und das Geschöpf gezeichnet, daß eines von dem andern zu unterscheiden ist, so daß wir sagen können, *das* Kraut ist anders als das, und *das* anders als jenes, und so mit allen Dingen, – warum ist das? Daß wir sie unterscheiden und erkennen sollen, daß ein Kraut dies und ein anderes das in sich habe. Und so sind auch die Formen, Zeichen und Tugenden, was in einem jeglichen sei, gegeben.

Die Völle aber, die im Haus ist, kommt ohne alle Mittel von Gott, und hat allein den Sinn, daß wir an ihr erkennen und suchen sollen, was not ist.

Man sagt, *das* Kraut hat die und die Natur, und es ist so. Wenn nun der Schüler fragt, wer hats ihm gegeben? So sagen sie, das Gestirn hat seine Influenz dahin. Jetzt ist die Lüge da. Denn das Gestirn im Himmel hat von solchen Dingen nichts in sich, hat nicht das Vermögen, der Nessel zu geben, daß sie brennt, – wie wollte es dann ein mehreres zu geben haben? Es hat auch keine Kraft, dem Attich seinen Geruch zu geben, wie wollte es dann seine Tugend geben können? Das sind alles Dinge, die ein Falsch in die Philosophia gebracht haben. Sondern man soll sagen, wenn man fragt: wer hat das Kraut gemacht? Gott hats getan, der hats so geschaffen und in den Samen das Mysterium gelegt, daß er für und für solche Kräuter gebären soll. Nun, was hat der Himmel hierbei zu schaffen? Wenn es viel ist, so ist es so viel wie ein Feuer, das das Fleisch im Hafen siedet. Dasselbige Feuer, was gibts dem Fleisch? Nichts. Ist Kochen eine Influenz? Ist Kochen Fleisch geben? Nein, es ist allein ein Bereiten; es gibt nichts, nimmt nichts, bereitet nur. Und ebenso ist die Frage: was gehen den Himmel die Kräuter an?

Also folgt, wenn wir nun wissen, daß *das* Kraut *die*

Tugend hat, die Frage: wie kommt die Tugend in das Kraut? Darauf ist der Bescheid: nicht aus dem Planeten, nicht aus den zwölf Zeichen, nit aus den anderen Sternen, sondern aus Gott, der hats dahin gegeben.

Hierauf sollt ihr ferner wissen, daß die Gehäuse die Herbergen sind der Tugenden, und daß die unterschiedlichen Formen Zeichen sind, und daß Gott die Kräfte und Tugenden in die Natur gegossen hat, wie die Seele in den Menschen, und daß die Kräfte nicht ungleich der Seele sind, allein, daß sie ohne Anfang bei Gott gewesen sind. Die Seele aber ist eine Kreatur, die aus Gott und wieder zu Gott geht. Also sind sie ihr gleich, und allein darin verschieden, daß die Seele der Mensch ist, das andere nicht.

So nun dem Menschen eine solche Gewalt gegeben ist, von wannen kommt dann die Gewalt in Steine und in Kräuter? Auch aus Gott. Die Ursache ist, daß der, der es den Aposteln als Aposteln gegeben hat, der hats auch gegeben den Steinen als Steinen, und sie sind beide aus *einem* Gott und aus keinen Sternen. Denn was ist es, daß die Arznei einen gesund macht? Es ist nichts als allein eine gegebene Gnade von Gott. Was ists, daß die Apostel einen gesund machen? Allein ein Zeichen, daß sie die Apostel *des* sind, der Himmel und Erde geschaffen hat.

Nun ist die Natur gezeigt worden, daß ihr in ihr erkennen mögt und sollt, daß ihre Tugend, das ist ihre Arcana, aus Gott sind, und daß die Influenz aus Gott geht, ähnlich wie die Striemen von der Sonne auf die Erde, und daß Gott die Striemen mit viel Tugenden und Kräften wunderbar begabt. Wie nun die Sonne nur *einen* Striemen gibt und denselben einartig wie ein Feuer, das nur *eine* Art an sich hat (und ist in sich doch mehrerlei, je darnach, wie es gebraucht wird), so ist weiter zu verstehen –: wie Gott die Tugenden in die Natur ausgeteilt hat und er hat nit in eins alle gelegt, sondern in ein jedes ein Teil oder Partikel, und hat ein jeglich Land mit den Dingen, damit es zu versorgen war und die die Notdurft erfordert, versorgt.

So ist es auch mit dem Menschen, dem er auch ohne alle Mittel[1] dergleichen gegeben hat, wie von den Altvätern gemeldet worden ist, mit denen er geredet hat und sie das oder jenes geheißen und ihnen zu tun befohlen hat, – welches uns eine Anzeigung und Hinweisung sein soll, daß wir erkennen sollen, daß der Himmel nicht mit uns redet, daß uns auch der Himmel nichts von dem gibt, das dem »Menschen« zugehört, sondern allein Gott, *der* redet mit uns und gibt uns. Solches bestätigt Christus dadurch, daß er die Apostel geheißen hat: tut das usw., und sie habens getan.

Nun sind uns das Exempel, daß wir aus ihnen wissen sollen, so das öffentlich geschehen ist, daß es auch heimlich geschehen könne und geschehe. Wenn ein Mensch also dergleichen täte, so muß er den Aposteln gleich angesehen werden, denn niemand kann Teufel austreiben, die Toten lebendig machen, er sei denn aus Gott. Wer nun dasselbige tut, der ist aus Gott. Und ob es schon nicht öffentlich geschieht, so ist es doch an den Werken zu erkennen, wer er ist. Denn das zeigt auch Christus den Juden an: so sie seinen Worten nicht

---

[1] Mittel, die dazwischengeschaltet sind.

glauben wollten, daß sie doch seinen Werken glaubten und ihn daran erkennten.

Wenn nun also die Dinge aus Gott sind gekommen, die Dinge im Menschen ebenso wie die anderen, die in der Natur gefunden werden, so soll man den Menschen einen solchen lassen sein, als ob man spräche: er ist gleich wie ein Kraut; *der* Mensch ist *das* Kraut, *der das* Kraut, der das usw. So sind auch die Gaben Gottes den Menschen in mancherlei Weise gegeben, nicht alles in einem, sondern so wie ein Magnale, das ist ein Arcanum [in einem Kraut oder Stein]. Wenn es als ein Arcanum gebraucht wird, so halte es auch für ein Arcanum und wie ein Arcanum, das ist als eine Gabe aus Gott, die als eine Tugend (ohne alle kreaturische Hilfe) aus Gott gegossen ist.

~~~~~

**Inclinatio**   Die *Inclinatio* ist die Hin- oder Zuneigung eines Dinges; von der Magnetnadel etwa sagt man, daß sie inkliniere. Bei Paracelsus ist die *Inclinatio* die Einwirkung in den Menschen, die seinen Geist erweckt und ihm die Aufgaben weist – wir würden es als einen inneren *Trieb und Wunsch* bezeichnen. Denn Paracelsus lehrt: Die Gaben liegen in den einzelnen Menschen, wie in der Erde alle Kräuter, Gewächse usw. liegen, und müssen erst herausgezogen und herausgetrieben werden. Der Beweger (Motor), der sie heraustreibt, ist das Firmament. Wie in der Erde die elementische, so liegt in uns die geistige Geburt, die wiederum erst vom Firmament herausgetrieben werden muß. Und diese Kraft des Firmaments ist eben die *Inclinatio*. Genauer gesagt: Es gibt zwei Inklinationen: eine aus dem Ewigen, die in dem Menschen das erweckt, was ewig oder heilig ist; die andere aus dem Firmament, aus der Natur, die seinen Geist erweckt; die letztere ist die Wirkung des oberen *astrum* in das *astrum*, das in uns gelegen ist.

337

Es ist eine große Gabe von Gott, daß aus dem Gestirn inkliniert wird, was zu einem vollkommenen natürlichen Menschen inwendig in seinem Fleisch, in seinem Gemüt, in seinem Geist, in seinem Herzen, in seiner Vernunft gehört, so daß der Mensch im Licht der Natur eine Unterweisung empfängt in den Dingen, die er aus dem Licht der Natur handeln soll. Nun erweist sich das dadurch: ihr seht, daß alle Dinge in sich eine Nutzbarkeit haben. Solange sie aber allein im Corpus sind, und nichts mehr da ist als allein das Corpus, so stirbt es. Wenn aber ein Motor da ist, ein Koch, ein Bereiter, dann wird, das da ist, das, das daraus werden soll. Zum Exempel: in der Erde liegen vielerlei wunderbare Geheimnisse. Die Sonne, der Mond, der Tag, die Nacht, der Tau, der Regen, das ganze Firmament ist der Motor, ist der Bereiter, ist das Feuer, daß alles das, was in der Erde ist, heraus muß und muß durch das Feuer an den Tag. [Denn das Element des Firmaments ist das Element Feuer].

Dann merket weiter, daß im Menschen ebenso gewirkt wird wie in die Erde, und daß man einen Vergleich zwischen der Erde und dem Menschen ziehen muß. Zwischen den zweien ist nun dieser Unterschied: was aus der Erde kommt, das ist eine körperliche Substanz, Gewächs und Frucht; was aber aus dem Menschen geht, das ist Lehre, Weisheit, Kunst, Vernunft, Verstand, so weit das Licht der Natur trägt. Ihr seht also, was in der Erde ist und was das Element Feuer aus ihr bringt, und was im Menschen ist und was das Element Feuer auch in ihm hervortreibt, – das eine leiblich, das andere geistig. Und wie in der Erde Gaben liegen und mancherlei Art, Form, Gestalt, Wesen, keines dem andern gleich und doch alles wohl geschaffen und wohl gemacht, so ist es im Menschen auch; das heißt, in ihm sind vielerlei Art, Wesen, Eigenschaften, in Weisheit, in Künsten, in Vernunft usw., das alles wunderbar erfahren wird.

(Darum soll der Mensch auf sich selbst acht haben, damit er solche Werke in sich nicht mit einem Reif oder Schnee oder Wasserguß verletze oder verderbe, denn wie bei der Erde solcher Jammer und Not zu ihrer Verderbung geschieht, so geschehen sie auch beim Menschen, – aber er kann solchem Gewitter und solcher Verderbung zuvorkommen.)

Nun hat Gott in dem Menschen viel wunderbarliche Mysteria gesät, die in ihm liegen und sind wie die Samen in der Erde. Und wie die Samen in der Erde hervorgehen zu Sommerszeiten, so sollen auch hervorgehen zu den Zeiten ihres gebührlichen Alters die Blumen und Früchte, die Gott in den Menschen gesät hat. An solchen Früchten der Erde, wenn sie hervorgehen in ihrem Sommer, und an den Früchten des Menschen, wenn sie zu ihrer Erntezeit auch hervorgehen, erfreut sich Gott, – daß seine Kreatur nichts in sich zurückhält, sondern hervortreibt, und Gott, ihren Schöpfer, in seinen Werken lobt. Wenn nun die Erde das tut, und läßt nichts in sich, es muß heraus, wieviel mehr sollen die Gaben im Menschen, die Gott in ihn gepflanzt hat, heraus und sollen Gott loben und preisen in seinen Heiligen. Denn das sind seine Heiligen[1], in denen das heraustreibt, das Gott in sie gepflanzt hat. Das aber soll sich der Mensch lassen eingedenk sein,

---

[1] Die seinen Willen erfüllen – der Begriff ist weiter als der kirchliche.

daß er das nit verschlafe, sondern in täglicher Wirkung
sei seines Sommers, und keinen Winter an sich habe.
Gleicherweise wie ihr es an einer Birne könnt verstehen, wie die Natur sie macht und bereitet, die am
ersten nichts ist und von Tag zu Tag nimmt sie zu und
wird mit der Zeit formiert in eine Birne und ist eine
Birne und hat den Geschmack, die Materie und alles,
was einer Birne zusteht, so sollt ihr auch wissen, daß
das siderische Licht im Menschen eine Lehre fabri-
ziert, ein mechanisches Werk, das nicht greiflich und
sichtbar ist, und dadurch, daß es im Menschen gemacht wird, wird aus ihm ein sichtbares Werk. Zum
Exempel: das Obst oder die Früchte, die vom Menschen ausgehen, das sind seine Lehren und Künste
und ihre verschiedenen Species. Soll nun der Mensch
eine solche Kunst machen, so muß er sie selbst tun und
machen. Die Natur werket es nicht selbst, sondern der
Mensch muß es machen, das ist, anstatt einer Birne soll
hier ein Roßeisen werden, anstatt eines Apfels soll ein
Hafen werden usw. Nun muß es zwar der Mensch
machen, aber die Natur, die machet das Eisen in ihm
oder den Hafen. Und durch dieses ihr Machen wird der
Mensch so gründlich, so geschickt, daß er das, was in
ihm die Natur inkliniert hat, mit seinen Händen und
Instrumenten des Leibes macht. Also ist Inklination
eine verborgene Wirkung in den Menschen, daß durch
ihn gemacht wird, was die Natur nicht machen kann
noch vermag.
Obgleich *inclinatio* einen Menschen trifft, so daß ihm
das Gestirn wohl will zu viel Dingen, es sei, was es
wolle, so ist es doch, daß sie der Mensch annehmen
kann oder nicht, daß er es tun kann oder nicht; er wird

vom Gestirn nicht gezwungen. Obgleich das Gestirn in ihm ein Roßeisen macht, einen Schmied, einen Köhler, einen Hafner, einen Drechsler usw., so kann er doch das tun oder nicht, mag es brauchen oder nicht. Obwohl es der Natur Meinung oder Wille ist und Begehren, infolgedessen sie auch ein solches im Menschen inkliniert, steht es jedoch bei demselben Menschen, ob er ihren Willen und das Verborgene in ihm vollenden will oder nicht.

Wir sollen nun wissen von der Gabe der Inklination, daß sie eine große Gabe ist von Gott in zween Weg, in einem Weg durch seinen heiligen Geist, zum andern vom Gestirn und von den Elementen der Natur. Und des soll sich niemand verwundern.

Die Inclinatio, wenn ihr sie recht wollt verstehen, so ist sie ein Schulmeister und ein besonderer Schulmeister. Denn was könnte der Mensch? Nichts. Und so wenig im Menschen etwas sein kann ohne das göttliche numen, ebenso wenig kann auch im Menschen etwas sein ohne das natürliche lumen; denn *numen* und *lumen* müssen den Menschen vollkommen machen, die zwei allein. Von den zweien kommt alles und die zwei sind in dem Menschen, der Mensch aber ist ohne sie nichts – sie aber sind ohne den Menschen.

~~~~~

**Impressio**   Impressio ist Eindrücken, ist der Eindruck in die Seele eines Menschen. Bei Paracelsus aber bedeutet Impressio *den inneren, den Menschen zwingenden Zwang*. Im Evg. Johannes 21, 18 wird von Petri Tod gesprochen, und die Legende klingt da an, daß er ihm gern entflohen wäre – aber er *mußte* in ihn; so wie nach Lukas 22, 39 ff. Jesus gern dem Kelch entwichen wäre, der ihm zu trinken bestimmt war, und er mußte ihn doch trinken. So zwingt *impressio* den Menschen. Sie ist aus dem Gestirn, das sagt nichts anderes, als daß sie keine ewige geistliche Gabe ist, daß sie dem Menschen im natürlichen Licht gegeben werden muß.

*Impressio*, der Zwang, steht also gegen die *inclinatio*, die eine Begabung zu dem einen oder andern Tun und Wissen ist; die *inclinatio* kann man erfüllen oder läßt es bleiben; dem Zwang, den die *impressio* auf uns legt, entweicht man nicht. *Nur eine* Ausnahme ist vorhanden: daß der Zwang zwar wirkt, daß aber Gott den Menschen nicht dazu erwählt; das möchte sich Paracelsus aus Matthäus 22, 14 erklären: »Viele sind berufen, wenige sind auserwählt.«

Nun über das, das der freie Wille ist, wie das vorhergehende Kapitel angezeigt hat, über dies alles ist noch eine Gabe, die bricht und nimmt den freien Willen, so daß der Mensch das tun muß, das Impressio will, und nicht das er selbst will, und sie heißt: Bestimmung zu etwas. Es bedeutet also: das will ich, daß *du das* tust und du das, und das muß sein und nicht unterlassen werden. Da merkt die Ordnung in den Dingen, daß da ein Vorgang sein muß, und der muß vollendet werden, und es muß geschehen durch die Menschen, und die einen andern Weg wollen, die müssen dahin, dahin sie nicht wollen.

Nun von der Gabe zu schreiben, sie beweist sich am allerersten dadurch, daß ein Ding bestimmt ist, durch den Menschen vollendet zu werden, aber der Mensch täts in seinem Selbstwillen nicht. Darum heißt es: »*compelle intrare*«[1], das ist *impressio*. Petrus wollte nit dahin, dahin er bestimmt wurde (das ist hie seine

---

[1] *Compelle intrare*: zwinge einzugehen.

Impressio), er mußte aber dahin, da Impressio ihn hinhaben wollte. Christus begehrte auch, daß Impressio, das ist die Bestimmung, von ihm genommen würde im Kelch; jedoch weil es Bestimmung war und göttliche Impressio, da mußte er, und der Kelch mochte nicht von ihm genommen werden. So sollen wir also verstehen, daß Impressio eine gewaltige Vollfertigerin ist in das Licht der Natur, dessen Ordnung zu vollbringen.

Die Natur hat eine Ordnung, daß unter den Menschen müssen Schmiede sein, müssen Bauern sein, müssen Müller sein, müssen Becken sein usw. Nun ist der Mensch an sich selbst einer solchen faulen Natur, daß er solches von selbst keineswegs täte, denn die Faulheit ist in dem Menschen so stark, daß von selbst weder gemahlen noch gebacken würde. Damit aber die Menschen von der Faulheit erlöst werden, und ihr freier Wille, der sie dahin bringt, hinweg komme, ist Impressio geschehen vom Gestirn; tue *du* das, *du* das! und das müssen sie tun, und da gibt es kein Ausweichen, das muß sein. So bleiben der Menschen Handwerk und Übung bestehen. Wenn die Impressio nit wäre, da würden alle Dinge außer acht gelassen und es käme dahin, daß der Mensch die Schuhe würde wie einen Sack anlegen auf ungarisch, den Wein trinken von den Weinbeertrauben, das Fleisch ungesotten essen, – das alles bricht Impressio, die zwingt.

Da die göttliche Vorsehung betrachtet hat, daß der Mensch vor angeborener Faulheit von sich selbst von den Künsten keine täte, er stürbe eher im Gras und fräße alle Dinge roh, und damit solches nit, – wie es die Art des Viehes ist, – geschähe, hat Gott die Impressionen gestellt in das Gestirn; die nöten, treiben den Fau-

343

len zu der Arbeit und zwingen ihn. Denn wie Petrus gezwungen und gegürtet wurde, dahin zu gehen, da er nicht hin wollte, und etliche Male entrann, doch als das Korn zeitig war, da mußte es in die Mühle, da mußte auch Petrus hin, – so ist Impressio eine Treiberin und eine Eingießung der Kunst, der Weisheit und aller der Dinge, die im Lichte der Natur bei den Menschen sein sollen und müssen, ohne welche Impressio der Mensch gar nichts tät.

Nun sind die Dinge, die die Menschen zwingen und imprimieren, allein die Kräfte der oberen Gestirne, in die Gott die Gewalt gesetzt und gegeben hat, dasjenige zu versehen, das in der Natur bestimmt ist zu geschehen. Aus der Erde wüchse nimmermehr Lavendel, Speik[1] oder Zypressen, wenn es nicht mit Gewalt aus ihr getrieben würde. Was treibt es aus ihr? Allein die Sonne und das Gestirn, das treibt aus der Erde, was in ihr ist, sonst ist sie von Faulheit ebenso erfüllt wie der Mensch. Aber die Hitze des Himmels treibt sie und ist ein Sporn, durch den alle Gewächse hervor müssen, – gleich wie ein Reisiger, derselbe treibt aus dem Roß mit dem Sporn, was im Roß ist, das sonst seiner Faulheit halben keine Tugend oder was in ihm ist, sehen ließe. Oder es ist auch solch ein Ding um die Impressio, – ebenso wie der Wein eine Art und Amt in sich hat und eine Tugend, wer ihn zu viel trinkt, dem treibt er heraus, was in ihm ist, das kann der Wein. Weiter ein Exempel: Einer der ein Mann ist, der wäre faul und gar nichts wert, wenn nicht eine Impressio da wäre, die ihm zu Frauen Lust machte und triebe.

[1] Alpenbaldrian.

So ist allemal etwas, das da treibt, – und es ist nicht minder, das Imprimieren geht über alle Menschen; aber es hat nicht über alle Menschen Gewalt und Kraft, sondern es geht nach dem Spruche: viele sind berufen, wenige sind auserwählt. Das ist so viel: ihr alle werdet berufen, aber nicht allen wird das gegeben, das sie gern hätten. Darum versteht, daß Impressio eine Gabe ist, durch die getrieben wird, was geschehen soll durch die, welche dazu deputiert, erwählt und geordnet sind. Und denen soll mans lassen und ihnen nicht widerstreben, denn alles, was von Gott ist und das von der Natur ist, ist allein in denen, denen es gegeben ist.

## DIE LETZTEN DINGE

In unserm nächsten Kapitel geht es um letzte Dinge: um den Tod und den Menschen nach dem Tode.
Das Jahrhundert Paracelsi war eine Zeit des Grauens vor dem Tode. Man dichtete Totentänze, malte sie an die Friedhofswände und warf sie in Holzschnittdrucken unter das Volk. In Grünewalds Bildern schillert das Grauen der Verwesung, und die Zeit ist noch nicht lange her, in der Johannes von Saaz sein Gespräch zwischen dem Ackermann aus Böhmen und dem Tod aufzeichnete. Es ist derselbe Tod, den Paracelsus oft als grauenvoll beschrieben hat, vor dessen raschem Zufahren es keinen Trost gab.

**Spuk**  Ehe wir vom Tode hören, soll zunächst vom Spuk die Rede sein. Was ist das, das man als »Wiedergänger« oder »Spuk« bezeichnet hat und von dem mancher noch heute glaubt, daß man ihm nachts begegnen könne? Für Paracelsus ist das Spuken eines Gestorbenen außer jedem Zweifel; er versucht, sich dieses Ungewöhnliche als natürlich zu erklären. Dabei geht er von dem im vorigen Kapitel gestreiften Gedanken aus, daß wir in jedem Menschen zweierlei Leib annehmen müssen. Der Leib, der aus den beiden unteren Elementen (Erde, Wasser) ist, ist sichtbar; der Leib, der aber aus den beiden oberen Elementen (Luft, Feuer) besteht, ist ein nicht-substantialer, »siderischer« Leib. Auch in den unteren Elementen ist ein Geist, (den er früher das *astrum* nannte); im Gegensatz zu dem siderischen Geist nimmt dieses *astrum* der untern Elemente aber einen Körper an.

Gott will, daß Bäume aus dem Erdreich wachsen und anderes Obst, Birnen und dergleichen mehr Geschöpfe. Wenn nun sein Wille geschehen soll, so muß am ersten das Holz da sein, aus dem die Birne wächst. Nit, daß das Holz die Birne sei, aber die Birne ist wie ein Geist im Holz, so lange bis sie die Körperlichkeit empfängt. Und weil sie einen greiflichen Leib haben soll, so sind die Elemente [aus denen sie entsteht], in ein Holz transmutiert worden.

Das ist: was greiflich ist, das hat sein Corpus von den unteren zwei Elementen, und alles, das ein solches Corpus werden soll, das ist am ersten ein Geist (aber nit ein astralischer Geist, denn derselbige nimmt kein Corpus an, sondern ein unterer elementischer Geist, derselbige empfängt die Körperlichkeit). So verstehe es mit der Birne aus dem Baum auch, daß sie zuerst ein elementischer Geist ist, darnach materialisch in der Körperlichkeit. So ist der Birne ihr Leib aus den zwei Elementen gegeben mit samt dieser Transformation.

Was ist nun Spuk? Im Tode wird der elementische Leib »verzehrt«; auch der siderische stirbt; denn er ist ja ein (oberer) elementischer; und wie der elementische Leib in die Erde, als in seine Mutter, übergeht, so löst sich der siderische in die oberen Elemente auf. Und wie der elementische Leib Stück um Stück vergeht – für Paracelsus setzt das Sterben schon vorm letzten Atemzuge ein –, so verliert auch der siderische seine »Glieder«, eine Stunde um die andere.


Wisset, der Mensch hat zween Leib, einen elementischen und einen siderischen, und die zween Leib geben *einen* Menschen, wie ich denn bis hierher genugsam beider Leib Herkommen, Vermählung, Zusammenfügung erzählt und entdeckt habe. So sind zween Leibe, aber nur ein Mensch, der eine aus den Elementen, der andere vom Gestirn, und beide geben *einen* Menschen.

Wenn der Mensch stirbt, so wird der elementische Leib begraben und er verzehrt sich im Grabe, – wie es denn offenbar ist, daß die Erde den Menschen gar hinnimmt, oder die andern drei Elemente desgleichen, und sie lassen nichts bleiben, es muß in die Verzehrung und zunichte werden. Da muß er, der Leib, faulen und zergehen, mit Würmern, stinkend, unsauber und gar ungestalt, es sei, in welchem Element es sei, so lange bis alles hinweg kommt und nichts übrig bleibt. So also verzehrt sich der elementierte Leib in den Elementen. Aber von dem siderischen Leib wisset seine Fäulung so. Er ist vom Gestirn und nicht von den Elementen, drum nimmt er seine Verzehrung nicht in den Elementen, sondern außerhalb der Elemente, das ist unter dem Gestirn, und er muß mit der Zeit ebenso verzehrt werden wie der elementierte Leib, von dem, in das er begraben wird, das ist, vom Gestirn, wie der elementierte Leib von den Elementen. Daraus folgt, daß der siderische Leib bei dem Körper bleibt, bis er auch von dem Gestirn verzehrt wird. Das ist, wie sie im Leben miteinander vermählt gewesen sind, so werden sie durch den Tod geschieden, – ein jeglicher in *sein* Grab der Verzehrung. Jedoch bleiben sie beieinander, der eine in den Elementen, der andere außerhalb der Elemente – in der Luft, und in der Luft ist seine Gewalt, das ist: in der Luft verzehrt ihn das Gestirn. So verzehrt die Erde den elementierten Leib und das Gestirn den siderischen, und so nehmen beide Leib ihre Konsumation.

Nun bedarf der elementierte Leib einer Zeit, bis er verfaulet, der eine länger als der andere. Auch der siderische Leib hat eine solche Zeit, – wie es sich denn genugsam beweist, daß wie die Leiber in den Elementen verzehrt werden, so auch der siderische Leib eine Zeit haben muß, bis er auch verzehrt werde. Der elementierte Leib ist greiflich, der siderische aber ist nicht greiflich, sondern wie ein Geist. Also wird der elementierte Leib gesehen greiflich, der siderische ungreiflich. Und doch geschieht die Verzehrung auf Erden nicht in einem, wie sie lebendig bei einander gewesen sind, sondern eins ist von dem andern geschieden, doch bleiben sie im alten Wandel, Weise und Gebärden, das ist, sie bleiben an dem Ort, da die Wohnung gewesen ist. Das ist so zu verstehen: Der elementierte Leib bleibt im Grabe und ist unbeweglich, der siderische Leib aber ist beweglich, bewegt sich und bleibt nicht an einem Ort, sondern er sucht die Wohnung, die der Mensch bei seinem Leben gehabt hat. Nun folgt aus dem, daß der siderische Leib gesehen werden kann. Denn ist des Menschen Art gewesen, an den oder an den Ort zu gehen, so behält der siderische Leib diesen Gang, bis er verzehrt ist, ob es gleich sei auf Wucher, auf Eigennutz, auf Geld, auf Schätze und dergleichen; die selbigen Örter sucht dieser Leib nach dem Tode und durchwandelt alles.

Aus dem entspringt, daß man sagt: ich habe dessen Geist gesehen, ich habe *den* sehen gehen, – so es doch nur der siderische Leib ist, der da sein Begräbnis und Verzehrung hat. Und es ist übel gesagt, daß man saget und glaubet, es sei der Mensch, als wäre er gar und vollkommen da, so es doch nicht ist, auch keine Seele, auch derselbe Mensch nit, sondern allein ein siderischer Leib.

Wenn der elementierte Leib nicht begraben wäre, so könnte er gesehen werden; nun ist der elementierte jedoch der *Mensch* nit, sondern nur ein Stück von ihm, ein Teil von ihm, und das ist ohne Leben, tot und im Grab. So wird nur der siderische Leib gesehen, denn er kann nicht begraben werden, denn er ist nicht greiflich, sondern ein Geist, wie ein Bild im Spiegel. Nun ist der siderische Leib zwar auch tot, aber sein Wandeln ist an den Enden und Orten und in den Dingen, da der Mensch nicht seine Phantasei und Gemüt hingestellt hatte, woraus dann folgt, daß solche siderische Leiber in der Menschen Hantierung gefunden werden, bei verborgenen Schätzen oder an anderen Orten dergleichen. Und dies Gesicht wird gesehen so lange, bis der Körper verzehrt ist.

Gleicherweise wie der elementierte Leib je ein Glied nach dem andern verliert, bis sie alle verzehrt worden sind, erst das Gehör, nachfolgend das Gesicht, darnach die Bewegung und weiter Stimme und Rede, die mitsamt den andern hingehen, darnach das Blut, darnach die *liquores,* darnach das Fleisch, darnach das Geäder,

– die Knochen bleiben, denn sie werden dem Golde verglichen, des Art und Natur sie sind, – so merket, daß der siderische Leib je ein Stück nach dem andern verliert, den Verstand, die Weisheit, die Kunst, die Geschicklichkeit, die Zier usw., denn das sind seine Glieder, und von den Gliedern verliert er auch eines nach dem andern, jetzt den Verstand, darnach die Weisheit, darnach die Kunst, darnach die Sinne, ein jegliches, nachdem es in ihm ist, bis sie alle verzehrt sind und nichts übrig an ihm ist. Und obwohl am Menschen die Knochen bleiben, aus der Ursache, daß sie fix sind, so sind sie doch mit der Zeit auch vergänglich. Aber am letzten. –

Nun wisset vom Können des siderischen Leibes. Hören kann er nit, er kann auch nit reden, Augen hat er auch nit, drum sieht er auch nicht. Die Bewegung hat er deshalb, weil er im Leben den elementischen Leib bewegt und durch denselben redet, sieht, hört. Aber wenn sie von einander kommen, so hat er der Stücke keines mehr; sie [die Zunge, Augen, Ohren usw.] sind an sich tot und ohne Kraft, – der siderische bewegte den elementierten Leib in der Zeit seines Lebens.

Denn in dem elementierten Leib ist keine Bewegung. Und wenn der siderische vom elementierten Leib geschieden wird, so ist keine Bewegung mehr im selben Leib; die Bewegung ist im siderischen Leib, drum gehet er tot und ist tot, aber nichts bewegt er als sich selbst, bis in die Verzehrung.

~~~~~

***Der Tod***   Die Gestalt des Todes hat bei Paracelsus noch den Charakter, den ihr das Volkslied gab. Er ist nicht eine Folge der Krankheit, sondern der bittere, böse Tod, der Würger, der Kriegsmann Tod, der Tölpel und der Narr, der Büttel des Gerichts. Tod aber und Krankheit haben miteinander nichts zu tun; er ist ein Dämon, die Krankheit eine organische Erscheinung. Sein Amt ist, am gesetzten Termin den Menschen hinzuraffen – und so ist er ein solches Gesetz wie beispielsweise die »Zeit«, von deren Bedeutung im kosmischen Sein bereits die Rede war (vgl. S. 124 ff.). Im Menschen erscheint der Tod als Krieger; er fällt ein, wie ein Kriegsmann, und »straußt« gegen die Natur, führt einen Strauß mit ihr.

Will man es aber definieren, dann ist er nichts als eine chemische Tatsache; er tritt dann ein, wenn die drei Ersten auseinanderfallen, wenn die alchemische »Verbindung« Mensch sich auflöst. Wie eine chemische, so ist er eine kosmische Begebenheit; der Tod trifft nicht die Seele, den eigentlichen Menschen, sondern allein den elementischen und gestirnten Menschen, d. h. den Körper der vier Elemente. Weil diese vergänglich sind, deswegen ist der Mensch vergänglich. Und doch hängt an dem allen noch ein Geheimnis: Am Tage des Todes scheiden sich der irdische Mensch und der vom Ewigen, ein jeder geht an seine Statt; der irdische Mensch geht also in die oberen und die unteren Elemente, der ewige Mensch zu Gott. Am Tage des Gerichts vereinigen sich die beiden wieder; entsprechend dem Bibelwort gibt da die Erde ihre Toten wieder her, und wir sind so, wie wir vorher gewesen sind, um vor das göttliche Gericht zu treten und zu empfangen, was wir da zu empfangen haben.

Besser ein lang Leben erstritten als ein kurz Leben und die Lust dieser Welt nicht gesehen.

Der Tod sagt keinem Arzt, wann er kommt, schickt keine Boten voraus; sondern wie der Strahl vom Himmel, so platzt er darein. Wenn aber Zeichen kommen, nach denen die Menschen sterben müssen, so sind das

Klagen der Natur, die begehrt Hilfe, gleicherweise wie ein Hauptmann, der umgeben ist mit Feinden und schreit um Hilfe durch das Zeichen *Cito*[1], *cito, cito*! Nit, daß ihn der Feind überwunden habe; er besorgt es aber; wenn der ihn überwunden hat, gibt er kein Zeichen mehr der Hilfe, – nur vorher, nicht darnach.

Im Menschen ist kein Tod; im Gestirn, in den Elementen ist der Tod. Weil der Mensch von ihnen gemacht, geboren ist, darum erbt er aus dem Gestirn und aus den Elementen den Tod; die zwei sind die, die den Menschen erwürgen.

Wie ein Reich, das sich selbst zerbricht, so zerbricht sich auch die Gesundheit.

Wenn nun der Tod sieht die Zertrennung des Reiches, so fällt er ein, – gleicherweise wie ein Reich, das zergehen will, das kommt in eine fremde Hand. Ebenso, sobald die drei Substanzen sich scheiden, nachdem sie einig waren, so sitzt der Tod wie ein Nachbar da und fällt mit seiner Geschicklichkeit ein, so lange, eine Stund um die andere, von einem Tag zu dem andern, bis er ein Teil nach dem andern überwindet und eine Substanz nach der andern überherrscht, und am letzten sich gar einnistet, und alsdann ist niemand, der ihn vertreibt. Wenn aber solches noch nit ist, sondern er sitzt noch daneben, so ist die Arznei noch ein Beistand der Natur, durch die sich die Natur wieder erholt.

[1] Schnell!

Wenn eine Krankheit im Leib ist, so müssen alle gesunden Glieder wider sie fechten, nicht eins allein, sondern alle, denn eine Krankheit ist ihrer aller Tod. Das merkt die Natur, darum fällt sie wider die Krankheit mit aller ihrer Macht, die sie hat. Ebenso wird auch deine Arznei sein müssen, daß sie in sich habe das ganze Firmament der oberen und unteren Sphären. Darum bedenke, mit welcher Gewalt die Natur wider den Tod straußt, daß sie zu Hilfe nimmt Himmel und Erden und all ihre Kraft und Tugend, – gleicherweise, wie die Seele wider den Teufel fechten muß mit allen ihren Kräften und zu Hilfe nehmen Gott von ganzem Herzen, Gemüt und allen Kräften, um dem Teufel zu widerstehen. So ist auch die Natur besorgt, daß sie alles das nimmt, das ihr Gott gegeben hat, den Tod zu vertreiben. So gräßlich scheucht sie fort den grausamen Tod und den bitteren Tod, der ihr erschrecklich vor Augen steht, den unsere Augen nicht sehen noch unsere Hände greifen, aber sie sieht ihn und greift ihn und kennt ihn. Darum nimmt sie alle himmlischen Kräfte und die irdischen an sich, dem Erschrecklichen zu widerstehen, denn erschrecklich ist er, greulich und streng. Wenn der sich vor ihm entsetzt hat, der ihn gemacht hat, Christus am Ölberge, [so sehr,] daß es ihm blutigen Schweiß ausgetrieben hat und er seinen Vater bat, ihm den hinweg zu nehmen, – billig ist es, daß die Natur vor ihm ein Entsetzen habe.

Nachdem die *Gesundheit* beschrieben ist, so ist nun weiter zu wissen von dem Tod und seinen Einfällen, was dessen Zeit ist. Alle Dinge haben ihre Zeit, wie lange sie stehen sollen, es sei zum Guten oder zum

Bösen, nämlich die Heiligen haben ihre Zeit, wann sie aufhören müssen, ihr Leben auf Erden zu führen, und so haben auch ihre Zeit die Bösen. Alle Ding werden von Gott auf ihren Termin gesetzt, und den kann kein Heiliger übergehen, er sei so fromm, gerecht oder nutze dem Volk, wie er wolle oder könne; wenn die Zeit kommt, so wird [das alles] nicht angesehen, sondern es heißt: auf und davon. Dieser Zeit Endung ist der Tod. Der sitzt neben uns und wartet auf unsere *bella intestina*[1], wo er einbrechen könne. Denn er selbst weiß nicht die Stund, wann er eingreifen soll, oder wann er töten soll; geflissen ist er aber einzufallen mit Fleiß und mit Ernst, damit er keine Minute übersehe und gehorsam sei seinem Herrn Gott im Himmel. Darum, wenn er selbst nit weiß die Stunde und Minuten unseres Endes, so läßt er sich von der Arznei forttreiben, und dringt wieder hinzu, wann er selbst es dafür achtet, die Zeit sei da, er solle anplatschen und angreifen, – worin er dann oftmals fehlet und irrgehet, hinzu und davon. Wie nun alle Dinge schön, gut sind und hübsch, rein, gut bei uns, voller Seligkeit, voller Heiligkeit und aller guten Dinge, so ist es doch nit anders wie ein Schatz, der von Gold und Perlen in einer Kiste liegt, und der Dieb stiehlt es hinweg und dem Hausherren bleibt nichts. Denn da wird niemand verschont und nichts angesehen, weder Nutzen noch Schaden, weder Frommheit noch Bosheit, sondern [es heißt]: nur auf und davon und hinweg! Und sollte die ganze Welt auf einem stehen, so ist der Mann doch nichts vor Gott, und es wird nit angesehen.

[1] Innere Kriege.

So ist unser Leben ein unsicherer Schatz, den wir wohl hüten und ihn aller Wege bewahren. Was wird da gehütet? Er wird doch im größten Aufmerken und in der besten Wacht gestohlen. Ist das nit eine Wacht, wenn ein Kranker da liegt und flieht zu Gott, schreit Hilfe! läuft zum Arzt: hilf! und in diesem »Hilf« stirbt er und fährt von hinnen? Ist der nit wohl bewahrt, der ein König ist und hat alle seine Macht bei sich und streitet wider seinen Feind, und hat sich umbollwerkt und eingegraben und mit Zeug zu Roß und zu Fuß versehen, und es geht eine Kugel in ihn, wenn er meint, er sei am sichersten?

Was ist der Tod? Der ist er, der uns das Leben nimmt auf viele Arten. Selig ist der, den er von dieser Welt nimmt mit dem Herzen Johannis des Täufers, der Propheten und der Apostel. Darum sollen wir wachen und ein Aufmerken auf ihn haben, denn er fordert uns auf das Gericht, dort Rechnung zu geben vom größten bis zum kleinsten. Er ist der Scherge, der Büttel, der einen entbietet vor das Gericht Gottes und in seinem Entbieten, wenn sich Seele und Leib von einander scheiden, – was ist da sein Entbieten? Nichts als allein: Gehet zum Gericht vor das Angesicht Gottes zu benamter Stund und Tag, – nämlich am Tage des Elends, in dem Himmel und Erde erbeben werden, – und erhebt euch auf den Tag, wenn die Hörner werden aufwecken die entbotenen Toten und Verstorbenen.

Er ist es auch, der uns aufweckt, der uns das wiedergibt, das er uns genommen hat; dann werden wir mit dem Schergen vor das Gericht gestellt. Sein Gefängnis und sein Turm ist die Erde, denn wir alle auf Erden sterben in Sünden, darum so müssen wir in das Gefängnis gehen und darin behalten werden, so lange bis das Gericht angeht, – wie denn ein jeglicher gefangener Mann warten muß. Nun aber in unserm Gebet fährt der Geist zum Herrn, denn die Erde ist kein Turm des Geistes, allein des Leibes.

So bleiben sie beide, ein jegliches in seiner Statt, bis sie wieder zusammen kommen, da werden die drei Substanzen wiederum sein in ihrem Geblüt und in ihrem Wesen. Was aber weiter daraus wird, das steht bei dem, der Leib und Seele gemacht hat und ist verborgen allen Menschen. Dann werden keine Krankheiten mehr sein, keine Medizin, kein Medikus, kein Kranker, und es wird aus sein mit den Dingen allen.

## Liber de nymphis

Das Forschen und Suchen des Mannes, den das natürliche Licht erfüllte, hat keine schönere Blüte getrieben als seinen *Liber de nymphis*, das Büchlein von den Wasserfrauen. So bekennt er selbst: Beglückender sei, die Wasserfrauen zu beschreiben als zu beschreiben die mönchischen Orden, und seliger (das ist beglückender), die Melusine als zu beschreiben soldatisches Spiel und Treiben. Man sieht es dem kleinen Buch, das wir mit Ausnahme seiner beiden letzten Kapitel hier ganz abdrucken, an – die Einleitung steht oben in unserm zweiten Buch (Seite 298 ff.) –, mit welcher Freude es niedergeschrieben ist. Ein leiser Ton, wie eine Glocke aus einem verlorenen Grund, zieht durch die einzelnen Absätze dieses fast märchenhaften Stückes. Volksglaube und der paracelsische Gedanke vom Makro-Mikrokosmos reichen sich die Hand. Denn Paracelsus weiß, daß in den Bächen und Flüssen Wasserfrauen hausen, er kennt die alte Sage vom Ritter von Stauffenberg und seiner Hochzeit mit der Melusine – sind aber Wasserleute, so schließt der neuplatonische Denker weiter, sind Wesen des Wassers, dann müssen auch

Wesen der anderen Elemente sein. Systemzwang ließ ihn einen solchen Schluß gewinnen. Ihm kam zu Hilfe, daß man im Volk an feurige Männer, Irrwische oder Zundeln, glaubte, die er dem Elemente Feuer zugeschrieben hat, so wie die Unterirdischen der Erde, die Wesen des Waldes aber dem Elemente Luft.

Aus den beiden aufgewiesenen Bornen floß dieses Stück der Philosophie natürlichen Lichtes – ein freundliches Gebilde, das nicht nur seine Weisheit wieder zurück ans Volk gegeben hat, wo sie in Sagen und abergläubischen Meinungen bis zu den Schweden und Norwegern hin nachzuweisen ist, das überdies die Grundlage der schönsten unserer romantischen Dichtungen: Fouqués »Undine« und Mörikes »Schöner Lau«, geworden ist.

~~~~~

Wisset, daß dieses Buches Inhalt ist, zu schreiben von den vier Geschlechtern der Geistmenschen, nämlich von den Wasserleuten, von den Bergleuten, von den Feuerleuten und Windleuten, dabei auch einbegriffen sind unter den vier Geschlechtern die Riesen, die Melusinen, der Venusberg und was denen gleich ist, alle die wie Menschen erscheinen und doch nit aus Adam sind, sondern ein anderes Geschöpf und Kreatur, geschieden vom Menschen und von allen Tieren sind.

**Menschen ohne Seele** Ihr Fleisch muß so verstanden werden, daß zweierlei Fleisch auf Erden ist, das Fleisch aus Adam und das, das nit aus Adam ist. Das Fleisch aus Adam ist ein grob Fleisch, denn es ist irdisch und ist sonst nichts als allein Fleisch, das zu binden[1] und zu fassen ist wie ein Holz oder Stein. Das

[1] In Bande zu legen.

357

andere Fleisch, das nit aus Adam ist, das ist ein subtil Fleisch, und ist nit zu binden noch zu fassen, denn es ist nit aus der Erden gemacht. Nun ist das Fleisch aus Adam der Mensch aus Adam; der ist grob wie die Erden. Diese ist kompakt, so daß der Mensch nit durch eine Mauer noch durch eine Wand kann, er muß sich ein Loch machen, dadurch er schlüpfe, denn ihm weicht nichts. Aber das Fleisch, das nit aus Adam ist, dem weichet das Gemäuer; das ist, die brauchen keine Türen, kein Loch, sondern gehen durch ganze Mauern und Wände und zerbrechen nichts.

Nun sind sie beide Fleisch, Blut, Gebein und was sonst noch zu einem Menschen gehört und in aller Natur wie ein Mensch, aber darin von einander unterschieden, daß zween Ursprünge da sind, das ist zween Väter, und jene sind zugleich ein Geist und ein Mensch. Der Geist geht durch alle Wände und ihn sperrt nichts aus, der Mensch aber nicht, denn ihn sperrt der Riegel oder das Schloß aus. Diese Leute sind dadurch von den Geistern unterschieden, daß sie Blut und Fleisch und Gebein haben; dabei gebären sie Kinder, reden und essen, trinken und wandeln, welche Dinge die Geister nit tun. Sie sind den Geistern gleich in der Geschwindigkeit, den Menschen gleich in Gebärden, Gestalt und Essen, und so sind sie Leute, die Geisterart an sich haben, dabei auch Menschenart, und sind doch *eins*. Obwohl sie beides sind, Geist und Mensch, sind sie doch deren keines, denn Menschen können sie nit sein, sie sind geistisch in ihrem Wandel; Geist können sie nit sein, denn sie essen und trinken, haben Blut und Fleisch. Darum sind sie eine besondere Kreatur, außerhalb der beiden Arten und wieder von beider Art ein Gemischtes, gemacht von beiden, wie ein *compositum* von zwei Stücken, das sauer und süß ist, oder zwo Farben ineinander gegossen, unter einer Gestalt und doch beide.

Es ist aber weiter in diesem auch zu verstehen, daß sie, obwohl Geist und Mensch, doch keins von beiden sind. Der Mensch hat eine Seel, der Geist nit. Diese Kreatur ist beides, hat aber keine Seel, und ist doch dem Geist nit gleich, denn der Geist stirbt nit, die Kreatur stirbt aber. Wieder ist sie dem Menschen nit gleich, sie hat keine Seel, sie ist ein Vieh, denn sie stirbt wie das Vieh, und auch der tierische Leib hat keine Seele wie der Mensch, – darum sind sie ein Vieh. Aber sie reden, lachen wie die Menschen, darum sind sie dem Menschen gleicher als dem Vieh, – und sind weder Mensch noch Vieh.

Wie ein Aff, der dem Menschen das gleicheste Tier ist in Gebärden und Werken, so sind sie im Verhältnis zum Menschen. Und wie eine Sau des Menschen Anatomei hat, so daß sie inwendig ist wie der Mensch, und ist dennoch eine Sau, kein Mensch, so sind auch die Kreaturen verglichen mit den Menschen Affen und Säuen, und sind doch besser als die. Denn sie sind allentwegen wie die Menschen, allein ohne Seel, – und besser als der Mensch, denn sie sind wie die Geist, die niemand halten kann. Darum ist Christus aber für die gestorben und geboren worden, die Seel haben, das ist, die aus Adam sind; für die nit, die nit aus Adam sind, denn sie sind Menschen, haben aber keine Seel.

Dess' soll sich niemand verwundern, daß eine solche Kreatur sein soll, denn Gott ist wunderbarlich in seinen Werken, die er oft wunderbarlich läßt erscheinen. Die große Weisheit Gottes ist nit zu ergründen, auch nit zu ergründen die großen Wunderwerk, wie zu ergründen uns notdürftig wäre, um unsern Schöpfer recht zu erkennen in seinen wunderbarlichen Dingen.

Sie haben Kinder, und ihre Kinder sind ihresgleichen, nicht unsersgleichen. Sie sind klug, reich, verständig, arm, töricht wie wir aus Adam; sie sind unser Abbild in allen Dingen, gleich als wenn man spricht, der Mensch ist das Bildnis Gottes, das ist, er ist nach seinem Bildnis gemacht. Nun kann man da auch sagen, die Leute sind das Bildnis des Menschen und nach des Menschen Bildnis gemacht. Nun ist der Mensch nicht Gott, wiewohl er ihm gleich gemacht ist, aber nur im Bildnis. So da auch.

Sie sind deswegen nicht Menschen, weil sie nach seinem Bildnis gemacht sind, sondern bleiben in ihrer Schöpfung die Kreatur, die sie sind, so wie der Mensch auch der bleibt, den Gott erschaffen hat. So will er von einer jeglichen Kreatur, daß sie bleibt in dem Amt, in das sie erschaffen ist. Und wie sich der Mensch nicht berühmen kann, daß er Gott sei, sondern ein Geschöpf Gottes, das von Gott so gemacht wurde, so können auch diese Leute sich nicht berühmen, daß sie eine Seel haben wie der Mensch, obwohl sie ihm gleich sehen. Also enträt[1] der Mensch dessen, daß er nicht Gott ist, und die wilden Leute entraten der Seel, so daß sie nit sagen können, daß sie Menschen seien. Also enträt das *eine* Gottes, das andere der Seel, und so bleibt Gott ein Gott allein, der Mensch ein Mensch allein.

So also sind sie Menschen und Leute, sterben wie das

---

[1] Entbehrt.

Vieh, wandeln wie die Geister, essen und trinken wie die Menschen. Das ist, wie das Vieh, so sterben sie ab, daß nichts mehr da bleibt und ihnen schadet, weder Wasser noch Feuer, – wie die Geister, niemand mag sie fangen, wie man die Geister nicht fängt, – und ihre Vermehrung ist der des Menschen gleich und alle ihre Natur damit. In des Menschen Krankheit und in seine Gesundheit fallen sie, – aber nit in die Arznei der Erde, aus der der Mensch gemacht ist, sondern in die aus dem, da sie wohnen. Ihr Fleisch fault wie ander Fleisch, und ihr Gebein wie anderer Menschen Gebein, und ihrer wird kein Gedächtnis. Ihre Sitten, Gebärden sind menschlich, auch ihre Rede und Weise mit allen Tugenden, bald besser, bald gröber, subtiler und rauher. Desgleichen sind sie in der Gestalt wechselnd geformt wie die Menschen.

Gleich den Menschen essen sie die Arbeit ihrer Hände, spinnen sich selbst Kleidung und weben; sie haben Vernunft, die Dinge zu gebrauchen, Weisheit zu regieren, Billigkeit, zu erhalten und zu beschirmen, – denn obwohl sie Vieh sind, so haben sie doch alle Menschenvernunft, allein die Seel nicht. Es ist ihnen darum der Spruch nicht gegeben, daß sie Gott dienen sollen, zu wandeln in seinem Weg; denn sie haben die Seel nicht, sondern sind wie das Vieh, das aus der angeborenen Natur das Maß sucht seines Wandelns. Aber sie haben die höchste Vernunft unter allen Tieren. Wie auch der Mensch über allen Kreaturen der nächste ist bei Gott auf Erden, im Verstand und in den Gaben, so sind die unter allen Tieren dem Menschen am nächsten, und so nahe, daß sie Leute geheißen werden und Menschen, und dafür gehalten und geachtet werden, daß also kein

361

Unterschied da ist als allein ihre geistische Art und daß ihnen die Seel gebricht, – eine seltsam wunderbarliche Schöpfung.

~~~~~

**Von ihrer Wohnung** Ihre Wohnung ist viererlei, das ist, nach den vier Elementen geteilt, eine im Wasser, eine in der Luft, eine in der Erde, eine im Feuer. Die im Wasser sind Nymphen[1], die in der Luft Sylphen[2], die in der Erde sind Pygmäen[3], die im Feuer Salamander[4]. Doch daß das ihre rechten Namen wären, ist nicht der Fall; weil sie sie aber andeuten und sie unter diesen Namen verstanden werden, so lasse ich es dabei auch bleiben. Wiewohl die Wasserleute auch Undina[5] heißen und die Luftleute Sylvestres[6] und die Bergleute Gnomen und die vom Feuer eher Vulcani[7] als Salamander.

Die Wasserleute haben kein Geschäft mit den Bergleuten, die Bergleute auch nicht mit ihnen, und so auch die Salamander. Jegliches hat seine besondere Wohnung; aber dem Menschen, dem erscheinen sie, wie obensteht, damit er erkenne und sehe, wie wunderbar-

---

[1] Nymphe: weibl. Quelldämon, nach latein. *nympha* = junges Weib, Geliebte.
[2] Sylphe: Waldjungfrau.
[3] Pygmäen: ein sagenhaftes Volk in Äthiopien; hier: Unterirdische, Wesen der Erde.
[4] Salamander: Feuergeister, nach dem Tier Salamander, das nach dem Glauben des Mittelalters im Feuer leben kann.
[5] Undinen: Wasserfrauen, nach *unda* = Welle.
[6] Sylvestres: Waldleute, von latein. *silva* = Wald.
[7] Vulcani: Feuerwesen, nach Vulcanus, dem Gott des Feuers.

lich Gott sei in seinen Werken, daß er kein Element feiern läßt und leer läßt, er hat große Wunderwerke in ihnen.

Nun wie ihr wißt, daß vier Elemente sind, die Luft, Wasser, Erde und Feuer, so wisset ihr auch, daß wir Menschen aus Adam in der Luft stehen und gehen, und sind von ihr umgeben, wie ein Fisch von dem Wasser, und ebenso wenig vermögen wir ohne sie zu sein, wie der Fisch ohne Wasser. Nun, wie der Fisch im Wasser seine Wohnung hat, und das Wasser ist seine Luft, in der er wohnt, so ist dem Menschen die Luft sein Wasser. Und so ist ein jedes Ding in sein Element geschaffen, darin zu wandeln.

Nach diesem Exempel verstehet von den Undinen, daß sie im Wasser wohnen, und das Wasser ist ihnen gegeben, wie uns die Luft, und wie wir uns verwundern, daß sie im Wasser sein sollen, so verwundern sie sich über uns, daß wir in der Luft sind. Und so ists mit den Gnomen in den Bergen: die Erde ist ihre Luft und ist ihr Chaos. Denn im Chaos lebt ein jegliches Ding; das ist, ein jegliches Ding wohnet in seinem Chaos, geht und steht darin. Nun ist die Erde nichts als das Chaos der Bergmännlein; denn sie gehen durch ganze Mauern, durch Felsen, durch Steine wie ein Geist, also sind ihnen die Dinge alle nur Chaos. Das heißt: so wenig uns die Luft hindert, zu gehen, so wenig werden die gehindert vom Berg und Erden und Felsen, und so gering es uns ist, durch die Luft zu gehen, so gering sind ihnen die Felsen und Schroffen. Also sind ihnen die Dinge alle Chaos, die uns nicht Chaos sind; denn eine Mauer, eine Wand hält uns auf, daß wir nicht hindurch gehen können, aber denen ist es ein Chaos, darum gehen sie hindurch, – es ist ihnen ihre Luft, in der sie wohnen und gehen, wie der Mensch in der Luft, die zwischen dem Himmel und der Erde liegt.

Und je gröber das Chaos ist, desto subtiler ist die Kreatur; und je subtiler das Chaos, desto gröber ist die Kreatur. Die Bergleute haben ein grobes Chaos, darum müssen sie desto subtiler sein, und der Mensch hat ein subtiles Chaos, darum ist er desto gröber. Nach der Art also teilt sich das Chaos aus und seine Einwohner.

Damit ist dargelegt worden das eine Wunder, das ihrer Wohnung, auf daß ihr nicht anders sollt wissen, als daß die Wohnung in den vier Elementen ihr Chaos ist, gleicherweise wie es für uns die Luft ist, und da schadet ihnen weder Ertrinken noch Ersticken noch Verbrennen; denn die Dinge sind nur Luft den betreffenden Kreaturen, die in ihnen wohnen. Das Wasser ist des Fisches Luft; ertrinkt der Fisch nicht, so ertrinkt auch der Unda nit. So wie im Wasser, so ist in der Erde die Erde der Gnomen Luft; drum ersticken sie nicht. Sie bedürfen unserer Luft nicht, wir der ihrigen nicht. So ists mit den Salamandern; da ist das Feuer ihre Luft, wie unsere Luft uns Luft ist. Die Sylvestres sind uns die nächsten, denn in unserer Luft erhalten auch sie sich und nehmen unter den verschiedenen Wesen den uns nächstförmigen Tod an; das ist, im Feuer verbrennen sie und wir auch, im Wasser ertrinken sie und wir auch, in der Erde ersticken sie und wir auch; denn ein jeglicher bleibt in seinem Chaos gesund, im andern stirbt er. Darum dürft ihr euch nicht verwundern über das, das uns unglaublich erscheint; die Dinge sind alle bei Gott möglich, der alle Dinge geschaffen hat, nit nach unsern Gedanken und Verstand, sondern über unsere Gedanken und Verstand. Denn er will als ein Gott angesehen werden, der wunderbarlich sei in seinen Kreaturen. Denn sollte sonst nichts geschaffen worden sein als allein, was dem Menschen möglich wäre zu glauben, so wäre Gott zu schwach und der Mensch wäre ihm gleich. Drum hat er es geschaffen als ein Gott, und läßt den Menschen sich darob wundern, und läßt sein Werk so groß sein, daß sich der Dinge niemand genug zu verwundern mag. So wills Gott haben.

Nun aber von den Dingen, die sie essen und trinken; das ist so: das Wasser tränkt uns, aber die Gnomen nicht, die Nymphen nicht, auch nicht die andern zwei. Ist uns aber das Wasser geschaffen, den Durst zu löschen, so ist ihnen ein ander Wasser geschaffen, das wir nicht sehen noch ergründen können. Trinken müssen sie, aber das Trinken, das in ihrer Welt ein Trank ist; Essen müssen sie desgleichen, das was ihre Welt inhaltet. Von den Dingen ist nichts weiter zu ergründen, als allein, daß ihre Welt ihre eigene Natur hat wie unsere die ihre.

Um von der Kleidung zu sprechen, – sie sind bekleidet, und bedecken ihre Scham, aber nit nach unserer Welt Art, sondern nach ihrer Art. Denn da ist Zucht und dergleichen vorhanden, wie es bei den Menschen sein soll, Orden und dergleichen, und ihre Obrigkeit. Wie die Immen, die ihren König haben, und die Schnaken, die ihren Vorflieger haben, – nicht nach der Ordnung des Gesetzes der Menschen, sondern nach der Ordnung ihrer angeborenen Natur, nach der auch die Tiere ihren Obersten haben, – so haben sie es auch und besser als die Tiere alle; denn sie sind dem Menschen am gleichesten.

Gott hat alle Dinge bekleidet und gezieret mit Zucht, vor dem Menschen zu gehen und zu stehen. Nun wisset, daß die Kleidung dem Vieh natürlich angeboren ist, diesen Leuten aber nicht. Ihnen ist nichts natürlich angeboren, sondern sie müssen sie erarbeiten wie der Mensch, dem sie gleich sind. Nun ist ihre Arbeit wie der Menschen Arbeit, — nach der Art ihrer Welt und Erden, in der sie wohnen. Der uns Wolle gegeben hat von den Schafen, der gibts ihnen auch, denn es ist Gott nicht allein möglich, zu schaffen die Schafe, die uns bekannt sind, sondern auch solche im Feuer, im Wasser, in der Erde. Er kleidet nicht uns allein, sondern die Gnomen, die Nymphen, die Salamander, die Sylvestres; sie sind alle unter Gottes Schirm und werden alle von ihm bekleidet und geführt. Denn Gott ist nicht allein mächtig dazu, den Menschen zu versorgen, sondern er versorgt auch alles andere, von dem der Mensch nichts weiß und es erst langsam inne wird.

Aber von ihrem Tag, Nacht, Schlafen und Wachen wisset ein solches, daß sie wie die Menschen ruhen, schlafen und wachen. Dabei haben sie die Sonne und das Firmament so gut wie wir. Das ist, die Bergmännlein haben die Erde und die ist ihr Chaos. Nun ist sie ihnen nur eine Luft und keine Erde, wie sie es uns ist. Daraus folgt, daß sie durch die Erde sehen, wie wir durch die Luft, und daß die Sonne ihnen durch die Erde scheint, wie uns durch die Luft, und sie haben so die Sonne und den Mond und alle Firmament vor ihren Augen wie wir Menschen. So auch die Undinen, deren Chaos das Wasser ist. Nun ist das Wasser keine Hinderung der Sonne, sondern wie wir die Sonne durch die Luft sehen, so sehen sie sie durch das Wasser. So auch die Vulcanischen durch ihr Feuer. Und gleicherweise, wie uns auf Erden die Sonne anscheint, und die Erde fruchtbar macht, so sollt ihr auch wissen, daß es bei denen so ist wie bei uns. Darum folgt, daß bei ihnen Sommer, Winter ist, Tag, Nacht und dergleichen. Aber Regen, Schnee und dergleichen ist ihnen nicht notwendig, sondern sie haben das, was wir dadurch erhalten, auf andere Weise. Das sind die großen Wunderwerke Gottes.

Aus dem folgt nun, daß sie Pestilenz, Fieber, Pleuresien[1] und alle Krankheiten des Himmels so gut wie wir haben und haben es in allem genau so wie wir, weil sie Menschen sind. Allein vor dem Gericht Gottes und bei der Auferstehung, da sind sie Vieh und nicht Menschen.

Aber der Person halben sollt ihr wissen, daß sie unterschieden sind. Die Wasserleute sind der Person der Menschen gleich, beide Frauen und Mannen. Die Sylvestres haben nicht diese Gestalt, sondern sind rauher, gröber, länger und stärker als die beiden. Die Bergleute sind klein, ungefähr zwei Spannen[2] lang; die Salamander sind lang, dürr und schmal.

Ihre Stätte und Wohnungen sind, wie obensteht, in ihrem Chaos, – die Nymphen im Wasser, in fließenden Bächen und dergleichen, so nahe, daß sie die Leute ergreifen können, die durchreiten oder darin baden. Die Bergleute sind im Bergchaos und da machen sie ihr Gehäus hinein. Darum findet man oft, daß Estriche, Gewölbe und dergleichen in den Bergen gefunden

---

[1] Brustfellentzündungen.
[2] Etwa einen halben Meter.

werden, in Höhe eines Ellenbogens und dergleichen; die sind von diesen Leuten gebaut worden, ihnen zu einem Aufenthalt und zu einer Wohnung. Ebenso tun auch die Wasserleute an ihren Orten und Enden. Dabei wisset auch von den Feurigen, daß in den ätnischen[1] Bergen ihr Geschrei, Zimmern und Werken gehört werden kann.

Solcher Dinge Grund erfährt man in den wilden Wäldern, beim Durchwandern derselben; da werden die Dinge gefunden. Auch in den Bergwerken, bei gutem Erz und dergleichen, werden die selbigen gefunden, und also bei den Wassern dieselbigen auch, und beim Ätna die Vulcanischen, und noch viel mehr wunderbarlicher Dinge von ihrer Münze, Zahlung und Sitten, das hie zu beschreiben zu lang wäre.

~~~~~

**Wie sie zu uns kommen und sichtbar werden** Alles das, was Gott geschaffen hat, das läßt er dem Menschen offenbar werden und vorkommen, so daß dem Menschen kundbar sind und werden alle Geschöpfe. So hat Gott den Teufel dem Menschen offenbar gemacht, auf daß der Mensch ein Wissen vom Teufel hab, und so auch die Geist und anderes. Ebenso hat er auch die Engel im Himmel herab zu den Menschen geschickt, daß der Mensch sehe wahrhaftig, daß Gott Engel habe, die ihm dienen.

Solche Offenbarungen geschehen, obwohl selten, doch so viel, als not ist, die Dinge zu glauben. Und so ge-

[1] Feuerspeienden Bergen.

schieht es auch mit den Dingen, von denen ich hie
schreib, dieselben erscheinen den Menschen auch. Nit
daß sie bei uns wohnen sollen oder bleiben oder sich
uns verbinden, sondern, so oft läßt sie Gott zu uns
wandern und bei uns sein, wie notwendig ist, damit wir
ein Wissen von ihnen nehmen, daß Gott wunderbarliche Werke wirke.

Nun, der Mensch erscheint niemandem, so wie diese
Dinge doch dem Menschen erscheinen. Das ist, die
Nymphen erscheinen uns, wir aber ihnen nicht, – außer was sie in ihrer Welt von uns sagen, wie ein Pilger,
der in fremden Landen war. Denn solch Verzücken[1]
[zu ihnen] ist nicht not bei ihnen, oder daß uns die
Bergleute verzückten oder die Wasserleute, denn sie
haben über den Menschen keine Gewalt, und ihre
Welt ist auch nicht in der Verfassung, daß ihr möglich
wäre, uns anzunehmen[2]. Der Mensch ist auch nit subtil
am Leibe, sondern grob am Leib und subtil im Chaos,
ihr rechtes Gegenteil. Darum ertragen sie unser Chaos
wohl, wir aber das ihrige nicht. Auch ist das Element
an sich selbst[3] ihr Chaos, das uns kein Chaos sein
kann. So erscheinen sie uns und bleiben bei uns und
vermählen sich bei uns, sterben bei uns und gebären
bei uns.

Nun aber, wenn sie geoffenbart werden sollen, so geschieht das infolge eines göttlichen Spruches, so als
wenn Gott einen Engel zu uns schickt und ihm sein
Geschöpf befiehlt, und ihn darnach wieder hinweg

---

[1] Entrückt werden.
[2] Aufzunehmen.
[3] Das reine Element.

nimmt. So werden uns die Dinge da auch vor Augen gestellt. Nämlich die Wasserleute, die kommen aus ihren Wassern heraus zu uns, lassen sich kennen und handeln und wandeln mit uns, gehen wieder hinweg in ihr Wasser und kommen wieder. Sie sind Menschen, aber tierisch, ohne die Seel. Nun folgt aus dem, daß sie mit den Menschen verheiratet werden können, so daß eine Wasserfrau einen Mann aus Adam nimmt und hält mit ihm Haus und gebiert. Von den Kindern wisset, daß solche Geburt dem Manne nachschlägt. Drum, da der Vater ein Mensch ist aus Adam, wird dem Kind eine Seel eingegossen, und es wird gleich einem rechten Menschen, der eine Seel hat und das Ewige.
Nun aber weiter, so wissen wir auch, daß auch solche Frauen Seelen empfangen, indem sie vermählt werden, so daß sie wie andere Frauen vor Gott und durch Gott erlöst sind. Denn das erweist sich in mancherlei Weg, daß sie nicht ewig sind, aber bei dem Menschen, wenn sie ihm verbunden werden, ewig werden, das ist: geseelet wie der Mensch. Denn das sollt ihr glauben: Gott hat sie dermaßen gleich und ähnlich dem Menschen erschaffen, daß nichts gleicheres sein kann, und hat dabei ein Wunderwerk geschehen lassen, daß sie keine Seel haben; aber wenn sie mit dem Menschen ins Bündnis kommen, alsdann gibt das Bündnis die Seel. Ebenso wie ihr an dem Bündnis seht, das der Mensch mit Gott hat und Gott mit dem Menschen, und dasselbige ward aufgerichtet durch Gott, – dieses Bündnis macht es, daß wir in Gottes Reich kommen. Wenn dies Bündnis nit wäre, was wäre uns die Seel nütz? Nichts. So ist es mit denen auch. Sie haben keine Seel, sie würden denn mit den Menschen verbunden; da haben

sie die Seel. Und wie sie des Todes sterben, und es bleibt nichts von ihnen übrig wie beim Vieh, – so ist ein Mensch, der nit im göttlichen Bündnis ist. Und wie diesen Leuten geschieht, wenn sie mit den Menschen verbunden werden, so ist dem Menschen, wenn er ins göttliche Bündnis gefaßt ist. So geben sie also ein Exempel, daß sie ohne den Menschen Tiere sind, und so wie sie [nichts] sind, so ist der Mensch ohne das göttliche Bündnis nichts. Soviel vermag das Bündnis zweier Dinge miteinander, daß das Mindere des Mehreren genießt und Kraft hat.

Aus dem folgt nun, daß sie um den Menschen buhlen, zu ihm sich fleißigen und sich ihm bekannt machen, gleicherweise wie ein Heide, der um die Taufe bittet und buhlt, auf daß er seine Seel erlange und lebendig werde in Christo. So stellen sie der Liebe des Menschen nach, auf daß sie mit dem Menschen im Bündnis seien, denn aller Verstand und alle Weisheit ist bei ihnen, außer den Eigenschaften der Seel, und die Seel nit.

Aber nicht alle können sich uns verheiraten; die Wasserleute am ersten und sie sind auch die nächsten dazu, die Waldleute am nächsten nach ihnen, darnach die Bergmännlein und Erdmännlein, – welche doch selten mit Menschen verheiratet werden, sondern allein zu Diensten verpflichtet sind, und die ätnischen, die sich gar nicht mit den Menschen verbinden, aber dienstbar sind. Sie wissen auch alle zukünftigen Dinge, gegenwärtige und geschehene, die nicht vor Augen, sondern verborgen sind, in diesem können sie dem Menschen dienen und ihn erhalten, warnen, führen und dergleichen, denn sie haben Vernunft wie die Menschen, ausgenommen die Seel; sie haben Wissen und Verstand der Geister, ausgenommen Gottes. Darum sind sie groß, begabt, und wissen und warnen den Menschen. Nun ist von den Nymphen gesagt worden, daß sie aus dem Wasser zu uns kommen und sitzen am Gestade der Bäche, dort, da sie ihre Wohnung haben, wo sie dann gesehen, auch genommen, gefangen werden und vermählt. Die Waldleute sind gröber als sie, reden nichts, das ist, sie können nicht reden, und haben doch Zungen und alles zum Reden genügend. In diesem unterscheiden sie sich von den Nymphen, denn diese sind gesprächig in der Sprache des Landes, wo sie erscheinen, aber die Waldleute nicht, – zum Lernen aber sind sie geschickt. Die Bergleutlein haben auch die Sprache wie die Nymphen; die ätnischen reden nichts, können aber reden, jedoch hart und selten.

Die Nymphen erscheinen, wie obensteht, in menschlicher Kleidung und mit menschlichem Aussehen und Begierden; die Waldleute wie die Menschen, aber scheu, – und bleiben nicht. Die Bergleute wie die Menschen, nicht lang, sondern kurz, doch manche von halber Mannslänge, auch länger. Die ätnischen erscheinen feurig, und gehen feurig in allem ihren Wesen und Gewand, und sie sind es, wenn man sagt: in dem Hause geht ein feuriger Mann oder ein Geist, da geht eine brennende Seel usw., wie es sich dann oft begibt, daß solche Gestalten gesehen werden. Auch sind sie die Zundeln[1], die oftmals gesehen worden sind, brennende Lichter auf den Wiesen und Äckern, laufen durcheinander und gegen einander; das sind die vulca-

[1] Irrlichter, vgl. Zunder, brennbarer Stoff.

nischen; aber sie wohnen nicht beim Menschen, wegen ihres Feuers. Aber viel Malen werden sie bei alten Frauen gefunden, das ist bei den Hexen, um die sie buhlen...

Sonst sind sie menschlich und suchen Bündnis, wie vorhin gesagt worden ist. Aber sie behalten die Art der Geister mit ihrem Verschwinden. Einer, der eine Nymphe hat zu einem Weibe, der lasse sie zu keinem Wasser kommen oder beleidige sie nicht auf Wassern. Der einen Bergmenschen bei sich hat, der beleidige ihn auch nicht an solchen Orten, da sie verloren werden[1] können. Dazu aber sind sie verpflichtet und verbunden, daß sie nicht dürfen vom Menschen gehen, allein aus einer Ursache, und das an dem Ort, von dem sie kommen. Einer, der eine Frau hat, die weicht von ihm nicht, allein es sei denn, daß sie auf den Wassern erzürnt werde, sonst vermag sie nicht zu verschwinden, sondern sie bleibt bei ihm.

Auch die Bergleutlein, wenn sie dienstweise da sind und ins Gelübde genommen werden, so müssen sie es halten; es muß ihnen aber auch gehalten werden, was man ihnen zu tun schuldig ist; denn die Pflichten sollen gegen die Pflichten gehalten werden, – und dann sind sie wahrhaftig, beständig und ganz in ihren Dingen. Wisset auch, daß sie sonderlich dem Menschen getreu sind und ihm geneigt, zum Beispiel mit Geldgeben. Denn die Bergleute haben Geld, denn sie münzen es selbst. Das verstehe so: ein Geist, was er wünscht, daß er es hätte, das hat er. Wünschte oder begehrte ein Bergmännlein eine Summe Geldes und die Notdurft

---

[1] Verschwinden.

373

erforderte es, so hat ers und es ist gut Geld. Darum geben sie viel Leuten Geld in den Höhlen der Berge, damit sie wieder hinweg gehen, – sie kaufen die Leute hinweg.

Unter allen Kreaturen ist der Mensch der härtest gebundene; was er haben muß und will, das muß er sich machen und er kann mit Wünschen und Begehren nichts erlangen. Aber diese Leute, die haben, was not ist und ihr Begehr, und der Geistmensch arbeitet nichts dabei, – ohne Arbeit haben sie es.

~~~~~

**Der Venusberg** Wisset, daß genugsam davon gehandelt worden ist, wie sie zu den Menschen kommen. Nun wisset auch ein weiteres vom Hinwegkommen dieser Menschen und von ihrem Wandel bei uns, mit viel diesbezüglichen Historien und Geschichten, die vielfach und seltsam geschehen sind. Nämlich zum ersten wisset: wenn sie mit einem Menschen vermählt sind und gebären ihm Kinder, wenn sie von dem Manne erzürnt werden auf den Wassern, so gehen sie in das Wasser, und niemand findet sie mehr. Nun läßt sichs der Mann dünken, als wäre die Frau ertrunken; denn er sieht sie nimmer. Doch wisset, daß er sie nicht soll für tot und gestorben halten, obwohl sie in das Wasser gefallen ist, und wisset, daß er kein ander Weib nehmen darf. Denn wenn das geschieht, so wird er sein Leben dafür geben müssen, denn die Ehe ist nicht geschieden, sondern sie ist noch ganz.

Es ist ebenso wie eine Frau, die von einem fortläuft, – die ist nicht ledig von ihrem Manne, noch der Mann von ihr, sondern ihr Verhältnis ist noch eine ganze Ehe, die nicht zerteilt ist, die auch niemand scheiden kann in Ewigkeit.

Nun diese Frau, wenn sie in das Wasser geht, und Mann und Kinder verläßt, und die Ehe ist doch noch ganz, so wisset, daß sie des Bündnisses und der Pflicht halben vor dem jüngsten Gericht erscheinen wird. Denn die Seele wird nicht von ihr genommen noch geschieden; sie muß ihrer Pflicht bis zum Ende warten. Obwohl sie eine Wasserfrau und eine Nymphe bleibt, so muß sie sich doch so verhalten, wie es der Seel zusteht und der Pflicht, die sie auf sich genommen hat, – es wäre denn, daß die beiden geschieden würden von einander.

Damit nun weiter von den Dingen geredet werde, so wisset, daß sich solche Leute auch sammeln an einem Ort, damit sie beieinander wohnen können, und Gemeinschaft mit dem Menschen suchen, denn sie lieben ihn; aus der Ursache: Fleisch und Blut hält sich zu Fleisch und Blut. Es sind auch mehr Frauen als Männer bei ihnen; wenig Männer, viel Frauen, – drum so trachten sie nach Männern, wo sie können. Aus solchem allen ist entstanden eine Sammlung, die man heißt den Venusberg. Das ist eine nymphische Gesellschaft, die sich zusammengefunden hat in einer Höhle. Nun sind der Sagen viele von ihr. Etliche meinen, Venus sei eines bleibenden Lebens, bis an den jüngsten Tag; das verstehe so: sie und ihr ganzer Same, – doch sie allein nicht. Und am jüngsten Tage würden die Dinge alle vor Gott erscheinen und zergehen und ein Ende nehmen. – Daß gesagt wird, wer zu ihnen komme, sterbe auch nicht, das bestätigt sich nicht.

Denn alle Dinge gehen in den Tod und nichts ist, das bleibt, – weder sie noch andere Leute; nichts ist ohne Ende. Aber im Samen bleiben alle Geschlechter bis an den jüngsten Tag.

Wenn nun aber gesagt wird, daß ein anderer Anfang gewesen sei[1], und man sagt von einer Königin, die da saß und versunken sei, – da wisset: es hat vielmehr eine Wasserfrau dort gesessen; die hat sich in den Berg hinab gelassen unter den Weiher, und in ihm hat sie ihre Wohnung gemacht, und für ihre Buhlerei einen Gang durch den Berg getrieben, heraus zu den Gesellen, und die Gesellen gingen durch ihn hinein. Und so wunderbar ist es zugegangen, daß sich niemand hat über die Dinge klar werden können, was da sei und von wannen es sei, so lange, bis es zu einem Ende gekommen ist, – und es ist möglich, daß es noch einmal so kommt, wenn noch eine ihresgleichen kommen würde. Denn es ist ja oft so, daß ein Mensch wunderbar ist über andere, und darnach findet sich in langen Jahren nichts mehr seinesgleichen, – so ist da auch ein Besonderes geschehen von den Nymphen, der Venusberg geheißen, nach der Abgöttin der Unkeuschheit. Solcher wunderbaren Geschichten sind viel auf Erden geschehen, aber sie sind gröblich mißachtet worden, das doch nicht sein soll.

Nun gibt es auch eine wahrhafte Historie von der Nymphe von Staufenberg, die sich mit ihrer Schöne an den Weg gesetzt hat und den Herrn, den sie sich fürnahm[2], erwartete. Nun ist es nicht minder, bei den Theologen

---

[1] Der Venusberg hätte einen anderen Ursprung.
[2] Den sie sich vorgenommen hatte zu gewinnen.

heißt ein solches Ding ein Teufelsgespenst; aber fürwahr nicht bei den rechten Theologen. Wer ist größer in der Schrift als der, der nichts verachtet, alle Dinge wohl ermißt mit Verstand und Urteil, und alle Dinge ergründet, ohne Grund nichts verwirft? Dann nämlich zeigt es sich, daß die meisten wenig in den Dingen verstehen; sie hobeln kurz drüber weg, sagen, es seien Teufel, obwohl sie doch den Teufel auch nicht recht kennen. *Das* sollt ihr aber wissen, daß Gott solche Mirakel geschehen läßt. So es ein Werk vom Teufel wäre, so sollte es verachtet werden; das ist es aber nicht, denn das kann er nicht machen, allein Gott kanns.

Nun war diese Nymphe eine Wasserfrau und versprach sich dem von Staufenberg, blieb auch bei ihm so lange, bis er ein ander Eheweib nahm und sie für eine Teufelin hielt. Da er sie dafür hielt und als solche ansah, nahm er ein ander Weib. Daraus folgt, daß er ihr das Gelöbnis brach, weswegen sie ihm auf der Hochzeit ein Zeichen gab – durch die Bühne[1] herab über seinen Tisch, mit ihrem Schenkel, – und am dritten Tage war er tot.

In solchen Dingen zu urteilen, braucht große Erfahrenheit; denn ein Gelöbnis zu brechen, bleibt nicht ungerochen. Wenn sie ein Gespenst gewesen wäre, woher hätte sie Blut und Fleisch gehabt? Wenn sie ein Teufel gewesen wäre, wo wären dann die teuflischen Zeichen geblieben, die allemal sonst mitlaufen? Ist es ein Geist gewesen, was hätte er der Dinge[2] bedurft? Es ist ein Mensch gewesen und eine Nymphe, wie ich

[1] Zimmerdecke.
[2] Der Ehe usw.

schrieb, eine Frau zu Ehren und nicht zu Unehren, weswegen sie auch die Pflicht und Treue hat gehalten haben wollen. Da es aber nit geschehen ist, da strafte sie den Ehebruch selbst, und Gott ließ das zu, – denn kein Richter urteilte auf ihr Begehren, weil sie nicht von Adam war. Darum ward ihr zugelassen, die Strafe zu vollziehen, die auf einen Ehebruch gebührt, und selbst Richter zu sein, – weil die Welt sie verwarf als einen Geist oder Teufelin.

~~~~~

**Von Riesen**  Weiter wisset, daß noch zwei Arten Geschöpfe sind, die auch in die Schöpfung der Nymphen und Pygmäen gehören, das sind die Riesen und die Zwerglein, die nicht aus Adam geboren sind[1]. Denn wiewohl Sankt Christoffel[2] ein Riese gewesen ist, hat er seine Geburt aus menschlichem Samen genommen, darum so wird hier nichts von ihm gemeldet; aber von den andern Riesen, von denen die Historien sprechen, die von Bern, Siegenot, Hildebrand, Dietrich und dergleichen, auch mit dem Zwerge Laurin und andern[3]. Obwohl heut solche Historien gar verworfen werden, so sollt ihr doch wissen, daß diejenigen, die die Dinge verwerfen, andere Wahrheiten auch verwerfen, an denen mehr liegt als an diesem, daß sie nämlich Christo

[1] Zum Unterschied von den Mißgeburten, die »Zwerge« heißen (Hofzwerge usw.).
[2] Christophorus, der nach der Legende riesenhafte Gestalt hatte und Christus durch den Strom trug.
[3] Die mittelalterlichen epischen Dichtungen von Dietrich von Bern.

das Wort umkehren, und sich an dessen Stelle setzen[1]. Nun wisset aber von diesen zwei Geschlechtern, Riesen und Zwergen, – die Riesen kommen von den Waldleuten und die Zwerge von den Erdmännlein, und es sind beides Mißgeburten, wie die Sirenen von den Nymphen. Sie schlagen nicht in ihr Geschlecht, sondern sie sind Monstra[2] des Geschlechtes, aus dem sie herkommen...

~~~~~

**Von den Ursachen solcher Geschöpfe**   Nun, wenn man von den Ursachen philosophieren will, da ist die Ursache für sie die, daß Gott Hüter setzt über die Natur, zu allen Dingen, und läßt nichts ungehütet.
Die letzte Ursache aber, die am allermeisten gilt, ist uns verborgen. Aber am Ende der Welt, wenn das sich nähern wird, dann werden geoffenbart werden die Dinge alle, vom Kleinsten bis zum Größten, vom ersten bis zum letzten, was ein jegliches gewesen ist und sei, warum es dagestanden und gegangen ist, aus welchen Ursachen, und was sein Bedeuten ist. Und alles, was in der Welt ist, das wird eröffnet werden und an den Tag kommen. Dann werden die »Hochgelehrten«, die den Namen Gelehrte haben und doch in den Dingen nichts erfahren haben, sichtbar werden. Da werden erkannt werden die Gelehrten im Grund[3] und die im Geschwätz, die, die mit Wahrheit geschrieben haben und

---

[1] Für ihre Worte göttliche Autorität verlangen.
[2] Mißgeburten.
[3] Die den Grund erkannt haben.

die, die mit Unwahrheit handelten, die mit Grund und die mit Ungrund, und einem jeglichen wird zugemessen werden nach seinem Fleiß, nach seinem Ernst, nach seiner Wahrheit, und da wird nicht ein jeglicher ein Meister sein oder bleiben, noch auch ein Doktor. Denn da werden gereutert werden die Raden[1] vom Weizen, die Spreu vom Korn. Der jetzt schreit, wird dann gestillt werden, der jetzt [ruhmredig] die Blätter zählt, dem werden dann die Federn genommen werden. Und die Dinge werden alle offenbar werden, ehe der jüngste Tag kommt.

Selig werden die Leute sein zu jenen Zeiten, deren Verstand da offenbart werden wird. Denn alle Herzen der Menschen, was ein jeglicher hervorgebracht hat, wird offenbar, als stünde es einem jeglichen an seiner Stirn. Auf diese Zeit befehle ich das Urteil über meine Schriften. Denn Gott setzt das Licht offenbar; das ist, ein jeglicher wird es sehen, wie es geleuchtet hat.

## VERLORENE SÄTZE

**_Licht der Natur_**  Soll das Licht der Natur ein Licht sein, so muß man bei ihm sehen und es muß nit dunkel sein noch finster, es muß sein, daß wir unsere Augen in diesem Licht brauchen können, dazu, wozu wir sie brauchen sollen. Denn sie werden nit anders als sie sind; sie müssen aber anders sehen als der Bauer, – dazu muß ihnen zünden das Licht der Natur.

---

[1] Durch die Kornreuter (Sieb) wird der Unkrautsame (Kornrade) ausgesiebt werden.

Alle Ding, die da geschaffen sind, sind wider den Menschen, und der Mensch ist wider sie.

Wonach ein Mensch stellt[1], das wird ihm, und er erlanget dasselbe.

**Das Ganze ist besser als das Zerbrochene**  Wenn ihr Zirkel zerhauen wäre, müßten die Sonne und der Mond still stehen. Denn die Natur freuet sich des Ganzen und kränket sich wegen des Zerbrochenen. Wie durch den Stillstand des Gestirns die Zerbrechung und Zergehung der Kugeln[2] oder der Welt geschähe, so geschieht sie auch dem Herzen der Natur.

Jeglicher Baum hat seine besondere Blüte, also auch der Mensch.

**Wert**  Ein Ding ist so gut wie das andere, der Karfunkel nicht besser als der Tuffstein, die Tanne nicht schlechter als die Zypresse, das beweist uns das Licht der Natur. Der Gold über Silber geteuert[3] hat, der hats aus dem Geiz getan, denn dem Silber ist seine Gabe ebenso hoch gegeben wie dem Golde[4], – drum ist das nicht aus der Weisheit der Natur geschehen, sondern aus zeitlichem Verstand.

**Wert der Menschen**  So wie ein jeglicher in dem seinen ist, soll er in dem seinen bleiben, und den an-

[1] Trachtet.
[2] Himmelskörper.
[3] Im Wert erhoben.
[4] Es hat ebenso sein Arcanum wie das Gold.

dern unverachtet lassen. Zum Exempel: es sind am Eisen viel Handwerksleut: einer macht Roßeisen, der andere Waffen, der dritte Schlosserwerk, der vierte Sensen, der fünfte ist ein Hammerschmied usw. Nun wie sind sie im Wert verschieden untereinander? Sind sie nicht alle gerecht im Eisen? Ist nicht ein jeglicher gerecht zum Eisen? Bedarf man nicht aller? Sind sie nicht alle nützlich? Ja! Wenn dem also ist, daß der Hammerschmied so gut ist wie der Waffenschmied, ist er auch so gut wie der Hufschmied.

Ein jeglicher wird gebraucht in dem, das er ist, und nichts ist umsonst noch vergebens; es ist *alles* nützlich, gut und notdürftig.

**In einem alles**  Ein jeglicher soll aus dem Kleinen große Ding entnehmen. Denn die Natur ist so reich begabt, daß der Thymian auf dem Felde nicht genug kann erkannt werden, – noch viel weniger die Stücke, die mehr denn Thymian sind. Darum steht es viel ehrlicher an, ein Kraut in den Wiesen gründlich zu erkennen, als die ganze Matte zu überblicken und nit zu wissen, was darauf steht. So ein ganzer Garten voll eitel Ringelblumen stünde oder voll Mühlenblümlein, so ist doch *eine* Blume genug, um [die ganze Schöpfung] zu verstehen; eine gibt alles an. Denn wenn ein Arzt *eine* Trollblume wohl erkennt, was bedarf er, zu erkennen, der andern?

# DER WEISE WANDEL

*Philosophia adepta* des natürlichen Lichtes wäre ein tumbes Korn und eine taube Nuß, wenn sie nur zum Begreifen und nicht über dieses hinaus zum Werke führte. Sie *muß* in einem Manne wie Paracelsus in das Leben greifen, muß das Leben regulieren. Wenn er erkennt, der weise Mann beherrsche das Gestirn, wenn er das theoretisch »spekuliert«, dann ist sein nächster Schritt, zu suchen, wo er und wie er das Gestirn beherrschen könne. Wenn die Zeit gewaltig ist und ein Wachsen und ein Reifen, dann darf der Weise der Zeit nicht in die Räder fallen wollen; weise ist, wer erst ernten will, wenn ihm die Zeit die Ernte gibt. Wer vorher erntet, der schneidet nur ein leeres Korn.

So muß aus der *philosophia adepta* eine Lebensweisheit erwachsen, die mehr ist als »natürlich«, als die irdische Klugheit und verständiges Handeln, – weil ja der Heilige Geist dies Licht in der Natur anzündet. Die Weisheit ist zwar in Paracelsi Denkbedingungen eingesenkt gewesen, sie wächst jedoch weit über diese Schranken zu einer allgemeinen Gültigkeit empor. Sie wird zur Lebensweisheit und zum Lebensrate eines tapfern Menschen. Denn es ist Tapferkeit, nicht vor der Zeit die Ernte schneiden zu wollen, die scheinbar schönsten Jahre nutzlos verrinnen und hingleiten sehen zu müssen und trotzdem warten, bis der Tag des Schneidens kommt. Und es ist Tapferkeit, das Wort vom »Glücke« zu entwerten, die alte und so bequeme Entschuldigung des faulen und untüchtigen Mannes; denn wenn *ein* Mensch in jenen Jahren sich entschuldigen durfte, so hätte Paracelsus sich mit »Unglück« und der Niedertracht seiner Feinde trösten können, er, gegen den die ganze Meute der kleinen Geister losgelassen war. Paracelsus jedoch schrieb sein tapferes »Buch vom guten und vom bösen Glück«, das neben dem *»Liber de nymphis«* und dem Büchlein »Von der wahren Influenz« den ersten, uns allein erhaltenen Band der *»Philo-*

*sophia magna*« bildet, das schöne Gegen- und Seitenstück zu seinem tiefsten Werke: der »*Astronomia sagax*«.

## DER ERKENNENDE

Der Anfang und Grund des weisen Wandelns ist das Erkennen, die Erkenntnis des Übernatürlichen oder Wunders wie die der Natur. Aus der Erkenntnis kommt der Glaube, und der führt zur Seligkeit. Erkenntnis ist also die wichtigste Vorbedingung für alles weitere – von einem Glauben ans Nichtbegreifliche, Überbegreifliche wußte Paracelsus nichts; sein Glaube bedurfte der Erkenntnis (oder dessen, was er dafür hielt). So machen die Werke der Kräuter – das ist die Erkenntnis der Natur – den *naturalem*, den Naturerforscher, wirklich selig.

Wer lange lebt, wird in diesem Leben viel erkennen. Deswegen ist gut, sich um ein möglichst langes Leben zu bemühen. Das Leben so lang wie möglich auszudehnen, ist für Paracelsus keine Sünde, wie es den frommen mittelalterlichen Menschen eine Sünde war. Als Sünde gilt ihm, von Gott nichts oder wenig zu erkennen. Wer nur weiß, daß Gott der Schöpfer ist, erkennt nicht viel, und er erstickt, d. h. er wächst nicht auf zum Glauben. Ja, mehr noch: Dereinst, wenn die Menschen Gott erkennen werden, ist seine Wiederkehr, das heißt das güldene Reich, nicht weit; Erkenntnis ist also eine große oder gewaltige Ursache seiner Zukunft. Es kann kein größeres Lob auf das Erkennen geschrieben werden, als es in diesen fast vergessenen Worten Paracelsus tat – in Sätzen, nach denen aus dem Erkennen alles Leben hier und drüben kommt, nach denen Erkenntnis die Grundbedingung alles seligen Lebens ist.

Es muß uns recht sein, daß wir ein gläubiger Philosoph sein dürfen, und daß wir uns tröstlich auf die Werke der Natur gründen und sie studieren. Denn: je mehr Erkenntnis der Werke Gottes, je größer der Glaube, und darnach die Seligkeit. Wer viel Werke der Natur versteht, erkennt und weiß, der ist hoch im Glauben, denn der Schöpfer ist sein Lehrer. Wer viel von den Werken der Wunder weiß, der ist der größte in der Seligkeit, – wie Plato, den wir nicht allein für einen Sucher im Natürlichen ansehen, sondern auch einen in den Mirakeln Bekannten. Was anders machte Petrus selig als die Werke Christi, die ihn gläubig gemacht haben? Sonst wäre der Glaube tot in ihm gewesen. Was den *naturalem*? Die Werke der Kräuter. Der Größte ist der, der die Natur *und* die Wunder weiß, lernt und erfährt; der nichts kann noch erfährt noch weiß, der ist tot.

Die natürliche Wirkung und die Wunderzeichen sind die Werke zu der Seligkeit, durch die die Seele in den Himmel kommt. Denn aus dieser Erkenntnis kommt der Glaube. Nach dem Licht der Natur zu philosophieren, ist einem jeglichen Gläubigen billig, damit er wisse, was seinem Leben eine Verlängerung sei oder eine Abbrechung, und damit er nicht ablasse von dem täglichen Erkennen göttlicher Wunder.

Darum soll ein jeglicher Gläubiger ein *philosophus* sein oder einen Nachbarn haben, der einer sei, damit er wisse, was in seinem Leben seine Gesundheit erhält und bestätigt. Er soll wissen, was er esse und trinke, was er wirke und trage, und was ihm daraus erspringen mag zur Verlängerung seines Lebens. Denn das, was einer tut zur Verlängerung seines Lebens, das ist eins aus den Werken zum Himmel; wenn einer ißt, was zu seiner Gesundheit dient und meidet das, dadurch ihm Abbrechung am Leben geschehen mag, der ist der recht Faster. Denn all unser Ding soll gerichtet sein zum langen Leben. Der Mensch soll auch erkennen alle *impressiones*, damit er weiß, was dem möglich gewesen sei, der aus nichts etwas machte. Auch von dem Firmament soll er wissen, damit er dasselbe in seinem Effekt[1] weiß, von der Erde, was da wächst, vom Meer und der Luft, damit er in allen Dingen seinen Schöpfer erkennt. Der ist ein lahmer Erkenner, der da glaubt, daß Gott alles erschaffen hat, und erstickt damit. Der ist reich, der ihn erkennt aus seinen Werken und glaubt aus denen an ihn, nicht als ein Blinder an eine Farbe. Denn Gott will, daß man ihn wohl erkenne und nicht wenig.

Es ist eine gewaltige Ursache seiner Zukunft auf Erden, daß die Menschen ihn wohl erkennen. Denn alle Seligkeit liegt in der Erkenntnis, die steht in den Werken[2], die er getan hat. Gott hat dem Menschen den Verstand gegeben, zu urteilen über das, das er sieht. Wozu ist er anders sonst nutz, als zu beurteilen die Werke Gottes in unserer Erkenntnis, daß wir durch unser eigen Urteil wissen, wer der Gott ist, was er ist, wie er ist, und daß wir es ganz wissen, nit wähnen oder meinen.

## Der weise Mann herrscht über das Gestirn

Vom doppelten Leib des Menschen hatte Paracelsus oft gehandelt, zuletzt ist im Kapitel von den »letzten Dingen« seine Wesenheit besprochen worden (vgl. S. 345 ff.). Hier aber handelt es sich allein um den gestirnten Leib, das ist: den geistigen Leib des Menschen, wenn wir »Körper«, »Geist« und »Seele« scheiden. Der geistige Leib, das ist der Geist des Denkens, Wollens, Fühlens. Nach Paracelsi mikrokosmischer Theorie entstammt

[1] Seiner Wirkung.
[2] Die Erkenntnis wird gewonnen aus der Erkenntnis der Werke.

er dem Gestirn. Die Klugheit, das Wollen sind also irdische Tugenden, kommen aus der elementischen Schöpfung, und wie der Mensch, so haben sie auch die Tiere – als geschaffene elementische Leben. In dieser Begabung stehen wir ihnen gleich, sind Vieh. Die Seele, die Paracelsus auch den eigentlichen »Menschen« nennt – im Gegensatz zum viehischen Menschen –, ist von Gott. Und da sie edler ist, so ist sie auch dem viehischen Menschen überlegen. Den, der verderbt ist, meistert freilich das Gestirn.

Um diesen zweiten Fall drehen sich die folgenden Überlegungen und Gedanken. Wenn in dem Menschen viehische Klugheit, viehische Gedanken Raum gewinnen, dann wird die Seele in ihm unterdrückt, sein Wollen ist den irdischen Zwecken unterworfen. Dann kommt es wohl gar so weit, daß diese viehische Klugheit mächtig wird und daß von ihr der Himmel mit den Sternen vergiftet werden kann – wir sagen, daß dann der Mensch mit seinem Willen geistige Wirkungen auszuüben vermag, den Willen zur Kraft macht, die so wirkt wie irgendeine physikalische Kraft (vgl. S. 196 ff.). Die Wirkungen, die so geschehen, hat man Wirkungen des Gestirns genannt.

Wer nun beherrscht den andern? Und beherrscht uns das Gestirn? Nach den soeben angestellten Überlegungen nicht; von Paracelsus wurden kaum jemals irgendwelche »Wirkungen« oder Einflüsse der Gestirne, wie sie die Astrologen jener Zeit behauptet haben, zugegeben; schon in den frühesten Schriften, im *Volumen Paramirum*, ist das sichtbar. In unserm nun folgenden Abschnitt kommt er noch einmal auf diese Frage. Er meint, nicht auf den eigentlichen »Menschen«, auf die Seele, wirken sie; ihr Einfluß trifft höchstens in den viehischen Menschen, also in den geistigen. Auch dort kann aber ein solcher Einfluß nur zustande kommen, wenn man aus dem Gestirn »entleiht«, das will besagen, das Gestirn um Beistand angeht, wenn man sein eigenes Wollen durch die Kräfte des Gestirns verstärken will. Ein solcher Versuch zerbricht den Menschen, schlägt zum Unheil aus.

Was ist nun dieses »Entlehnen aus den Sternen«, das hier Paracelsus meint? Es ist ein Steigern unserer geistigen Absicht über das Mögliche hinaus, wenn sich der Mensch zu einer übergewöhnlichen Leistung aufpeitscht. Die übergewöhnliche Leistung heißt »gestirnt«; denn der Himmel, das Gestirn, ist stärker als der Mensch. Doch durch die Hilfe, die das Gestirn dem Menschen gewährt, überwältigt es ihn auch; er ist nicht mehr sein Herr, er ist dem Zwange dieses übermäßigen Beistandes unterworfen. Das aber zerbricht ihn; er verliert die Freiheit der Entscheidung.

Die Sterne haben Vernunft, Weisheit, List, Zank, Krieg, Waffen usw. ebenso sehr wie wir Menschen, denn sie sind unsere Väter; wir haben aus ihnen die Vernunft, Weisheit, List, Zank usw.
Weil wirs nun aus ihnen haben, müssen sie es auch haben, und der Unterschied ist allein der, daß wir leiblich, materialisch handeln, sie aber unsichtbar, geistig. Es darf aber keiner glauben, daß solche Vernunft, Weisheit, die der Himmel in uns regiert, aus Gott sei, sondern sie ist allein aus der großen Schöpfung. Denn die Weisheit, die wir aus Gott haben, überwindet den Himmel und alle Sterne.

Es folgt aus dem, daß der Mensch über das Gestirn herrschet; das ist, das Gestirn muß tun, was der Mensch will, aus Kraft dieser Weisheit. Wenn nun der Mensch in dieser Weisheit lebt, so hat er den Himmel unter sich, wie ein Mensch auf Erden einen Hund oder ein Roß zwingt und zähmet nach seinem Willen.
Es folgt daraus weiter: wenn der Mensch es nicht zwingt, so meistert ihn das Gestirn und macht aus ihm, was es will. Es macht uns nach seiner Art, Weise und Gebärde: fromm oder falsch, hassend oder verlogen, den also, den also. Denn wenn wir die Ehe nicht wissen zu meistern, so meistert sie uns; die Narren wissen die

Roß nit zu meistern, darum fliehen sie vor den Rossen, denn die Rosse sind ihre Meister. [Die Geschicklichkeit hingegen greift den »Himmel« an, der das Roß ist.] Und wenn wir die Erde nit wissen zu meistern, so meistert sie uns.

So groß ist die menschliche Weisheit, daß sie unter sich hat alle Gestirne, Firmament und den ganzen Himmel. Und gleich wie der Mensch Macht hat über die Erde, sie zu machen nach seinem Willen, so hat er auch Macht über den Himmel. Und wie ihm unterworfen sind Schafe, Kühe usw., so auch Sonne, Mond und alle Sterne. Denn eines jeden Menschen Weisheit regiert den Himmel. Ebenso wie die Hand die Erde gewaltigt, so gewaltigt auch der innere Mikrokosmos[1] den Himmel, daß er ihm gehorsam sein muß wie ein Hündlein, das kommt oder flieht, wie der Mensch will.
Aus dieser Gewalt kommt es nun, daß die Menschen vergiften ihre Planeten, Ascendenten[2], Sterne, denn der Neidische überwindet Saturn, daß dieser seinen Neid nach dem, der ihn unterwürfig gemacht hat, richten muß. So überwältigt er auch den Mars, Mercurius durch Lügen, Trügen, Bescheißen und alles, was da ist. Was ist nun diese Gewalt, wenn ein Neidischer den Saturn überwindet und der muß ihm folgen, wie ein Gaul einer Rute folgt? Wenn es dieses Menschen Art ist, daß er die Leute veruntreuen will, bescheißen, belügen, gewöhnt er Saturn dazu, daß der ihm hilft. Wie ein Roß, das den Acker bauen hilft, damit der Acker-

---

[1] Der gestirnte Mensch.
[2] Geburtssterne.

mann säen kann, so sind die Sterne Rösser, Hunde usw., die der Mensch so zieht, wie er sie haben will.

Der Geiste der Menschen sind zween, die in ihm angeboren liegen. Nach dem Geist des Lebens soll der Mensch ein Mensch sein und soll nicht nach dem Geiste des Limbus leben, der aus ihm eine unvernünftige Kreatur macht. Denn das ist wahr, daß der Mensch das Bildnis Gottes ist, deswegen hat er auch einen göttlichen Geist in sich. Sonst aber ist er ein Tier und als ein Tier hat er einen tierischen Geist. Das sind nun zwei sich-widerwärtige, aber einer muß doch dem andern weichen. Nun soll der Mensch kein Tier sein, sondern ein Mensch. Soll er nun ein Mensch sein, so muß er aus dem Geist des Lebens leben und hinwegtun den viehischen Geist.

Obwohl das so ist, daß wir aus der tierischen Schöpfung nichts wissen, das ist, nichts von dem, aus was das Vieh, Fisch usw. gemacht worden ist, so liegt aber an dem nichts, denn der Mensch ist aus dem Limbo gemacht worden, und der Limbus ist nichts anderes als allein das Sterbliche am Menschen, das da faulet, mit welchem Sterben und Faulen die viehische Art auch abstirbt und fault. Nun aber ist seine Schöpfung so, daß in seiner viehischen Natur und Art alle Eigenschaften des Viehes sind, in einem das, im andern das, so daß ein jeglicher Mensch, wenn er sein viehisch Wesen regieren läßt, erkannt werden kann, daß er einem Tier oder Vieh gleich ist, der einer Kuh, der einer Sau, der einem Wolf, der einem Hirschen usw. Wenn er aber das hinweg tut, so steht ein reiner Mensch da, der keinem Tier verglichen werden kann.

Nun wißt weiter, daß auch der Himmel geziert ist mit tierischer Art und Eigenschaft. Denn wer wollte sagen, daß Mars dem *Menschen* zugehöre? Keiner. Oder wer sagt, er wäre sein Herr, sein Inklinator, sein Ascendens? Niemand. Denn der Mensch ist frei und hat nichts von ihnen in seinem Wesen, er ist von niemand angenaturt als allein von Gott. Das aber ist wohl wahr, daß die himmlischen Sterne viehisch Natur und Art haben. Und wenn ich sagte, *der* Mensch ist dem Mercurio unterworfen und dergleichen, deshalb wird das und das aus ihm, so ist der Unterschied der: nicht der Mensch soll hie verstanden werden, sondern das Tier, das er ist. Der vom Menschen so spricht, der sagt vom Tier, nit vom Menschen. Denn der Mensch ist außerhalb und über das alles, und edler als sie alle. Ist er edler, wie kann er dann dem minderen unterworfen sein? Der Himmel hat seine Gemeinschaft zum Menschen nur, soweit es das Viehische anbetrifft, das Tierische.

Der viehische Verstand beim Menschen ist größer als bei allen Tieren, denn im Menschen ist aller Tiere Art, Dohlen, Elstern und dergleichen, dazu hat er seinen Mund, seine Zunge, um das zu reden, was in ihm ist, was andere Tiere nicht haben, dabei hat er auch die Urteilskraft und Geschicklichkeit, was in ihm viehisch ist, mit Listen, mit Bedachtsamkeit und dergleichen zu gebrauchen. Wenn nun einer ein solches Wesen an sich pflegt und denkt nach, so geht es vom Fleck, und er kommt in solche Vernunft und Weisheit, daß die Gemeine sich hierüber nicht genug wundern kann.

Einem solchen aber, der sich vornimmt, die Dinge im viehischen Verstand zu ergründen, den treibt es über seine viehische Vernunft. Daraus folgt, was ihm gebricht an der Vernunft, dazu verhilft ihm der selbige Stern. Wenn es dem Vieh im Menschen zu hoch ist, da muß der Mensch entlehnen Weisheit, und die aus dem Himmel, – der zerbricht aber den Menschen, denn er übertrifft ihn so, wie die Sonne die Augen. Denn der Himmel ist so: will einer in der Schrift studieren, er findet Sterne, die ihm Kraft leihen (auf Zerrütten)[1]; will einer kriegen, er findet auch solche Sterne; will einer hadern, kämpfen, er findet auch Sterne; will einer stehlen, morden, rauben, wuchern, er findet Sterne, die ihm helfen und leihen ihm, denn die Dinge alle sind viehisch. Mit dem Himmel ist es ebenso wie mit den Leuten auf Erden. Willst du stehlen, du findest Gesellen; willst du beten, du findest wieder Gesellen; willst du morden, kriegen, du findest Gesellen; willst du andächtig sein, fasten, du findest aber Gesellen, denn das Vieh findet alle Mal in allen Dingen einen Gesellen. Der Geist aber aus Gott, der fällt nicht in die Wahl; das ist, da gibt es keine Wahl, ich will das tun, das tun und wozu dir der Geist helfen soll, das geschehe, – sondern von allein, ohne alle solche Mittel, müssen wir den Weg gehen.

Wenn man den Himmel in Bezug zum Menschen setzt, so ergibt sich, daß der Mensch und der Himmel eine Konkordanz haben. So wie es in einer Ehe ist, zwischen Mann und Frau, – da soll die Frau tun, was der Mann will; wenn aber der Mann tut, was die Frau will, ist er unsinnig, denn er ist nicht mehr er selbst, sondern entlehnet Vernunft; so ist der Himmel auch eine Frau

[1] Zerbrechen, Zerstören.

unserer viehischen Vernunft, mit allen Listen geziert und mit der Klugheit, damit Eva Adam überlistete und toll machte in seiner männlichen Vernunft.

Und wißt, daß wir in uns, in Fleisch und Vernunft, als unser Eigentum, den viehischen Verstand schon angeboren haben, zu lügen, trügen, Gutes und Böses tun usw. Aber wenn wir uns damit noch nicht genügen lassen und wollen im Viehgeist fortfahren, nit im Menschengeist, alsdann geht der Ascendens an im Himmel und inkliniert, imprimiert, influiert, ebenso als wenn deine Frau will: tu also! und der Mann tuts, und am letzten verirrt er sich darin und weiß nit, wo aus, wohin, und die Frau läßt ihn stecken. So findet einer im Himmel, will er lügen, seinen Ascendenten, will er buhlen, seinen Ascendenten, will er stehlen, desgleichen, kriegen usw. und so mit allen Dingen. Und wisset, daß wir von Geburt keinen Ascendenten mit uns bringen, sondern wir nehmen ihn uns selbst, wie wir ihn wollen.

Da liegt der Falsch der Astronomei und Astrologei und aller derer, die solche Dinge nativitieren[1], prognostizieren[2] und dergleichen, und was sich mit den Ascendenten begebe in seinen Tagen. So wie sie gebraucht werden, so sind sie. Denn fürwahr, das sollen wir alle wissen, ein jeglicher Kaufmann, der eine Kaufmannschaft treibt, wenn derselbe die Gebote Gottes vergißt und schlägt sie aus und liebt seinen Nächsten nit, begehrt sein Gut, der findet Ascendenten, die ihm dazu den Weg zeigen, denn sie wissens. Ist der nicht unsinnig? Ja, denn wer Gott seinen Schöpfer verläßt, das

[1] Geburtshoroskop stellen.
[2] Voraussagen.

muß ein törichter Mann sein, ein toller Mann und ein besessener Mann mit viel bösen Aspekten und gar unsinnig, mehr unsinnig als der, der an der Kette liegt, denn der hat keine Vernunft mehr, während jene doch Vernunft haben und blenden sich nun selbst, verlassen Gott und sind wider Gott, wie die Unsinnigen, die man an die Kette legt; sie verlassen die Leute und hätten sies und könntens, so erwürgten sie sie.

Darum, so wißt diese Unsinnigen zu erkennen, daß sie nicht aus dem Geist sind, aus dem der Mensch sein soll, sondern aus dem Geist, von dem eben gesagt worden ist. Drum so wandeln sie mit dem Gestirn, steigen auf und ab, wie man das Glücksrad malt, das allein seinen Ursprung von dieser viehischen Art nimmt. Denn wenn sie im Geiste wären und wandelten wie ein Mensch wandeln soll, so stiegen sie nicht ab, nicht auf, – sondern gingen, wie David sagt: Selig sind, die da wandeln im Weg des Herrn. Aber da das nicht ist, so muß es uns gehen wie den Unseligen, das ist wie dem Vieh, – jetzt verlieren, jetzt gewinnen, auf- und abfahren, wie die Astronomi sagen in ihren Praktiken[1]: Dies Jahr werden die Kaufleute ein gut Jahr haben in dem Monat, in dem andern Monat bös Glück usw., item Kriegsleute, item Künstler usw. Wenn die Dinge nit viehisch wären, so könnten die Zauberer und Astrologen die Dinge nit anzeigen.

Drum so wißt hie die Summa dieses Traktats, daß mein Vorhaben allein dahin steht, den Menschen zu erkennen; in welchen Wegen er wandelt, nach demselbigen Weg geht es ihm. Wandelt er als ein Christ, so

[1] Voraussagen für das Kalenderjahr.

geht es ihm wie einem Christen; wandelt er als ein Vieh, so geht es ihm wie dem Vieh.


## GLÜCK

Der Zwang der Sterne und das »Glück« sind unserm Denken nahe zusammenliegende Begriffe; wir glauben, daß für den mittelalterlichen Menschen Glück nichts anderes war, als was die Sterne, was ihm sein Planet gegeben hat. Doch nach der Lehre Paracelsi wäre »Glück«, wenn es »Glück« gäbe, ein Geschehen wider die Natur; da es jedoch kein solches Geschehen gibt, so ist auch der Begriff ein falscher. Das, was der Mensch »Glück« nennt, ist nichts als ein natürliches Geschehen; Glück hat, wer seine Sache bedenkt, wer seine Dinge überlegt, wer sich nicht gegen die Gesetze der Natur bewegt, wer sie zu meistern weiß, wer solche Tüchtigkeit erlangt, daß er sein Tun und Werk noch besser als ein anderer verrichtet; deshalb: Sei tüchtig! Und pack deine Sache an!
Zu diesen Gedanken tritt noch ein religiös bestimmter: Wir wandeln im Kreuz, d. h. wir kommen einem Auftrag Gottes nach; wir nehmen den Dienst, das Amt auf uns, das Gott von uns gefordert hat. Was uns als »Unglück« erscheint, vollzieht sich und geschieht in diesem Amt. Was uns geschieht, ist Gottes Bezahlung für das Amt. Wie kann man aber »Unglück« heißen, was uns Gott bestimmt?

~~~~~

**_Das Buch vom guten und bösen Glück_** Zu schreiben vom Glück und Unglück, das ist, als ob einer schreiben will vom Wind oder von der Luft. Denn es sind beide unsichtbare Dinge, die auch nicht mit Händen zu greifen sind. Doch das, was man sieht und empfindet (obwohl ohne Augen), ist billig vorzunehmen und in seinem Grund zu entdecken.

Der auf dem rechten Wege geht, dem geht sein Handel besser vonstatten als dem auf dem unrechten Wege, und es ist doch nicht Glückes schuld. Denn Glück ist es nicht, es ist auch kein Unglück, es ist ein sich-Schicken und ein Ding, das man sich selbst erjagt. Der in Dornen gehen will, wie kann er unzerrissen herauskommen? Der auf der Ebene wandelt, den macht kein Berg müde; der sich vorsieht, wo er geht, der fällt nicht. Wie kann denn einer sagen, wenn er fällt, ich habe bös Glück, – wenn er sich das selbst zufügt.

So ist unsere Sach also auf Erden; es sei, wie ihm wolle, wir werden nicht fallen, nicht straucheln, nicht arm, nicht reich werden, wenn wir dem nachgehen, dem wir nachgehen sollen. Darum ist es ein Nichts, über das wir klagen; wegen unserer Ungeschicklichkeit geschiehts oder wegen unserer Geschicklichkeit. Es liegt an unserm Anstellen und Sichfügen; wie wirs machen, so haben wirs.

Nun sagt man, der oder jener Mensch kann und mag nicht reich werden; was er anfängt, das geht alle Mal hinter sich. Nun wisset, wenn der weis Mann den Weg betrachtet, den jener geht, und seine Geschicklichkeit und sein sich-Anstellen, so muß er sagen: und wenn der auch viel hätte, so verdürb er; Ursache: seine Art und Weise taugt nichts. Wenn nun einer sich ein Ding selbst verdirbt, wie kann er es ein Unglück heißen? Der sich schicken kann, so daß er reich wird, – wie kann derselbige sagen, ich hab Glück? Er selbst und ein jeglicher muß sagen: er hat sich dazu geschickt und die Dinge demgemäß angerichtet und zubereitet. Denn dem, der wohl arbeitet, dem wird wohl gelohnt; der sich selbst treu ist, der fällt nicht.

Es gebührt einem Menschen nicht, daß er sich be-
klage, er habe nicht Glück; er schändet seinen Gott
dadurch. Es ist auch nicht billig, daß er sage, er habe
viel Glückes, er schändet aber seinen Gott, – als sei
Glück ein Gott. Ein jeglicher muß darnach, wie er
wandelt, wie er handelt, es erwarten und empfängt
seinen Lohn.

Das sollen wir alle wissen, daß uns Gott alle gleich aus
*einer* Materia gemacht hat. Drum so sind wir alle gleich
und alle mit einerlei gleichem Leben versorgt und begabt. Wir sind auch alle gleich darin, daß wir alle
gleich auf die Erde gesetzt sind und die Erde uns gleich
ausgeteilt, daß einer wie der andere Herr über sie sei,
und wir sind alle gleich in die Erlösung gekommen.
Wenn wir nun also alle gleich sind von Gott, wer kann
dann sagen, daß er minder sei denn der andere, weniger oder verachteter. Da wir uns selber nit machen,
noch keiner aus einer anderen Materien gemacht ist,
sondern einer wie der andere ist, drum kann sich auch
keiner beklagen.
Nun ist es nit minder, obwohl wir alle gleich sind,
erscheinen wir doch ungleich. Die Sonne scheint uns
alle gleich an mit *einem* Glück, und der Winter auch
und die Wind. Aber wir sehen die Sonne ungleich an,
die uns gleich ansieht. Gott hat uns erlöst, einen wie
den andern, aber nit einer sieht ihn an wie der andere.
Er liebt uns alle und hat kein Ansehen der Person, wir
aber haben ungleiche Liebe zu ihm. Wenn Gott uns
gleich gibt und setzt uns gleich hinein, wenn wirs nicht
gleich haben wollen, was kann man da tun?
Ein Vater, der zehn Kinder hat, den beerben sie alle

gleich und der Vater vermeint[1] eins wie das andere. Nun gibt es sich, daß sie es nit meinen[2] wie der Vater, sondern sie meinens einander ungleich, das ist, sie verlierens, vertuns, einer mehr als der andere. Der das seine nit behält, der kann das Glück nit schelten, sondern sich selbst; er kann auch nit sagen, daß ihn das Unglück überfallen habe, sondern er ist sich selbst eine Bürde. Was Gott nit ungleich gemacht hat, – wenn es der Mensch ungleich macht, was redet er dann? Oder gibt Gott die Schuld?

Ich setze, ein Blinder wird geboren, und sieht keinen Lichtschein noch Tag, und weiß davon nichts. Nun möchte er reden und brummeln wider Gott, warum er ihn des Tages beraubt hätte? So wisse, ein jeglicher, der in seinem Kreuz wandelt, dem ist kein Glück noch Unglück auferlegt, sondern er soll so wandeln, wie es ihm geht.

Tritt einer in den Dienst eines Herrn, so muß er tun, was ihn der Herr heißt. Und wenn er das tut, bekommt er seine Belohnung dafür. Jetzt folgt, wenn er diese Belohnung annimmt, wie kann er dann sagen, ich bin zu Unglück geboren? Ist das nit Glück, daß er ein Amt und Dienst hat, damit er sich ernähren kann, und ist das nicht die Belohnung? Der Blinde bleibt nit unbelohnt, der Stumme bleibt nit unbelohnt. Drum können sie sich nit beklagen, denn Ursache, sie tragen das, was ihr Dienst inhaltet, und für den Dienst müssen wir die Belohnung erarbeiten. Daraus könnet ihr ermessen, daß sich niemand beklagen kann, daß eines andern

[1] Bedenkt.
[2] Denken.

Hübschheit nicht dein ist, und daß ein anderer für dich deine Ungeschaffenheit hätte, denn die Dinge drücken dich nit, fügen dir auch weder Glück noch Unglück zu ...

Gott hat eine Ordnung gemacht unter uns allen, weil wir auf Erden einander unterdrücken und vernichten und so gar ungleich uns gegen einander stellen, und wo einer den andern kann übersteigern, daß er es tut. Darum scheidet Gott von einander die Guten und die Bösen und macht viel Wohnungen auf Erden, dem die, dem die. Nun sind die Wohnungen so: dem Bösen gibt er viel und jeglichem ein Besonderes nach seinem Gefallen, und dem Guten gibt er auch einem jeglichen ein Besonderes, damit ihnen nach göttlichem Willen auch nichts gebreste[1]. Es ist alles eine göttliche Ordnung, wenn dem, der nichts taugt, ein Fürnehmen vor sich geht; wenn dem Guten es hinter sich geht. Nun kann der Arme nit sagen, der reiche Mann hat gut Glück, es fällt ihm das Geld zu, daß er es mit Besen auskehren muß. Wie kann er Glück haben, wenn es Gott so geordnet hat, dem so viel, dem so viel? Gibt er dir wenig, so gibt er dir doch, was er dir schuldig ist. Was geht dich an, was er dem andern gibt? Er mag ihm die Schätze der Berge alle auftun und mag sie ihm geben und dir nit Habermus genug; so eben zahlt er dich und so die andern. Was gehts aber dich an? Er kann einem jeglichen geben, was er will, der Garten ist sein. Wenn nun die Zahlung sein ist und die Entlohnung, wie er will, so laß dein Klagen fahren. Er gibt den Reichen genug; drum sage nicht, daß der Glück habe; es ist

[1] Fehle.

seine Besoldung. Was weißt du, was er noch büßen muß? Oder was er noch tun muß, weil er den Lohn empfängt? Vielleicht muß er auf solches unbilliges Einnehmen verdammt werden und dem Teufel drum dienen. Denn viel Einnehmen fordert viel Verdienste[1]; behält er es aber sich zu einem Schatz, speist und tränkt er die Armen nicht, kleidet sie nicht, – fürwahr er wird belohnt werden, daß du nicht mit ihm tauschen möchtest. Der Reiche soll dich erhalten und mit dir teilen. Er tut es nicht. Täte ers aber, so hättest du Glück, denn es wäre wider seine Natur. Und was wider die Natur ist, das ist Glück, wenn es geschieht...

So sagt man auch von den Handwerksleuten, wenn einer mehr als der andere gewinnt, er habe gut Glück und dieser habe Unglück. Nun was ist das für ein Glück oder Unglück, wenn er seine Arbeit besser kann als du? Die Ursache ist ja, daß er durch sein Mehrkönnen mehr gewinnt als du. Und wenn ihr beide gleich viel könntet, und der eine übertrifft im Gewinn den andern, was ist es als ein Zufall, und eine Gunst, die man gegen einen mehr hat als gegen den andern? Wären dir die Leute dermaßen verwandt[2] und bekannt wie ihm, so hättest dus wie er.

Es hat alles Ursachen, die solche Ding geben; wenn denn Ursachen da sind, wer legts dem Glück zu? So sagt man auch, *der* Arzt hat gut Glück, es geht ihm wohl von statten, obwohl er nicht so viel kann als andere. Nun was kann das sein als allein seine Geschicklichkeit? Entweder er kann sein Maul brauchen oder

[1] Viel Gutes zu tun.
[2] Befreundet.

ist unverzagt, oder treibt sie sich selbst zu, hat Freund-
schaft, macht sich Gunst und dergleichen. Da kann
kein Glück sein.

Das aber wäre ein Glück, wenn einer die Kranken
gesund machte mit nichts, mit widerwärtigen Dingen
und sie genesen ihm, wie es doch nit geschieht, – der
hätte Glück, denn es wäre wider die Ordnung und
wider die Natur. Weils aber nach der Ordnung geht
und nach der Natur, so liegt das Weitere am Schieben,
Anrichten und Anschicken und sich-Einflicken, je
nachdem wie die Welt den Lauf haben will. Denn das
Sprichwort ist nicht umsonst: Wart, bis dir eine gebratene Taube in das Maul fliegt! So sie ihm darein flöge,
so hätte er von Glück zu sagen.

Man muß sagen, seine Kunst, seine Geschicklichkeit
hat es ihm gegeben und nicht das Glück. Wie kann der
faule Mensch sagen, er habe kein Glück, wenn er
nichts tut als hinter dem Ofen sitzen; er meint, es gäbe
ein Glück, das komme über Feld her, und wartet nun
darauf. So Glück ein Bote wäre und käme also daher,
da säße man unter dem Tore am besten. Es ist aber
kein Bote, der Glück heißt. Es muß nichts anderes sein
als Können, Wissen und sich-Schicken. Die drei sind
die Dinge, die den Menschen fertigen auf Erden in den
Dingen, deren er bedarf. Der nicht fertig darin ist,
nimmermehr mag er es überkommen. Denn wenn
auch eine Ursache sein muß, die einen reich macht, so
ist es doch nicht das Glück. Schicktest du dich auch wie
der andere, so hättest dus auch. Denn daran liegt alles,
daß du dich auch richtest, wie sich der andere gerichtet
hat. Kannst dus tun, so kannst du auch seinen Gewinn
erlangen.

Man sagt, wenn einer fällt, und darnach, wenn er aufsteht, fällt er wieder, er habe bös Glück. Nein, was soll
das dem Glück zugelegt werden, da doch das Unglück
ihn nicht gefällt hat, sondern der Weg, die Stiegen oder
der Steg? Wär er nit darüber gegangen, er wäre lange
nit gefallen. Wie kann denn ein Unglück sein, wenn er
es sich selbst tut? Denn das muß man wissen, wer nit
Sorge trägt, wo er seine fünf Sinne hinsetze, ob er falle
oder sich stoße, – daß die Schuld sein ist, und er kann
nicht sagen, warum sind die andern nicht auch gefallen? Dieselbigen hatten bessere Sorge und Fleiß zu
ihren Füßen. So auch, stößt du dich an eine Bank, was
für ein Unglück soll das sein? Sieh dich vor und hab
Fleiß zu dir[1], es geschieht dir nichts. Unfleiß ist kein
Unglück; der Schade, der daraus entspringt, ist aus
dem Unfleiß geboren, und du bist selbst die Mutter
dazu. Wenn du aber auf ebener Erde ein Stiege hinab-
fielst, dann könntest du wohl von Unglück sagen.
Sorge und Fleiß wenden Unglück; nicht sorgen, nicht
Fleiß haben, geben es.
Weil damit nun dem Glück und Unglück eine Mutter
gefunden ist, wer spricht vom Glücksrad? Der steigt
auf, der steigt ab. Der aufsteigt, der stellt es darnach
an; der absteigt, stellt es auch darnach an. Weil es
einem so geht, wie er es anstellt, wer kann dann sagen,
Glück hats getan oder Unglück? Kannst du viel, weißt
du viel, du genießt es[2]. Kannst du dich schicken damit,
und es dir zu nutz machen, du genießts desto mehr.
Sollte einer nicht aufsteigen, der es darnach anstellt

[1] Hab fleißig acht.
[2] Hast den Nutzen davon.

und richtet es sich zu durch seine Geschicklichkeit, und kanns, hat Fleiß und Sorg zu seinen Dingen, hält zusammen? Und sollte der nicht absteigen, der das seine nicht behält, verliert s, vertut s und fällt in Unfleiß, hat nie Sorg. Wie kann er bleiben? Wie kann er sagen, wenn er zu unterst am Glücksrad sitzt, das Unglück hat mich herabgeworfen, dieweil er es selbst getan hat?

Der zum Fenster hinaus springt auf die Gasse, – fällt er sich einen Schenkel ab, er kann nicht sagen, daß es ein Unglück sei, denn der Sprung macht es, und die Eigenschaft des Springens, daß es einem, der springt, so ergehe. Der in ein Wasser fällt und ertrinkt, – der kann niemand sagen, daß er einen Unfall habe, denn wäre er nicht drein gekommen, wäre ihm das nicht geschehen. Wenn er aber auf trockener Erde ertränke, dann möchte er von Unglück sagen.

So ist es in der Summe allein ein Selbstverderben und eine selbstgegebene Ursache, die dazu führt, es sei zum Glück oder Unglück. Wie ein jeglicher es anstellt und sich schickt und kann und weiß und hat Fleiß, Sorge zu seinen Dingen, so geht es ihm. Dem es nun nicht so geht, der darf sich nicht beklagen, denn er schickt sich eben nicht so wie der andere; drum gebe er nur sich selbst die Schuld und sonst niemanden.

Drum verstehe in den Dingen allen, daß wir die Faulheit, Unsorge, Unfleiß von uns tun müssen, sonst wird unsere Sache nichts sein. Darum sollen wir lernen und uns schicken, daß wir dahin kommen, wohin wir begehren. Denn der Mensch ist so hoch begabt, – was er sich untersteht und die Lehre, Fleiß, Sorge dazu braucht, er erlangts. Ich setze zum Beispiel, du unterstehst dich, ein Hauptmann zu werden. Nun ist dir die

Möglichkeit dazu ebensogut gegeben wie einem andern; du mußt nur lernen, daß du bis zum Grund kommst, damit man weiß, daß du mehr kannst als die andern, da wird dir das Amt schon werden. Schicke dich gegen den Lehnsherren wie ein anderer, so gehts dir wie einem anderen. Denn was soll man aus dir machen, wenn du zu nichts gut bist oder nütz?

Unterstehst du dich, ein König zu werden, so ist es möglich, daß du dahin kommen kannst, lern nur das, wie einer soll ein König werden, – denn ist es einem andern möglich, so wird es dir auch möglich sein. Denn so man bedenkt und betrachtet, wie ist *der* Stamm aufgekommen, wie *der*, – so man hinter sich sieht, so sinds alle arme Leute gewesen, und sind von der Armut aufgestiegen zum höchsten, zu königlichem Stamm, Fürstenstamm, Edelstamm usw. Drum ist es *ihnen* möglich gewesen, durch Geschicktheit ihre Nachkommen dahin zu bringen, so ist es dir auch möglich, daß du auch aufsteigest wie sie. Es liegt allein an der Geschicktheit, die lerne und erfahre. Das Glück hat Barbarossam nicht hoch gebracht, daß er Kaiser ward, sondern seines Vaters Geschicktheit und Können und hat ihn zu einem Fürsten gemacht; hätte ers nicht gekonnt, es wäre nicht dazu gekommen. Desgleichen auch mit andern. Wenn man hinter sich sieht, so hats allein die Geschicktheit getan, die ist aller Dinge Anfang. König Rudolf[1] war ein Graf. Was brachte ihn empor? Seine Geschicktheit machte ihn berühmt, daß er König ward. Ist es nun so gewesen und bei allen

---

[1] Rudolf von Habsburg (1218–91) wurde 1273 zum deutschen König gewählt.

andern Stämmen so, was wollte dann dir abgeschlagen werden heute auf den Tag? Der sich schickt und lernet das, das dazu gehört, — er kommt dahin und braucht kein Glück noch Unglück. Der sich aber nicht schicken will noch lernen, was soll aus ihm werden? Wenn aus einem *solchen* ein König würde, so müßte man sagen, er hat Glück gehabt.

Darum liegen alle Dinge in der Erfahrenheit, im Lernen, Schicken und dazu nit-Feiern, nit-Schlafen, nit-faul-sein, nit langsam, sondern emsig und fleißig, ohne Unterlaß dem Dinge nachgehen, dem du nachstellst. Denn so sehr ist der Mensch begabt in seiner Vernunft, wenn er sie übt und sich schickt, daß er vorwärts kommt, nit allein in zeitlichen Dingen, sondern auch in Weisheit, Vernunft, Sinnreiche usw. Der aber verzagt ist, der bleibt verzagt; wer soll ihm helfen? Der da meint, es gäbe nur *einen* gelehrten Mann und weiter könne niemand gelehrt werden, der wird nit gelehrt. Der aber denkt: du bist ebenso ein Mensch wie der gelehrteste auf Erden, du bist ebensowohl Gottes Arbeit wie der andere, du willst ihm gleich werden oder noch mehr, — jetzt gehört Fleiß und Emsigkeit dazu, so schlägt dirs Gott nit ab. Suche nur und bitte, so lange, bist dus hast und verliedere nichts.

## HERRSCHER ZEIT

Im ersten Buche sprach Paracelsus davon, daß alles, was ist, der Zeit und ihrem Ablauf unterworfen sei. Das Weltenjahr steigt an und geht zu seinem unerbittlichen Ende. Der ganze Gedanke wiederholt sich nun auf einer neuen Ebene, wobei es sich nur um den Ablauf dieses heute bestehenden Himmels handelt. Der jetzige Himmel ist zu Ende, die Konstellation der Sterne und Planeten, und eine neue Konstellation der Sterne führt zu einem neuen Zeitabschnitt – zu einem neuen Abschnitt, einer neuen Jahreszeit im Weltenjahr. Das ist mit astronomischen Begriffen seiner Monarchienlehre ausgesagt – die Monarchie bedeutet bei ihm nichts anderes als einen Zeitabschnitt.

Wenn so die Zeit hingeht, so gehen auch alle Dinge mit ihr hin; nichts ist beständig, nicht einmal die Arznei im Kraut. Das führt zu zwei Ergebnissen. Das erste ist: daß wir selbst anders werden, selbst dem ewigen Wechsel unterliegen. Nichts bleibt; denn alles ändert sich minütlich. Die Sonne steigt auf zum Steinbock, also zu der höchsten Sommerhöhe, um unverweilt hinabzusteigen in das Winterbild des Krebses; der Mond wird voll, um abzunehmen und von neuem jung zu werden. Das zweite Ergebnis lautet: Nichts kann ewig wachsen, weil dann das Gute immer besser würde, bis es Gift geworden wäre.

Not ist, daß Laster und Schand kommen (aber nicht vom Himmel); wehe aber dem, durch den sie kommen[1] (das ist: wehe von oben herab über ihn). So nun not ist, daß Schand und Laster kommen, ist auch wiederum not, daß das auch abgehe. Dieser Abgang geschieht mit Not, Elend, Jammer und Schmerzen, wie es einem Wehe[2] zugehört.

Es ist von alters her ein Wort: was auf das höchste kommt, das nimmt wieder ab, und ist bewährt und ist so, denn Gott läßt ein Ding bis auf seine Zeit kommen, und wenn seine Ernte da ist, so schneidet ers ab. So stieg Rom auf, und da es kam auf die Höhe, wie die Sonne im Steinbock, da fiel es wieder nieder. Da mußte der Steinbock ab, und der Krebs kam herauf. So müssen auch die irdischen Dinge auf und ab gehen, –

[1] Matth. 18, 7.
[2] Eine Strafe, Plage; vgl. Off. Joh. 9.

wie der Mond; der ist hübsch, aber er muß wieder jung
werden, wenn er, wie der Mensch meint, am besten ist.
Bliebe er länger, er würde ärger denn alles Übel.
Darum hat Gott allen Dingen ihren Lauf gegeben, wie
hoch und wie weit sie gehen dürfen, und nicht darüber,
nicht darunter.

Einem jeglichen Dinge ist sein Ziel oder Termin gesetzt. Der Mond zum Beispiel hat seinen Termin auf
vier Wochen, – dann wird ein neuer, und es ist doch *ein*
Mond. Würde der Mond älter werden als vier Wochen,
so würde seine Bosheit so groß, daß alle Gestirne unterdrückt würden. Darum, wenn er am höchsten ist in
seinem Tun, so muß er wieder absteigen und sich ver-
jüngen. So ist einem jeglichen Geschöpf sein Termin
gesetzt, es sei gut oder böse, und über dem Termin ist
ihm gesetzt nicht zu kommen. Sollten die Nesseln ihren Termin überwachsen, wie scharf würden sie werden! Sollten die Rosen ihren Termin übertreffen, wer
könnte vor ihrem Geruch bestehen? Darum hat Gott
dem Guten und dem Bösen sein Ziel gesetzt, damit
keins zu hoch aufsteige; es wäre keines von beiden gut.

## Böse ist gut

In vielfachen Varianten wirft hier Paracelsus eine Frage auf, die
alt ist wie die Welt: was böse sei und gut. Er setzt bei den
Beobachtungen des Wundarztes an der Wunde an – da bedeutet
die äußere elementische Welt für das Inwendige ein Gift. Doch
wichtiger ist, daß auch in den Arzneien Gift enthalten ist (die
Kunst des Arztes ist, hier das Arcanum von dem Giftigen zu

scheiden), ja überhaupt, im Grunde ist in allem Gift; es gibt kein irdisches oder zerbrechliches Ding, in dem man es nicht fände. Und wer nach einem greift, dem kommt zugleich das andere in die Hand – je raffinierter man diesen Dingen nachgeht, sie zu finden sucht, desto feiner und verderblicher wird dem Menschen auch ihr Gift. Doch das ist nicht so wichtig wie die immer wiederkehrende Lehre Paracelsi, daß nichts so böse sei, daß es nicht auch sein Gutes habe, und nichts so gut, daß es nicht böse werden könne – die Lehre des weißen Magiers Beer, der in den Zobtenberg gegangen ist und der im Berg dies Wort den Ausgestoßenen und Verdammten sagte. Sie hängt aufs engste mit dem Gedanken von der Temperatur (S. 329 f.) zusammen, denn wenn das Gift, das Böse nicht wäre, so würde das Gute überhoch, die Harmonie zerbräche (S. 330).

Also merket, weil das Unreine und das Grobe das Subtile und das Reine befleckt, – wie auch das Unreine alleweg das Reine gewaltigt, und der Mensch ist das Reine und Subtile, und die äußern Wesen sind das Grobe und das Unreine, – so ist billig, daß man da verhüte, daß das äußere Wesen in das Innere komme. Es folgt daraus, daß wenn der Mensch geöffnet wird, es sei durch Waffen, Brand, Brüche oder Tierbiß, daß das äußere Wesen in das innere kommen und dasselbige vergiften kann. Darum ist die Arznei geschaffen, daß sie dem zuvorkomme und sie dazwischen eine Wand sei, so daß solches nit geschehe.

Es ist ein Geschrei entstanden unter den Unverständigen, den eingebildeten und erdichteten Ärzten, die sagen, daß meine Rezepte, die ich schreibe, ein Gift, Corrosiv und Extraktion seien aller Bösheit und Giftigkeit der Natur. Auf solch Vorgeben und Ausschreien wäre meine erste Frage, ob sie wüßten, was Gift oder

Doppel-Holzschnitt vom Titelblatt der »Prognostication auf 24 jar zukünftig«, 1536

nit Gift sei? Oder ob im Gift kein Mysterium[1] der Natur liege? Aber im selbigen Punkte sind sie unverständig und unwissend in den natürlichen Kräften. Denn was ist, das Gott erschaffen hat, das nit mit einer großen Gabe begnadet sei, dem Menschen zum Guten? Warum soll denn Gift verworfen und verachtet werden, da doch nicht das Gift, sondern die Natur gesucht wird?

Ich will euch ein Exempel geben, damit ihr mein Vornehmen versteht. Sehet an die Kröte, was für ein vergiftet und unlustig Tier es ist; sehet auch dabei an das große Mysterium, das in ihr ist, betreffend die Pestilenz! Soll nun das Mysterium verachtet werden wegen der Giftigkeit und Unlustigkeit der Kröte, — was für ein großer Spott wäre das! Wer ist, der da komponiert hat das Rezept der Natur? Hat es nicht Gott getan? Warum wollte ich ihm sein Kompositum verachten? Er ist es, in dessen Hand alle Weisheit stehet, und weiß, wo er ein jegliches Mysterium hinlegen soll. Warum will ich es mich dann verwundern oder scheuen lassen? Darum daß ein Teil Gift ist, den andern mit verachten? Ein jegliches Ding soll gebraucht werden, wozu es verordnet ist, und wir sollen weiter keine Scheu davor tragen, denn Gott ist der rechte Arzt und die Arznei selbst.

Wenn ihr jedes Gift recht auslegen wollt, was ist da, das nit Gift ist? Alle Ding sind Gift und nichts ist ohne Gift; allein die Dosis macht, daß ein Ding kein Gift ist. Eine jegliche Speise und ein jeglich Getränk, wenn es über seine Dosis eingenommen wird, so ist es Gift; das

[1] Arcanum.

beweist das Ende. Ich gebe euch zu, daß Gift Gift sei, daß es aber darum sollte verworfen werden, das soll nicht sein. Weil nun nichts ist, das nit Gift ist, warum korrigiert ihr es? Allein darum, daß das Gift keinen Schaden tue. Wenn ich es nun auch korrigiere, ist das unleidlich? Warum straft ihr mich?

Es ist nichts so böse, es hat etwas trefflich Gutes in sich. Besiehe eine Spinne, sie ist das höchste Gift, hingegen auch das höchste Arcanum in chronischen Fiebern. Wiederum ist auch der Malvasier der höchste Trank und der beste, hingegen hat er auch den größten fressenden Essig in sich, welcher ein lauteres Alumen[1] ist. Wie also die Natur geordnet ist, so wißt, daß allemal Böse *und* Gutes ein Arcanum machen und das Gift ebensowohl im Leib sein muß wie der Balsam.

Mit der Arznei ist es so: das wird aus ihr, das du aus ihr machst. Ist möglich, aus Gutem Bös zu machen, so ist auch möglich, aus Bösem Gutes zu machen.

Die zerbrechlichen Dinge sind nit ohne Gift und Bosheit. Denn ein jeglich gut Ding, das erlangt soll werden, muß von dem bösen geschieden werden. Nun ist es so, daß nichts Liebes ohne Leides erlangt wird, so stark hat der Feind sich in das Gute hineingetrieben. Wer das Gute haben will, der muß des Bösen auch gewärtig sein.
So gütig aber ist Gott, daß er uns nicht verläßt. Wenn wir seiner Barmherzigkeit nachgründen, so finden wir

[1] Alaun.

solche große Tugend in der Arznei, daß ihre Tugend alle Gifte überwindet.

Kein Ding ist so schwarz, es hat eine Weiße in ihm; nichts ist so weiß, es habe eine Schwärze in ihm.

## DAS FAUSTPROBLEM

In diesen Zusammenhang gehört nun auch die Frage, die ich das »Faustproblem« nennen möchte, weil Faust derjenige war, der sich dem Teufel verbündete, um von dem Bösen Gutes zu erlangen. Auch Paracelsus, der noch an den Teufel und an die Künste der Zauberer, die Geister zu bezwingen, glaubt, betrachtet diese Frage als entscheidend. Er faßt sie von verschiedenen Seiten an: Aus dem natürlichen Licht urteilt der Sucher und der Arzt, daß Böses und Gutes in allen Dingen vorkommen und daß man nur das Gute vom Bösen abzutrennen und es anzunehmen, das Böse dagegen zu verwerfen brauche. Aus biblischen Gründen kann er seine Entscheidung noch verstärken. Er zieht das Gleichnis von Lukas 13, 5 und die Geschichte (1. Samuel. 21, 7) an und argumentiert: Zwar ist von Gott geboten worden, den Sabbattag zu heiligen, in Notfällen aber gibt uns Christus die Erlaubnis, dieses Gebot zu brechen. Wie man nun, um einen Kranken am Sabbattag zu heilen, das Sabbatgebot verletzen darf, so darf man wohl das göttliche Gebot, sich mit dem bösen Geist nicht einzulassen, brechen, wenn keine andere Hilfe für einen Kranken zu finden ist. Nicht die Tatsache, daß man vom Teufel nimmt, ist böse, sondern die Art, wie man das ihm Abgenommene gebraucht, entscheidet über die Frage böse oder gut. Das Ganze erscheint uns auf den ersten Blick als ein scholastisches Gespräch, das nur in Hinsicht auf sein Fortleben in der Faustgestalt noch wichtig ist. Man muß es aber auf das Prinzipielle wenden, und da ergeben sich auch für uns noch interessante Fragestellungen und Probleme. Denn die Erörterung darüber, ob sich durch einen guten Zweck ein böses Mittel rechtfertigen lassen kann, ist ja noch immer nicht zu Ende geführt.

Alle Dinge sind in eine Ordnung gesetzt und die Ordnung geht hervor aus dem Gebot. Wer läßt aber sein Roß im Graben liegen, der ihm nicht heraus hülfe, und ob es gleich ein Doppelsonntag wäre. Ist nicht die Erlaubnis von Christo da, daß die Hilfe geschehen soll? Und das Gebot soll nicht geachtet werden. Wenn wir nun das Gebot des Sabbats übertreten dürfen, auf daß der Tod gewendet werden kann, so sollen wir noch viel mehr einem Menschen als einem Roß helfen, auch bei Brechung des Sabbats.

Das verstehe so: das Gebot lautet, du sollst den Arzt nicht verachten und nicht die Arznei, – und es wäre dabei gesagt, daß die Arznei eine sei, die aus der Erde wächst. Nun laß das so sein, als wäre es ein Sabbat und du hülfest deinem Nächsten mit Charakteren, die nicht aus der Erde kommen mit ihren Kräften, – jetzt brichst du den Sabbat, denn du gehst nit stracks nach dem Gebot.

Es ist aber dies Brechen nit anders zu verstehen, als hättest du einem Roß am Sabbat herausgeholfen. Du hast das Werk der Hülfe bewiesen und die Hülfe getan, die dich deine Kunst gelehrt hat. Der Hülfe halben ist nichts zu tadeln, denn sie kommt nit von dir, sie kommt von Gott. Die Kunst aber ist nicht nach Ordnung des Gebotes, – nur die Hülfe. Drum wird diese Kunst beurteilt als ein Brechen des Sabbats, beschirmt mit dem Worte Christi, da er das Exempel von dem Roß, das aus dem Graben gehoben wird, gebraucht hat. Denn seht auch an, daß David in den Tempel ging mit seinem Volk und aß das Brot, das ihm nit gebührte zu essen. Er aß es in der Not, gegen den Hunger, und es ward ihm nicht als Sünde gerechnet.

Es sind Gebote, die wir halten sollen, von denen aber Christus selber die Auflösung anzeigt, daß wir dürfen die Not des Viehes wenden, noch viel mehr aber die des Menschen. Denn durfte David das Brot gegen den Hunger essen, so war es nicht mehr das, das es war, so lange es die Priester in ihrer Gewalt hatten. So ist es mit der Kunst. Ich setze, es wäre der ganze Teufel, – wenn die Kunst in meine Hand kommt, so ist auch die Hülfe in meiner Hand. Jetzt ist sie nicht mehr des Teufels, sondern mein; jetzt kann ich dem Kranken helfen und Gott Lob und Dank sagen.

Wir müssen Hülfe in manchem suchen, auf daß wir mancherlei Magnalia erfahren und Gottes Geheimnisse in vielen Dingen sehen. Es wäre genug, daß er uns befohlen hätte, mit Fasten und Beten Gesundheit zu erlangen. Er hats aber nicht getan, sondern hats in ein Mittel verordnet und läßt es uns im selbigen suchen, die Erde durchwandern und vielerlei erfahren, und wenn wir es alles erfahren haben, sollen wir, was gut ist, behalten.
Nun wird das in allen Sachen gemerkt werden müssen. Gutes und Böses muß hervor. So wirs nun hervorgebracht han, so sollen wir die zwei von einander scheiden, das Gute nehmen und das Böse liegen lassen. Nun, was wird uns hier gezeigt anderes, als: wenn wir dem Teufel alle seine Kunst ablernen könnten, so sollen wirs tun, die Kunst brauchen und den Teufel liegen lassen. Die Künste sind uns alle erlaubt zu lernen, alle Dinge zu versuchen, und was gut ist, behalten. Denn dazu sind wir auf Erden, daß der Geringere vom Mehreren lernen soll.

Weil nun die bösen und guten Geister alle Kreaturen sind, also haben sie nichts von sich selbst, sondern alles von Gott, was ist. Wie kann dann einer sagen, daß er vom Teufel lerne, weil der Teufel doch nicht Gott ist? Es muß doch ein jeglicher bekennen, daß nit ein Vogel auf die Erde flöge, so ihn Gott nit darauf sendete, nit eine Nessel wüchse, so es nit Gottes Geheiß wäre. Gefiele es Gott nit, daß wirs sollten haben, er ließe es uns nicht finden.

~~~~~

## Verlorene Sätze

Der getroffen werden soll und der treffen soll, stehen beide in Gefährlichkeit.

Der seinen Feind mit Sänfte überwindet, der behält den Ruhm.

Wer sich selbst nit vertraut, der vertraut Gott nicht, denn Gott hat ihm das gegeben, in das er vertrauen soll, aus demselbigen zu lernen.

Treue auf Treue gebührt sich, Wahrheit auf Wahrheit, Gerechtes auf Gerechtes, nicht Gerechtes auf Unge-rechtes.

# Aus dem ewigen Licht

Gleicherweise wie ein Fischer, der aus dem Wasser die Fische nimmt, aus dem Wasser auch die Künste nehmen muß, wie sie zu fangen sind, und wie ein Steinmetz aus dem Stein, – so muß ein jeglicher, der da will ein Wissen haben eines Dings, es aus demselben nehmen, in dem es ist, das himmlische aus dem Himmel, das irdische aus der Erde, die Sonne aus der Sonne, die Krankheit aus der Krankheit, das Recht aus der Gerechtigkeit, das Feuer aus dem Feuer, – wer anders lernet, das ist eine Phantasterei und eine Torheit dieser Welt. Denn von Gott reden und von seinem Wesen kann aus dem Teufel nicht genommen werden, von dem ewigen Leben zu reden kann aus der Hölle nicht gelernt werden, sondern ein jegliches wird aus sich selbst gelehrt, und in ihm liegt die Schule, das Buch und der Meister des Wissens.

# Das ewige Reich

Dem Buch über die Philosophie im natürlichen Licht folgt das der *philosophia adepta coelestis*, d. h. der Philosophie im himmlischen Licht, »denn die zwo Weisheit, der Natur und des Himmels, sind die Gaben, die Gott dem Menschen gegeben hat, hie auf Erden seine kurze Tag zu verzehren«. Im Grunde sieht Paracelsus als reifer Mann die Möglichkeit, ja Notwendigkeit nicht nur zweier, sondern gar vierer Philosophien, durch die »verstanden soll und mög werden, was die Natur tut, was die Gottheit tut, was der Glaube tut und was der Satan tut, und durch die die natürliche Wirkung aus der Natur erkannt werde und Gottes Wirkung, auch was der Glaube tue und auch was die teuflischen Werk seien« – aber er ist mit diesem Plane nicht zu Ende gekommen; wir haben nur noch die »himmlische Astronomei« und von der *astronomia inferorum*, der teuflischen, das erste Stück. Was aber ist nun die Weisheit aus dem ewigen Licht?

Der Mensch ist von der Erde, daraus folgt, daß er der Erde Natur an sich hat. In der neuen Geburt ist er aus Gott, darum hat er dann auch die Natur Gottes. Und wie der Mensch von den siderischen Geistern erleuchtet ist, die Natur zu erkennen, so ist er auch von dem heiligen Geist erleuchtet, Gott zu erkennen in seinem Wesen. Es erkennt niemand Gott als allein der, der von Gott ist.

Und dieser Gedanke wird ein zweites Mal ausführlicher dargelegt:

Ihr habt gehört im ersten Teil dieser Philosophie, was der Mensch von den äußeren Elementen und dem Gestirn zu wege bringen kann in seinem natürlichen Leib. Speis und Trank und alle leibliche Notdurft geben ihm die Elemente, überflüssig und mannigfaltig, nach seinem Begehren. Auch habt ihr gelesen, wie die Gestirne den Menschen erleuchten in Künsten und Subtilitäten des natürlichen Lichts, und ihm wunderliche *magnalia*[1] der Natur eröffnen, darum dem Menschen, zu leben, die höchste Freude sein soll.

Nun aber, wie von den natürlichen Erfahrungen und Nutzbarkeiten, so ist auch zu reden von den Erfahrungen und Nutzbarkeiten des himmlischen Laufes in dem neugeborenen Leibe, daß wir nämlich von demselben himmlischen ewigen Lauf die Influenzen empfangen, so daß unsere Zungen mit *einer* Sprache reden, und sie wird von allen Menschen und Sprachen verstanden[2], gleicherweise als wäre es eine göttliche Sprache an sich selbst. Und nicht allein, daß die Sprache so trefflich in uns ist, sondern überdas werden wir mit Manna gespeist, das einem jeglichen dermaßen erscheint, als wäre es die beste Speise, die er begehrt[3]. Ebenso wird der neugeborene Leib gespeist und getränkt aus dem Fels, der Wasser gibt, einem jeden nach seinem besten zu trinken[4].

Es ist auch das die höchste Erleuchtung, die von der himmlischen Schule kommt, nämlich die höchste Weisheit zu erkennen, die göttliche Weisheit, der

[1] Wunder.
[2] Vgl. Apostelgesch., 2, 3 f., 8 ff.
[3] Vgl. 2. Mos. 16.
[4] 4. Mos. 20.

nichts widerstehen kann, sondern vor der alle Kreaturen erzittern müssen, auch die Hölle, wie denn Paulus von der Weisheit redet: O Höhe der göttlichen Weisheit und Erkenntnis Gottes[1]! Das ist so viel: wer ist der, der sie ergründen kann oder gar erfahren, die, über die keine je gewesen ist noch werden mag.

Wer ist aber der, der solche Magnalia Gottes genugsam erzählen kann? Der ein solcher Arzt [aus Gottes Licht] ist, welcher ist seinesgleichen? Der ein solcher Prophet ist, was ist ihm nicht wissend oder verborgen? Der ein solcher Doktor ist, wer ist über ihn? Denn aus solchen Männern gehen feurige Strahlen, das ist: wie das Feuer sind sie mit ihren Werken. Dem Feuer widersteht nichts, es verzehrt alle Dinge, also widersteht auch nichts solchen Männern. In ihnen sind die Schlüssel zum Reich Gottes, in ihnen ist Vergebung, in ihnen ist der Segen, in ihnen ist das Licht der Welt, von ihnen geht der Weg und die Wahrheit, denn aus derselben sind sie, – in ihnen sind gute Hirten, aus ihnen werden die Apostel, aus ihnen die Heiligen. Das alles geschieht im Leib der neuen Geburt, in dem Adams ist gar nichts.


Zieht man aus diesen Ausführungen die Summe, dann ist das ewige oder himmlische Licht das Licht von oben, die Erleuchtung durch den Heiligen Geist, das Wissen aus einem göttlichen Grunde – wie es der letzte Absatz sagt: das Wissen und die Erkenntnis der Apostel und der Gottesmänner. Es sind die Schüler aus der Schule mit den feurigen Zungen (Apostelgesch. 2). Wer aber ein Schüler dieser Schule werden will, wer auf Erleuchtungen von oben rechnet, der muß von neuem geboren

---

[1] Röm. 11, 33.

worden sein, so wie es Jesus im Gespräch mit Nikodemus (Joh. 3) gefordert hat. Wer nicht von neuem geboren ist – und wer von den gewöhnlichen Sterblichen könnte sich dessen rühmen? –, der kann deswegen auch die Weisheit des ewigen Lichtes nicht erlangen.

Das alles weiß Paracelsus gut – und was uns heute willkommen erscheint, weil wir ein Reden aus solcher Erleuchtung gern als »Schwärmerei« bezeichnen, das fühlte er selbst als schmerzlichen Mangel an seinem ewigen Suchen nach der Wahrheit und der Wahrheit tiefstem Grunde. Es bleiben – so schließt er seine Astronomia aus dem natürlichen Licht –, es bleiben noch drei Astronomien, wir haben sie eben schon genannt, »noch zwo übernatürliche und eine natürliche. Die zwo übernatürlichen kann man natürlich nit beschreiben. Soviel aber mir gebührt, von dem Übernatürlichen zu schreiben, will ich nichts versäumen«. – Soviel gebührt! Und fügen wir dem Worte noch hinzu – indem wir an seine Bemerkungen über die *philosophia adepta coelestis* denken, »wisset, daß die *Philosophia coelestis* so geordnet ist, daß wir von ihr nichts sagen können, bis dahin, da es die Erfahrung gibt«, daß wir sie also erst im ewigen Leben richtig kennen werden – soviel ein irdischer Mann vom Ewigen zu sagen vermag.


## DIE ZEIT IST DA


Und doch steht gegen diese Gewißheit eine andere, tiefer wurzelnde. Sie geht aus dem Begreifen des natürlichen Seins hervor. Der Mensch verlebt sein Erdenjahr, und wie die Zeit des Jahres, so ist auch seine eigene – denn die Kindheit ist der Frühling, die Zeit der Frucht, da er im Reifen steht, die Ernte. Das, was er in die Ernte trägt, sind seine Werke, seine Erkenntnisse, seine Frucht. Ist seine Erkenntnis aber die Ernte, dann liegt darin auch, daß er sie nicht vor der Reife schneiden oder ernten darf, das heißt, ehe seine Erkenntnis reif ist, soll der Mensch sich still verhalten. Wenn es soweit sein wird, dann wird uns Gott auch fliegen lassen; wer vorher fliegen will, der bleibt trotz allem nur am Boden haften, Gott nur bestimmt die Zeit, wenn er für

422

richtig hält, daß es geschieht – und das ist dann die Zeit, wenn unsere Erkenntnisse ihre Reife haben. *Die* Weisheit hat Paracelsus selbst am eignen Leib probieren müssen; er wollte fliegen, ehe die Flügel ihm gewachsen waren, und das, was er zutage brachte, war deswegen nur ein Nichts.

So aber, wie Gott die Zeit bestimmt, bestimmt er, wer die Früchte bringen soll, bestimmt, was kommen soll – nicht die sich selbst vordrängen, bringen es hervor. Denn das, was einer unberufen bringt, ist ja nicht mehr als Spreu, wie er an den Gelehrten seiner Zeit in langen Jahren oft genug erkannte. Nun aber, nachdem die Geometrie als die Schulwissenschaft, nachdem die Kunst (Artisterei), das ist die Alchimie, an ihm vorübergegangen sind, nachdem er auch der Philosophie genügte, nun spürt es Paracelsus, ist die Zeit, daß er vom Übernatürlichen sprechen soll.


Es hat Gott allen Dingen ihre Zeit gegeben, auf daß sie wachsen sollen und vorher nit zeitig seien. Ehe es zur Frucht kommt, geht viel vorher: am ersten die Knospen, darnach die Schosse, darnach die Blust, darnach die Frucht usw. und die [Stadien] alle haben viel Zufälle, viel Feindschaft, bis sie in die Ernte kommen.

So [ist es auch] mit dem Menschen; er hat ein Ziel, den Tod, und der Tod ist der Schnitter der Ernte des Menschen, ist sein Winzer im Weingarten, seines Obstes Abklauber usw. Nun, die Geburt ist sein Frühling, da wachsen an den Ästen auch seine Knospen. Darnach kommen seine Schößlinge, darnach die Blüte usw. bis auf die Frucht. Soll nun die Frucht des Menschen, das ist seine Gabe, abzuschneiden sein, während er noch eine Knospe ist oder ein Schößling?

Will er nun das nicht bedenken und mahlen, wenn der Weizen nit körnert, so ist alles tumb und nichts, denn Gott gibt vor der Zeit keine Frucht; es muß alles mit der Zeit gehen. Dem gibt er eine frühe Ernte, dem noch eine frühere, dem eine späte und spätere. Denn so ist es auch mit allem Gewächs; etliche sind im Märzen da, etliche im April, etliche im Maien usw., und so muß immer die notwendige Zeit verlaufen sein, es gehe frühe oder spät in die Ernte, – das steht bei Gott. Bevor aber und ehe die Blume nit gar erwachsen ist, soll niemand ausbrechen mit keiner Weisheit, Vernunft, Wissen. Gott ist der, der dich fliegen läßt, du habest es oder nit, die Flügel seien da oder nicht; so *du* meinest, du seiest hoch bis in den dritten Himmel geflogen, so bist du nit über das Gras auf dem Felde aufgefahren und bist nirgend nutz. Und die Frucht, die aus dir gewachsen sein sollte, hast du erstickt und verbrannt und sie taugt nichts, samt dir nichts, denn sie ist nit geraten.

Weil nun dem Birnen- und Obstbaum bestimmt ist, [bis zur rechten Zeit zu warten], noch viel mehr dem Menschen. Warum will denn der Mensch fliegen, bevor eine seiner Früchte fertig sei? Es verbirgt sich nit in dir. Bist du berufen, ein Buch zu machen, es wird nit versäumt werden, sollte es sechzig oder siebzig Jahre anstehen und noch länger. Gehts in dir um und empfindest dus, so schieß nit so bald los. Es wird nit hinten bleiben, es wird heraus müssen, wie ein Kind aus dem Bauch seiner Mutter. Was so heraus geht, das ist fruchtbar und gut, und es ist nichts versäumt.

Folg allein seiner Lehre und bitte und klopfe an. Und nit, daß du wollest einen jeglichen Dorn[1] schon für die Ernte erkennen, sondern es kommt noch die Stunde,

---

[1] Schößling.

da alles heraus kommt. Ich gedenk, daß ich Blumen sah in der Alchimie, und meinte, das Obst wäre auch da. Aber da war nichts. Da aber die Zeit kam, da war die Frucht auch da. Viel Fliegens habe ich verloren in der Geometrie, bis ich kam in den *aquaeductum*[1]. Nachdem ich viel Fliegens verloren hatte, ich meinte, ich könnte ernten; morgen war es nichts. So auch mit andern Dingen, die im Sinn, im Verstand, im Hirn sollten grünen und wachsen, da bin ich mit fliegenden Geistern betrogen worden und verführt.

Wieviel tausend Bogen werden mit großer Arbeit verschrieben. So es fertig ist, so ist es alles Narretei. Wäre es nit besser, derselbige gedächte: stand still, laß es baß reifen! Was aber vor dem Brot in den Ofen fahren will[2], dem geschieht so. Und was dort schneiden will, wo nit hingesät ist, das äffet sich so.

Was aus dir heraus soll und ist in dir, das geht heraus, und du weißt nit, wie oder wann es kommt, oder wo es hin will. Und am letzten findest du das darin, das du nie gelernt hast, nie gesehen hast. Jetzt siehst du die Frucht, — und niemand weiß, wer die isset oder wann? Denn viele säen und andere schneiden, und viel schneiden und behaltens und dreschen aus, andere mahlens und backens und essens. Viele mahlen und backen, andere essens, die da nit gemahlen oder gebacken han. So gehen die Arbeiten auf dieser Welt, hin und her, und wir wissen nit, von wannen oder wohin. Darum ihr alle, dieweil allein die Berufung gilt, die wir

[1] An die Quelle, in die Fülle.
[2] Was backen will, ehe das Brot eingeschoben ist, d. h. wenn der Ofen noch zu heiß, noch nicht fertig ist.

zu einem Ding han, – ist es vorbestimmt, so geht es aus, – wo nit, so wäre es schade, Sünde und Übel, daß wir etwas machten oder schrieben. Niemand setzt das angezündete Licht unter den Scheffel, sondern ein jeglicher stellts heraus. Nun, – ist ein Licht in uns, so hats Gott in uns hinein gesetzt, unser irdischer Schulmeister nit. Wenn nun Gott das Licht in uns gestellt hat, so wird ers auch hervor tun, damit man dabei sehe, wenn die kommen und da sind, die dabei sehen sollen. Warum sollen wir Gottes Willen nit achten, wenn er ein Licht in uns tut und läßt dasselbige verdeckt? Er zwingets hervor zu seiner Zeit. In dem aber kein Licht ist von Gott, sondern vom Schulmeister der Erden, und derselbe meint aus seiner tierischen Vernunft, ein Licht sei in ihm, der versäumt sich, verführt sich und andere. Ein jeglicher lerne mit höchster Kraft, was er lernen kann und behalte es auch, treibe es nit heraus. Ist etwas in dir, das heraus muß, und Gott wills, so kommts heraus, ob du es auch nit weißt, ungesucht und ungewollt.

Denn viele können schreiben, es ist doch nur einer Kanzler. Viel können regieren, es ist doch nur einer König. Es sind Gaben der Ämter: der soll das machen, der das, und nit der da das, das der andere machen soll. – Zu meinen Zeiten hat es viel Schreibens gegeben, denn so ist die Schule der Gelehrten gerichtet: wenn einer hervorbricht mit einem Argument, so ist ein großer Haufe da und fällt auch in die Sache. Am letzten aber zerschmelzen sie wie der Schnee und hätten ihre Arbeit besser gespart, denn es nutzt nit und bleibt nit beständig. Da Paulus war, da wollten auch viele ihm gleich und Apostel sein. Aber nein, denn sie waren nit

Holzschnitt aus der »Prognostication auf 24 jar zukünfftig«, 1536

427

berufen. Darum behielten die Apostel den Namen Apostel und den andern wurde der Name »falsch« zugelegt zu dem Apostelnamen.

Man muß in den Dingen hie auf Erden nit anfangen, es sei denn von Gott in uns gegossen. Und was in uns gegossen ist, das leuchten soll vor den Menschen, das verbirgt sich nit.

Diese Zeit meines Schreibens ist zeitig, denn ich darf das nit verschonen, [das ich vorher schrieb und] das ich verderbt habe. Es ist noch nit geflogen worden. Die Werke zeigen nun aber an, daß die Arbeit fertig ist und zeitig[1] ist. Wenn ein ganzes Haus da steht und gemacht ist, so ist es ein Zeichen, daß es zeitig gewesen ist in seinem Meister. So auch hie. Die Zeit der Geometrie ist zu End gegangen, die Zeit der Artisterei ist zu End gangen, die Zeit der Philosophei ist zu End gangen, der Schnee meines Elends ist zu End gangen; der im Wachsen ist, ist fertig. Die Zeit des Sommers ist hie. Von wannen es kommt, das weiß ich nit; wohin es kommt, das weiß ich nit. Es ist da.

So nun die Zeit dieser Dinge, die mir unter den Augen sichtbar sind, da ist, die, die sich lange Jahre verhalten hat und hinausgezogen, so ist auch hie die Zeit, zu schreiben vom seligen Leben und von dem ewigen. Die Zeit der Frucht ist hie. Der Winter ist hin.

[1] Reif.

Die *philosophia adepta coelestis* hat zwei Themen: den Himmel oder das Paradies, wo Gott selbst ist (hier heißt es nach dem Bibelworte [H]ebron), und dann – worauf der folgende Abschnitt noch genauer zu sprechen kommen wird – die göttliche Wirkung oder das Göttliche im irdischen, elementischen Sein. Denn, und mit diesem Gleichnis knüpft der Hohenheimer an die Erzählung Matth. 4, 4 jetzt an, der Mensch lebt nicht vom Brote, sondern vom Wort, das aus dem Munde Gottes geht, vom Göttlichen selbst. Dies Wort, das ist der Segen Gottes im Brot, das göttliche Brot – und das ist einmal eine sehr instruktive Lektion zum Dostojewskischen »Großinquisitor« in dem Roman von den drei »Brüder Karamasow«. Wenn nicht der Segen im Brote wäre, so könnten wir nicht gedeihen, genau so, wie ohne den Segen eine Arznei nur ein Kraut oder eine Flüssigkeit, nichts Heilendes ist. Ein Hinweis auf das im Abendmahl gespendete Brot (1. Kor. 11, 23 ff.), das Brot als ewiges Fleisch, liegt nahe. Wir leben vom ewigen, göttlichen Brot – und so bedürfen wir auch der ewigen Erkenntnis; zu der *philosophia terrestris* oder irdischen Philosophie muß die *philosophia coelestis* oder die himmlische des ewigen Lichtes treten. Nur wer das weiß, geht nicht im Irren, nur der verfehlt in seinem Handeln nicht den Weg.
So wird von Paracelsus – und das hat zunächst mit christlichen Lehren nichts zu tun – entgegen der rationalistischen eine geistige Philosophie gesucht. Nicht das Materielle, sondern der Segen im Brote nährt; nicht die Kamille ist das wichtige, sondern das Heil, das in ihr liegt. Daß dieses Geistige von ihm christlich ausgedeutet werden muß, das kann nur den verdrießen, der es nicht bedenkt, wie fest das religiöse Suchen und Verlangen dieses Mannes war, der es in den Gestalten seines Kinderglaubens am gewissesten fand.

Ihr habt gehört, was *philosophia adepta* im natürlichen Lichte ist; nun weiter, so wisset jetzt auch, was *philosophia adepta* im himmlischen sei. Nun ist das nicht allein *philosophia coelestis adepta*, daß einer weiß, was in Ebron ist, sondern auch, was *philosophia adepta coelestis* bei uns sei, die wir im tödlichen Leben sind.

Wir Menschen auf Erden können nicht allein vom Brot leben, sondern von einem jeglichen Wort, das ausgehet aus dem Mund Gottes. Nun sind zwo Arten der Menschen, die, die zur Seligkeit sind und die zur Verdammnis. Beide müssen leben vom Brot, das ist von dem, aus dem sie gekommen sind. Der eine Teil aber lebt davon zur Verdammnis, der andere zur Seligkeit. Jedweder Teil aber muß haben *philosophiam adeptam coelestem* ebensowohl wie *terrestrem*. Denn nicht allein vom Brot lebt der Mensch, sondern auch von einem jeglichen Wort, das ausgeht von dem Mund Gottes. Denn die Speise und das Leben ist nicht von der Erde, sondern von Gott durch sein Wort; wenn das Wort nicht wäre und allein das Brot, so wäre die Erde unser Gott. Aber nein, nicht aus der Erde, sondern aus Gott durch sein Wort leben wir. Nun ist das Beweis genug, daß wir Menschen nämlich nit aus der natürlichen Philosophia allein leben, sondern auch aus der himmlischen.

Und ob gleichwohl das Brot aus der Erde wächst, so ist es doch des Menschen Speise nit zum Leben noch zur Gesundheit, es ist nur Brot. Die Kraft, die im Brot ist, dieselbe ist das Wort Gottes; vom selbigen ist unser Leben hie auf Erden, im Tödlichen und im Untödlichen. Denn ob gleich der Sünder, der Unweise spricht: Nein, ich esse von der Erde, esse kein Wort, so ist das so viel, als wenn ich spräche: es ist kein Gott. Was ist auf Erden, das nicht von Gott seinen Segen habe? Nun ist der Segen das Wort, und der Segen ist das Leben. Sobald Gott nicht mehr seinen Segen dazu gibt, von

Stund an hebt dasselbige an zu dorren und nimmt ab. So werden reiche Leute zu Bettlern, so dorren die Äkker aus, so schlägt der Hagel in den Garten. Ob gleich Brotes genug da ist, und der Zunge alle Lust, – wenn Gott den Segen nimmt, so ist es nichts denn Gift und die ewige Krankheit hie und in jener Welt, der kein Arzt helfen kann noch mag.

Und es soll sich des niemand wundern, wenn ich sage, daß nit allein das den Menschen erhält, das von der Erde ist, sondern auch das Wort vom Munde Gottes zusammen mit jenem. Denn die Arznei ist eine Arznei und ist irdisch; sie selbst vermag nichts, es sei denn Gott in ihr. Gott heilet den Kranken, nicht die Erde noch die Elemente. Es ist im Evangelio geschrieben, daß die Jünger haben Öl gebraucht und die Kranken damit gesalbt, dazu auch, daß Christus habe genommen seinen Speichel mitsamt Erde, und den Blinden damit gesund gemacht[1]. Nun so sehet, warum das geschehen sei. Darum allein, daß Christus gezeigt hat, daß *er* der Arzt ist, nicht das Öl, nicht die Erde; sondern sein ist die Macht und Kraft. Wie er es da der Erde gegeben hat, daß der Blinde gesund ward mit dem Öle, daß die Kranken gesund wurden, so versteht aus dem, daß alle Arznei aus Gott ist, und wo er nit sein Wort dazu sagt: Genese, Siecher, werd gesund! da wird keiner genesen.

Was nützt denn das Brot, das ohne das Wort Gottes ist? Es ist ohne Kraft. Nun seht aber ein Exempel an. Christus spricht: Das ist mein Leib, das ist mein Blut. Mehr: wer da isset mein Fleisch und trinket mein Blut

[1] Ev. Joh. 9, 6.

usw. das ist auf *coelestem philosophiam* geredet, und nach der wird es so verstanden: Nit allein, daß ihr, das Brot essend und den Wein trinkend, meinen sollt, daß es damit aus sei, weil ihr das irdische Fleisch und Blut behaltet, sondern gedenket daran, daß ihr auch esset und trinket mit diesem Brot das ewige Brot, das in dem Brot ist. Nämlich, daß von demselbigen Brot euer ewig Fleisch wachse, und von dem Trank euer ewig Blut. In summa also, daß wir nicht allein sollen den Bauch füllen, der der Erde ist, sondern wir sollen auch genießen die Speise des ewigen Leibes, des Leibes der neuen Geburt. Darum ist das Brot für sich selbst Brot und das Wort im Brot ist auch ein Brot, nit Beckenbrot, sondern göttliches Brot, das Gott selber bäckt. So müssen wir *philosophiam adeptam coelestem* erkennen.

Nämlich damit etwas vom Ewigen betrachtet werde, deswegen soll die *philosophia coelestis* vorgenommen werden von uns, und wir sollen nicht nur irdisch von den Kräutern schreiben, sondern auch schreiben das Ewige, das Himmlische; das ist schreiben von dem, in des Hand alle Dinge stehen. Denn so einer schreibt von den Kräften der Kamille und vergißt dessen, der sie gemacht hat, der lügt von ihr. Denn das macht falsche Rezepte in der Arznei, wenn ein närrischer Arzt gerade tun will, das die Natur in der Kamille hat, und er beachtet es nicht, daß die Kamille in der Hand Gottes steht; und es geht, wie *er* will, nicht wie die Natur will. Das verführt manchen Arzt, daß er sich verläßt auf das Kraut und den Samen und nicht auf Gott. So wisset aus dem, daß nicht die natürlich Philosophia allein genug sei, sie zu wissen, sondern man muß auch die übernatürliche haben.

# Das Licht des inneren Himmels

Dem Menschen ist dreierlei aufgegeben. Zuerst soll er den physischen, natürlichen Leib, danach den psychischen oder gestirnten zu verstehen versuchen und als das dritte und das Wichtigste in ihm: das Ewige. Der psychische und der ewige Leib sind unserm physischen als immateriell entgegengesetzt – so stehen sich auch Natur und beide Himmel gegensätzlich gegenüber. In den uns sichtbaren äußeren Himmel, der ja selbst nur eine Summe körperlicher »Hüllen« für das aus ihm und in ihm wirkende Geistige, die »Kräfte«, ist, in diesen Himmel wirkt noch ein der innere Himmel oder das Ewige. Der äußere Himmel ist nach diesem das Gefäß sowohl für die schon oft beschriebenen geistigen Kräfte wie für jene himmlische Wirkung, die sich in ihm manifestieren will. Der Weise ist der, der diese verschiedenen Himmel unterscheiden kann, so wie die Heiligen Drei Könige (Matth. 2) oder der mystische Kirchenvater Dionysius Areopagita es zu unterscheiden wußten, was sich im äußeren und was aus dem inneren Himmel sich begab – und wie man zwischen dem Regen aus dem äußeren und dem inneren Himmel unterscheiden muß. Der äußere ist gut – der aus dem inneren ist vergleichbar jenem Regen, der in den Tagen Noäh aus dem inneren Himmel fiel. Und wenn auch Gott uns keine Sündflut mehr zu schicken versprochen hat, so kommen doch andere Sündfluten wie die Pestilenz zur sündigen Erde nieder. Wie aber ist nun der innere Himmel von dem äußeren zu erkennen? Man muß die Wunderwerke beschauen und bedenken, dann gibt uns Gott den Heiligen Geist; er gibt durch ihn, den Parakleten, die Erleuchtung, derer es bedarf. So wird das ganze auf eine innere Erkenntnis hingeschoben, auf ein Begreifen aus dem religiösen Wissen des erkennenden Mannes.

Das sehe ich für gut an, daß nach dem Buch von der natürlichen himmlischen Wirkung geschrieben werde von der übernatürlichen Wirkung des himmlischen Willens. Denn das als erstes zu beschreiben, kann nicht sein, aus der Ursache, daß der Mensch zuerst seine

Natur erkennen soll, was er sei und wozu er gemacht sei. Dem folgt dann nach, was über die Natur ist, was dem Menschen verwandt ist und in ihm wirkt, und dann in diesem Buch, was der ewige Himmel gegen den astronomischen wirkt.

Was Gott im Menschen vollbringen will, das muß durch etwas vollbracht werden, es sei durch die Elemente, durch andere Corpora und natürliche Operation. Zum Beispiel, wenn ein Vorzeichen an den Menschen ergehen soll aus dem innern Himmel, so kommt die Kraft dafür aus dem innern Himmel in den äußeren und zeigt sich in dem äußern wie ehemals der Stern Christi von Bethlehem. Der ist nicht im äußern Himmel entstanden, sondern vom innern Himmel ausgegangen in den äußern, und dem Menschen zu Gesicht gestellt worden. Aus dem folgt nun, weil der Prozeß und die Ordnung des innern Himmels gleich ist dem äußern in seiner Operation, so ist billig, daß der innere Himmel auch beschrieben werde wie der äußere, – aber mit dem Unterschied, daß die ersten [äußeren Kräfte] den innern weichen müssen, und daß der äußere minder ist als der innere. So grob nämlich ist der äußere Himmel im Vergleich zum innern, wie ein Eisen gegen Gold, ein Kiesel gegen einen Karfunkel, ein Hafen aus Lehm gegen ein gülden Geschirr sich verhält. So ist je eine Kraft über die andere. Und der Stern Christi in Bethlehem ist im Vergleich zu den andern Sternen gewesen wie ein äußerer Stern gegen eine Kohle auf Erden.

Deswegen sind solche Unterschiede wohl zu wissen und es ist gebührlich dem Menschen zu eröffnen, von wannen eine jegliche Schöpfung komme, damit er in sich selbst betrachte und es bedenke, was die Bedeutung sei derselben Dinge. Ist eine Operatio da vom äußern Himmel, so solls der Mensch wissen und erfahren und erkennen bis auf das mindeste Jota, und ebenso die Operationen des innern Himmels, was sie bedeuten und was es sei. Der das verstehet, der ist heiliger als die Könige von Saba, von Tarsis, vom Orient, – die haben den innern Himmel erkannt, was seine Wirkung äußerlich gewesen sei, – dem sind sie nachgefolgt, und darum sind sie heilig. Dionysius Areopagita[1] hat die Finsternis am Kreuz Christi erkannt, als vom innern Himmel, nicht vom äußern Himmel herrührend; darum sprach er: entweder leidet der, der die Welt erschaffen hat, oder sie will untergehen.

Nun weiter, ihr Gläubigen und Ungläubigen all, bedenkt, was je und je der äußere Himmel im Menschen gewirkt hat und was er bedeutet hat, und sehet auch an den innern Himmel, wie je und je von Anbeginn her seine Wirkungen wunderbar erschienen sind. Solches alles bedenkt in euch und sehet an die Wunderwerke Gottes, die er je und je gewirkt hat und nicht nachläßt. So ihr die nun wohl betrachtet, und das, was unser Gott und Schöpfer täglich anzeigt, so ist von Nöten, daß ihr betrachtet, warum oder aus was Ursachen solches geschieht. So ihr dem nachsinnt und es bedenket, so kommt der Parakletus[2] und lehrt euch alles verstehen und erkennen in euern Herzen. Denn so wird ein jeglicher von Gott gelehrt, in dem, daß er sucht. Wer da

[1] Siehe S. 318.
[2] Der Heilige Geist.

sucht, der findet; das ist, wer da suchet in dem innern Himmel, der findet ebensowohl wie der, der da sucht auf Erden, im äußern Himmel.

So hat es mich für gut angesehen und nützlich der ganzen Welt, daß ich beschreibe des innern Himmels Wirkung. Es ist billig, daß sie dem Menschen zu einer Behaltung und Erleuchtung seines Christentums gezeigt werden, damit er ein Aufmerken hab auf die Dinge, die ihn betreffen. Denn kommt ein Regen auf die Welt, so soll der Mensch wissen, aus welchem Himmel er komme und seinen Ursprung nehme. Kommt er von dem äußeren natürlichen Himmel, so lobet Gott, denn er gibt ihn; kommt er aber von dem innern Himmel, so bedenke der Mensch sein Elend, denn da ist es ein Regen gleich einer Sündflut zu den Zeiten Noäh. Und obwohl der Regen nicht eine Sündflut macht über die ganze Welt, so ist diese Sündflut: Pestilenz, Krieg, Hunger, Teuerung, und daß je eins wider das andere ist. Und wenn das lange Leben aus ist, so erwürgen wir einander selbst und sterben in unsern Sünden, denn es ist nit zu widerreden, daß so die ganze Welt in Jammer absterben würde wie zu den Zeiten Noäh, sie aßen und tranken und hielten Hochzeit, aber alles endete mit Elend. Und wenn man das Regiment der Welt betrachtet und aller Menschen Tun und Leben, wer wollte sprechen, daß nit sollte die Zeit jetzt so sein, – Jammer und Not, wie es unter denen war, die unter dem Regen der Sündflut standen.

# DAS HÖCHSTE GUT

Aus der Erkenntnis des inneren Himmels folgt notgedrungen eine zweite: die Erkenntnis Gottes als des Herzens dieses Himmels und die Erkenntnis dessen, was der Mystiker als das »höchste Gut« bezeichnet. Dies höchste Gut wird auf einem bei den Mystikern üblichen Wege erschlossen: indem man nämlich alles, was noch nicht das Mächtigste, Größte, Höchste ist, was einem andern unterliegt, beiseite tut; durch fortwährendes »Abziehen« kommt man endlich an das eine, das das Höchste ist. Es ist nicht mit leiblichen Organen, sondern nur aus der Seele zu erkennen; denn das, was als das höchste Gut gilt, liegt im Wunsch der Seele; und die Seele als unser Wertvollstes kann ja nur etwas wünschen, das das Höchste ist. Man könnte mit einem früheren Schlusse von solchem Wunsch der Seele auch sagen, daß die Seele nach dem Höchsten verlange, weil ja jedes aus der Mutter ißt – weil die Seele vom höchsten Gut kommt, muß sie auch nach ihm verlangen.

Wenn wir wollen dem höchsten Gut nachdenken und dasselbe ergründen, so müssen wir dasselbige dermaßen setzen, daß es *nach* dieser Welt sei und auf dieser Erde nicht sei. Denn wollen wir den Bauch und seine Fülle halten für das höchste Gut, so fressen ihn die Würmer. Das ist ein bös Gut, da die Würmer Herr drüber sind. Wollen wir die Zunge dafür halten, so schlägt sie der Schlagfluß. Jetzt ist der Schlagfluß mehr denn die Zungen. Wollen wir die Wollust der Augen, des Leibes usw. dafür halten, so ist der Tod Herr über die alle. Das soll das höchste Gut sein, da nichts drüber ist, weder Gold noch Silber, noch nichts, das aus den Elementen wächst oder kommt. Und nichts ist das höchste Gut, als das, das untödlich ist und über uns alle ist, und ewig ist und unvergänglich. Darum vom Vergänglichen zu reden in der Zahl des höchsten Gutes, ist umsonst. Denn das ist Herr, das das andere überwindet, – und der am letzten überwindet, der ist der rechte; das ist das höchste Gut.

Nit ist uns möglich, das höchste Gut zu finden nach dem, was die Augen urteilen, wie etwa, daß eine Lilie besser rieche als der Wegerich, die Rose hübscher sei als die Tollblume. Auch daß einer wöllte nach der Zunge das höchste Gut messen und erkennen, ist auch nit möglich.

Nichts ist im Leib, das das höchste Gut zu erkennen gibt, als allein der Geist vom Himmel. Die Seel in uns ist die, die nach dem höchsten Gut ringt; der Leib nit. Wie will einer sagen nach des Leibes Weisheit: das ist das höchste Gut oder das usw., so doch der Leib vom höchsten Gut nichts begehrt und auch nit von ihm etwas fordern darf.

Die Seel ist die, die das höchste Gut erkennt. Der das Licht der Seel nit in sich hat, der hält Völlerei, Sauferei usw. für das höchste Gut. Derselbige stirbt und sein höchstes Gut mit ihm. Die Ding alle, die der Leib ansieht und als gut beurteilt, sind nit vom höchsten Gut. Nach dem Leibe ward das höchste Gut verachtet, das war Christus, der schien nit wie das höchste Gut, sondern schlecht in den Augen des Leibes. Aber groß war er in den Augen der Seel. Nach dem höchsten Gut haben verlangt die Alten und das begehrt zu sehen mit leiblichen Augen und sie habens nit gesehen, denn es war noch nit geboren. (Nit daß der Leib das begehrte, aber ihre Seele hatte den Leib überwunden und regierte den Leib.)

Der Sommer ist der Immen höchstes Gut, gibt ihnen ein fröhliches Wabenfüllen mit Wachs und mit Honig. Stehlen und Rauben ist des Wolfes höchstes Gut; das ist, Schafe und Geißen sind sein höchstes Gut, denn so ist seine Tugend. Das bedeutet nun so viel: die Tiere in der Luft, auf der Erde, im Wasser, die halten das für das höchste Gut, das ihnen wohl tut zu ihrer Nahrung. Denn weiter haben sie nichts mehr zu hoffen. Darum bleibt das Wasser des Fisches höchstes Gut und das Gras das der Kühe, die Luft das der Vögel. Der Mensch aber nit also. Sein höchstes Gut ist nit von dieser Erde. Er muß weiter, weil er von dieser Erde fortkommt und hat mehr nach diesem Leben zu erhoffen denn die Tiere. Darum muß er zum Höchsten ansteigen.

Und wenn er das verachten will, so soll er wissen: wenn ein höchstes Gut ist, so ist auch gegen dieses ein Widerspiel, ein bösestes Übel. Entweder muß er nun sein zum Höchsten oder zum Niedrigsten, zum Guten oder zum Übel und Bösen.


## Gott

Die Bibel lehrt: »Gott wohnt in einer Tiefe, da niemand zukommen kann«, und das bewährt sich auch in Paracelsi himmlischer Philosophie. Er weiß ihn nicht, er kann nur immer in Umschreibungen von ihm sprechen – er setzt oft an und bricht doch immer wieder plötzlich ab. Er kann nur immer eine Seite, eine Eigenschaft ins Lichte ziehen – *eins* aber ist öfter ausgesagt als irgendeine andere Eigenschaft: Gott will durch uns erkannt sein, und wir sollen ihn ergründen. Er wird erkannt, indem er uns in seine Geheimnisse einführt, unser Lehrer wird; denn es gibt nichts, was wir allein erkennen oder finden; Gott lehrte uns das Alphabet, kein Mensch hat es ersinnen können, er lehrt den

Bergmann – und er ist mehr als die Schriftgelehrten. Deswegen wird der, der etwas finden will, bei ihm es suchen und erbitten müssen.

Gott will uns in allen seinen Werken erfahren wissen und will, daß wir ein Wissen haben in den Geheimnissen der Natur, und daß nichts davon ausbleibe, sondern daß wirs erfahren. So sind gefunden worden viel große Künste, wunderbarliche Art im Menschen, die zu erzählen mit viel Arbeit nit geschehen könnte.
Wenn nun Gott uns dermaßen haben will, so muß er uns lehren, daß wirs wissen. Denn aus dem Menschen kann man es nit lernen. Wer kann nur ergründen, wie die Buchstaben erfunden worden sind, – was allein durch göttliche Unterrichtung geschah, denn es däuchte Gott gut, daß wirs kennten, und so hats auch der Mensch gelernt.
Wenn also Gott seine Wunderwerke geschaffen hat und der Mensch sie erkennen soll, so hat er auch eine Schule geschaffen, aus der wir es lernen, die nit einem jeglichen sichtbar ist oder verständig. Der Fischer fängt Fische tausend Klafter tief im Wasser, die er nie gesehen hat; der Erzmann bringt Gold viel hundert Klafter tief aus der Erde, in die er nicht sehen kann, – so hats Gott gelehrt.
So nun nichts so geheim ist, das nit offenbart werde, so muß es hervor, es sei im Himmel des Firmaments, im Meer, in der Erden. Alle Dinge müssen offenbar werden. Wer will jetzt den ersten Lehrmeister zeigen und mit dem Finger auf ihn deuten, der nicht aus Adam ist, aber im selbigen wirkt und durch ihn läßt hervorkommen in seinen Geschöpfen alles, was in ihm ist?

Wer ist so einfältig, daß er wollte das Herz Gottes suchen in den Schriften Drusiani, Gentilis[1] und dergleichen andern? Wer wollte meinen, daß Gott dasjenige, was er uns zugedacht hat aus Treue, nicht mit größerem Gewissen und wahrhaftigerem Verstand uns sollte zuschicken, als es auf den Schulen gegeben wird? Wer wollte auch meinen, daß Gott, der die höchste Treue ist und die höchste Liebe, der uns geboten hat, die Liebe zum Nächsten zu erfüllen, daß dieselbe unvollkommen sein sollte in seinem eignen Halten des Gebots? Denn was er gebeut, ist vollkommen und unzerbrüchlich an sich selbst, und jene Schriften sind alle zerbrüchlich und nichts Vollkommenes darin. Er wäre der erste, der sein Gebot gebrochen hätte, wenn keine Arznei sein sollte, als allein die, die die Bücher geben.

Wer kann der Weisheit Gottes an ein Ende kommen, dieweil die Schrift sagt, sie sei ohne Zahl und spricht von der großen Höhe und Unbegreiflichkeit seiner Weisheit[2]. Was soll denn der Mensch in der Tiefe der Erde, was soll er sich fürnehmen und denken, wenn er am höchsten beschaut im Licht der Natur, wie er gegen die Weisheit Gottes dastehe? Nicht, so weit er auch vom Boden der Erde bis über die Sonne und noch über die neue Sonne hinaus, die siebenmal klarer sein wird, kommt, noch ist der göttlichen Weisheit kein Anfang. Weil aber das Licht der Natur ist wie die Brosamen von dem Tisch des Herrn, die allen Heiden aufzunehmen

[1] Vgl. S. 211.
[2] Röm. 11, 33.

erlaubt sind[1], und das Licht der Natur ist von Juda[2] gewichen, so gebührt sich, nit nachzulassen, sondern aufzuklauben von der Weisheit, so lange ein Brosame fällt.

Gott ist der Herr, der die Krankheit heilt und die Sterne zählt, und hat sie nach seiner Weisheit geordnet. Wer will sie ergründen?

Nit einem jeglichen ist Gesundheit beschert, nit einem jeglichen Kunst beschert. Nicht ein jeglicher sieht, der Augen hat, nit ein jeglicher hört, der Ohren hat. Gott weiß, wo er alle Dinge hinziehen soll. Es werden viel Erzgruben gefunden, der kleinste Teil nimmt den Gewinn und Schatz davon. Gott ist der, der alle Dinge austeilt, und bei seiner Austeilung wird es bleiben.

Gott bricht, das ihm nit gefällig ist; und das der Mensch nit selbst hat wenden können, das wendet Gott, weil er die Seinen nit verläßt.

Auf Gott ist gut sich zu verlassen.

Gott ist die höchste Wahrheit.

Wer weiß den Willen Gottes als er allein?

Gott hat uns lieb ohne alle unsere Güter.

[1] Markus 7, 28.
[2] d.h. von denen, denen es bestimmt war.

Daß der Mensch Gott die allerliebste Kreatur ist, über die Engel, das beweist sein Tod, daß er nämlich für den Menschen, aber für den Luzifer nit gestorben ist.

Niemand soll denken, daß übernatürliche List, Ränke, Weisheit, Geschicklichkeit aus der Gabe Gottes kommt. Gott behält das Maß. Viel Schwätzen ist nit aus der Gabe Gottes, denn Gott ist selbst kein Schwätzer, er macht auch aus uns nit Schwätzer; – was Gott nit ist, das macht er aus uns nit.

Der Gott ansieht, der bedarf der Dinge nit.

Wir aber sind Gottes Geschöpf, darum gefangene Leute in seiner Hand.

## DER ERSCHLAGENE SIEGT

Das Widerspiel des höchsten Gutes ist das höchste Böse; sie müssen einander Gegner sein und müssen eins das andere unterwerfen. Vorher erhebt sich aber die Frage, wo das Böse seinen Ursprung hat. Es ist ein abgefallenes Gutes – in der »Astronomia sagax« wird in dem vierten Buch des Teufels Fall und Sturz ausführlich dargestellt. Wie er, so ist auch seine »Kirche« eine verderbte gute Kirche. Die Kirche des alten Bundes war gut; denn Gott hat sie gegründet. Das Gute ist aber zerbrochen, und sie wurde die böse pharisäische Kirche. Die Kirche und ihren Herrn zu unterwerfen, das vermochte allein Gott, und Christi Niederkehr zur Erde wird von Paracelsus als ein Kampf gesehen: der Kampf des höchsten Gutes in Menschengestalt gegen das höchste Böse. Anscheinend siegt hier das Böse; denn das höchste Gut wird erschlagen – der kämpferische Paracelsus aber findet eine bessere Deutung.

So ein Ding zerbrechen soll, so muß es durch das Gute geschehen, denn Böse zerbricht kein Böses, es macht nur Böses. Gutes zerbricht aber Böses (und das Böse, das zerbricht das Gute. Der Pharisäer Kirche ist entstanden aus dem Guten, aber das Gute ist zerbrochen worden).

Nun ist aber das Gute, das dieses Böse zerbricht, das höchste Gut, denn das Böse ist das höchste Bös. Das höchste Bös geht aus vom Teufel, das höchste Gut aus Gott. Darum kann den Teufel niemand überstreiten noch überwinden, als allein Gott. Niemand kann wider ihn sich stellen. Darum da er nun allein mit dem höchsten Gut geschlagen werden muß, so muß das Gott selbst tun und nit der Mensch.

Nun ist der Mensch der, der dem Teufel folgt, und der, dem der Teufel sein Reich aufrichtet, und von dem Felsen kann den Teufel niemand stoßen als allein Gott. Darum ist er Mensch geworden, daß er dem Teufel seine Kirche zerbricht (und das in Menschengestalt, weil jener dem Menschen so gehässig und aufsätzig ist). So wird der Teufel von seiner Kirche gestoßen durch den Menschen, durch den Sohn des Menschen[1], das ist, durch den Sohn Gottes. Nun ist er darum allein geboren, damit das höchste Gut auf Erden ein Mensch sei, und daß durch den Menschen das höchste Bös überwunden werde. So ist das Reich der Pharisäer zu Boden gegangen durch Christum, und ihre Kirche, die auf den Teufel gebaut war, zu Boden gesessen. Obwohl aber Christus in dem Kampf getötet worden ist, und er hat sein Leben gegeben, — darum, daß er sein Leben

---

[1] So nennt sich Christus, vgl. Lukas 6, 5.

dabei verloren hat, hat er doch den Sieg nicht verloren, sondern erhalten, und er ist auferstanden vom Tod, aufgefahren zu den Himmeln. Denn er ist hie nit auf Erden gewesen, um an einer Krankheit zu sterben, weder an der Pestilenz, Gelbsucht, Schlag, noch kaltem Weh usw., auch nit zu sterben auf einem Polster oder Kissen, sondern durch den Tod des Kreuzes, — denn Fechten und Streiten gilt das Leben.

Der erschlagen wird, der hat den Sieg und bleibt auf der Walstatt. Der am Leben bleibt, der hat nichts vom Sieg zu sagen, denn er ist nicht getroffen worden. Der getroffen worden ist, der hat den Sieg, der hat bestanden.

Also ist niemand von den Juden umgekommen und geschädigt entronnen, denn ein einziges Ohr, das Petrus abhieb. Aber damit, daß die Juden den Sieg nicht hätten, so heilte Christus dem Juden das Ohr wieder an[1], denn der Sieg ist allein dem behalten, der geschlagen[2] wird. Der ungeschlagen davon kommt, was hat er für eine Ehre oder Sieg, dessen er sich berühmen mag. Und so hat Christus den Juden, das ist des Teufels Reich, zerstört und überwunden, denn er ist auf der Walstatt geblieben, und die blinden Juden haben gemeint, darum daß er tot wäre, itzt wäre der Sieg ihre. So er doch Christi war. Denn was schadete der Tod Christo, der wieder auferstand und sitzt zu der Rechten seines himmlischen Vaters, während die Juden hinabsteigen zur Hölle. Im Himmel ist der Sieg, nit in der Höllen. Der gen Himmel fährt, der hat den Sieg; der

[1] Lukas 22, 50 f.
[2] Verwundet.

zur Hölle fährt, der hat ihn verloren. So ist ihr Reich aus und überwunden.

Nachfolgend aber, da nun Christus den Sieg erlangt hat und zum Himmel aufgefahren ist, und die Juden und Pharisäer zur Hölle, da ist auch ihr Reich auf Erden zerbrochen und ausgetilgt, daß ihrer keiner mehr da gefunden ist worden. Nun sieh, was das für ein Sieg war, der das Leben davonbringt, und nachfolgend ihnen das Lachen und der Triumph so zerging, daß ihr Lachen ein Weinen wurde. Heut ist es guter Mut, und morgen schon fällt es alles zu Boden.

So ist es den Juden gegangen. Sie haben ein Frohlokken gehabt, daß sie Christum getötet haben, und den Triumph geführt. Aber hernach, da sie meinten, es wäre am besten, da kam Titus und Vespasianus und lagerten sich vor Jerusalem und zerbrachen es, und erwürgten und verkauften dreißig Juden um einen Pfennig. Nun sieh, was ist ihre Freude und ihr Sieg, – nach dem Tode mußten sie zur Hölle und vor dem Tode hatten sie die Zerbrechung und Zerstörung ihres Reiches. So sind die Juden dahin und es ist aus mit ihnen, denn ihr Reich ist nit mehr.

Weil es nun gebührlich ist, wenn ein Böses abgetan wird, daß es durch ein Gutes erstattet werde und die Statt nit leer stehe, die leer gemacht ist worden, – so folgt auf das auch, daß Christus den Sieg, den er erobert hat, an die Statt stellt derer, die er vertrieben hat. Das ist: eine andere Kirche, die der Teufel nit mag umstoßen noch abwerfen noch überwinden, denn er ist ewig sieglos gemacht mit seinem Reich.

# DER WELT ENDE

Die Welt ist Gottes Haus. Wie sie nun geschaffen ist und geworden, so ist zu wissen, daß sie nicht so hingeht, wie sie hergekommen ist. Sondern da werden bleiben vom Menschen das Herz und von der Welt das Geblühe.

## DER BESCHLUSS

Paracelsus weiß, daß, was er als die »*philosophia adepta* im himmlischen Lichte« vorgetragen hat, sehr vielen wohl ein Anstoß sein wird – wer kann sich gegen seine Widersacher und die Widerbellenden schützen? Es treibt ja alles immer stärker auf den Unfrieden zu. Einst stand die Welt groß da und hoch – die Schule der feurigen Zungen lehrte uns, und die Arznei wie die Gerechtigkeit erhob sich bis zur höchsten Höhe –, jetzt sind die apokalyptischen Zeiten furchtbar angebrochen, von denen Christus (Matthäus 24) schon gesprochen hat; die Weisheit und die Erkenntnis liegen danieder, und der Unfriede schlägt die Menschen; es ist *pressura gentium*, das Gedränge der Völker, das ihm als eine Bedrängnis der Völker und eine solche unter den Völkern vor den Augen steht. Liegt also Unfriede auf der Welt, so ist er nicht gefreit, und doch wird er nach seinem Fadenrecht, nach seinem eigenen Gesetze, weiterleben; denn was kann Besseres sein als diese »*philosophia adepta* nach dem ewigen Licht«?
Aus allen diesen Gründen schrieb er, als die Zeit zum Schreiben war – er biegt mit seinen Gedanken hier in den schon abgedruckten Abschnitt ein –, er schrieb, daß er nun fliege, weil Gott das Fliegen endlich von ihm haben wolle. Er hat gewartet und seine Schriften immer wieder neu gefaßt; das Horazische Wort *Nonumque prematur in annum* – man solle eine Schrift im neunten Jahre erst veröffentlichen – fällt ihm hier anscheinend ein; nun sind sie alle im Feuer bewährt, probiert, das heißt erprobt, examiniert, und nun wird das, was er geschrieben hat, trotz aller Gegnerschaft bestehenbleiben.

Ihr habt mich bisher gehört zu den Dingen des himmlischen Lichtes. Nun ist nicht minder, viele möchten mir da wohl Widerpart halten, – wer kann sich beschirmen vor einem jeglichen, dieweil die Reden so schnell sind und die Gedanken der Menschen. Und zu dem allen –: was ist, in dem Fried sei? Alle Dinge sind im Unfrieden, es sei gleich, was es wolle.

Gott hat uns alle geschaffen und durch seine Erschaffung hat er sich selbst Unfriede, Unruhe gemacht, wie es offen zu erkennen ist. Wenn nun Gott selbst im Unfrieden lebt und ihm kein Friede gehalten wird, so sollet ihr auch wissen, daß noch viel weniger der Mensch, seine Kreatur, mit Unfrieden und Unruh unangetastet bleiben wird. Hat er es seinem Sohn nicht erlassen, er mußte gar unter den Unfrieden, so wird er das Kreuz uns allen auflegen und auf das, was sein Wille sein wird, sehen, es sei der unsere, wie er wolle. Darum achte ich das Reden meiner Widersacher nur klein, sonderlich in dieser Zeit, in der ich lebe. Denn in dieser meiner Zeit ist so viel Unfriede, daß dieselben, so jetzt der Unfriede sind, bei meiner Eltern Zeit Friede waren (und die jetzt Friede sind, Unfriede waren). Und wie ihm auch sei in allen Dingen, so ist es *pressura gentium*, nicht anders, als daß einer wider den andern ist, und niemand ist sicher in seinem Bett, noch mit seinem Mahlgesellen, noch bei seinem Pflug auf dem Acker. So die Betten nicht sicher sind und die in der Mühle und der im Pflug, – wer ist dann ohne einen Fegteufel?

Aus dem allen kann ich mir selbst wohl bedenken, daß ich da nicht gefreiet bin, sondern auch das Kreuz tragen muß. Darum so lasse ich die Einrede in meine

Philosophia auf diesmal geschehen. Die Zeit wird kommen, daß man sie mir in Ruhe lassen wird, es gehe jetzt, wie es wolle. Der Dinge sind viel, viele sind berufen, wenige aber erwählt; ein jeglicher mag schreien, wenige aber schreien nützlich. Sie mögen alle bitten, wenigen aber wird gewährt; ein jeglicher tut das seine, also ich auch das meine; ein jeglicher sein Fadenrecht, ich auch das meine. Nun aber, wie dem auch sei, so erprobe ein jeglicher, was sein Geschrei sei, was sein Fadenrecht sei. Und wenn er es probiert hat, dann schrei er, dann führe er sein Fadenrecht. Denn in dem wird es liegen, wie ein jeglicher besteht.

Es ist nicht minder, im Licht der Natur ist es auch so; dasselbe hat viel Feinde und sie sind selbst alle wider einander; das macht die eigene Ehrgeizigkeit, die Üppigkeit, Hoffart.

Die Astronomei hat ihren Ursprung genommen im Aufgang der Sonne; in den andern dreien Teilen der Welt ist keine Astronomei aufgegangen. Als die Welt angefüllt ist worden mit Volk, da sind die Weisen im Zentrum geblieben[1], haben die andern ausgeteilt, aber die Weisheit nit mit ihnen. Damit ist die Welt abgestiegen in aller Weisheit, Kunst, Gerechtigkeit, Gelehrtheit usw.; viele aber jetzt zu meinen Zeiten sagen, sie sei am höchsten in allen Dingen.

Es ist wohl recht geredet nach der Rede Christi: es wird der Vater wider den Sohn sein und der Sohn wider den Vater; es wird ein Reich wider das andere sein und die Liebe wird in vielen erkalten. Die Weissagung erfüllt sich; das ist aber der Welt kein Lob. Wann hat die

---

[1] Legende der mittelalterlichen Magie.

heilige Schrift höher gestanden, als da mit feurigen Zungen geredet ward? Wann hat die Arznei höher gestanden, als da Hippokrates war? Wo ist die Gerechtigkeit größer gewesen, als da der Kaiser sein *eines* Auge ließ ausstechen für seinen Sohn[1]? Wo ist die Weisheit größer gewesen als bei Salomon?[2] *Pressura gentium* nimmt zu und sonst nichts.

Darum sag ich, daß sich die Weisheit, die jetzt in der Welt ist, nicht berühmen soll, sondern sich demütigen und lernen, denn die Astronomei ist nie schwächer gewesen, und ist doch eine notwendige Kunst, ohne die der Mensch nicht sein soll. Ursache, sie lehret die Ehr, die der Himmel verkündet den Menschen[3], sagen, und gibt zu verstehen die Verkündigung der Sterne in den Werken Gottes.

Mir ist meine Gnade von Gott gegeben, in der ich bleibe und sterbe. Daß eine Astronomei der himmlischen Gewalt sollte geschrieben werden, ist wider viele, allein wider die nit, denen Gott die Gnade nit abgenommen hat. Wie kann der Mensch eine größere Philosophia haben denn die aus Gott in der neuen Geburt? Was wir von den natürlichen handeln, ist doch nur Finsternis, – doch nit Finsternis der Verdammnis, sondern Finsternis des Lichts der Natur, das noch in der Hand Gottes ist. Was ist auch unsere Arznei? Der viel kann in derselben, alle Kräuter erkennt und Wurzeln, alle Krankheiten usw., und tut nach Inhalt seines Wis-

---

[1] Nach einer Erzählung der Gesta Romanorum.
[2] 1. Könige 3.
[3] Psalm 19, 1.

sens, – was ist bei alledem weiter zu sagen als, daß der Arzt wider den Kranken und der Kranke wider den Arzt ist.

In jener Welt aber ist es nicht so mit der Arznei, sondern die Arznei, die aus Gott fließt, die ist von Stund an da. Dort wo der Arzt heilig ist, der Kranke selig, da ist gut arzneien. Und die *philosophia naturae*, was ist sie? Nichts. Und wenn wir es alles wissen, so ists doch nur nichts. Denn sobald wir sterben, so ist es alles aus und da ist nichts mehr. Darum so gilt allein die, die kein Ende hat, keinen Anfang, kein Mittel, und ewig ist.

Das alles hat mich geursacht zu schreiben und es nit zu unterlassen. Nit allein, daß ich die Feder *einmal* sollte brauchen, sondern ich habe sie erneuert zum andern Mal, zum dritten und bis hin zum siebenten Mal. Wie das Gold durch das Feuer, so [habe ich] diese Schriften gereinigt, examiniert und wohl besehen; das dünkte mich, gut zu sein, – nicht fliegen vor den Flügeln.

Es ist ein schön Ding um eine Rose, aber sie muß ein ganz Jahr haben, bis sie zum Gestäude kommt, zur Dolde, zur Blüte, – so auch alle andere Ding. Der das Gestäude will für eine Rose nehmen, der hat keine Rose, kennt sie nicht; der die Knospe für die Rose halten will und abbrechen, was hat er? Der aber die Zeit erwartet, bis die Natur austreibt und wächst, *der* hat eine Rose. So die Natur so handelt, wieviel mehr das Himmlische über der Natur! Darum soll keiner vor der Zeit sich einer Sache berühmen, sondern die Zeit ermessen. Nichts ist aber, daß vor derselben reif werde. Der die Zeit nit erkennt, der gibt einen Irrer und einen Verführer, bricht ab, das nicht zeitig ist, nimmt, das ihm nicht befohlen ist.

# DAS SELIGE LEBEN

Dem Philosophen von dieser Welt, wenn er nicht ein von Gott Berufener und Erwählter ist, nicht neu geboren und erleuchtet, ist der Bereich des ewigen Lichtes verschlossen. Er sieht von ihm gemeinhin nur soviel, wie einer, der hinter dem Zaune steht, von einem prächtigen Garten sehen kann. Aber (so weiß und sagt auch Paracelsus) der Geist geistet, wo er will – und Paracelsus war einmal in jenem Garten. Was er aus ihm als Frucht davongetragen hat, das ist sein schönes Buch »Vom seligen Leben«. Es ist eine Programmschrift jenes Christentums, das er im Appenzellischen predigte, und das er dort wohl auch mit seinen Freunden oder Gebrüdern führte. In ihm reicht er wahrhaftig hinauf in jenes Licht, das ihm das bessere schien; oft hatte er gefürchtet, es niemals zu erreichen; hier ward er, und hier lebte er als ein Apostel und Berufener jenes Leben, das Christus forderte und dessen Stege er ihm wies, ein Leben, das uns noch heute aufs tiefste anrührt und erschüttert.

## RELIGION

Von Paracelsi religiösem Schrifttum wissen wir bis heute nur wenig; es liegt in Handschriften verborgen noch immer auf den Bibliotheken, nur ein paar Schriften wurden im 17. Jahrhundert aus dem Schutt gezogen, und in der letzten Zeit das schöne Buch »Vom seligen Leben«. Was ist das »selige Leben«? Das Leben, das die seligen Leute führen, das sind die, die durch den Heiligen Geist erleuchtet worden sind, die der Apostel Leben und Taten wiedertun entsprechend den Verheißungen Christi. So sein wie sie, das ist die rechte und wahre Religion des Geistes.

Da die Apostel nicht mehr sind, so ist die Religion, die uns gebührt, die: aus diesem Geiste und im Maße der Apostel unser

Leben zu führen. »Religion«, das heißt ein Leben aus dem ewigen Licht. So ist es die Religion des Arztes, den göttlichen Grund der Medizin und das, was in ihr göttlich ist, zu begreifen. Die des *adeptus philosophus* ist die Gabalia, das ist Kaballah und bedeutet Erkenntnis durch das ewige Licht, nicht eine Erkenntnis aus der irdischen Weisheit oder der Geomantie. Und so ist die Religion des Rechtsgelehrten, nach gottgegebenem Recht zu leben; das gottgegebene Recht will aber Barmherzigkeit und nicht Gericht.

Nach diesem Maße müssen wir alle unsere Religion zu setzen suchen, nicht in die *tödliche* Weisheit fallen, sondern in der *göttlichen* stehen.

Die größte Gnade, die uns Gott beweist, ist die, daß er uns allemal mit seligen Leuten versorgt, die uns weisen und führen und lehren sollen in dem ewigen, seligen Leben. Die hat er mit dem heiligen Geist erleuchtet, daß sie wunderbarlich reden vor den Menschen von dem Reich Gottes, und mit feurigen Zungen reden. Das ist der rechte Grund der heiligen Lehrer auf Erden, die vom heiligen Geist ihre Lehre nehmen und reden und lehren, daß sich männiglich groß über sie verwundern muß, nit allein, daß sie groß erleuchtet sind im heiligen Geist und große Dinge reden, wunderbarlich allen Menschen, sondern auch, daß sie große Gewalt haben bei uns auf Erden, die sie erhalten haben von Gott und Christo, seinem Sohn; das ist, daß sie gleich sind wie ihre Meister: sie reinigen die Aussätzigen, — was der Natur nicht möglich gewesen ist noch in ihrem Vermögen stand, — und das mit einem wunderbaren Wort allein: du bist rein[1] — und es ist so. Da ist die große Wahrheit, vor der alle natürlichen Kräfte

[1] Lukas 17, 14.

müssen schweigen und von dannen gehen, gegenüber
der Kraft dieser Wahrheit, die allein in einem einzigen
Wort liegt. Sie machen die Toten lebendig mit einem
Wort.

Und wieviel sie solcher Zeichen tun, so werden sie nit
hoffärtig noch reich darin, sondern sie freuen sich, daß
ihr Name geschrieben steht im Buch der Lebendigen.
Sie trinken Gift und es schadet ihnen nit. Man siedet
sie in Öl und es schadet ihnen nit. Sie liegen gefangen
in Ketten und werden ledig ohne Menschenhilfe. Sie
machen die Blinden sehend, die Lahmen gerade, und
alles, was sie an den Dingen tun, das tun sie umsonst,
und lehren das Wort Gottes wunderbar ohne Pfründen
und Renten und Gült[1], ohne Lohngabe und Vereh-
rung. Sie achten keines Reiches dieser Welt noch ihrer
Güter; sie wandern ohne Schuh, ohne Säckel, ohne
Stecken, zu einem Zeichen, daß ihr Reich nit von dieser Welt ist[2].

Es sind die, die wir sollen hören und von ihnen lernen.
Das ist das Salz in unser Herz. Das sind die Lichter der
Welt und aller Menschen[3]. Das sind die, die kommen
im Namen des Herrn; das sind die, die da weiden und
geben, führen und nähren. Das ist die bewährte Reli-
gion des Geistes, der da ist vom Himmel, ohn allen
Betrug und ohne allen Falsch. In *der* Religio ist die
Wahrheit und die wahrhaftige Verkündigung.

Sie sind die, so ohne allen Falsch lehren, ohne Geiz,
ohne Gut, ohne Geld. Sie sind die wahrhaftigen Ar-

[1] Abgaben.
[2] Matth. 10, 1 ff.; 11, 4 ff.
[3] Salz und Licht: Matth. 5, 13 f.

men. Denn wie der Vogel in der Luft fliegt und sich heute ernährt und nit weiß, wo er morgen seine Nahrung nehme, also die auch. Sie sind die, die in Einfalt wandeln wie die Tauben, in Fürsichtigkeit ihres Amtes wie die Schlangen. Das sind die, die da Sorge tragen in ihrem Amt und nichts unterlassen, sondern alles vollenden, was ihnen befohlen ist, und so die Stunde ihres Todes kommt, so han sie mit Freuden ihr Amt vollbracht und sterben seliglich in dem Herrn zu dem ewigen Leben. Das sind Lehrer, die das Evangelium verkünden den Armen. Das sind die, die den Frieden verkünden, denn sie lehren nit ihren Eigennutz. Bei ihnen ist die Lehre des Friedens... Sie predigen den milden, süßen Gott, der von den Seinen nit Gut noch Geld haben will, sondern ein reines Herz.

Denen sollen wir folgen und nachgehen. Die sollen wir lieben. Sie sind die, die im Namen des Herren gehen. Wie groß werden wir bei Gott sein, wenn wir sie nur mit einem Trunk Wasser tränken, mit Gerstenbrot speisen. Denn sie sind der üppigen Speise nit gewohnt, kostbar zu essen.

Das ist die bewährte Religion des Geistes.

Weil Gott unsere Gebrechlichkeit erkannt hat, daß wir mit viel Krankheiten beladen sind und werden, – auch dabei in göttlicher Fürsichtigkeit wohl ermessen hat, daß wir diese [Helfer] im Geist einer wahren Religion nit allezeit haben, sondern daß die Stunde kommt, daß sie von uns genommen werden und an ihrer Statt solche kommen, die nit mit Zeichen und mit dem heiligen Geist reden oder wirken werden, – weswegen dann viel Kranke werden trostlos liegen in ihrer Krankheit und Elend, – denselben Kranken zu gute ist nun eine wahrhaftige Religion von Gott auferstanden und gemacht worden. Das ist die Arznei, die er geschaffen hat.

Nun ist not, diese wohl zu beschreiben. Denn es ist nit minder, sie ist die nächste nach der Religion des Geistes. Darum gebührt es sich ihr, zu sein aus Gott und aus einem rechten Grund. Denn der böse Feind, wo er kann Raden einsäen, da ist er geflissen, auf daß der Seele hie auf Erden eine Herberge nit gestattet werde, sondern genommen, und er hat alle Zeit Freud, wo ein Arges aufsteht oder vorgeht. So fällt er auch in die Arznei, auf daß sie nit gerecht befunden werde, sondern lügenhaftig. Darum ist not, weil die Arznei ein Teil ist, der da sein muß zum seligen Leben, auf daß, — weil die von uns genommen sind, die mit dem Wort kommen und können gesund machen, — daß ein anderes an deren Statt sei, das zu vollbringen, so weit es der Natur möglich ist und von Gott geordnet und ihr Gewalt gegeben.

So wisset, daß der Arznei vertraut und geglaubt werden soll, daß es ihr möglich ist, eine jegliche natürliche Krankheit zu nehmen und zu heilen. Denn wo hat Gott je einen Zorn gehabt und nichts dagegen beschert [nach dem Gedanken]: tut ihr das, so will ich des Zorns vergessen. So also da auch. Darum verachtet der weise Mann die Arznei nit, denn er weiß, daß sie aus Gott da ist, dem Menschen zu helfen in seiner Krankheit.

Das ist nun die wahrhaftige Religion der Ärzte, daß sie am allerersten wissen und kennen alle Natur der Gewächse, was in einem jeglichen sei. Und so sie das wissen, so wissen sie weiter, was die Krankheiten sind, das ist, wie viel ihrer sind, und wissen die Arznei gegen die Krankheit zu gebrauchen. Denn die wahrhaftige

Religion der Arznei geht in der Gestalt, daß wir wissen sollen, was in den Dingen der Natur sei, und wissen sollen Unterschied und Namen aller Krankheiten, und dann das Zusammenfügen der Arznei und des Kranken, — und wir sollen es nit achten, was der Ursprung sei oder die Handlung im Anfang. Denn wie können wir wissen, aus was die Arznei ihre Kraft genommen habe oder wird, als allein aus der Gewalt und Gabe Gottes. Dabei müssen wirs bleiben lassen.

Ihr alle, die da die Religion führen, weiszusagen den Leuten zukünftige Ding, Vergangenes und Gegenwärtiges, die da sehen in weite Land und lesen verborgene Briefe und verschlossene Bücher, und suchen in der Erde und in Gemäuern das, das vergraben ist; die da viel große Weisheit und Kunst lernen, — gedenket, so ihr die Dinge alle brauchen wollt, daß ihr die Religion der Gabalien an euch nehmen und in derselben wandeln müßt. Denn Gabalia ist gesetzt auf den Grund: Bittet, so wird euch gewährt, klopfet an, so werdet ihr erhört und euch wird aufgetan[1].

Aus dem Gewähren und Auftun fließt das, das ihr begehrt: in das Tiefste der Erde sehet ihr, in die Tiefe der Hölle, in den dritten Himmel. Ihr erlanget mehr, als die Weisheit Salomonis ist; wenn ihr werdet am ersten suchen das Reich Gottes, so werden euch die Ding alle zugestellt. So ist also die Kunst Gabalia mit Gott versprochen und im Bündnis, auf das Wort Christi wohl gegründet. Wenn ihr aber werdet die Dinge, die nach der rechten Religion der Gabalien sind, verlassen,

[1] Matth. 7, 7.

und fallt in die Geomantia, so ist der Geist euer Führer, der euch Lügen vorsagt.

Aber ihr, die ihr im natürlichen Lauf zu wandeln wißt, aus Kraft der Natur und Anzeigung derselben, gedenkt auch, daß ihr die Religion der Natur wahrhaftig und gerecht führt... Denn um zu erkennen den Menschen in seinem inneren Wesen durch das äußere, den Himmel in seinem inneren Wesen durch den äußeren, die Bäum, Kräuter, Wurzeln, Stein zu erkennen in dem Inneren durch das Äußere, ist vonnöten, daß die *naturales*[1] alle gehen in den Grund der Gabalia. Denn durch sie soll man sehen in das Verborgene, in die Heimlichkeit. *Das* heißt gelesen verschlossene Brief und Bücher. Das heißt den vergrabenen Schatz aufgetan und gefunden.

Weil Christus sagt: viele sind berufen und wenig auserwählt[2], so ist zu wissen, daß viele Religionen falsch gelehrt werden und nit auf der rechten Bahn sind, aber dermaßen in einen gemeinen Lauf gebracht und in Brauch gekommen sind, daß der rechten mit nichten gedacht wird. Denn so wir bedenken die gemeldeten Religionen, wie viele sind, die alle nit recht in ihnen wandeln, – sie sind alle berufen dazu, aber wenig auserwählt. Das ist, wenig sind gerecht darin.

Denn sehet an die Juristen! Daß wir auf Erden in der Barmherzigkeit sollen wandeln und leben, Verzeihen und Geben[3], dessen ist nie einer kund gewesen. Alles

[1] Naturforscher, Magier.
[2] Matth. 22, 14.
[3] S. Matth. 5, 21 ff.

zum Recht und alles mit Recht hindurch! und – [es muß nach dem gehen] das sie sagen, das Recht sei. Das ist aber vor Gott nit Recht, – vor dem Kaiser und Landesfürsten wohl.

Wenn wir nun nit sollen im Recht liegen, sondern verzeihen, so bedarf es wohl einer großen Berufung (bis einer so weit ist). Aber wir wissen nit, daß einer auserwählt sei. Denn ich sah nie keinen, der sich des Rechtes begeben hätte, hätte er den Rock zum Mantel gegeben[1].

Der Juristen Religion soll sein am ersten der Grund der Barmherzigkeit, und die Leute dahin weisen, einem andern zu vergeben. Wer kann sagen, was recht sei, oder wer ist der, der da weiß ein Urteil zu geben, das vor Gott gerecht sei unter uns tödlichen Menschen, allein er habe es denn aus dem heiligen Geist und nit aus dem Buch, nit aus dem Wähnen, nit aus dem Denken, sondern wie Salomo, da er die zwei Frauen verhörte des Kindes halben[2]. Sonst wird kein Jurist geboren. Ob er schon alle Diebe henkte, noch ist das nit ein Recht, er hinge denn selbst auch. Warum wollte denn einer sich selbst schön machen und einen andern verurteilen, und niemand weiß, wer er selbst ist. Es ist die größte Irrsal und die größte Zerrüttung der Einigkeit. Im selben leben die Juristen, – die rechte Religion der Juristen also ist, die Leute zu weisen: zu vergeben, zu verzeihen, den Rock zum Mantel zu lassen, – nit umsonst hats Gott also gelehrt.

Wenn eine Religio aus dem rechten Weg kommt, so

[1] Matth. 5, 40.
[2] 1. Kön. 3, 16 ff.

fällt sie in die tödliche Weisheit, und wenn sie meinen, sie seien am besten und subtilsten, so sinds die größten Narren. Denn nit unsere Weisheit soll gebraucht werden, sondern die göttliche. Die unsere ist nichts als Narrenwerk. So nun Gott die Weisheit ist, so soll sie bei ihm gesucht werden und nit bei uns. Denn viel Irrsal und Verführung kommen aus den falschen, vermeinten Religionen; nit daß ich sie alle hie wollte melden, sondern [ich will nur] so viel von ihnen eine Anzeigung geben, daß nit unsere Einfälle sollen vorgehen, sondern die göttlichen. Und aus derselben Schul sollen wir unsere Weisheit nehmen, ein jeglicher zu seiner Religion, was er bedarf, viel oder wenig. Darnach gibt Gott einem jeglichen.

## ÄMTER

Die Ämterlehre spielt bei Paracelsus eine große Rolle. In seiner Schrift vom seligen Leben scheidet er zwei Ämter: die einen, die Gott selbst eingerichtet hat und deren Amtleute er bestimmt, die andern, die man durch Fleiß und Lernen sich erwerben muß. Die ersten sind die von Gott Berufenen, die in seinem Dienste stehen und deren Ernährung und Unterhalt deswegen auch in Gottes Händen liegt. Die, die das Amt durch Lernen erwerben, die sich also selber dazu bringen, durch eignen Fleiß und Mühe, führen es im Dienste der Gemeinschaft, und die Gemeinschaft hat deswegen für sie einzustehen. Wir sehen, wie hier das Ahnen einer Gemeinschaftswelt aufscheint. –
Doch auch die »Ämter«, in denen der Mensch sein Können handwerklich erwirbt, in denen er das, was sie zum Inhalt haben, von den Vorderen lernen muß, sind insofern aus Gott, als ja das Wissen uns von Gott gegeben ist, das ganze, wovon im vorigen Buche bereits verschiedentlich die Rede war, wie das spezialisierte Können, wie das, was Gott als Neues finden läßt.

Deshalb auch leistet nur der etwas, der zu seinem Amt »berufen« ist, deswegen auch müssen wir in allen Ämtern treulich handeln – deshalb auch ist das Streiten, das Geilen um die Ämter Teufelswerk. Der ganze Gedankengang verrät das mittelalterliche, »ständische« Denken Paracelsi, das in dem großen System des Aquinaten seinen überwältigendsten Ausdruck fand – und es weist gleicherweise auf den »Schwärmer« und den »Täufer« hin, den Mann, der sich, so wie Sebastian Franck, vom dogmatischen Kirchenwerk entfernte und der ein Leben, wie es die Urgemeinde geführt hat, wiederfinden wollte.

Unser Leben auf der Erde ist so, daß Gott selbst gesetzt hat Ämter und Stände, die uns sollen auf Erden in dem, was nottut, vorstehen. So wie nun dieselben von Gott sind aufgesetzt worden, so sollen wir die Zahl halten und haben. Seine Ämter sind gewesen am ersten Apostel, darnach Doktoren, darnach Schüler usw., wie sie nacheinander gefunden werden. So werden wir sie auch haben, denn wie die Welt ist, so ist allemal einer, der ein Apostel ist unter ihnen (es ist einer, der da apostolische Wahrheit sagt). Desgleichen sind die prophetischen, desgleichen die doktorischen usw.
Aber nit alle [richtigen] werden gefunden in der Zahl derer, die der gemeine Mann oder der einfältige Mann dafür hält. Denn gleicherweise wie Christus auf Erden ging und ihn nahmen wenig an, sondern viel mehr nahmen Herodes und Kaiphas und Annas an als Christum, so sind noch mehr solche Leute, die blind sind gegen die rechten Apostel, Propheten, Doktoren. Denn ob schon einer den Namen vom Volk hat: Prophet, Apostel, Doktor, – noch ist das Amt nit erfüllt. Darum, wenn wir könnten und die Gnad von Gott hätten, so würden vielleicht andere an die Statt gesetzt als die, so

461

an derselbigen sitzen, – wiewohl ein jeglicher von ihnen sagt, er sage das Wort Gottes. Nicht an einen jeglichen ist es gekommen, nit jeglicher wird den Lohn dafür nehmen, nit einem jeglichen wird aufgetan werden. Aber die Ämter werden wir behalten.

Da sind also Apostel. Dieselben han von Gott große Gewalt. Sie machen die Aussätzigen rein, sie machen die Blinden sehend, die Lahmen gehend, die Besessenen entledigen sie [des bösen Geistes], und was sie von Gift trinken, das schadet ihnen nicht. Dazu reden sie mit freien Zungen alle Sprachen verständig und verkünden Christum wunderbarlich auf Erden[1].
Nach diesem hat uns Christus gesetzt Propheten. Dieselben sind zu dem Amt von Gott auserwählt, sind aber nit aus apostolischer Zahl, sondern von Gott dazu genommen, zu verkünden die Zukunft nach den Worten Christi, zu einer Unterrichtung des Volks, zur Buße. Und dieselben setzt Gott auch selbst; das ist, Christus setzt sie, so wie Jonas, da er ihn schickte gen Niniveh mit dem kurzen Bescheid, ihnen da zu verkünden, daß sie würden untergehen, und so mit andern Dingen mehr. Solcher Propheten Amt ist nit, sich der Apostel Verkündigung zu gebrauchen, sondern allein, anzuzeigen das Zukünftige über die Ungehorsamen. Sie nahmen ihre Weissagung nit vom Gestirn, nit von Künsten, nit von Magis, sondern ohne allen Behelf aus göttlichem Mund, gleich den alten Propheten...
Dieser Propheten sind viele gewesen, aber so verborgen, so still, daß sie kaum mögen erkannt werden, und

[1] Matth. 11, 5 und Apostelgesch. 2, 8.

so ist auch ihr Amt, daß sie gemein schlichte Leute sind, nit der Welt Weise, sondern von ihnen verachtet. Nach denen hat Christus gesetzt Doktoren, die weder Apostel Amt haben noch prophetisch Amt, sondern allein Ausleger und Unterrichter sind. Sie werden aber nit von Menschen gelehrt, die Dinge auszulegen, sondern allein vom Hl. Geist, wiewohl er nit offener bei ihnen ist wie bei den Aposteln; das ist, sie reden nit mit feurigen Zungen, – aber feurige Auslegung. Sie sagen nit weis, sie legens aber aus.

Nachfolgend hat Gott auch Jünger gesetzt; das ist Jünger der Apostel, Jünger der Propheten, Jünger der Doktoren. Deren Amt ist, daß sie lernen von denen, deren Jünger sie sind...
Wenn sie nun Gott setzt, so belohnt er sie auch. Deshalb suchen sie keine Belohnung von Menschen, weder die Apostel, noch die Propheten, Doktores, Jünger, sondern alle suchen sie ihre Belohnung von Gott und gar nit beim Menschen. Das was sie vom Menschen han, das haben sie von der Erde, denn Gott gibt der Erde ihre Frucht desto mehr, daß auch die desto mehr haben, denen sie ins Haus kommen, und die ihnen vorlegen, was sie essen und trinken. Sie finden auch allemal die, die auserwählt sind, ihnen zu geben, bei denen sie bleiben, bei denen Friede ist. Darum essen sie niemanden was ab. Dem sie abessen, denen hat er ihren Teil schon verordnet und zugestellt, bei denen finden sie ihn; das ist, wo sie den Frieden finden, da finden sie ihre Nahrung. Wo nit, da essen sie nichts, denn da hat ihnen Gott nichts hingelegt. Darum essen sie niemanden was ab, weder seine Arbeit noch seinen

Schweiß, noch den Bettel, noch das Almosen, sondern ihre Kuchen wächst jenen für den Lohn und die Kost, die sie denen geben, so aus dem Amt Gottes da sind. Aus der Ursache finden sie allemal die, die ihnen Gott bestimmt, die sie speisen. Denn so führt sie Gott, daß die Bösen sich nit berühmen dürfen: wir haben ihnen zu essen gegeben, zu trinken gegeben usw. Darum bekommen sie keinen Zehnten, denn ihn geben Gute und Böse, die von Gott und die vom Teufel; desgleichen essen sie kein Opfer, denn das geben die Guten und Bösen, Fromme und Gleisner. Allein die Auserwählten speisen sie, bei denen der Friede ist. Die kleiden sie auch, soviel ihnen not ist. Was weiter die Belohnung ist, ihnen zu geben, die wird ihnen gegeben im Himmelreich. Da werden sie ihren Frieden und ihre Lust haben, – auf Erden haben sie nichts denn Jammer und Not. Denn ihr Reich ist nit auf dieser Welt. Darum suchen sie das hie auch nit und empfangen vom Menschen keine Belohnung, denn der Mensch vermag sie nit zu zahlen.

Aber da nun noch andere Ämter sind, die auch von Gott sind und in der Welt sein müssen, – aber sie scheiden sich von den vorgemeldeten, – so wisset, daß die Leute [in diesen anderen Ämtern] sollen von Jugend auf zu den Dingen gezogen werden und erhalten von der Gemeine, auf daß sie in ihren Tagen zu dem Verstande kommen, erfahrene Leute zu sein, und ein Wissen tragen in den Dingen, so ihr Amt innehält, – als Arzt, als gewaltiger Regierer, als gelehrter Mann in den Sitten, in der Physik, zu andern natürlichen Dingen, die einem Menschen zu wissen zustehen.

Ob das gleich Gaben sind von Gott, so sinds doch nit Gaben, die von selbst einfließen. Denn ob einem schon ist gegeben die Gnade der Sprache, so muß er sie doch lernen, und wenn er sie lernet, so grünet dieselbe Gabe aus, gleicherweise wie ein Gras aus der Erde. Da sind auch etliche, die die Gabe haben zu reden, die sollen gelehrt werden, daß sie die Wahrheit reden und nit von ihnen selbst, ungelehrt, zur Lüge kommen und reden, was wider die Wahrheit und den Nächsten sei. So auch mit der Arznei, – dieselben, die die Gaben und die Liebe dazu haben, [soll man] dazu ziehen und lehren, auf daß nit Betrüger in der Arznei aus ihnen werden. Dergleichen auch, wenn einer zum Regiment die Gabe hat, [soll man ihn] dazu ziehen, daß nit seine Unwissenheit das Land betrüge und verführe.

Wenn Christus sagt, daß das Himmelreich gleich sei einem, der aus seinem Schatz hervortrug Altes und Neues[1], so ist das soviel: der Schatz ist die Gabe, die ein jeglicher von Gott hat; das Neue ist, das er jetzt dazu gibt, das es vorher noch nicht gegeben hat, wie neue Kunst, neue Lehr, neue Arzt, neue Gesetz usw. Das Alte ist dasjenige, das den Alten gegeben worden ist und jetzt an uns kommt, von den Alten ererbt durch Schriften oder andere Eröffnungen. So kommt in uns das Neue und das Alte.

Der Himmel ist auch so, er gibt die Gnade und Gabe in uns, daß wir Altes und Neues wissen, lernen und erfahren mögen. Nun das Alte, das müssen wir lernen, es sei durch Hören, durch Lesen, durch andere Erfahrenheit. Das Neue gibt uns Gott selbst zu dem Alten. Daraus

[1] Matth. 13, 52.

sollen wir nun wissen, daß die Kinder zu den Gaben sollen gezogen werden von Jugend auf. Das sind nun die Ämter von den Menschen, die der Mensch zu lernen hat und zu erfahren. Die, die sie können, haben es nit umsonst empfangen und gelernt. Darum können sies nit umsonst geben. Denn es ist gleich einem Handwerk, damit sich einer ernähren soll.

Jene Apostel, Propheten und Doktores aber, das sind die, die da werden im Himmel leuchten wie die Sterne; deren Namen sind in das Buch des Lebens geschrieben[1]. Das sind die, die sich nit freuen oder erheben, weil sie viel Zeichen und Wunderwerk auf Erden getan haben, sondern darum werden sie sich freuen, daß sie im Himmel angeschrieben sind mit ihren Namen wie ein jeglicher Geist[2]. Das ist ihre Belohnung dafür, daß sie Amtsleute Christi gewesen sind. Nit daß sie auf Erden Belohnung suchen oder Bauchfülle oder Zins und Gült und dergleichen. Gott speist sie auf Erden bei den Seinen. Denselben gibt er, daß auch die Seinen genug davon haben, und sie geben ihnen unwissend von ihrem Gut. Aber Gott besoldet sie heimlich. Das sind die, von denen Matthäus redet: Ihr seid Salz der Erden, ihr seid Lichter der Welt[3].

Was krank liegt, gehört unter den Arzt, und es wäre billig, daß den Ärzten alle Krankheiten wissend sind; jedoch was nit in einer, das ist ihm in einer andern wissend, denn so sind die Gaben der Apostel auch

[1] Off. Joh. 3, 5.
[2] Lukas 10, 20.
[3] Matth. 5, 13 f.

ausgeteilt worden. Und was einem jeglichen gegeben ist, in selbem hat er seine Ehr. Das ihm nit gegeben ist, ist ihm keine Schande. Denn wie Gott einen jeglichen haben will, so ist er.

Der [ärztlichen] Kunst Übung liegt im Herzen. Ist dein Herz falsch, so ist auch der Arzt in dir falsch; ist es gerecht, so ist auch der Arzt gerecht. Es ist gleich wie bei den Propheten, deren ein Teil falsch, der andere gerecht ist. Treulich sollst du handeln und wandeln, was du amtsweise von Gott empfängst.

Warum geilt ihr um die Ämter? Warum bittet ihr um Nahrung einen ehrsamen Rat? Sind sie eure Götter? Nein. Ich sage euch, weil ihr sie bittet und von ihnen nehmt, daß ihr des Teufels seid allentwegen.

Wer von Gott nit erwählt ist, durch denselben wird nichts ausgerichtet, ein jeglicher wird zu dem gebraucht, dazu ihn Gott beruft.

Christus zwang Petrum und nötigte ihn, daß er gehen mußte, dahin er nit wollte. So schickte er Jonas nach Niniveh, so andere Propheten, die alle gehandelt haben wider ihre Art und Natur, deswegen sie verachtet und für tolle Menschen gehalten wurden. Aber das Ende erwies ihre Wahrheit; darnach, da es geschehen war, da sie begraben waren, wurden sie hoch gehalten. So blind waren die Menschen: im Leben verachteten sie die Gesandten Gottes; da es aber alles geschehen war, da machten sie ihnen köstliche Gräber.

# REICHTUM UND ARMUT

Aus einer »täuferischen« Gesinnung gehen die nächsten Texte Paracelsi hervor. Er spricht vom Reichtum, der den Menschen meistert und verdirbt; wenn einer reich wird, so wird er übermütig und hoffärtig werden, den Armen ein Schermesser, ein Bedrücker – und ein Freund des Bösen; die großen Reichen, der Kaiser und der Papst, verführen ihn zum Bösen; der Reiche sucht ihre Gesellschaft, sie die seine, und so wird er böse; er wandelt ein Leben des Teufels, nicht ein Gottesleben mehr.
Was ist zu tun? – Das Geld dem Kloster zu geben, tut nicht gut; es wird dort nur zu Faulheit oder Schwelgerei gebraucht. Der Ausdruck »Kloster« steht hier für alle amtlichen Stiftungen und Schenkungen jener Zeit. Der einzige Weg ist, daß man sich alles Reichtums selbst entblößt und in die Armut geht – da kommt kein böser Reicher einem nach, kein prassender Richter oder Amtmann, der dich in das Böse lockte; wenn du ein Armer bist, so kannst du in kein böses Tun gezwungen werden. Wer aber Reichtum liebt und sich des Gutes nicht entblößen will, dem wird es gehen, wie es dem reichen Jüngling (Matth. 19, 20 ff.) ging, der nicht in das Reich Gottes kommen konnte, ob er es gleich suchte.

Ich meine, daß nit ein jeglicher reich sein soll; denn Gott weiß wohl, warum er der Geis den Schwanz nit gelassen hat. Weil Reichtum den Armen verführt, ihm Demütigkeit und Zucht nimmt, ihn in Hoffart und Übermut verwandelt und aus ihm ein scharf Schermesser macht, ist besser, ihn arm bleiben lassen.

Selig und mehr denn selig ist der Mann, dem Gott die Gnade gibt der Armut. Aus der Ursache: der die Gnade nit hat, der denkt: wohlan! Du bist ein reich Mann mit viel Gutes und Geldes und aller Wollust und bist dessen gewaltig, und bist [in einer Gesellschaft] mit dem

Kaiser und Papst. Aber sie sind falsche Christen, sie regieren üppiglich, sie haben böse Gesetz, sie beschirmen einander in ihren Bosheiten, und du bist der, der da hilft und tuts auch, und folgest ihren Geboten und Lehren. Aber es ist des Teufels Leben, nit christlich, nit aus der Lehr Christi. Stirbst du dabei, so fährest du zum Teufel.

Wie willst du ihm tun? Stiftest du dein Gut zum Kloster, so geht es zum Teufelsdienst usw. – Du willst ihm also tun: alles verkaufen, den Armen geben und in die Armut laufen, in die wilde, auf daß dich kein Richter such, der dich jetzt in deinem Reichtum sucht, und daß du nit mußt halten böse Gebot, nit halten und stimmen zu dem Argen und Bösen. Mach dich arm und bettelarm, so verläßt dich der Papst, so verläßt dich der Kaiser, und sie halten dich fürderhin für einen Narren. Jetzt bist du ruhig und deine Narrheit ist eine große Weisheit vor Gott.

Wenn aber das Herz nit zur willigen Armut geneigt ist, so gehest du traurig hin wie der Jüngling bei Christo, den Christus hieß verkaufen sein Haus, Hof usw. und ihm nachfolgen. Denn wenn er ihm nachgefolget wäre, so wäre er geschieden gewesen von dem, das ihn nun verdammt. Aber wegen des Gutes geschah es nit[1].

Darum mehr denn selig ist der, der die Armut lieb hat. Es macht ihn ledig von viel Banden und Gefängnis der Hölle; es gibt nit Wucher, nit Dieb, nit Mörder und dergleichen.

Was aber Reichtum liebt, das steht noch auf einem gefährlichen Zweig; es mag leicht eine Luft oder ein

---

[1] Schied er sich nicht von seinem Reichtum, also nicht vom Bösen.

Windlein kommen, es fällt ein ein Stehlen, Wuchern. Vorkaufen[1] und dergleichen zu andern Dingen, die in den Reichtum des Teufels helfen und nicht Gottes.

## VON DER FREIEN LIBERALITÄT

Das schöne Kapitel von der freien Liberalität ist eine sinngemäße Ergänzung zu dem von den Gefahren, die den reichen Mann bedrohen. Der Reiche soll in die wilde Armut gehen, hieß es dort, und hier wird ihm gesagt: Er soll von seinem Reichtum geben, aus fröhlichem Herzen geben, wie es Paulus (2. Kor. 9, 7) gefordert hat; er soll sein Gut nicht sparen oder es den Erben hinterlassen; denn die Verpflichtung aus dem Gut geht nicht an sie, geht nur an ihn. Wer gibt, erwirbt sich Gottes Gnade und wird von ihm freundlich angesehen werden; denn Gott will seine Armen nicht aus ungerechtem Gut ernährt – er will sie, die ja seine Kinder sind, nicht durch unrechtes Gut beschmutzen lassen.

Die größte und wichtigste Vorbedingung dieses Gebens ist die Freiheit; man muß von allem menschlichen Zwang los sein, darf unter keinem Herren stehen. Den Satz »Der Mann soll keines andern sein, der auf sich selber stehen kann allein«, hat Paracelsus sich als Wahlspruch auserlesen (*Alterius non sit, qui suus esse potest*). Ist er ein freier und von keinem mehr abhängiger Mann, dann ist das nächste, daß er richtig und den richtigen Armen gibt. Das, dieses praktische Christentum, das wird sein wahrer Ritteradel sein.

Wir sehen hier einen Mann, der nach dem Bilde der christlichen Urgemeinde, wie die Apostelgeschichte (2, 44 ff.) es zeichnet, leben will, und einen der einzelgängerischen Vertreter jenes wahren Christentums, das durch die »Täufer« wieder nur in Zwänge eingebunden werden sollte. Man muß ein Freier sein, und wie man frei ist von den weltlichen Zwängen, von den Fesseln eines Gutes, von den Banden einer Pflicht, so muß der Mensch auch als ein Freier seinem Gotte gegenübertreten.

[1] Wucher.

Gott hat uns begabt mit mancherlei Gaben, die wir auf Erden gebrauchen sollen [und daß wir] aus freiem Gemüt tapfer und gutwillig wieder ausgeben sollen, wie Paulus sagt: einen schnellen Geber und einen fröhlichen hat Gott lieb, – und kann aber niemand etwas ausgeben, es sei denn, daß er reich sei, worin es auch wolle; der Reiche in der Arznei soll reichlich ausgeben, desgleichen auch [der Reiche] in andern Dingen, Gut oder anderem. Nun ist aber zu wissen: so Gott einem einen solchen Reichtum gibt, so soll der Mensch, der ihn hat, eine angeborene Liberalität haben oder eine eingepflanzte, daß er möge reichlich austeilen denen, dahin es kommen soll.

Viele sind, die sagen und meinen, wenn sie ihr Gut behalten ihren Kindern und Erben, und das nit allein an den Armen ersparen, sondern auch an ihrem eigenen Leib, sie täten recht, – und es soll recht sein, wenn sie viel hinter sich lassen. Aber Christus zielt nicht auf vergangene Reichtümer oder hinterlassene. Es steht geschrieben: und ihre Werke folgen ihnen nach[1]. Vom Nachfolgen des Gutes steht nichts. Darum soll niemand sich der Liberalität entschlagen, sondern dieselbe gebrauchen, wie sie ihm Gott gegeben hat. Die hat er nun nit gegeben, das Gut zu sparen bis nach dem Tode den Erben. Denn wer weiß der Erben Herz, wie sie geraten? Du sollst deine Gaben selbst geben, und das Geben ist dein Werk, das dir nachfolget nach dem Tod in jene Welt, nach dem du gefragt wirst, um Rechnung zu geben. – Aber viel ist davon zu reden, daß viele sind, die ihre Güter und Gaben nit den Armen oder andern aus Liberalität teilen.

[1] Off. Joh. 14, 13.

Daneben ist aber auch zu verstehen, daß viele die Gnade von Gott nit haben, dasselbe auszuteilen den Armen und Notdürftigen. Denn viele sind, die ihr Gut mit Betrügerei, Wucherei und anderer Büberei gewonnen haben. Gott will die Seinen nit von solchem Gut sättigen, sondern will dieselben sättigen von den Gaben, die ehrlich da sind.

Am ersten, wenn du die Gabe der Liberalität hast, so mach dich selbst frei, auf daß du dein frei Herz habest und dich niemand hindere. Bist du ein Knecht und in einem Dienst, in einem Amt, so geht es dir schwer, frei zu sein. Du mußt da sorgen auf deinen Dienst mehr als auf die Liberalität.

Es soll aber der, dem Gott Gabe und Reichtum gegeben hat, keines andern sein, sondern sein selbst eigener Herr und Wille und Herz. Denn einer, der von Gott eine Gabe hat und sich untertänig gemacht hat damit einem andern, der vergibt sein Teil am Himmel. Zum Beispiel ein Arzt, dem Gott den Reichtum der Arznei gegeben hat, und er verpflichtet sich an der Fürsten Hof, in der Städte Dienst, derselbe ist damit der Liberalität beraubt, denn er muß auf die seidenen Kleider warten, die haben ihm zu gebieten.

Und zweitens: kein Gebot soll über die Menschen der freien Liberalität ergehen können, sie sollen sich auch nit unter die Gebot beugen, sondern ein freies Herz behalten. Denn einer, dem Gott Gaben gegeben hat, der soll sie um keines Gutes willen, weder um Silbers noch um Goldes willen, verkaufen oder versetzen, sondern ein Wesen haben wie ein Landfahrer oder Pilger, der weder Mörder noch Diebe fürchtet und seinen freien Mut behält.

Desgleichen hefte dich nit an ein Weib, das dein Meister sei und dich ziehe, wie sie will; dazu wenn deine Kinder groß werden und erwachsen, daß sie über dich wachsen und du bei ihnen ein gefangener Mann seist, deiner Liberalität beraubt. Handel dermaßen in diesen Dingen, daß deine Frau nit das Auge sei, das dich Christus heißt ausgraben und fortwerfen[1]. Ist sie dasselbige Auge, besser, du wirfst es in eine Grube, als daß sie dich verführen und binden soll in deiner Liberalität. Denn der Teufel ist seltsam und voller Anschläge; wo er einen gerechten Mann sieht, ficht er ihn in viel Wegen an, durch Krankheit, durch Weib, durch Kinder. Aber du sollst ihm zu stark sein. Du bist ein Mann, sie nit. Du bist der Vater, deine Kinder nit. Darum sei und bleibe, das dir Gott gegeben hat.

Schau und erprobe es, ehe du in Bindungen eingehst, damit du weder eines andern seiest noch auch deiner Frauen nit. Sondern dir soll eben sein, wenn du ein Weib hast, als habest du kein Weib, hast du Kinder, als habest du keins, und sollst so frei sein in deinen Gaben, daß dich niemand zwingen noch nötigen kann, deine Gabe zu versperren oder zu verkaufen. Sondern bleibe bei dem: umsonst habe ichs empfangen, umsonst will ichs wieder geben. Da gehört ein frei Herz zu, ein fröhliches, wie Paulus sagt: den hat Gott lieb, der fröhlich ausgibt.

Wenn du dich nun also entledigt hast und frei bist wie ein Bettler und wie eine reine Jungfrau, so lerne, daß du verstehst, wo deine Gabe hingehört. Das ist nun der erste Anfang der Liberalität. Denn wo du das nit ver-

[1] Matth. 5, 29.

stehst, so gebrauchst du deine Liberalität unfleißig und gibst es den Sauen. Denn nit alle Kranken sind der Arznei befohlen; darum lerne, wo du sie brauchen willst und sollst, damit du sie wohl anlegest. Viele haben ihre Liberalität im Saufen und zahlen für alle Gesellen. Das ist nit Liberalität. Darum ist am ersten von nöten, daß du wissest die Gaben anzulegen seliglich, nit unseliglich.

Und wiewohl die Bösen auch deiner Gaben genießen, dasselbe laß dich nit erschrecken, denn Gott führt auch seine Liberalität lauter, läßt die Sonn und Mond scheinen über Gut und Bös, läßt das Feld seine Frucht geben Guten und Bösen, beschirmt sie all, gibt ihnen allen. Hast du also, eine freie Gab, sei wie die Sonn damit, sei fröhlich und frei, laß deinen Schein über und über gehen, treib deine Gabe aus deinem Schatz, wie die Erde im Frühling die Bäume und Gärten zu Blust und Samen, und sei in deinen Gaben reichlich im Austeilen, wie das Meer mit seinen Fischen, und laß dich niemand hindern, wie er auch sei.


Der selige Reiche muß verstehen, daß er sich nit besser kleide als den Armen gleich. So wie die gehen, so ist auch seine Kleidung. Solch eine große Erbarmnis ist in diesem seligen Freien: hätte er hundert Gulden, die er für ein Kleid anlegen will, und er sieht arme Leute neben sich, die nackt sind, jetzt geht seine Liberalität, daß er die hundert Gulden nimmt und zählt die Armen ab, und sich mit ihnen, und teilt die hundert Gulden gleich auf, zu gleicher Kleidung für sich und die Armen. Desgleichen ißt er nit anders als die Armen, weder mehr noch minder. Das ist so: er ißt sonst alle Tage von Hühnern und Kapaunen, Wildbret, Vogel, Fisch und Krebsen, und das mit Haufen, was ihn gelüstet. Nun ist das alles recht und rein. Aber der selig Freie, der sieht die Armen, und wenn er sieht, daß sie nit zu essen usw. han, so zählt ers ab und sich mit ihnen, führt sie in seine Küche über seine Fisch und isset mit ihnen und sie mit ihm, daß ihnen allen gleich viel werd, und er wie sie sei. Er trinkt nichts, um zu trinken, zu verschütten usw.; er zählt die armen Durstigen und sich mit ihnen gleich in der Reihe, und trinkt mit ihnen den gleichen Trank. Denn der reiche Selige duldet nicht in seiner Liberalität, daß er einen Bissen Brot für sich habe, dessen der Arme mangeln muß. Sondern die Freiheit ist so groß: eher gäbe er ihn dem Armen und er mangelt. Das ist der freie Mut in der Liberalität, den Gott liebt, wie Paulus meldet.

Bist du ein Ritter, was tust du mit den goldenen Ketten am Hals und mit dem Gold an Sporen und Zäumen. Willst du ein Ritter sein und Streiten zum Seligen, sei in der Liberalität Ritter, nit im Blutvergießen.
Gegen deinen Sohn, deinen Knecht, deinen Freund kannst du keine Liberalität beweisen; allein gegen den, welchem du nichts schuldig bist von bluts- oder dienstwegen, und die dich nit bezahlt haben oder dich wiederum einladen.
So du reitest, so reit dermaßen, daß dein Nächster auch reitet. Denn besser ist es, daß der, der da hinkt, krumm, lahm ist, reitet als du. Besser, du gibst ihm die gute Speis und ißt die schlechte, denn er ist krank, du gesund. Er bedarf ihrer, du nit. So soll auch der Junge dem Alten vortreten, für ihn betteln gehen und ihn

ernähren, eh er den Alten betteln gehn, für ihn arbeiten, für ihn Wasser trinken läßt und er Wein trinket.

Das alles tun die im seligen Leben. Was man ihrem Leib tut, das nehmen sie ihm und gebens dem, der dessen wohl notdürftig ist und es bedarf. Sie liegen auf den Bänken und lassen den Armen, Dürftigen, Kranken in das Bett.

Das ist die freie Liberalität und die selige, die erlangt das ewige Leben. Die aber nit in der freien, heiligen Liberalität sind, die verdrießt es, daß sie die Armen sehen sollen, daß sie ihnen einen Teller Brot geben sollen, und sie ratschlagen Tag und Nacht, wie zu tun sei, daß man ihnen nichts gebe oder doch nur wenig, und daß man ihnen das Land verbiete, die Tore zusperre, damit sie nit vor ihre Tür usw. kommen.

So ihr aber etwas Übriges habt, das die Notdürftigen nit bedürfen, so behalte dus und gibs nit, laß sie nit in die Geile kommen. Denn so ein Armer in die Natur kommt, die der Hund hat im Schwanz, so kann seinem Wedeln niemand genugs geben. Darauf folgt nun: ein Hund frißt, bis er alles wieder kotzt. Also tuns auch die Armen, so da betteln. Denn ihrer sind zweierlei, die aus Gott da sind und die aus dem Teufel da sind.

## ARBEIT

Nach dem bisher Gesagten ist das Folgende nur noch die Ergänzung zum Positiven hin. Der selige Mann soll nicht vom Reichtum, vom ererbten Gute leben; er lebt allein von dem, was ihm die Arbeit trägt, und zwar die Arbeit, die, ohne dem Nächsten zu schaden, ihm geboten ist zu tun. Hier wird von Paracelsus eine neue christlich-ökonomische Ordnung vorgetragen. Wer eine Bezahlung nimmt, die höher ist, als seine Notdurft heischt, das heißt, die ihm mehr einträgt, als er für den Tag zum Leben braucht, der nimmt unsittlich, denn er stiehlt dem Nächsten dessen Gut. Wir haben ein Recht auf die Bezahlung, aber nur ein Recht, so hoch, als es für uns und die Erhaltung unsers Lebens eben nötig ist. Aus dieser Ordnung des Ökonomischen folgt aber auch das nächste: Wer ohne Leistung einen Wert empfängt, bestiehlt den Gebenden, denn der hat ja von uns aus auch den Anspruch auf gerechten Lohn. Der Müßiggang ist Diebstahl, ebenso der Zinsenkauf, die Rente; denn Gott hat unser Leben in den Arbeitsschweiß gesetzt (1. Mos. 3, 19) – das ist die religiöse Begründung dieser neuen Wirtschaftsordnung, die ihren ersten sichtbaren Ausdruck in der Urgemeinde gefunden hat. Denn in der Urgemeinde war ja das Reich Gottes da. Trotz aller theologischen Begründung, und obwohl der Hohenheimer in dem freien Christengeiste wurzelt, spricht in dem Stücke ein Mann, der weiß, was Arbeit ist, und der die Arbeit liebt. Wer nicht die Arbeit liebte und sich nicht ihr verschrieben hätte, der würde zu diesen Forderungen und dieser Ordnung nimmermehr gekommen sein – und wäre er es, so hätte er doch den letzten Schluß nicht mehr gefunden: Ein Vater soll seinem Sohn nichts an Geld, er soll ihm seine Arbeit als das Erbe hinterlassen. Es ist das Höchste, was ein Vater seinem Kinde geben kann – denn Arbeit ist das, womit der Mensch den Himmel sich verdienen muß.

Gott ist nicht der Meinung, daß uns die Arznei gleich gekocht, bereitet und gesalzen vorgetragen werde, sondern daß wir dieselbe selbst kochen, – kochen und dazu auch lernen. Uns darin zu üben ist sein Wohlgefallen, nit müßig gehen auf Erden, sondern täglich in Arbeit liegen. Denn wir sind die, die da müssen bitten um das tägliche Brot und er gibts uns, doch durch unsere Arbeit. Und so einer ausrechnet, wie viel Arbeit dazu gehört, bis es in den Mund kommt, nicht allein

Arbeit, sondern Kunst, zu bauen, zu säen, zu mahlen, zu backen usw., – wieviel mehr solche Künste will Gott haben von uns, daß wir die Arznei pflanzen selbst mit unsern Händen, auch dieselbe durch Kunst dahin bringen, bis sie das ist, dahin sie Gott bestimmt hat.

Wer im seligen Leben ist, dessen Nahrung steht allein in der Arbeit und nit im Müßiggehen. So werden hiermit alle Nahrungen, die nit mit Arbeit gewonnen werden, verworfen. Was ist nun die Arbeit des seligen Menschen, die aus den Händen gewonnen wird? Die ists, daß sie gewonnen werde dem Nächsten zu Nutz und ohne seinen Schaden.
Wie das? Nun so: bist du ein Arzt, so ist die Kunst in deiner Hand, damit sollst du dich ernähren. Und ernähre dich von den Kranken, doch so, daß sie in ihrer Nahrung nit geschwächt werden.
Das ist die Nahrung, in der kein Reichtum ist, allein die Notdurft, denn nit im Reichtum steht unsere Seligkeit, sondern in der Notdurft. Reichtum übernimmt[1] den Nächsten. Jetzt ist Übernehmen den Nächsten wider Gott, und das selige Leben ist wurmstichig. Gibt dir, Arzt, der Kranke, deine Notdurft ohne Reichtum, so seid ihr beide selig; gibst du ihm Gesundheit, die seine Notdurft ist, sind aber beide selig. – Bist du ein Hafner, so erhalten dich deine Nächsten, die deine Arbeit brauchen, viel oder wenig. Sie sollen dich erhalten; wenn auch nit in Reichtum; Reichtum ist die Verdammnis; in Armut ist die Seligkeit, denn unser Reich ist nit von dieser Welt, sondern von der ewigen.

[1] Nimmt zuviel vom Nächsten.

478

Ob du schon eine Kunst kannst auf eine Tonne Gold, gedenke, daß du die Tonne nit verzehren kannst, sie ist dir zu viel. Denn der Tod kann dich morgen überwinden; so bist du nichts mehr, aber deine Tonne ist noch da. Was ist, daß du aus deiner Kunst, sie sei im Kopf, in den Füßen, in der Zunge, in den Augen, im Gemächt viel gewinnest und machest dich reich und bist selig in der Welt, aber nit in den Heiligen, das ist, nit vor Gott. Brauch deine Glieder, daß du mit ihnen deine Notdurft gewinnst, in der dich Gott nit verläßt. Weiter, was bedarfst du mehr, weil hie kein Bleiben ist? Bist du ein Bauer und hast viel Äcker, viel Güter und genießt ihrer viel, – was ist der Genuß? Du issest nit alles. Gib deinen Helfern die Nahrung, den andern Teil den Dürftigen. Sammle keine Schätze, die die Maden und Mücken und Schaben fressen.

Darum ist unser Reichtum und Gewinnen auf Erden nichts; nur so weit darf einer gehen, daß die Notdurft, das ist ein Reichtum mit Armut, da sei, die einem jeglichen zu Hilfe kommt. So wird der Kranke gefördert, so wird der Sünder gesund, so der Arme gespeist, so der Nackende gekleidet, der Pilger beherbergt usw. Der Arzt schlägt keinen Kranken aus, hilft ihm und vermags. Der Papst vergibt die Sünde und hilft den Sündern. Der ein Haus hat, beherbergt den, der keins hat. Der Bauer gibt dem Korn, der hungrig ist usw. So sind alle Dinge gewachsen und geordnet, daß das Reich Gottes hie auf Erden unter uns sei. Ist es unter uns, so sind die Dinge auch unter uns.

Was ist das Reich Gottes? Daß wir einander verzeihen, – so verzeiht uns Gott auch. Daß wir auch einander lieben, – so liebt uns Gott auch. Wenn die Liebe bei uns ist, was ist seliger denn das?

Auf daß wir tödlichen Menschen auf Erden untödlich werden, hat uns Gott den ewigen Leib gegeben, und daß wir denselbigen nit verlieren, den Weg der Nahrung angezeigt, – wie unser Reichtum in der Nahrung sein soll, wie allein durch Arbeit wir alle uns zu ernähren und alles Müßiggehens zu entschlagen haben. Damit wir das wissen und erkennen, hat er uns ein Gebot gegeben: du sollst nit stehlen. Was ist Stehlen anders, als einer Nahrung ohne Arbeit sich zu ernähren, oder mehr zu tun, als die Notdurft erfordert. Das ist, wider die Notdurft stehlen; noch zur Notdurft [dazu] stehlen, soll nit sein.

Weil nun Stehlen allein ist ein Müßiggehen, nit der rechte Pflug[1], den Gott dem Menschen gegeben hat, einem jeglichen besonders, so ist weiter zu wissen, was das Müßiggehen sei, und was die Arbeit sei.

Die Arbeit ist nichts anderes als allein der Schweiß unsers Leibes, [daß wir] denselbigen nit sparen. Was nun wider den Schweiß ist, das ist die Nahrung wider das selige Leben. Das ist unter dem Diebstahl einbegriffen.

Diebstahl ist nit, einem andern nichts zu-nehmen[2], ist, seiner Arbeit ichts[3] abnehmen. Sollen wir nun eines andern Schweiß nit essen, das ist, nit seiner Hände Arbeit essen, sondern *unserer* Hände Arbeit, so [wird es notwendig sein, daß wir] Gleiches um Gleiches geben;

---

[1] Pflug [Substantiv zu pflegen]: unsere Aufgabe, Auftrag.
[2] Zunehmen: wenn man einem andern das Zunehmen seines Teiles hindert.
[3] Etwas.

und so zahlt einer den andern, dem Kürschner das Winterkleid, dem Schneider das Sommerkleid; so der Zimmermann dem Maurer und wiederum der Maurer dem Zimmermann. Das ist, Arbeit gehört an die Arbeit, deren ich bedarf, und so hats Gott verordnet, daß jedem seine Arbeit auch zahle, denn Schweiß zahlt Schweiß, Arbeit die Arbeit, und Müßiggehen zahlt niemand. Wer sich ohne Schweiß will ernähren, der muß sich diebisch ernähren, denn Müßiggehen ist wider das Werken, und nit werken gibt keine Nahrung.

Es ist billig, die Dinge wohl zu verstehen, daß unsere Nahrung auf Erden in keinen Gewinnst soll gehen noch in keinen Speicher versperrt werden oder Keller, sondern was Gott auf Erden schafft und durch sie gibt, das gibt er mit milder Hand und soll von milder Hand auch gebraucht und gegeben werden, weil wir nit wie die Heiden, sondern wie die Christen sollen leben, und hie auf dem Erdreich keinen Schatz sammeln, – und dem, der nit arbeitet, dem soll auch genommen werden, das er hat, auf daß er arbeite. Denn wie kann der, der nit arbeitet, mit Arbeit bezahlt werden? Er kann doch nit Arbeit gegen Arbeit vergleichen, auch nit Schweiß gegen Schweiß. Das ist der Weg der Nahrung und da kann keiner andere Kundschaft[1] geben als allein die. Denn der da würde andere Kundschaft und Zeugnis vorbringen, das ist, der da sagen würde, im Müßiggehen steht die Nahrung des seligen Lebens, der wird ein falsch Zeugnis geben wider Gott, wider den, der da sagt: im Schweiße deines Angesichts sollst du

---

[1] Nachricht, Anweisung.

dich ernähren; dazu auch: die Arbeit deiner Hand sollst du essen, so bist du selig und dir wird wohl. (Dabei wird nun vergessen aller derer, die nit arbeiten, als spräche der Prophet [eigentlich:] die da essen die Arbeit ihrer Hände, die sind selig, die aber nit ihre eigene Handarbeit essen, dieselben sind unselig). Darum, weil das Himmelreich durch solche unselige Nahrung verloren wird, soll kein Vater seinen Kindern Reichtum hinterlassen zum Müßiggang, sondern er hinterlasse ihnen den Bau, die Arbeit, die Werk auf Erden, auf daß er wegen seines eigenen Blutes nicht verdammt werde. Man soll auch nit Zins, Gült, Zehnten, Rente machen, kaufen, dabei einer nur Müßiggang erreicht. Die Dinge alle sind Wege, in denen Gott nit wandelt, noch heißt er uns, darinnen zu wandeln. Wer nun so handelt, der ist auf dem Abwege, der da geht zur Höllen. Denn nit in Ruhe, nit in Wollust, nit in Reichtum, nit im Maul, nit im Bauch steht die Seligkeit, sondern daß in Arbeit und in Schweiß ein jeglicher seine Gabe darbringe, die ihm Gott auf Erden gegeben hat, es sei der Bauer auf dem Felde, es sei der in der Schmiede, es sei der im Bergwerk, es sei der auf dem Wasser, es sei der in der Arznei, es sei der im Wort Gottes-verkünden. Die [Dinge] alle und alle andern kommen von Gott zu uns. Darum können sie nit vollkommen gebraucht werden, es sei denn der Schweiß dabei und Angst, Not, Elend, Jammer, wie es die Zeit zufügt.

Wie kann der Bauer den Baum abhauen und zerhauen ohne Schweiß? Wie kann der Schmelzer sein Erz schmelzen ohne Schweiß? Wie kann einer Christum verkünden, das mehr ist denn das alles, ohne Schweiß? Und diese Dinge sollen alle Tage geschehen, nit einen

Tag und darnach feiern, ob du schon an einem Tag für ein Jahr Zehrung gewannest, – dann gibs den Armen. Folg du dem Kreuz nach, das du trägst und tragen sollst.

Paracelsi medizinisches und philosophisches Werk liegt durch Karl Sudhoff in einer Neuausgabe vor: »Theophrast v. Hohenheim, gen. Paracelsus, Sämtliche Werke, Bd. 1–14«; vom theologischen Werk besitzen wir nur in der zweiten Abteilung der eben genannten Ausgabe einen ersten, erneuerungsbedürftigen Band. Sudhoff hat seinen Text leider normalisiert und in diese Normalisierung sogar die unter den Augen Paracelsi entstandenen Drucke einbezogen. Wir haben die abgedruckten Stellen ohne ängstliche Bindung in ein weiteren Leserkreisen verständliches Schriftdeutsch gebracht, weil dieses Lesebuch keine wissenschaftlichen Zwecke verfolgt, sondern allein zur Lektüre Paracelsi hinführen will. Zugrunde lag ihm – neben der Huserschen Quartausgabe von 1589 und dem Straßburger Chirurgia-Druck von 1603 – die eben genannte Sudhoffsche Ausgabe. Die *Philosophia de limbo* wurde in der Ausgabe des Staricius, Neustadt 1618, benutzt. Einzelne Textstellen sind schließlich den Sudhoffschen »Paracelsus-Handschriften« (»Versuch einer Kritik der Echtheit der Paracelsischen Schriften«, Bd. 2, von Karl Sudhoff, 1895) entnommen worden.

Was die Biographie Paracelsi betrifft, so verweise ich auf mein Buch »Das Leben Theophrasti Paracelsi« (Kohlhammer, Stuttgart, 1941) und für die Frage des Nachlebens paracelsischer Gedanken auf meine »Pansophie«, ebd. 1936.

Die Titel der Schriften des Paracelsus kürze ich in diesem Quellen-Nachweis ab, wie folgt, und gebe Band- und Seitenzahl nach Sudhoffs Ausgabe an. Die *schrägstehenden, fettgedruckten* Zahlen des Nachweises beziehen sich auf die Seiten unseres Lesebuches.

BERGSUCHT: Von der Bergsucht. 1534
BERTHEONEA: Drei Bücher der Wundarznei, Bertheonei. 1528
BLATTERN: Von Blattern, Lähme, Beulen, Löchern und Zittrachten der Franzosen. 1528
COMET: Ußlegung des Cometen erschynen im hochbirg zu mitlem Außßten Anno 1531
DEFENSIONES: Sieben Defensiones. Die verantwortung über etzlich verunglimpfung seiner mißgünner. 1537–38
DE FUNDAMENTO: *De fundamento scientiarum sapientiaeque*
DE PESTE: *De peste libri tres.* Etwa 1530

ELF TRACTAT: Des Hochgelerten... Herren Theophrasti Paracelsi von Hohenheim... etliche Tractaten. Etwa 1520

FRAGMENTE: Fragmentarische Zettel, Notizen, Ausarbeitungen zu der jeweils angegebenen Schrift

GEBÄRUNG: Das Buch von der Gebärung der empfindlichen Dinge in der Vernunft. Etwa 1520

HINF. SIECHTAGEN: Von den hinfallenden Siechtagen. *De Caducis liber I. De caduco matricis.* 1530

IMPOSTUREN: Von der Frantzösischen kranckheit Drey Bücher. 1529

LABYRINTHUS: *Labyrinthus medicorum*; Von dem Irrgang und Labyrinth der Ärzte. 1538

MANT.: »Ein mantischer Entwurf« = Erklärung der ganzen Astronomei. 1536?

MET.: *Liber meteorum.* Etwa 1530

MINERAL.: *De mineralibus.* Etwa 1526

MODO: *De modo pharmacandi.* 1528

NATÜRL. BÄDER: Von den natürlichen Bädern. Etwa 1525–26

NATÜRL. DINGE: Das Buch von den natürlichen Dingen. Etwa 1525 oder 1526

NATÜRLICHE WASSER: Von den natürlichen Wassern III–V. Etwa 1526

OFFN. SCHÄDEN: Von allen offnen Schäden, so aus der Natur geboren werden. Juni 1528

OPUS: *Opus Paramirum.* 1531

PARAGR. I: Das Buch *Paragranum.* Erste Niederschrift. 1530

PARAGR. II: Das Buch *Paragranum.* Letzte Fassung. 1530

PHILOS. V.: *Philosophiae tractatus quinque.* I. Vom Unterschied der Zeit usw.

PODAGR. KRANKH.: Von den podagrischen Krankheiten. Vor 1525

PROGNOSTICON: Prognostication auff XXIV jar zukünfftig. 1536

QUATUOR ELEMENT.: *Philosophia de generationibus et fructibus quatuor elementorum*

SAGAX: *Astronomia magna* oder die ganze *Philosophia sagax.* 1537 bis 1538

SPITALBUCH: Spital-Buch I. 1529

TARTAR. KRANKH.: Das Buch von den tartarischen Krankheiten. 1537

URSPRUNG: Von Ursprung und Herkommen der Franzosen. 1529

WUNDARZ.: Die große Wundarznei. 1536

ZEICHEN: Von den wunderbarlichen / übernatürlichen zeychen / so inn vier jaren einander nach... ersehen. 1534


S. *70* Ihr müßt bekennen: 6,286; *Offn. Schäden.* – Das ist ein: 13,128; *Met.* – Daß das Feuer: 6,219; *Offn. Schäden.* – *71* Es ist ohne Zweifel:

11,213; *Labyrinth*. – *72* Die Elemente: 9,180; vgl. 9,91; *Opus*. – *73* Drei sind der Subst.: 9,45 ff.; *Opus*. – *75* Wie der Mensch: 9,180; *Opus*. – So vielerlei Arten: 3,42 f.; *Mineral*. – *76* Darum nun: 3,41 f.; *Mineral*. – *78* Weiter ist vonnöten: 13,138 f. ; *Met*. – *80* Es ist eine Anatomei: 8,146 f.; *Paragr. II*. – *84* Anfänglich ist: 13,13; *Quatuor element*. – Am ersten hat: 13,13; *Quatuor element*. – In der Luft: 8,94 f.; *Paragr. I*. – *85* Das Ei bewahrt: 8,95; *Paragr. I*. – *86* Die Luft schließt: 13,15 f.; *Quatuor element*. – *87* Die Luft ist dazu: 13,16; *Quatuor element*. – Aus dem Feuer: 13,13; *Quatuor element*. – *88* Dieses Element gibt: 13,16; *Quatuor element*. – *89* Von dieses Elementes Kraft: 13,17; *Quatuor element*. – *90* Als Gott hat: 13,127; *Met*. – Nun wisset, daß: 13,128; *Met*. – Nun merket also: 13,128 ff.; *Met*. – *92* Die Erde ist schwarz: 13,142 f.; *Met*. – *93* So merket auch: 13,131 f.; *Met*. – *96* Ihr seht, daß: 13,143 f.; *Met*. – *97* So hat Gott: 13,147 f.; *Met*. – *99* Nachdem ich bisher: 13,151 ff.; *Met*. – *102* Damit ich euch: 13,155 ff.; *Met*. – *104* Wo *ultima materia*: 3,31; *Mineral*. – Damit ihr aber: 3,31; *Mineral*. – So ich nun: 3,32; *Mineral*. – *105* Ich sage von: 3,32 f.; *Mineral*. – *106* Nun hat es Gott: 3,33; *Mineral*. – *107* Also hat Gott: 3,35 f.; *Mineral*. – Zu dem sollt: 3,36 f.; *Mineral*. – *109* Von dem Baum: 3,40 f.; *Mineral*. – *111* Also versteht: 3,39 f.; *Mineral*. – *113* Die Erde ist so gewaltig: 2,327; *Natürl. Dinge*. – Weiter ist: 2,311; *Natürl. Wasser*. – Ihr seht, daß: 2,61 f.; *Natürl. Dinge*. – *116* In der Beschreibung: 2,193 ff.; *Von dem Honig*. – *119* Da wir gesetzt: 13,253 f.; *Fragmente. Met*. – *122* Damit euch vorgelegt: 12,14 f.; *Sagax*. – *123* Die Exempel beweisen: 2,228; *Natürl. Bäder*. – *125* Am ersten ist: 13,9; *Quatuor element*. – Ihr seht, daß: 9,522 ff.; *Bergsucht*. – *127* So der Jüngste Tag: 1,181 f.; *Gebärung*. – *129* Es sind oben: 2,333; *Liber praeparationum*. – Der Mensch ist gleich: 4,453; *Modo*. – *130* Der Mensch ist: 8,273 f.; *Hinf. Siechtage*. – Was bedeutet: 7,254; *Ursprung*. – *131* Dann wenn die Gesundheit: 7,256; *Ursprung*. – *132* Weil der Limbus: 4,467 f.; *Modo*. – Wie im Spiegel: 8,71 f.; *Paragr. I*. – *134* Der Mensch ist: 9,53; *Opus*. – *135* Weil der Mensch: 10,336; *Wundarz*. – *136* Der Leib des Menschen: 1,25; *Elf Tractat*. – *137* Du siehst, daß: 9,85; *Opus*. – Bedenkt, wie groß: 8,180; *Paragr. II*. – *138* Man muß wissen: 8,164; *Paragr. II*. – *139* Es ist eine Anatomei: 8,78; *Paragr. I*. – Es ist gesagt: 8,91 f.; *Paragr. I*. – *140* Daß die äußeren Wesen: 10,648 f.; *Mant*. – *143* Die ersten Geschöpfe: 12,33 ff.; *Sagax*. – *146* Jetzt ist: 12,43; *Sagax*. – *147* Nun wisset, daß: 12,38 f.; *Sagax*. – *148* So also ist der Mensch: 12,39; *Sagax*. – *149* Und das ist besonders: 12,40; *Sagax*. – *150* Im Menschen: 10,367; *Wundarz*. – Es ist ein: 10,42; *Wundarz*. – Wer ist sonst: 9,219 f.; *Opus*. – *151* Ihr wisset, daß: 9,252 f.; *Opus*. – *152* Die ganze *machina mundi*: 10,643 ff.; *Mant*. – *154* Ein Exempel: 10,644 f.; *Mant*. – *156* Wisset von: 12,163 ff; *Sagax*. – *157* Es ist ein »Erz«: 4,438.

439 f. 440. 441; *Modo.* – *159* Wenn der Nahrungssaft: 4,441 f.; *Modo.* –
*161* Weil nun: 4,444. 445 f.; *Modo.* – *162* Was nun ein jeglich Ding:
4,448; *Modo.* – *163* Wir essen nit: 9,74; *Opus.* – Speise und Trank:
10,556; *Fragmente z. Wundarz.* – *164* Imaginatio wirkt: 13,380 ff. im
Auszug: *Liber de imaginibus.* – *167* Die Sonne hat: 14,310 f.; *De virtute
imaginativa.* – *168* Wisset, daß: 14,317 f.; *De virtute imaginativa.* – Der
Imagination ist die Welt: 14,316; *De virtute imaginativa.* – *169* Die
Imagination, die sich: 3,244; *De renovatione.* – *171* Die Anatomie ist:
6,332 ff. im Auszug; *Blattern.* – *174* Der Himmel umschließt: 9,177 ff.;
*Opus.* – *176* Die Frau ist: 9,182 ff.; *Opus.* – *177* Die gemeine Wissenschaft: 9,209 f.; *Opus.* – *178* Es ist also so: 9,195 f.; *Opus.* – *179* Würde
der Frau: 9,200; *Opus.* – Sehet an die Distel: 9,329; *Opus.* – *181* Adam
und Eva: 10,289 f.; *Wundarz.* – Wer in der Einwirkung: 10,242; *Wundarz.* – *182* Der da des Regens Ursprung: 8,175 ff.; *Paragr. II.* – *183* Ihr
alle sollt: 1,327; *Liber de podagricis.* – *184* So die drei Ding: 9,49; *Opus.* –
*186* Alle Geschöpfe: 10,336; *Wundarz.* – *187* Jetzt folgt daraus: 10,336;
*Wundarz.* – *188* Damit ich euch: 11,30 ff. im Auszug; *Tartar. Krankh.*;
vgl. 11,66. 85 f. – *190* Um die Krankheit: 9,436 ff. im Auszug; *Bergsucht.*
– *193* Der Mensch ist: 8,273 ff.; *Hinf. Siechtagen.* – *197* Nachdem ich:
9,251. 260 ff.; *Opus.* – *201* Gott hat die Arznei: 7,128; *Imposturen.* – *202*
So edel ist: 6,331; *Blattern.* – Neue Krankheiten wollen: 7,148; *Imposturen.*
*ren.* – Was ist die Hilfe: 1,348 f.; *Podagr. Krankh.* – Ein jeglicher, der:
9,585 f.; *De peste.* – *203* Wie einer, der: 9,575 f.; *De peste.* – Die Natur ist
die: 8,140; *Paragr. II.* – *204* Die Natur hat die Arcana: 8,85; *Paragr. II.* –
Das soll ein: 9,359; *Fragmente. Opus.* – Wenn wir am gründlichsten:
9,92 f.; *Opus.* – *205* Es sind zween Wege: 9,93 f.; *Opus.* – Ihr Ärzte seid:
7,240; *Ursprung.* – *206* Jetzt habe ich also: 7,241; *Ursprung.* – Denn hie
ist: 6,250; *Offn. Schäden.* – Was macht den Kranken: 9,382; *Comet.* –
*207* Das was die: 9,325; *Opus.* – Der Arzt soll nichts anderem: 10,273;
*Wundarz.* – Der Wille Gottes: 2,111; *Natürl. Dinge.* – *152* Contraria a
contrariis: 8,88 f.; *Paragr. I.* – Die rechte Ordnung: 8,155; *Paragr. II.* –
*208* Daraus und aus dieser: 8,157; *Paragr. II.* – Kann Imaginatio: 7,329;
*Ursprung.* – Die Schule der Arznei: 10,563; *Wundarz.* – Der gesund
werden will: 2,159; *Natürl. Dinge.* – *209* Wisset, liebe Herrn: 11,163 f.;
*Labyrinthus.* – *210* Befleißet euch nit: 8,321; *Hinf. Siechtagen.* – *213* Der
Arzt kommt aus der Natur: 6,52; *Bertheonea.* – Ein Arzt soll ein Naturalis: 11,100; *Tartar. Krankh.* – Der Arzt ist allein: 7,150; *Imposturen.* –
Weil die Krankheit: 7,239; *Ursprung.* – Vom Biß giftiger Tiere: 10,176 ff.;
*Wundarz.* – *216* Der Arzt soll: 10,274; *Wundarz.* – *217* Der Philosophus
erkennt: 10,264; *Wundarz.* – Die drei Säulen der Arznei: 8,37 f.; *Paragr.
I.* – *218* Virtus: 8,203 ff. im Auszug; *Paragr. II.* – *221* So soll der Arzt sein:
8,60; *Paragr. I.* – *222* Damit will ich: 11,130; *Wundarz.* – Ebenso wie du:

8,271; *Ursprung.* – **223** Der Arzt soll: 8,267; *Hinf. Siechtagen.* – Des Arztes Amt: 7,272 f.; *Ursprung.* – **224** Du mußt wissen: 9,64; *Opus.* – Gottes Treue: 2,155; *Natürl. Dinge.* – Die Schnitter sind nicht da: 9,78 f.; *Opus.* – **225** Wer ist der Natur: 9,216; *Opus.* – **226** Du sollst wissen: 10,30 f.; *Wundarz.* – Welches ist zur rechten Tür: 11,169; *Labyrinthus.* – **227** Was sich äußerlich: 11,34; *Tartar. Krankh.* – Es ist von nöten: 11,85; *Tartar. Krankh.* – Die Theorie der Medizin: 11,200; *Labyrinthus.* – **228** Nun merket von: 11,175; *Labyrinthus.* – **229** Das Buch der Landstraße: 11,24 ff.; *Tartar. Krankh.* – **234** Die besten zu: 6,176; *Fragmente. Bertheonea.* – **235** Wisset, daß: 8,125; *Paragr. Fragmente.* – Alchimia, diese Kunst: 11,94; *Tartar. Krankh.* – Wenn ihr Alchimia nicht wißt: 8,189; *Paragr. II.* – Alchimie ist Scheidekunst: 2,267; *Fragmente. Natürl. Bäder.* – In der Alchimie: 10,363; *Wundarz.* – **236** Die Natur ist: 8,181; *Paragr. II.* – Der Arzt ist: 8,59; *Paragr. I.* – **237** Wie die Blumen: 7,264 f.; *Ursprung.* – **238** Die Rose ist groß: 9,66 f.; *Opus.* – Die Arcanen sind nit: 9,88; *Opus.* – **239** Eines jeglichen Arztes: 6,174; *Fragmente z. Bertheonea.* – So ein Arzt nicht: 10,264 f.; *Wundarz.* – **240** Es lautet: 10,543; *Fragmente z. Wundarz.* – **242** Will man: 13,337; *Philosoph. V.* – **245** Nichts ist so gut: 10,599; *Prognosticon.* – *Mein* höchster Wunsch: 2,132; *Natürl. Dinge.* – **246** Ein Mann bricht: 9,389; *Comet.* – Wenn ein Haupt: 9,388; *Comet.* – Ein jeglich Reich: 10,607; *Prognosticon.* – Die Gnade ist: 6,212; *Offn. Schäden.* – **247** Wir finden: 6,213; *Offn. Schäden.* – Unser männliches Wesen: 9,429 ff.; *Zeichen.* – **251** So wie die Menschen: 2,277 ff.; *Natürl. Wasser.* – **253** Ein Geschichtsschreiber: 8,339 ff.; *Hinf. Siechtage.* – **255** Es ist eine große: 6,294 f.; *Fragmente z. offn. Schäden.* – **256** Wie die Blumen: 1,318; *Liber de podagricis.* – **257** Obwohl es so ist: 10,348; *Wundarz.* – Wie das Kraut: 8,291 f.; *Hinf. Siechtage.* – **261** Die Philosophie soll: 8,117; *Paragr. II.* – **262** Wisset, daß: 8,121; *Paragr. II.* – Der Himmel hat: 8,40; *Paragr. I.* – **264** So merket, daß: 12,97 f.; *Sagax.* – **266** Der es weiß: 8,96; *Paragr. I.* – Die Philosophie ist: 11,274; *Practica.* – *Medicina adepta* ist: 12,96; *Sagax.* – Nun was *Medicina coelestis*: 12,348; *Sagax.* – **267** Und wisset von der Seele: 12,300; *Sagax.* – Gott hätte: 10,653; *Mant.* – **268** Zwei Weisheiten: 12,8 ff.; *Sagax.* – **271** Was kann es da: 12,11 f.; *Sagax.* – **273** Einer der von: 13,289 ff.; *De fundamento.* – **275** Es stehen viele auf: 13,293 ff.; *De fundamento.* – **281** Merket daß Gott: 12,53. 54 ff.; *Sagax.* – **287** Besser ist die Weisheit: 10,646; *Mant.* – Christus hat: 12,496 f.; *Fragmente z. Sagax.* – **288** Mehr rat ich: 10,646; *Mant.* – **289** Die Schuld der Pharisäer: 12,28 f.; *Sagax.* – **292** Ihr müßt zugeben: 6,286; *Offn. Schäden.* – Ich sage euch: 6,98; *Bertheonea.* – Ich bekenn: 6,413; *Blattern.* – Zween Wege sind: 10,283 f.; *Wundarz.* – **293** Unsere Vernunft: 8,358; *Hinf. Siechtage.* – Ich habe so viel erfahren: 10,162; *Wundarz.* – **294** Was ist Medicina anders: 9,246;

*Fragmente z. Opus.* – Viele sind, die: 1,355; *Podagr. Krankh. – 295* Gott
ist es, der: 11,130; *Defensiones. – 296* Gott ist wunderbar: 13,152 f.; *Met.*
– Da der Mensch mehr: 8,104; *Paragr. I. – 297* Der Arzt ist der: 9,70;
*Opus.* – Über das, das das natürliche Licht: 14,115 ff.; *De nymphis. – 300*
Alle Dinge werden offenbar: 10,548; *Fragmente z. Wundarz.* – Wunder-
bar ist Gott: 3,44; *Mineral.* – Eine jegliche Arbeit: 9,376; *Comet.* – Gott
soll erkannt: 1,137; *Elf Tractat. – 252* Ich sage, daß: 2,164 f.; *Natürl.*
*Dinge. – 301* Was nicht aus: 9,586; *De peste.* – Das ist wohl wahr: 3,46;
*Mineral.* – Als die Philosophi: 10,363; *Wundarz. – 302* Es ist Gottes
Wille: 13,307 f.; *De fundamento.* – Einer, der in: *De limbo I. – 303* Es ist
ein solch: 13,382 ff.; *Liber de imaginibus. – 310* Das höchste und:
11,171 ff.; *Labyrinthus. – 313* Der nichts weiß: 11,207; *Labyrinthus. –*
*315* Es erfordert die Notdurft: 9,252 ff. im Auszug; *Opus. – 320* Die
Ursache, die: 7,312; *Ursprung.* – Nun merkt den man den Wachsen: 7,349;
*Ursprung. – 321* Die Form des Corpus: 1,326 f.; *Liber de podagricis. –*
*322* Die Natur zeichnet: 2,86 ff.; *Natürl. Dinge. – 324* Nehmet euch:
9,62 f.; *Opus.* – Die Chiromantei: 14,182; *Liber artis praesagae. – 325*
Durch die Kunst Chiromantia: 13,376; *De imaginibus. – 327* Weil
Unordnung: 10,85 f.; *Wundarz.* – Was ist Glück: 8,110; *Paragr. I.* – Ohne
Zerbrechung: 8,81; *Paragr. I. – 328* Hippokrates führt: 4,535 f.; *Kom-*
*mentar z. Hippokrates.* – Ein jeglicher braucht: 9,432 f.; *Zeichen. – 329*
Selig und mehr: 11,219; *Labyrinthus. – 331* Die Influenz, die: 14,215 ff.;
*De vera influentia rerum. – 335* So nun dem Menschen: 14,220; *De vera*
*influentia rerum.* – Nun ist die Natur: 14,222 f.; *De vera influentia rerum.*
– *338* Es ist eine große Gabe: 12,225 ff.; *Sagax. – 342* Nun über das:
12,232 ff.; *Sagax. – 346* Gott will, daß: 12,56 f.; *Sagax. – 347* Wisset, der
Mensch: 12,137 ff.; *Sagax. – 351* Besser ein lang Leben: 2,104; *Natürl.*
*Dinge.* – Der Tod sagt: 7,321; *Ursprung. – 352* Im Menschen ist kein
Tod: 12,454; *Fragmente z. Sagax.* – Wie ein Reich: 9,90; *Opus. – 353*
Wenn eine Krankheit: 9,95 f.; *Opus.* – Nachdem die Gesundheit: 9,98 ff.;
*Opus. – 357–380 Liber de nymphis* 14,117–151, die beiden letzten Kapi-
tel gekürzt; *Liber de nymphis. – 380* Soll das Licht der Natur: 9,68 f.;
*Opus. – 381* Alle Ding, die: 1,185; *Vol. Param.* – Wonach ein Mensch:
10,559; *Fragmente z. Wundarz.* – Das Ganze ist besser: 6,67; *Bertheonea.*
– Jeglicher Baum hat: 9,87; *Opus.* – Wert: 9,90; *Opus.* – Wert der
Menschen: 10,639; *Mant. – 382* In einem alles: 6,148 f.; *Bertheonea. –*
*384* Es muß uns recht sein: 13,247 f.; *Fragmente z. Met. – 388* Die Sterne
haben: 9,578; *De peste.* – Es folgt aus dem: 9,597; *De peste.* – Es folgt
daraus weiter: 9,598; *De peste. – 389* So groß ist: 9,596 f.; *De peste. – 390*
Der Geiste der Menschen: 14,43. 46. 46 f. 61 f. 63 f. 67 ff.; *Liber de*
*lunaticis. – 395* Zu schreiben vom Glück: 14,189–211 im Auszug; *Liber*
*de mala et bona fortuna. – 406* Not ist: 11,268; *Practica. – 407* Einem

jeglichen Ding: 9,646; *Vonn dem Bad Pfeffers.* – *408* Also merket, weil: 10,328; *Wundarz.* – Es ist ein Geschrei: 11,136 f.; *Defensiones.* – *410* Wenn ihr jedes Gift: 11,138; *Defensiones.* – *411* Es ist nichts so böse: 6,246; *Offn. Schäden.* – Mit der Arznei: 11,139 f.; *Defensiones.* – Die zerbrechlichen Dinge: 9,491; *Bergsucht.* – *370* Kein Ding ist so schwarz: 9,92; *Opus.* – *413* Alle Dinge sind: 9,334 f.; *Opus.* – *414* Wir müssen Hilfe: 9,337; *Opus.* – *415* Weil nun die bösen: 9,342; *Opus.* – Der getroffen werden: 9,405; *Uslegung des Fridbogens* 1531. – Der seinen Feind: 7,388; *Spitalbuch.* – Wer sich selbst: 9,358; *Fragmente Opus.* – Treue auf Treue: 8,204; *Paragr. II.* – *418* Gleicherweise wie: 10,290 f.; *Wundarz.* – *419* Denn die zwo Weisheit: 12,326; *Sagax.* – Verstanden soll: 12,269; *Sagax.* – Der Mensch ist von der Erde: 12,326; *Sagax.* – *420* Ihr habt gehört: 12,319 f.; *Sagax.* – *380* Wisset daß die Philosophia: 12,348; *Sagax.* – *423* Es hat Gott allen Dingen: II 1,78 ff. im Auszug; *Liber prologi in vitam beatam.* – *429* Ihr habt gehört: 12,395 ff.; *Sagax.* – *433* Das sehe ich: 12,276 ff.; *Sagax.* – *437–439* Wenn wir wollen: II 1,111–130 im Auszug; *De summo et aeterno bono.* – *440* Gott will uns: 10,580 f.; *Prognosticon.* – *441* Wer ist so einfältig: 7,392 f.; *Spitalbuch.* – Wer kann der Weisheit: 9,306 f.; *Opus.* – *442* Gott ist der Herr: 9,382; *Comet.* – Nit einem jeglichen: 10,156; *Wundarz.* – Gott bricht, das: 9,386; *Comet.* – Auf Gott ist gut: 11,219; *Labyrinthus.* – Gott ist die höchste Wahrheit: 13,296; *De fundamento.* – Wer weiß den Willen: 7,154; *Imposturen.* – Gott hat uns lieb: *Sudhoff* 2,245. – *443* Daß der Mensch: 12,294; *Sagax.* – Niemand soll denken: 9,357; *Fragmente z. Opus.* – Der Gott ansieht: 9,374; *Comet.* – Wir aber sind: *De limbo 38.* – *444* So ein Ding: II 1,290 ff. im Auszug; *De ecclesiis veteris et novi testamenti.* – *448* Ihr habt mich: 12,403 ff.; *Sagax.* – *450* Mir ist meine Gnade: 12,476 f. mit Einschub späterer Stellen; *Fragmente z. Sagax.* – *453* Die größte Gnade: II 1,89–107 im Auszug; *De religione perpetua.* – *461* Unser Leben auf der Erde: II 1,219–238 im Auszug; *De officiis, beneficiis et stipendis.* – *466* Was krank liegt: 11,133; *Defensiones.* – *467* Der ärztlichen Kunst: 8,266; *Hinf. Siechtage.* – Warum geilt ihr: 7,530; *Auslegung über ettliche Figuren Liechtenbergers.* – Wer von Gott nit: 12,507; *Fragmente z. Sagax.* – Christus zwang Petrum: 12,503; *Fragmente z. Sagax.* – *468* Ich meine, daß nit: 2,141; *Natürl. Dinge.* – Selig und mehr: II 1,83 f.; *Liber prologi in vitam beatam.* – *471* Gott hat: II 1,155–174 im Auszug; *De felici liberalitate.* – *477* Gott ist nicht: 10,277; *Wundarz.* – *478* Wer im seligen Leben: II 1,252 f. 242 f. 249 ff.; *De honestis utrisque divitiis.*

Das gefürchtete Steinleiden spielte in der alten Medizin eine viel bedeutendere Rolle als in unserer; die heutige Medizin hat ihm von seinem Schrecken genommen. Man reichte u. a. pulverisierte Versteinerungen aller Art, auch Blasensteine selbst, in der Hoffnung, nach dem Grundsatz *similia similibus* zu helfen (s. 2. Rezept).

*Rp. Cantaridum*: Nimm Canthariden 1 Drachme (= 3,65 gr). (*Canthari-*

*den* = spanische Fliegen, noch heute offizinell, sind 1–2 cm große Käfer. Sie enthalten einen Stoff, der äußerlich als Reizmittel für die Haut (Zugpflaster, Haarwuchsmittel u. ä.) verwendet wird, innerlich und subkutan bei Tuberkulose und als *Aphrodisiacum*).

*Castorei: Castoreum* 2 Drachmen (*Castoreum* = Bibergeil. Inhalt der zwei beim Biber an den Geschlechtsteilen sitzenden Drüsen, eine braune, zerreibliche, stark riechende Masse, die ein ätherisches Öl, Harz und Fett, Salizin, salicylige Säure enthält. C. wirkt beruhigend, krampfstillend und belebend. Es wird seit den ältesten Zeiten arzneilich verwendet).

*fiat pulvis subtilis* = mache ein feines Pulver! Es handelt sich also bei diesem Rezept um ein Belebungsmittel.

*

*Rp. Lap. Lincis*: Nimm *Lapis Lincis* (Luchsstein).
*Iudajci*: Judenstein (Lesart nach Sudhoff. Gemeint ist wahrscheinlich *Idaeus*). (*Lapis Lincis* = Luchsstein, und *Idaeus [Daktylus idaeus]*, Donnerkeile, Belemniten, fossile Skelettreste von Kopffüßlern und Seeigelstacheln der Jura- und Kreidezeit wurden in der alten Medizin pulverisiert verwendet.)

*Spongiae aa*: Schwammstein zu gleichen Teilen 1 Drachme. (Gemeint ist wahrscheinlich das mineralische Skelett der Schwämme aus kohlensaurem Kalk oder Kieselsäure.)

*Oculorum Cancrorum*: Krebsaugen 2 Drachmen. (*Oculi Cancrorum*. Noch heute offizinell. Nach der Häutung des Flußkrebses erhärtet die neue Schale sehr rasch durch die als »Krebsaugen« rechts und links am Magen abgelagerten Kalksalze, die halbkugelförmige, bis 1 cm im Durchmesser große Gebilde darstellen. Sie wurden pulverisiert als Reizmittel für die Bindehaut des Auges verwendet.)

*Se. Saxifragae*: Steinbrechsamen ½ Unze (1 Unze = ¹⁄₁₂ Medizinalpfund = ¹⁄₁₆ Pfund). (Die Pflanze sprengt mit ihren Wurzeln, an denen kleine Knollen sitzen, zuweilen die Steine, auf denen sie wächst. Die alte Medizin glaubte, daß sie diese Fähigkeit auch bei Blasensteinen ausüben könne – daher der Name. S. enthält Gerbstoffe.)

*Zuccarj*: Rohrzucker 2 Unzen

*fiat pulvis*: mache ein Pulver! . . . . . . . . . . . . . . . Seite 199

Über die Wirkung dieses Rezeptes ist uns nichts Genaues bekannt.

# Knaur®

### Pollack, Rachel
**Tarot –
78 Stufen der Weisheit**
Tarot kann Lebenshilfe, Entscheidungshilfe, Wegweiser durch schwierige Situationen und Schlüssel zur Selbstfindung sein – wenn wir verstehen, die Geheimnisse seiner Bilder und Symbole zu dechiffrieren.
400 S. mit 100 Abb. [4132]

**Das Tarot-Übungsbuch**
Während das überaus erfolgreiche erste Buch der Autorin, »Tarot«, eine Einführung darstellt, setzt dieses Buch gewisse Grundkenntnisse voraus. Die hier geschilderten markanten Beispiele werden dem Leser zahlreiche Anregungen für die eigene Tarot-Praxis vermitteln.
240 S. mit s/w-Abb. [4168]

### Tietze, Henry G.
**Entschlüsselte Organsprache**
Krankheit als SOS der Seele. Verdrängte und unterdrückte Gefühle schlagen sich in ganz bestimmten Körperregionen nieder, wo sie schließlich psychosomatische Krankheiten verursachen.

Der Psychotherapeut Henry G. Tietze gibt einen Überblick über das Wesen dieser Krankheiten, ihre Ursachen und ihre Behandlungsmöglichkeiten.
272 S. [4175]

### Sasportas, Howard
**Astrologische Häuser und Aszendenten**
Neben dem Tierkreiszeichen-System ist das Häuser-/Aszendenten-System die zweite, überaus bedeutsame Quelle astrologischer Interpretationsmöglichkeit. Seltsamerweise gibt es hierzu kein einziges, für die Deutungspraxis brauchbares Buch.
624 S. mit s/w-Abb. [4165]

### Sakoian, Frances / Acker, Louis S.
**Das große Lehrbuch der Astrologie**
Wie man Horoskope stellt und nach neuesten wissenschaftlichen Erkenntnissen Charakter und Schicksal deutet. 551 S. mit zahlr. Zeichnungen. [7607]

### Schwarz, Hildegard
**Aus Träumen lernen**
Mit Träumen leben. Dieses Traumseminar geleitet uns über einen Zeitraum von acht Abenden in die Welt der Träume. Ein Symbolregister ermöglicht es, diese tiefgehende Einführung auch als Nachschlagewerk zu benützen.
272 S. [4170]

### Garfield, Patricia
**Kreativ träumen**
Die Autorin erläutert ausführlich und leicht verständlich jene Techniken, mit Hilfe derer jedermann innerhalb kurzer Zeit entscheidenden Einfluß auf seine Träume nehmen kann. 288 S. [4151]

# ESOTERIK